Waldemar Łysiak

LIDER

Waldemar Łysiak

LIDER

Wydawnictwo *Nobilis*

Warszawa 2008

Wydanie I
Warszawa 2008

Opracowanie typograficzne i graficzne: Waldemar Łysiak i Adam Wojtasik

Projekt okładki: Adam Wojtasik

Redakcja techniczna: Adam Wojtasik

Na okładce wykorzystano dwa obrazy René Magritte'a
i fragment obrazu Pabla Picassa.

Na wyklejkach wykorzystano dwa obrazy René Magritte'a.

Na str. 5 wykorzystano akwarelę Marka Pietrzaka.

Na str. 308 wykorzystano grafikę Alberta Tyrały, Free Boomerang Cards.

WYDAWNICTWO NOBILIS — Krzysztof Sobieraj
ul. Dominikańska 33, 02-738 Warszawa,
tel./fax: 853-12-61, e-mail: nobilis_1@wp.pl

ISBN 978-83-60297-21-6

Skład i łamanie: Wydawnictwo Key Text, Warszawa

Druk: Łódzka Drukarnia Dziełowa SA
90-215 Łódź ul Rewolucji 1905 r. nr 45

„Książka powinna być nieukończona..."

Albert Camus, „**Pierwszy człowiek**"

17 lipca 2007 życie na lotnisku RAF–u w Lemming (North Yorkshire) toczyło się ospale jak każdego dnia. Dyżurni piloci zaparzyli sobie właśnie poranną kawę i major John Darnby chciał opowiedzieć kumplom brzydki dowcip o *„muzułmance i weterynarzu"*, gdy na dyspozytorce rozbłysła czerwona lampka i rozjazgotał się dzwonek *„czerwonego"* telefonu, alarm. Ze słuchawki usłyszeli:

— Gramolić się, piorunem!

Wskoczyli do maszyn; kilka chwil później myśliwce przechwytujące Tornado F–4 były już nad morzem, pędząc ku dwóm wykrytym przez radary bazy Fylingdales *„niezidentyfikowanym samolotom"*, muskającym bezczelnie brytyjską strefę powietrzną i głuchym wobec wezwań identyfikacyjnych. Ujrzawszy angielskie myśliwce, intruzi — dwa rosyjskie bombowce dalekiego zasięgu, Tu–95 — zrobili duży łuk wzdłuż granicy brytyjskiej przestrzeni powietrznej i odlecieli w kierunku północno–wschodnim, do swej bazy na półwyspie Kola. Żeby Londyn nie miał wątpliwości, iż jest to pięść prezydenta Putina wygrażająca *„Angolom"*, trzy doby później bombowce rosyjskie powtórzyły ten sam agresywny manewr.

Wszystko stało się jasne: dzień przed pierwszą zbrojną demonstracją, 16 lipca 2007 roku, nowy brytyjski premier, Gordon Brown, wyrzucił z Anglii czterech moskiewskich dyplomatów, gdyż Moskwa odmówiła wydania Anglikom majora FSB, Andrieja Ługowoja, którego Londyn chciał sądzić za otrucie Aleksandra Litwinienki radioaktywnym polonem 210, wlanym do herbaty przy stoliku baru sushi w samym centrum Londynu. Bombowce Tu–95 zaczęły fruwać ku granicom Wysp, czterech brytyjskich dyplomatów dostało rewanżowego kopa z Moskwy, i tak odgrzana została

„*zimna wojna*" (tym razem „*mała zimna wojna*") między Rosją
a Zachodem. Rosji bowiem można wiele wytknąć, przeszłego
i dzisiejszego, ale nigdy nie można jej zarzucić, że stosunki z nią
są nudne. Z Rosją nie sposób się nudzić.

* * *

Kresem długoletniej dużej „*zimnej wojny*" był polski triumf
„Solidarności" i wkrótce „*upadek Muru Berlińskiego*". Za prezydenta Michaiła Gorbaczowa Związek Sowiecki zemdlał, a za Borisa Jelcyna zdechł, i do końca XX wieku nikt nie myślał o „*zimnej wojnie*" — myślano o współpracy, złomując rakiety. Wszystko to odmieniło się na samym początku wieku XXI. Rosja, wku-
rzona globalną supermocarstwowością USA i pankontynentalną siłą UE, zachciała odzyskać swą dawną muskulaturę, dawną rangę
i dawny prestiż, czyli swą dawną mocarstwowość, ku czemu miała jeden niepodważalny argument vel instrument perswazji: wielkie
złoża gazu i ropy naftowej, bez których Zachód cierpiałby niczym
spragniony pustynny nomad bez oazy z wodą. To była broń stra-
tegiczna klasy mega (swą pracę kandydacką, pisaną A.D. 1997,
Władimir Putin poświęcił czynieniu gazu i ropy bronią polityczną, a w tezach Rady Polityki Zagranicznej i Obronnej Federacji
Rosyjskiej stoi jak byk, że „*handel strategicznymi nośnikami energii i ich tranzyt to silne instrumenty polityki zagranicznej państwa*"). Ale szantaż surowcami energetycznymi, plus wyrwanie się
kilku dawnych kolonii spod władzy moskiewskiej (Gruzja, Ukrai-
na, Pribaltika) — budziły napięcia, czyli różne „*zimne wojenki*"
między Moskwą a Brukselą tudzież innymi stolicami Zachodu. Słowem: pierwsza dekada XXI wieku stawała się coraz bardziej ciekawa; od samego jej początku ani przez chwilę nie było nudno.

Najcieplej układały się relacje Moskwy z Berlinem, wedle pru-
sko–petersburskiej (czyli: fryderycjańsko–jekatierińskiej) tradycji.
Jak to ujął kultowy pisarz–dysydent, Alieksandr Sołżenicyn (w wy-
wiadzie dla „**Der Spiegla**", 2007): „ — *Niemcy i Rosja mają do
siebie słabość. Jest tu wyraźny «palec boży», bo inaczej ta sym-*

patia nie przetrwałaby dwóch szaleńczych wojen". Tymczasem drugi biegun — najzimniejsze stosunki — cały czas zwie się: Polska. Rosja i Polska zawsze miały do siebie tylko wrogość, nigdy słabość bądź czułość, od tysiąca lat, i XXI wiek niczego tutaj nie zmienił. Nic się też nie zmieniło jeśli idzie o antypolską współpracę Rosji z Niemcami. Władimir Iljicz Lenin, człowiek, którego Niemcy wysłali zaplombowanym wagonem do Sankt Petersburga, żeby przerobił go na Leningrad — w 1920 roku (tuż po ciężkiej łaźni, którą sprawiło Sowietom polskie wojsko marszałka Piłsudskiego) rzekł: *„Im silniejsza będzie Polska — tym większą nienawiść będzie wzbudzała wśród Niemców. A my będziemy umieli tę odwieczną nienawiść wykorzystywać. Przeciwko Polsce będziemy jednoczyć się z Niemcami, i przeciwko niej będziemy mobilizować cały rosyjski naród".* Zjednoczyli się militarnie (wedle tamtej zapowiedzi) w 1939 roku, a później u schyłku wieku XX. Plan niemiecko–rosyjskiej rury bałtyckiej stał się na progu XXI wieku nowym symbolem antypolskiego małżeństwa. Pojawiły się też symbole personalne. Berliński kanclerz, Gerhard Schröder, tak wiernie służył Rosjanom, iż ci wynagrodzili go dyrektorską synekurą w swym kartelu surowcowym, a szefowie III Rzeczypospolitej Polskiej stawali okoniem, wszyscy, również postkomunistyczni, bo zostali kupieni przez Waszyngton, co musiało budzić zrozumiałą furię Kremla.

Sarmacja była do XVIII wieku wrzodem na tyłku Rosji, później zaś guzem w gardle, gdyż została połknięta, lecz nie przełknięta, a więc nie mogło być mowy o trawieniu. Przez sto kilkadziesiąt lat niewoli robiła rebelię za rebelią, waląc żelazem mordę ruskiego niedźwiedzia i wybijając mu szereg kłów. Traciła dużo krwi, lecz też upuszczała *„kacapom"* hektolitry krwi, i tymi ciągłymi buntami przypominała całemu światu, że istnieje, chociaż wytarto ją z map. Aż wreszcie buntem ostatnim, *„solidarnościowym"*, skorodowała czerwone imperium, i tylko głupota plus wredność Zachodu (głównie germańska propagandowa bezczelność) sprawiły, że światowym symbolem upadku komunizmu jest dziś Mur Berliński, a nie Stocznia Gdańska. Jednak Kreml dobrze pamiętał komu zawdzięcza tamtą klęskę roku 1989. *„Polaczyszki"* mogli liczyć na różne łaski serwowane im przez Madonnę Jasnogórską, lecz na łaskę zapomnienia w Rosji o ich zbrodni kontrsowieckiej — nigdy. Nie zapomina się bowiem dawnemu rabowi, że samowolnie zrzucił kajdany i zdzielił nimi po łbie właściciela niewolników, odbierając mu przytomność i godność.

Wieki mijały i lata mijają, a mecz Ruś–Lechistan ciągle jest konkursem toczonym dla uśmiechu: kto będzie śmiał się ostatni. Wzajemnie wyszczerzone zęby, miotanie kalumni, eskalowanie pretensji, odgrzewanie historycznych długów. Cud tej konfrontacji polega na tym, że walczą liliput terytorialny z megakontynentem, i zawzięty karzeł ciągle się trzyma! Putinowski Kreml już w 2005 roku uznał, że ta sytuacja obraża prawa logiki, fizyki, grawitacji, przestrzeni i zdrowego rozsądku.

* * *

Kilka lat przed upadkiem komunizmu Witold Nowerski pierwszy raz trafił do więzienia, chociaż wcześniej mógł trafić *„pod celę"* nieomal każdego roku, i to od samego dzieciństwa. Miał fatalne dzieciństwo. Jego ojciec był *„żołnierzem wyklętym"* (to znaczy walczył z sowiecką okupacją swego kraju), więc ubecy rozstrzelali tego *„leśnego bandytę"* przystawioną do potylicy bronią krótką, na piwnicznych schodach gmachu Urzędu Bezpieczeństwa. Matka Witolda była pielęgniarką, którą aresztowano jako żonę (czyli wspólniczkę) *„wroga ludu"*, a w trakcie przesłuchań radzieccy *„prokuratorzy"* kontrolujący MBP tak często i tak brutalnie ją gwałcili, że utraciła zmysły i dwa lata później popełniła samobójstwo. Jej syn (rocznik 1955) został pensjonariuszem domu dziecka.

Domy dziecka zawsze są złymi placówkami wychowawczymi, a te z wczesnego PRL–u były piekłami sensu stricto. Dzieci, traktowane tam szorstko, chamsko i okrutnie — same stawały się okrutnikami, dewiantami, zezwierzęconą mierzwą ludzką. Jadłospis (wodniste ciecze zwane zupą, i wyschły chleb z surową cebulą lub, od święta, z dżemem) budził głód, a dryl budził nienawiść wobec wszystkich i wszystkiego. Rozrywki pozaregulaminowe były proste: wlewanie mydlin do biurowego akwarium, rozlepianie na ścianach znaczków zbieranych przez ciecia–filatelistę, dręczenie kotów, ptaków i żab, etc. Karano za te sadystyczne wybryki ciemnicą i chłostą. Mając dwanaście lat, Witold uciekł. Co nie było wielkim wyczynem; wyczynem było, że nie dał się złapać. Zbierał i sprzedawał butelki, kradł cmentarne wieńce i kwiaty, wreszcie prysnął w Bieszczady, gdzie został przygarnięty najpierw przez drwali mających tu swoją bazę, a później przez komunę hipisów mających tu swój raj. Wśród pierwszych nauczył się wybijać zęby kułakiem, palić machorkowe skręty i pić spirytus jak zwykły alkohol; wśród drugich — wąchać *„klej"*, uprawiać *„love not war"* metodą *„sztafety"*, i gitarowo akompaniować wyśpiewywanym *„dumkom"* oraz *„bluesom"*. Jeden z hipisów (Mariusz Bochenek, ksywa *„Rubens"*) był grafikiem, który wprawdzie nie zarabiał swymi *„obrazami"* (bo tych nie chcieli kupować nawet głupi turyści), ale świetnie prosperował jako fałszerz dokumentów. Przy tym był urodzony pod szczęśliwą gwiazdą: stara ciotka mieszkająca w Krakowie *„kopnęła kalendarz"*, wcześniej zapisując bratankowi luksusowe mieszkanie, pełne sof, kredensów, kryształów i olejnych malunków. *„Rubens"*, który wziął swego fałszerskiego pomagiera ze sobą, patrząc na te płótna prychnął wzgardliwie:

— Kossaki, same Kossaki! Julek, Jurek i Wojtuś! Dziewczyny, ułany, bohomaz zasrany! Kupa gówna dla nuworyszów! Tylko ten mały *„Holender"* jest coś wart...

— Skąd wiesz? — zapytał Witold.

— Bo się znam na arcydziełach, głupku. Ta deseczka ma kilkaset lat i ani jednej zmarszczki.

— Że czego nie ma, zmarszczki? — wytrzeszczył gały Witold.

— Metafora, głupku — rzekł *„Rubens"*. — Czy ktoś ci kiedyś tłumaczył co to jest m e t a f o r a?

Zamieszkali razem. Bochenek musiał szybko uciułać podatek spadkowy, więc szybko wyprzedał „*Kossaki*" kilku nobliwym panom. Każdy taki facet, o prezencji żydowskiego lichwiarza lub sanacyjnego kawalerzysty — lustrując nabywane dzieło cmokał ze znawstwem i używał wielu obcych dla Witolda słów, jak „*perspektywa*", „*chromatyka*", „*estetyka*" czy „*laserunek*". Tylko termin „*sztuki piękne*" nie wpędzał młodzieńca w kompleksy, za to stresował „*Rubensa*", który po wyjściu dwóch szacownych klientów warknął:

— Sranie w banię! Koneserzy!... Jedyną sztuką piękną, jaką ci ramole uprawiają, jest pedofilia!

— Czyli co? — spytał Witold.

— Czyli gdybym cię zerżnął, głupku, to już nie byłaby pedofilia, bo wkrótce będziesz miał własny dowód osobisty! Sam ci go zrobię. À propos: skończyłeś te blankiety matur i te dwa dyplomy cechu?...

— Niezupełnie...

— No to na co czekasz, kurde mol, do roboty!

* * *

W tym samym roku 1967, w którym dwunastoletni Witek uciekł na dobre z sierocińca, setki kilometrów i wiorst od tego sierocińca pewien szesnastolatek, Wasia, mieszkaniec ruskiego miasta Wołogda, uciekał z domu dwa razy, ale na krótko, za każdym razem wracał po tygodniu. Łatwo mu było uciekać, bo jego ojciec pełnił daleką mundurową służbę, a harująca przy tokarce matka nie mogła upilnować buzujących młodzieńczych hormonów i sprać chłopaka, któremu sypał się już delikatny wąsik. Wasilij lubił palić, kląć, grać w karty, bić się, słowem: łobuzować. Był członkiem osiedlowej bandy rozrabiaków, lecz pokłócił się z kumplami o żonę milicjanta. Ta żona handlowała bimbrem, a milicjant upijał się tylko raz tygodniowo, podczas nocy dzielącej sobotę i niedzielę, później zaś bił żonę bez litości, więc prawie każdą sobotnio-niedzielną noc ta kobieta spędzała koło bloku (jeśli było ciepło) al-

bo w kotłowni (jeśli była zima). Wasię wkurzało bestialstwo gli-
niarza, zaproponował tedy kumplom:
— Spuśćmy mu łomot, obijmy mu ryj!
— Po co? — spytał rozsądnie przywódca grupy, albinos Sasza.
— Żeby przestał lać tę kobitę, on ją tłucze bez ustanku.
— Nie bez ustanku, tylko w sobotę późnym wieczorem, i to
nie jest nasza sprawa! Dopierdzielimy mu, a on przyprowadzi swo-
ich i nas zamkną. Chrzanię taki interes, wiem czym to pachnie,
siedziałem tam już dwa razy.
— No, ja też raz siedziałem, dwa dni, bez wyroku — dodał
Nikita, brat Saszy. — Stłukli mnie gumą. Gliniarska guma boli
jak cholera i zostawia kurewskie sińce. Nie będę szurał do milic-
jantów.
— To sam go pierdyknę od tyłu gazrurką — rzekł luzacko Wasia. — Nie będzie wiedział kto to zrobił.
— Z gazrurką jest pierdzielona loteria, brachu — skrzywił się
Sasza. — Omsknie się, lub ciut za mocno uderzysz, i może być
zimny trup. Wtedy cię powieszą.
— Nieletniego nie powieszą — przypomniał Nikita.
— No to ześlą do kolonii karnej na dożywocie, i będą go tam
cwelowały stare urki, głodne młodego mięska, będzie dawał dupy
i japy aż miło!
To się Wasi nie uśmiechało ani trochę, dlatego zrezygnował
z pomysłu, zaś milicjant dalej tłukł weekendowo swą ślubną, która musiała koczować całą noc przy śmietniku osiedlowym. Matka
Wasi kilkakrotnie próbowała ją wziąć do siebie, lecz milicjantowa
była honorna, nie przyszła, bo nie chciała, żeby mąż brutal mścił
się na ludziach z bloku. Aż pewnego dnia stał się cud, który można tłumaczyć tylko dialektyką, cytując wersety Lenina o rewolu-
cyjnej sile sprawczej mas proletariackich. Blisko bloku Wasilija
był osiedlowy sklep spożywczy, do którego w poniedziałki przy-
wożono przed południem wędliny i mięso. Tych kiełbas i tego ło-
ju nie chciałby jeść żaden obywatel cywilizowanej Europy, lecz
ludziom radzieckim smakowało, a że dostawa nie starczała dla

wszystkich — kolejkę osiedlową mieszkańcy bloków formowali już blisko północy z niedzieli na poniedziałek. Za matkę Wasilija stał sąsiad–emeryt (bo rano trzeba było iść do pracy i do szkoły), jednak kiedy owego „*stacza*" powaliła ciężka grypa, Wasia musiał — miast do „*budy*" — pójść do kolejki nocą. W ciemnościach ludzie źle widzieli sylwetki innych kolejkowiczów, ale kiedy się rozwidniło — zobaczyli żonę milicjanta. Okryła głowę chustą, wszelako dwie stojące blisko starowinki dojrzały wielkie zielonożółte sińce i zaczęły biadolić głośno. Kilka innych podeszło i narobiło jeszcze głośniejszego rabanu. Wtedy milicjantowa rozpłakała się tak ekstatycznym szlochem, że przechodnie uliczni wstrzymywali krok, i wokół obitej nieszczęśnicy zebrał się spory tłum. Kilka minut później przy sklepie stanął samochód osobowy wołga. Jechał nim major KGB, którego zainteresowało burzliwe zgromadzenie „*grażdan*" wznoszących gniewne krzyki. Chciał sprawdzić czy nie są to krzyki przeciwko władzy...

Nazajutrz milicjant brutal został zdegradowany i umieszczony w Izbie Poprawczej, a kolejnego dnia w karnym batalionie drogowym (remonty jezdni i chodników). Dla Wasi całe to zdarzenie stanowiło ważną lekcję życia. I to dubeltową. Raz, że autopsyjnie się przekonał jak wielką moc reprezentują cywile jeżdżący moskwiczami, ładami i wołgami pewnego resortu; dopiero teraz przychylniej wycenił profesję swego „*starego*" i zaczął marzyć o wstąpieniu jego śladem w szeregi KGB. Druga refleksja tyczyła siły kobiecego szlochu. Wasia pojął bowiem bezbłędnie, iż właśnie fontanna łez żony gliniarza spowodowała cud: serca kolejkowiczów i przechodniów, nawet staruszek, które wcześniej nie lubiły gliniarskiej baby handlującej wódką, roztopiły się wskutek tego płaczu. Była to ważna wskazówka dla bystrego chłopca.

Chłopiec nosił nazwisko Kudrimow.

* * *

Wbrew twierdzeniom zachodnich polityków — demokracja, czyli rządy większości, wcale nie funkcjonuje na Zachodzie koncertowo. Przykładem Wyspy Owcze, autonomiczna prowincja Danii. Na Wyspach Owczych mieszka 40 tysięcy obywateli i kilka razy więcej owiec, a mimo to rządzą ludzie. Pod tym względem Rosja plasuje się dużo wyżej jako wzorowa demokracja, czego dowód to fakt, że gnane „*owczym pędem*" masy rosyjskie wybrały sobie jako nowego satrapę Władimira Putina, funkcjonariusza (podpułkownika) tajnych represyjnych służb.

Charakterystyczną cnotą mas rosyjskich jest, od wieków, zupełna niereformowalność, vulgo: stałość, a w czasach globalnego braku lojalności, w czasach chaosu i leseferycznego liberalizmu, s t a ł o ś ć to cecha budząca szacunek. Mija tysiąc lat i zmieniły się jedynie „*tabu*", czyli fanty kultowe niewymienialne na „*wodę ognistą*": dawniej można było przepić wszystko prócz ikony; dzisiaj przepija się wszystko prócz telewizora, bo bez kolejnego odcinka sitcomu życie byłoby równie podłe jak bez gorzałki monopolowej lub bez bimbru. Zaś niezłomna rabolubna vel filorabna stałość mas rosyjskich, czyli rabów, została przez wieki wykuta genetycznie w psychice „*ludu*" rosyjskiego. Chodzi o psychikę zbiorową, które to określenie niewątpliwie budzić będzie sprzeciw tych dyplomowanych psychologów i psychiatrów, co analizują tylko psychikę indywiduum, natomiast zjawisko psychozbiorowości jest im obce, lecz my tu mówimy nie o scjentycznych przesądach, ino o historycznych faktach.

Czołowy polski ekspert zajmujący się PR, a więc „*kształtowaniem wizerunku medialnego*", Piotr Tymochowicz, tak sformułował starą prawdę, znaną makiawelistom i politologom od niepamiętnych czasów: „*Ludzie w swej masie są debilowaci. Żeby nimi kierować, trzeba dokładnie zrozumieć psychologię debila*". Bezbłędnie rozumieli ją Iwan Groźny, Piotr Wielki, Lenin, Stalin, właściwie wszyscy rosyjscy despoci, dlatego regularnie urządzali megarzezie „*wrogów ludu*", „*wrogów narodu*", „*wrogów imperium*", „*wrogów proletariatu*", „*wrogów socjalizmu*" itp., a masy kochały carów i genseków za te „*czystki*" — im bardziej krwawe zdarzały się hekatomby, tym miłość „*ludu*" do władających rzeźników potężniała. Tradycja bizantynizmu oraz wieki despotyzmu ukształtowały *„duszę rosyjską"*, darzącą kultem ten właśnie system rządów i będącą rewersem systemu, ergo: uformowały trwałą niewolniczą mentalność ludności, wybornie zdiagnozowaną (1843) piórem markiza de Custine. Wszystko to przy wsparciu całkowicie przegniłej Cerkwi; rzeczywistą religią stał się tron, rzeczywistym bogiem — tyran. Inaczej mówiąc: samodzierżawie stało się w Rosji religią silniejszą niż prawosławie. Mylą się zatem ci, którzy wskazują amerykańskie plantacje XVIII i XIX wieku jako symbol niewolnictwa. Rekordowe niewolnictwo panuje od stuleci w rosyjskim imperium, wedle reguły, o której tak pisał polski wieszcz narodowy, Adam Mickiewicz:

> *„Własne tylko upodlenie ducha*
> *Nagina szyję wolnych — do łańcucha".*

Dzisiaj (2006) rosyjski pisarz, Juz Aleszkowski, który zwiał do USA, identycznie mówi o Rosji putinowskiej: *„Serwilizm toczy wszystkich — i elity, i lud. Każdy pragnie lizać dupę, aż rwą się do tego"*. We wszechrosyjskim gułagu Stalina również rwali się do tego, mimo że nie było wówczas rodziny nieskaleczonej wywózką któregoś członka (lub paru członków) na Syberię. Mawiano żartobliwie: „ *— Dalej niż na Sybir nie ześlą"*. Czyli: nie jest tak źle, bracia! Co za tym idzie — Rosjanie lubili barbarzyński komunizm, bo nie lubili wolności. Współczesny Stalinowi Salazar, portugalski prezydent antykomunista, słusznie twierdził: *„Komunizm to synteza wszystkich buntów materii przeciw duchowi, barbarii przeciw cywilizacji. Nie można pragnąć równocześnie wolności i komunizmu, bo jedno wyklucza drugie, podobnie jak despocja wyklucza słuszną tezę, że państwo winno być sługą narodu"*. W Rosji Putina naród nie został nawet sługą państwa, tylko sługą Putina. Nie inaczej niż w Rosji Iwana Groźnego lub bolszewików, aczkolwiek mniej krwawo, gdyż jatki Biesłanu, moskiewskiego teatru czy wysadzanych bloków wielkopłytowych były rzeziami liczbowo słabiej imponującymi. Miernikiem (wspól-

nym mianownikiem) jest wszakże nie suma ofiar tej albo innej ma-
sakry, lecz podrzędność konstytucji i kodeksu. Już rosyjski wieszcz
narodowy, Alieksandr Puszkin, pisał, kiedy trwały rządy Mikołaja II (któremu, notabene, lizał potem rękę, by przebłagać):

> *„W Rossiji niet zakona,*
> *Jest' koł, a na kołu korona".*

Miast prawa — pal koronowany. Lecz masy rosyjskie wolą cara–batiuszkę od praworządności, dlatego ekskagiebista Władimir
Putin bardzo im się spodobał. Kilkaset ofiar tu czy tam co pewien
czas — tylko przydawało mu blasku jako twardorękiemu. *„Panrawiłsa"*, więc kult *„demokraty Putina"* stał się faktem. Rzecz
prosta — *„demokraty"* w cudzysłowie. Autentyczną bowiem demokrację sporo dzieliło od putinowskiej *„suwerennej demokracji"*. Termin ów został wynaleziony dla autokratyzmu putinowskiego przez jednego spośród czołowych ideologów Kremla ery Putina — przez Władysława Surkowa. Kryła się pod tym terminem
klasyczna antynomiczność — putiniada harmonijnie łączyła insty-
tucje demokratyczne z systemem ograniczających demokrację ha-
mulców i kagańców. W *„suwerennej demokracji"* używano wyborców nie do weryfikowania czy do zmiany władzy, tylko do le-
gitymizowania jej; ludność miała trochę praw konsumenckich, ale
żadnych politycznych organizatorsko i sprawczo; et cetera. Świat
patrzył na to ze zrozumieniem; widywano już rozmaite regionalne, mniej lub bardziej egzotyczne mutacje demokratycznego ustroju. Łaknący ropy Zachód milczał lub jedynie sarkał cichutko, prze-
trzebieni ruscy dysydenci (garstka) mruczeli gorzko, że *„nie tyra-
ni tworzą niewolników, lecz niewolnicy tyranów"*, a przygranicz-
ni sąsiedzi mieli koszmary nocne, bo wiedzieli, że nie mylił się
inny polski wieszcz narodowy, Juliusz Słowacki, tłumacząc:

> *„. . . . . jak jest niebezpiecznie*
> *z demokratami nie być dosyć grzecznie".*

*   *   *

W przyrodzie panują odwieczne żelazne reguły, które miękną kiedy łamie je kaprys przeznaczenia, czy jakaś burza hormonalna, czy niesforna wyobraźnia ludzka. Wtedy to się nazywa „*wyjątek, co potwierdził regułę"*.

Swego czasu (lata 60–e wieku XX) uczeni amerykańscy oraz izraelscy przeprowadzili ciekawe badania męsko–damskich par — Amerykanie zbadali kilka tysięcy kochających się studentów i studentek, tudzież kilka tysięcy młodych ludzi, którzy pierwsze sześć lat swego życia spędzili razem (jeden dom, jedna ulica, jedno podwórko), a Izraelczycy (grupa socjologa Sheptera) prawie trzy tysiące małżeństw zawartych w kręgu kibuców sąsiadujących ze sobą. Wynik był identyczny, całkowicie obalał raj miłości dziecięcych Baudelaire'a jako poetycką mrzonkę, albowiem nigdy nie tworzą miłosnych par ludzie, którzy, będąc dziećmi, wychowywali się razem przez pierwsze lata swego życia. Wniosek brzmiał: „*Nie można zakochać się w kimś, z kim spędziło się pierwsze lata życia"*. Rosjanie, którzy tradycyjnie torpedują naukę „*imperialistów"* dowodząc, że wynaleźli wszystko wcześniej — od koła i druku, do żarówki i radia (pionierem był tu starożytny rusiński filozof–matematyk Pietia Goras, zwany błędnie Pitagorasem z Samos) — tym razem też przeciwstawili się empirycznie, małżeństwem Lieonida Szudrina i Larissy Tiełkiny. Ci dwoje byli razem w jednym żłobku, w jednym przedszkolu, w jednej klasie szkolnej, w jednym zastępie pionierów, w jednym kółku komsomolskim, i wreszcie w jednym łóżku.

Lieonid poślubił Larissę gdy tylko otrzymał dyplom Wydziału Historii Uniwersytetu Moskiewskiego (1986). Równocześnie Larissa została absolwentką Wydziału Socjologii. Wprowadzili się do jej matki, wdowy Tiełkiny, kobiety zacofanej, dewocyjnie religijnej, która po kilku latach (1992) zostawiła im mieszkanie, bo zobaczyła w telewizji zmartwychwstałego znowu Jezusa Chrystusa i wyjechała na Syberię, gdzie rezydował ów bóg.

Syberyjski Jezus, noszący ziemskie imię Siergiej Torop, pracował pięć lat jako milicjant drogówki, lecz kiedy tylko rozleciało się sowieckie imperium (1991), ujawnił się jako Wissarion–Chrystus, którego Bóg–Ojciec drugi raz zesłał na grzeszną Ziemię. Bez trudu znalazł wyznawców, których liczba rosła piorunująco. Wdowa Tiełkina chciała się przekonać czy to sekciarz–kuglarz, czy prawdziwy Syn Boży, spakowała więc walizki i wsiadła do pociągu. Już nie wróciła. Cztery lata później (1996) Larissa ruszyła tą samą drogą, by odwiedzić matkę, i też nie wróciła. Lieonid dowiadywał się z jej listów, że ona i matka mieszkają w bożej wiosce Dom Świtu, że Chrystus–Wissarion to autentyczny bóg, że jego Kościół Ostatniego Testamentu liczy już prawie sześć tysięcy mieszkających naokoło rezydencji boga wyznawców, którym nie wolno pić, palić, ćpać, kląć i jeść mięsa, że budują w głuchej tajdze własne miasteczko, że trzymają się 61 przykazań („*Miej czyste myśli*", „*Spełniaj dobre uczynki*", „*Nie niszcz bezmyślnie*", itd.), oraz że temperatura minus 50 stopni nie jest kłopotliwa dla ludzi, którzy wielbią żywe bóstwo.

Roku 1997 tęskniący Lieonid wziął specjalne zwolnienie z pracy i ruszył daleko za Ural, by przywieźć żonę do domu. Osiem tysięcy kilometrów, wiele dni jazdy, nużące krajobrazy syberyjskie, płaskie jak brzuchy dziewic, słowem: męka. Na ostatniej stacji kolejowej dróżnik zapytał go:

— Pan też jest profesorem?

— Nie, jestem tylko kandydatem, po zachodniemu doktorem.

— Może okulistą?

— Nie, doktoryzowałem się z historii.

— Aaa, to nie pan jeden! Tam u Wissariona doktorów, profesorów, inżynierów jak mrówków. Co drugi kończył uniwersytety. A wielu równie młodych co pan. Zostanie pan?

— Mowy nie ma! Przyjechałem po żonę.

— Panie akademik, toż ona jest już „*oblubienicą bożą*", jak wszystkie tam!

— Czy ten Wissarion?...

— Nie, nie, pod tym względem to solidny gość, ma swoją babę i prawie tuzin bachorów. Nie żeruje na tyłkach i cyckach, lecz na majątkach. Wszyscy jego wyznawcy przekazują mu wszystko co posiadają, każdą kopiejkę.

— Nie lubi go pan?

— Czy ja wiem?... — zastanowił się dróżnik. — Nie mam nic do niego. Byłem tam raz, w zeszłym roku. Gadał akurat o Poncjuszu Piłacie, że ten go ukrzyżował, i że musiał wrócić na Ziemię, bo pierwszy raz od dwóch tysięcy lat jest znowu potrzebny. Wie pan... moich dziadków i mojego ojca zabili Niemcy, no to spytałem dlaczego nie przyszedł kiedy była ta cholerna wojna, czy wtedy nie był potrzebny? Ale mnie zbył, mówiąc, że wszystkiego dowiem się jak przeczytam jego księgę **„Ostatni Testament"**...

Larissa nie dała się namówić do powrotu, Lieonid nie dał się namówić do pozostania w tajdze. Wzdłuż torów znowu ciągnęły się brzozowe lasy i bezkresne stepy, a on cały czas widział jej załzawioną twarz gdy spytała:

— Dlaczego?!...

Odparł cytatem z Woltera, chociaż nie powiedział, że cytuje:

— Dlatego, że Bóg stworzył człowieka na swój obraz i podobieństwo, ale człowiek odpłacił mu tym samym.

Nie zrozumiała, tak jak nie rozumieją ci wszyscy, którzy ów zgrabny bon–mot _„króla libertynów"_ wiążą ze sztukami plastycznymi — z rzeźbą i z malarstwem.

✳ ✳ ✳

O silnych władcach szczególnie uprzejmie wyrażają się zazwyczaj ich poddani. Jest to tradycja starsza niźli antyczna, maniera pradziejowa, sięgająca czasów jaskiń grających rolę siedzib i salonów, lecz wskutek dość późnego wykształcenia się pisma — jej pierwsze znane świadectwa dokumentalne pochodzą z Bliskiego Wschodu i ze starożytnego Egiptu. O egipskich bogach i faraonach–bogach pisano dłutem górnolotne dytyramby (cytuję za inskrypcjami podanymi w XX wieku przez François Daumasa i Philippa Vanderberga):

> *„Żyje On prawdą.*
>   *Karmi się prawdą.*
>   *Bogowie zadowoleni są ze wszystkiego co czyni:*
>   *daje chleb głodnym,*
>   *wodę spragnionym,*
>   *szaty nagim".*

Lub tak:

> *„Jest pełen mądrości od momentu wyjścia z łona matki.*
> *Bóg wyróżnił go spośród milionów ludzi".*

Lub jeszcze krócej:

> *„Niech będzie wieczny jak Re!".*

Albo zwracano się wprost do majestatu:

> *„Serce moje bije żywo*
>   *Ilekroć patrzę na Twoją doskonałość.*
>   *Ty odnawiasz młodość".*

Bądź tak:

> *„Ty jesteś ojcem i matką ludzi;*
>   *Oni żyją Twoim oddechem".*

Tudzież tak:

> *„Blasku złota nie można przyrównać do Twojego blasku.*
> *Jesteś jedyny i niepowtarzalny, przemierzasz wieczność.*
> *Wskazujesz właściwą drogę milionom ludzi.*
> *Twój blask jest jak blask nieba.*
> *Patrzy na ciebie cały świat".*

W pierwszej dekadzie XXI wieku na Putina istotnie *„patrzył cały świat"* (im bliżsi granicom Rosji byli ci patrzący, tym patrzyli z większym niepokojem), a on — przepraszam: On — istotnie *„wskazywał właściwą drogę milionom ludzi"*. Milionom radzieckich — przepraszam: rosyjskich — ludzi. Różni delegaci tych milionów głośno charakteryzowali Putina, analizowali jego cechy, humanistyczne i polityczne. O tych pierwszych cechach tak się wyraził działacz partyjny, Wiacziesław Wołodin:

— Prezydent to człowiek, który na równi z profesjonalizmem odznacza się człowieczeństwem pierwszorzędnego gatunku. Dlatego szanują go i kochają ludzie.

O politycznym znaczeniu Putina mówiło liczne grono. Choćby Ramzan Kadyrow (prorosyjski prezydent Czeczenii):

— Władimir Putin to polityk numer jeden na świecie.

Czy deputowany Alieksiej Lichaczew:

— Putin to najbardziej wpływowy polityk ziemskiego globu.

Bądź Wiacziesław Nikonow (prezes Fundacji „Polityka"):

— Putin, będący samowystarczalnym centrum siły, jest i długo pozostanie główną polityczną figurą świata.

Akcentowano też jego rolę zbawiciela; Hasan Mirzojew (poseł do Dumy):

— Twoja ręka twarda i mocarna wstrzymała szerzący się wokoło chaos, przywracając ludziom wiarę i nadzieję!

Plus jego nieomylność; Władimir Czurow (przewodniczący Centralnej Komisji Wykonawczej):

— Czy Władimir Putin w ogóle może się mylić?

Okazało się też, że nieomylność Putina uskrzydliła wiele dziedzin rozwoju społeczeństwa Wszechrusi, m.in. literaturę; pisarz Oleg Morozow:

— Gdyby nie siedem lat prezydentury Putina, to nie bylibyśmy teraz tutaj, na tej konferencji, i nie mówilibyśmy o przyszłości literatury. Dyskutowalibyśmy o tym, dlaczego literaci piją wódkę.

I uskrzydliła kinematografię; reżyser Fiodor Bondarczuk:

— Wszystkie sukcesy naszego nowego kina są związane z Władimirem Putinem!

I muzykę; Josif Prigożyn (producent muzyczny):

— Pierwszy raz zjawił się w naszym kraju człowiek, którym można się nie tylko normalnie szczycić, ale wręcz zachwycać. Władimir Władimirowicz Putin!

Oraz sport; Irina Rodina (łyżwiarka figurowa):
— Dla nas, sportowców, Władimir Władimirowicz od dawna
jest głównym trenerem. On — kierownik naszej drużyny, naszego
kraju!
Tudzież feminizm; Liubow Sliska (wiceprzewodnicząca Dumy):
— Kobiety rosyjskie miłują Putina. Putin to nasze wszystko!
Wreszcie psychiatrię; Alieksandr Dugin (geopolityk):
— Przeciwników Putina już nie ma, a jeżeli jeszcze gdzieś tacy istnieją, to są to osoby chore psychicznie, które trzeba zamy-
kać we właściwym szpitalu!
Niepozamykani we właściwych szpitalach korzystali z wolności, tworząc mnóstwo rymów hagiograficznych (ód, hymnów, sone-
tów, poematów itp.), wedle recepty tego samego geopolityka Du-
gina, brzmiącej prosto: „ — *Putin wszędzie, Putin wszystko, Putin absolutny, Putin niezastąpiony"*. Co bardzo wzbogacało wie-
lowiekową skarbnicę rosyjskiej poezji, która była, jest i będzie
przodującą poezją ziemskiego globu.

* * *

W bieszczadzkiej komunie hipisów Witold Nowerski dostał pier-
wotnie ksywkę „*Wicio"*, a później „*Znajda"*, bo mówił, że nigdy nie miał rodzicieli. W Krakowie „*Znajdą"* był już wyłącznie
dla Mariusza Bochenka, którego hipisowscy kumple przezywali
nie tylko „*Rubensem"*, także „*Członem"*, honorując tą szlachetną ksywą jego ponadnormatywny fallus. Jest rzeczą zdumiewającą jak wielką różnicę między mężczyznami tworzą te trzy–cztery
centymetry więcej, dzięki którym organ służący wydalaniu pły-
nów fizjologicznych staje się magiczną różdżką, niczym złote ber-
ło, przenosząc faceta do superelitarnej ligi samców, identycznie jak
dwadzieścia centymetrów ponadnormatywnego wzrostu przenosi
gracza do ligi NBA. Białogłowy rozpoznają ponadnormatywnych
nie wiadomo czym — węchem, słuchem, wzrokiem lub może ins-
tynktem — ale rozpoznają bezbłędnie i szybko, niby czujnik rent-
genowski promieniowanie X (tu konkretnie: XXXL). Już w pierw-

szej klasie liceum Mariusz przerżnął zastępczynię dyrektora. Ale gdy opuścił wraz ze *„Znajdą"* komunę hipisów i został obywatelem grodu Kraka — rychło przylgnęła doń inna ksywka, którą dało mu środowisko kryminalne: *„Blankiet"* vel *„Blankiecik"*. Około półmetka lat 70–ych (szczyt tzw. *„prosperity gierkowskiej"*) cała południowowschodnia część PRL–u (Kraków, Rzeszów, Przemyśl, Lublin, Stalowa Wola i Zamość) była królestwem *„Blankieta"* — wszyscy ważni przestępcy tej części kraju zaopatrywali się u niego w dokumenty *„lepsze niż autentyczne"*. Płacąc odpowiednią sumę, zostawali maturzystami i magistrami, dostawali kwity celne, koncesje, zezwolenia bądź umorzenia, mieli solidne faktury i legitymacje, nie wyłączając paszportów, które honorowano jak glob długi i szeroki (czy raczej okrągły). Dojście do superfałszerza nie było bezpośrednie, istniał łańcuch pośredników kontrolowanych przez dwa gangi (krakowski i lubelski), więc profesja wydawała się bezpieczna. Również mentalność Mariusza budziła zaufanie jego klientów.

Gdyby musiało się określić Bochenka jednym słowem, trzeba byłoby użyć słowa: niewzruszony. Można go było tym terminem definiować, sądząc po odruchach i kamiennej gębie. Ale niewzruszoność, nawet granitowa niewzruszoność ekskluzywnego rodzaju, jest tylko perfekcyjną umiejętnością maskowania swego robaka, chowania go tak głęboko w sercu, by nikt nie dał rady go dostrzec. Wielu chce być zimnymi cynikami, uważając cynizm za tarczę chroniącą przed złośliwościami losu, lecz podobna filozofia, trzymanie nerwów na wodzy itp., zezwala łatwo triumfować jedynie wobec zła minionego czy przyszłego, gdy zło bieżące łatwo triumfuje nad mniemaną stoickością. Tymczasem Mariusz *„Blankiet"* był twardszy niż paskudna codzienność — nigdy się nie krzywił, nie biadolił, nie sarkał i nie klął pecha. Nigdy się nie poddawał i nigdy nie odkrywał — oszukałby każdy wariograf i każdego z psychiatrów. Robak *„Blankieta"* — ciągła chandra powodowana faktem, iż jego dzieła graficzne tudzież malarskie są lekceważone, odrzucane przez galerie i przez marszandów — był milcącym lokatorem katakumby wewnątrz zbolałej duszy „*artysty wyklętego"*.

Wiosną 1978 Bochenek wpadł. Nigdy nie dowiedział się dzięki komu, ale treść donosu mniej go gnębiła niż treść wyroku: siedem lat w „*ciupie"*. Dużo. „*Rok nie wyrok, dwa lata jak dla brata"*, jednak siedem lat to dantejskie piekło, nawet gdy się uwzględni możliwość wyjścia po dwóch trzecich za „*dobre sprawowanie"*. Prokuratura rekwirowała co chciała (cały sprzęt i materiał fałszerski), lecz sąd nie orzekł lokalowego „*przepadku mienia"*, dlatego Witek „*Znajda"* (fartownie nieobecny przy rewizji i aresztowaniu, więc „*nienamierzony"*) został w spadkowej „*chacie"* jako jedyny (prócz futrzastego „*dachowca"*) lokator. Utrzymywał się bez kłopotu, mieli bowiem swoje tajne konta i skrytki, ale wskutek braku roboty nudził się okrutnie. Rozrywkę codzienną dawał telewizor; rozrywkę comiesięczną stanowiły „*widzenia"*, czyli wizyty w „*pierdlu"*. Każda druga środa miesiąca.

Już pierwsza taka środa oferowała mu dużo emocji. Gdy przyszedł, zobaczył pod bramą „*zakładu penitencjarnego"* dwie dziewczyny szarpiące sobie kudły, plujące, drapiące i wrzeszczące. Znał obie, Jolkę i Beatę, bo obie były „*sympatiami"* szefa. Rozdzielił je, nie bez wysiłku, lecz nim otwarto bramę, pojawiła się Marta i wybuchło jeszcze większe piekło. Wszystkie przybyły na „*widzenie"* z ukochanym. Kiedy wreszcie bramę otwarto, została tylko Jolka — przegoniła konkurentki, bo ćwiczyła ju–jitsu.

Nie było Witkowi lekko za czasu odsiadki szefa. Nie znał klientów „*Blankieta"* (owych „*biznesmenów"*, paserów, kontrabandzistów i gwiazdorów „*miasta"*), prócz jednego cinkciarza, Karola „*Guldena"* Wendryszewskiego, którego tłukła cudzołożna małżonka, więc czasami biedak się wypłakiwał i nocował w mieszkaniu fałszerskiego duetu. „*Gulden"* był ulubieńcem „*Człona"*, gdyż był jego wielbicielem — z podziwem obserwował jak kobiety lecą na Bochenka, mimo że ten traktuje każdą raczej zimno (stanowiło to dla waluciarza bulwersującą zagadkę bytu notorycznie). Gdyby nie desperackie ucieczki Wendryszewskiego przed „*zdzirą"*, Witold

długimi miesiącami miałby jako rozmówcę tylko bochenkowego
kota — „*Kacapa*". Aż do września 1979 roku...

* * *

Pędząc saniami ku wiosce wyznawców eksdrogówkowca Wissariona, Lieonid Szudrin wiedział już (od funkcjonariusza kolejo-
wego), że wśród hołdujących drugie, wissarionowe wcielenie Ga-
lilejczyka jest sporo ludzi mających uniwersyteckie dyplomy, ale
kiedy zobaczył Miszę Gruwałowa, dawnego kolegę z Wydziału
Historii i z Instytutu, nie wierzył własnym oczom:

— Ty, historyk, tutaj?!

Misza uściskał go serdecznie:

— Właśnie dlatego tutaj, że historyk! Pismo Święte to perła
historiografii, kolego! A krzyż, Lonia, to zaczyn wszelkiego dobra, wszelkiej naprawy, wszelkiej odmiany. Również Rewolucja Paź-
dziernikowa miała krzyż jako detonator buntu mas.

— Zwariowałeś? Lenin wymachiwał sierpem i młotem, nie kru-
cyfiksem, jaki znowu krzyż?!

— Krzyż, krzyż, Lonia! Konkretnie krzyżyk. Nie będziesz chyba przeczył, że Rewolucja 1905 roku była bramą do obu Rewolucji 1917 roku, Lutowej i Bolszewickiej?

— Bolszewicki pucz nie był żadną rewolucją, był ordynarnym
zamachem stanu, Misza, ale zgadzam się, że eksplozja 1905 stanowiła prolog eksplozji 1917. Tylko gdzie ten krzyż? Chodzi ci
o krzyż, którym wymachiwał wtedy mnich Hapon, wiodąc demon-
strację robociarzy pod lufy żandarmów? Przecież to był prowokator, tajny agent Ochrany, jak Azef!

Misza Gruwałow machnął ręką w zniecierpliwieniu:

— Chodzi mi o krzyżyk, kolego. Tamtej zimy Alieksy Aliek-
sandrowicz... Wiesz o kim mówię?

— O Wielkim Księciu?

— Zgadza się, mówię o synu cara Aleksandra II, Wielkim Księciu Alieksym Alieksandrowiczu, wielkim złodzieju, którego wywalono ze stanowiska szefa floty, bo zbyt dużo kradł.

— On nie był detonatorem żadnego buntu...

— Był!

— Kiedy, w 1905?!

— Owszem. Tamtej zimy przybył do Teatru Michajłowskiego w Petersburgu ze swą metresą, panią Ballette, która miała na sobie pyszny garnitur brylantów, a między jej cyckami wisiał cudowny rubinowy krzyżyk. Gdy weszli do loży, publika wstała i gapiła się ponuro, aż ktoś ryknął: „ — *Miliony Czerwonego Krzyża!*". Wtedy cała sala zawyła: „ — *Oddaj diengi!!!*". Książę, wraz ze swą damą, zwiał. Gonił ich ryk tłumu. Dzień później wybuchła rewolta uliczna, kolego.

Lieonid roześmiał się i rzekł:

— Mnie uczono inaczej, Misza. Że wojna carsko–japońska spowodowała taki chaos...

Gruwałow przerwał mu gwałtownie:

— Daj spokój!

— To ty daj spokój. Zawsze miałeś bzika na punkcie babskiej pupy jako motoru historycznych zdarzeń. Od Kleopatry i Messaliny, do pani Simpson i pani Peron. Gdyby profesor Żelezin ci nie zakazał, doktorat robiłbyś z tyłka solistki Teatru Bolszoj jako detonatora stalinowskich *„czystek"* w resortach siłowych. Wszyscy członkowie Akademii żartowali wtedy, że *„Misza Gruwałow widzi tylko krocze kochanki Słońca Ludów"*!

Gruwałow wzruszył ramionami pogardliwie:

— Opinia zbiorowa to bagno, każda bulwersująca prawda jest dziełem indywidualisty. Ta śpiewaczka była muzą Stalina przez prawie dwadzieścia lat...

— Nie jedyną.

— Ale jedyną tak długo, inne spuszczał po kilku miesiącach. Gdyby kolejni szefowie NKWD, Jagoda i Jeżow, nie dobierali się do Wiery Dawydowej, Stalin by ich nie rozwalił.

— Czyli rozwalił ich przez zazdrość?

— Tak, przez zazdrość, przez wściekłą zazdrość. Marszałek Tuchaczewski połuczył kulkę, bo Dawydowa kochała go, a Beria...

— Misza, dosyć, odpuść! — jęknął Szudrin. — Nie przyjechałem, by słuchać bredni na temat samicy Stalina!

Przyjechał tam, by ewakuować własną samicę, czyli wskrzesić swoje małżeńskie stadło, lecz to mu się nie udało, ponieważ roztaczał mniej feromonowego czaru aniżeli syberyjski neoChrystus Wissarion. Wrócił do Moskwy wściekły, i żeby przepędzić stres, wziął się za wyczerpującą gimnastykę z czarnowłosą Olgą, młodą sekretarką kancelarii Instytutu Historycznego, tudzież z czarnorynkową materią dziejów w ramach pisania pracy **„Historia rosyjskiej oligarchii"** jako naukowej (instytutowej) trampoliny.

* * *

Większość ludzi to niewolnicy swoich emocji, iluzji, mrzonek, uprzedzeń i patetycznych bądź geszefciarskich wyobrażeń, a także rozpowszechnionych mitów i rytuałów, tymczasem Mariusz B. zachowywał pełną suwerenność umysłu, przystosowując się błyskawicznie (nieomal odruchowo), z racjonalnym pragmatyzmem, do kapryśnej rzeczywistości, więc trudno go było traumatycznie zaskoczyć jakąś bolesną dla człowieka niespodzianką. Potrafił oceniać każdą sytuację adekwatnie i reagować na nią adekwatnie, czyli tak, jak to praktykują zwierzęta. To go trochę odczłowieczało w kierunku zwierząt i robotów. Chociaż areszt, sąd i wyrok zakłóciły wzorowe funkcjonowanie tego mechanizmu, lecz na krótko — szybko przystosował się do warunków więziennych. Nim minęło półtora roku — był już wolny jak ptak. Jak obrączkowany ptak, ale ptak nietykalny dla myśliwych noszących szaroniebieskie mundurki MO. „*Znajdzie*" rzekł:

— „*Glina*" ni prokuratura ni sąd nas więcej nie ruszy, finito, szlaban!

— Jesteś pewien? — zdumiał się Witold.

— Pewien to jestem tylko śmierci, a tego jestem prawie pewien. „*Psy*" do budy, wara od nas, nie musimy się już bać lachów!

— Czemu puścili cię tak szybko?

— Bo jestem przystojny, inteligentny, utalentowany i dobrze wychowany, rozumiesz, głupku?

— No tak... ale przecież za to nie dają...

— Dają za wszystko.

— Za wszystko?!

— Owszem, za wszystko to, co według nich może zbawić ich świat. Są głupi, lecz wokół łażą miliony chorujących na większą głupawkę.

Równocześnie stał się drugi cud — odmienił się radykalnie los *„artysty plastyka"* Mariusza Bochenka. Dwie galerie i dwa muzea sztuki współczesnej zrobiły wernisaże i wystawy jego prac, gazety zaczęły drukować pochlebne recenzje jego twórczości (manierę Bochenka szufladkowano klasyfikacyjnie jako *„destrukturalizm synergiczny"*), sprzedaż tej *„awangardy"* szła bestsellerowo. Imponująco szła również nielegalna produkcja druków. *„Rubens"* sprowadził skądś dwie maszyny drukarskie, lecz już nie do fałszowania blankietów, tylko do wydawania *„bezdebitów"*, czyli *„literatury podziemnej"* — czasopism, ulotek i książek antyreżimowych, kleconych przez dysydentów. W *„podziemiu"* KOR–owskim i w *„podziemiach"* mniejszych wędrowały szeptanki o patriotyczno–martyrologicznej odsiadce Mariusza (konspiracyjne pseudo *„Zecer"*), tudzież o tym, że jego tajna firma to najlepsza, najpewniejsza, najbezpieczniejsza drukarnia antykomunistyczna południowowschodniej części kraju. I tak było — inne konspiracyjne drukarnie seryjnie wpadały, a podkrakowskiej piwnicy drukarskiej *„Zecera"* esbecja i milicja namierzyć nie mogły za żadną cholerę.

W 1980 i 1981 roku triumfowała „Solidarność". Presja reżimu słabła, muskulatura Związku pęczniała, cenzura funkcjonowała niczym kaleka, światło wolności majaczące u krańca tunelu rosło każdej doby. Konspiratorzy konspirowali dalej, lecz już rozluźnieni, hałaśliwi, butni i balujący euforycznie przy różnych okazjach. Pewną *„balangę"* krakowską zakończono blisko świtu i Mariusz *„Zecer"* rozwoził kumpli z *„konspiry"* do domów, bo kupił duże volvo, a *„naprany"* prowadził wóz równie elegancko jak gdy był

trzeźwy. Tym razem jednak mieli pęcha: wyhamował ich milicyjny radiowóz. Kierowcy wetknięto alkomat w buzię. Alkomat pokazał zero — nul! Trzy razy. Kierowca był trzeźwy niby niemow-
lak. Nazajutrz pełni obaw i podejrzeń kumple zapytali go:
— Dlaczego ty udajesz, że chlasz, kiedy chlamy balując, „Zecer"?!
— Dlatego, że mam wrzody żołądka, a nie chcę psuć wam zbiorowego, powstańczego ducha alkoholizmu! — odwarknął.
I zaprezentował im lekarstwa plus papiery szpitalne pacjenta żo-
łądkowej (gastrologicznej) interny. Wszystkim kolegom zrobiło się
głupio.
Nocami leżał, nie przymykając wzroku, i myślał, że to wszystko jest straszne niczym ostatni krąg dantejskiego piekła. Mantro-
wał bez głosu: „Boże mój, Boże mój, nie opuszczaj mnie, nie od-
pychaj mnie, nie odbieraj mi siły!".

$$* \quad * \quad *$$

Lieonid Szudrin wziął finansowych rekinów jako temat swojej
rozprawy scjentycznej (mającej mu przynieść wyższy stopień naukowy), ponieważ nie chciał, aby rezultat jego harówki spoczął
trójegzemplarzowo w bibliotecznym kurzu Instytutu Historycznego — pragnął osiągnąć również sukces rynkowy, publikując bestseller. Wiadomo każdemu, iż rangę bestsellera gwarantują książce
te same trzy afrodyzjaki, które się uważa za trzy główne motory
działań homines sapientes: seks, pieniądze i władza. Aktywność
finansowych magnatów — czy to starożytnych, czy nowożytnych
— spaja owe trzy namiętności harmonijnie: ci ludzie gromadzą duże pieniądze, więc dzierżą władzę (ekonomiczną tudzież lokalną
polityczną) i kupują sobie kobiety wybiegowego sortu. We wszystkich krajach komunistycznych, które się odkomunizowały pomiędzy rokiem 1989 a 1991 (Europa wschodnia, południowowschodnia i środkowa) kasta tych miliarderów (identycznie jak wszelaka
mafia) wyrosła ze specsłużb, z tajnej żandarmerii reżimowej — bez
współpracy bądź inspiracji „służb" megakariera finansowa była nie-

możliwa. To one przeprowadzały dawnych walutowych cinkciarzy od bramy blisko banku do gabinetu i fotela szefa banku, a regionalnych dzierżymordów (dygnitarzy czerwonej partii) — od **„Kapitału"** do kapitału. W Rosji i na Ukrainie nowa arystokracja pieniądza zyskała miano *„oligarchów"*, zaś Szudrin chciał pokazać czytelnikom XVI–wieczne, XVII–wieczne, XVIII–wieczne i głównie XIX–wieczne pierwowzory takich superludzi — pionierów rosyjskiego kapitalizmu, tytanów oligarchii carskiej. I pokazał, ale nie czytelnikom.

„Historia rosyjskiej oligarchii" Lieonida Szudrina bezspornie dowodziła, że stałość jest cechą charakterystyczną rosyjskiego systemu — przez prawie pół tysiąclecia (XVI–XIX wiek) wszystko toczyło się w niezmienny sposób: kto nie miał poparcia *„służb"*, ten tracił cały majątek, często razem z życiem. Już za pierwszego wszechruskiego cara, Iwana IV, mordowano co majętniejszych bojarów okrutnie, torturując (*„kaźniąc"*) kilkupokoleniowe rodziny (żony i córki najpierw gwałcono, a później duszono lub *„pławiono"*). Iwan chętnie uczestniczył, kierując egzekucjami i własnoręcznie męcząc (łapownika, który wziął od petenta pieczoną gęś nafaszerowaną złotymi monetami, pozbawiał kolejno rąk i nóg, pytając przy każdej „amputacji" czy gąska smakowała). Lecz ci bogacze, którzy chętnie i lojalnie współpracowali ze służbą represyjną Iwana, Opryczniną, byli nietykalni. Dokładnie to samo działo się za wszystkich ruskich monarchów. Casusem symptomatycznym dla kilkuwiekowej epopei Szudrin mianował krezusa Politkowskiego, człowieka, którego tuż przed połową XIX wieku zwano *„rosyjskim Monte Christo"*.

Milioner Politkowski był niekwestionowanym *„królem Petersburga"* całe 17 lat (1835–1852). Przyjęcia i bale w jego pałacach i rezydencjach nie miały sobie równych, nawet carskie *„asamble"* nie wytrzymywały konkurencji. Gwoli urządzania nocnych *„pikników rzecznych"* kupił Politkowski dwa luksusowe parostatki, nocą oświetlane *„a giorno"*. Zimą nigdy nie brakowało tam świeżych poziomek i egzotycznych kwiatów. Elity rosyjskie bywały gośćmi tego Midasa właściwie „z obowiązku", gdyż kto nie bywał na salonach Politkowskiego, ten stawał się cywilnym trupem, sui generis banitą. Wszyscy kłaniali się bonzie do pasa, i wszyscy za jego plecami spekulowali à propos źródeł jego milionów, gdyż proweniencja tej fortuny była enigmą. Politkowski twierdził, że ma szczęśliwą rękę jako hazardzista, więc wygrywa krocie przy „*zielonym stoliku*". Działalności rolnej ani biznesowej nie prowadził. Wzorowo kierował biurem Komitetu Inwalidów Wojennych (KIW). Za tę wzorowość car przywieszał dyrektorowi Politkowskiemu ordery.

Prawda została ujawniona kiedy Politkowski „*kojfnął*". Miał dwa źródła dochodów: kierowanie szajką wytrawnych szulerów (hazard o skali przemysłowej) i kierowanie funduszem KIW–u (megadefraudacja). Kradł z funduszu gigantyczne sumy. Był nieusuwalny, gdyż gościł i pieścił głównych dygnitarzy imperium. Co pewien czas sam składał u cara donos na siebie (anonimem lub przez podstawione figury), i przybywała kontrola, która jednak nie wykazywała żadnych braków, bo dyrektor KIW–u dzień wcześniej likwidował manko pieniędzmi pożyczanymi krótkoterminowo od kumpla, multimilionera Jakowlewa. Ale główną opokę tego hochsztaplerskiego cyrku stanowiło wspólnictwo szefa carskich tajnych służb, generała Lieonida Dubelta (Dubbelta), który miał udział w szulerskim przemyśle Politkowskiego.

Za prezydentury Borisa Jelcyna (lata 90–e XX wieku) dawny ZSRR był pełen prawnuków Politkowskiego, więc „**Historia oligarchii rosyjskiej**" nie zobaczyła pras drukarskich. Zdezawuowało ją kilka wydawnictw, zaś autorowi doradzono w Instytucie, by przestał szukać edytorów, jeśli chce robić karierę naukową, lub raczej jakąkolwiek karierę w jakiejkolwiek branży demokratycznego państwa. „*Tisze jediesz, dalszie budiesz!*".

*   *   *

Nim minęła połowa grudnia 1981 roku, wolnościowe żarty skończyły się nad Wisłą. Wieczorem 9 grudnia przyleciał do Warszawy wódz wojsk Układu Warszawskiego, marszałek Wiktor Kulikow, by pogwarzyć z głównym komandirem wojsk PRL–u, generałem Wojciechem Jaruzelskim. Cztery dni później tzw. Ludowe Wojsko Polskie, wspomagane przez kohorty MO, hufce ZOMO i eszelony SB, ciężkim orężem (czołgi, transportery itp.) wzięło za pysk cały kraj. „*Zecer*" szczęśliwie uniknął aresztowania i ocalił swą drukarnię, lecz bojąc się dekonspiracji (wskutek represji i rygorów „*stanu wojennego*"), przerwał działalność. Wyszukał sobie inny konspiracyjny lokal (nieznany aresztowanym, sprytniej kamuflowany, trudniejszy do zlokalizowania) i po półrocznej „kwarantannie" wznowił produkcję „*bibuły*" czyli, jak mówią Rosjanie, „*samizdatów*". Przez te kilka miesięcy bez drukarskiej farby nie unikał jednak farby — wraz z grupą antyczerwonych „*kowbojów*" malował nocami gdzie się dało graffiti kontrreżimowe. „*SOLIDARNOŚĆ WALCZY!*", „*SOLIDARNOŚĆ ZWYCIĘŻY!*", „*PRECZ Z JARUZELEM!*", „*WRONA SKONA!*" etc. Aż obok bawiących się sprayem „*kowbojów*" ni stąd, ni zowąd — czyli „*deus ex machina*" — zahamowały radiowóz i gazik. Major SB wyszedł bez pośpiechu, przeciągnął się sennie, spojrzał tęsknie na rozgwieżdżone zimowe niebo, i dopiero później przeczytał, sylabizując wielkie litery zdobiące mur i ociekające strużkami farby antykomunistycznej:

— SO–LI–DAR–NOŚĆ–ŻY–JE! SO–LI–DAR–NOŚĆ–WAL–CZY! PRECZ–Z–KO–MU...

Westchnął, jakby się zawiódł, i spytał:

— Którego to?

— Moje, panie władzo — powiedział „*Zecer*", robiąc dwa kroki w kierunku funkcjonariusza.

— Pięknie! Bardzo pięknie!... Tylko czemu nie skończyliście napisu, obywatelu?

— Nie zdążyłem, panie władzo.

— Przeze mnie?

— Uhmm.

— Więc kończcie, nie lubię brakoróbstwa.

„*Zecer*" znowu stanął przy murze i dopisał dwie litery plus wy-
krzyknik: NĄ!
— Gotowe! — zameldował.
— Widzę... — rzekł major. — Nadjeżdżam, widzę i się za was
wstydzę!
— Pan major jest poetą?
— Nie, a bo co?
— No bo tak do rymu, widzę–wstydzę...
— Raz do rymu, a raz do tematu, obywatelu. Wróćmy do te-
matu. Obywatelowi się ustrój nie podoba?
— No, fakt, nie podoba mi się, panie władzo.
— Z powodu?
— Z przyczyn egzystencjalnych.
— Rozumiem, obywatelu. A tak szczegółowo, to co wam, kur-
wa, nie pasuje?
— Bezduszność trywialnego społeczeństwa i cynizm wyeman-
cypowanych kobiet, panie władzo.
— Znaczy jakich?
— Rozwiązłych.
— To po kiego grzyba paskudzicie mur tą „Solidarnością"?
— Chodzi nam o solidarność uciemiężonych samców. Wrażli-
wych samców. Wiemy, panie władzo, że są też samce bardzo nie-
okrzesane, gruboskórne, koszarowe, które mają do białogłów stosunek czysto użytkowy, jak mundurowi do spluwy: repetowanie,
strzał, szlug, siku, i adios! Lecz my jesteśmy mutacją humani-
styczną i zwalczamy komuny lubieżne...
Ten przydługi dialog musiał denerwować drugiego oficera, kapitana z gazika wojskowego (major był z radiowozu), gdyż się
wtrącił:
— Grasz sobie tu bambuko, gnoju, tak?... Pogrywasz?!... Nim
weźmiemy was wszystkich na „*dołek*", macie to zmyć! Zeskro-
bać, wylizać, jakkolwiek, ale ma tego nie być, hołoto! Już!! Ka-
pralu, pałą każdego, który nie będzie chciał wypełniać rozkazu,
pałą po nerach!

Wówczas „*Zecer*" skoczył między dwóch funkcjonariuszy, natomiast „*Znajda*" strzelił im sprayem w twarze. Sikał farbą dookoła, plamiąc mundury i samochody, jednak nie to zezwoliło Mariuszowi czmychnąć, tylko fakt, że gazik nie mógł ruszyć, bo bezłańcuchowe gumy ślizgały się na lodzie. Przyblokowany gazikiem radiowóz też był bezradny.

Trójka uciekła, czwórkę skuto, spałowano i skazano. Ale krakowskie „*podziemie*" snuło legendy o brawurze „*Zecera*" i grupy „*Zecera*". To się liczyło. Rodził się nimb.

* * *

Tak jak cały przemysł kosmetyczny bazuje na wmawianiu kobietom, że wszystkie mogą mieć 18 lat — tak cała „*mocarstwowość*" Rosji ery Putina (pierwsza dekada XXI wieku) bazowała od początku władzy Putina na przyjmowanej z ufnością przez naród rosyjski propagandzie państwowej, według której Rosja to znowu (po konwulsjach ery „*pieriestrojki*" i po degrengoladzie jelcynowskiej) światowy gigant dzięki wysiłkom tytanicznego przywódcy. Geniusz Putin stał się supermatrioszką, idolem rosyjskich mas, które genetycznie tęskniły do silnego batiuszki–samodzierżcy, a propaganda kremlowska podsycała ten kult (bez finezji, raczej „*na chama*", bo człowiek ruski kocha prostotę) hasłami typu: „*Jesteś tego warta!*", znaczy: Rosjo, jesteś warta Putina gromowładnego i omnipotentnego.

Podczas rządów Putina Rosja tak wypiękniała, że zaczęła przypominać malowidło impresjonisty: lepiej obejrzeć z niezbyt bliska, bez wtykania nosa. Lecz sam Putin musiał wtykać nos we wszystkie ekonomiczne tudzież militarne realia (liczby, wykazy, statystyki itp.), znał więc prawdę, tę czarną. ZSRR miał 285 milionów ludzi, a po zdekompletowaniu Rosja już tylko 140 milionów i katastrofalną (głównie wskutek megaalkoholizmu) zapaść demograficzną. Sowiecki PKB (produkt krajowy brutto) był dwukrotnie mniejszy niż amerykański; rosyjski ośmiokrotnie! Liczba rosyjskich bombowców strategicznych zmalała (w stosunku do zasobów ZSRR) o 40 proc., rakiet balistycznych o 60 proc., rakiet z okrętów podwodnych o 80 proc. Przewaga wojskowa USA (wielokrotna pod każdym względem, m.in. prawie dziesięciokrotna satelitarna) stała się tak przygniatająca, iż Putin rozumiał, że kierowane przezeń państwo jest karłowatym mamutem, papierowym niedźwiedziem — drapieżnikiem bez zębów. Co pozostało? Propaganda, którą nie można było wystraszyć Zachodu, lecz można było nadmuchiwać dumę obywateli Rosji (jak choćby głoszeniem wyższości rosyjskiego systemu antyrakietowego nad amerykańskim, rosyjskich rakiet „Topol" M nad amerykańskimi, czy rosyjskich myśliwców Su nad amerykańskimi F), plus straszak energetyczny — nafta i gaz.

W epoce, kiedy nie liczą się wielomilionowe armie, lecz wyrafinowana technika i elektronika (tu Rosja jest wciąż krajem starożytnym wobec Zachodu), i kiedy króluje rachunek ekonomiczny, a nie klangor ideologiczny — Rosji został ostatni realny atut: gorący towar do sprzedawania i zarabiania. Jedni (Hiszpanie, Turcy, Włosi, Grecy) mogą sprzedawać cudzoziemcom swoje plaże i słońce, a Rosja sprzedaje naftę i gaz, które mają tę przewagę nad naturalnym bogactwem zwanym turystyką, że odcięciem kurortów (w przeciwieństwie do kurków) nikomu nie można grozić. Dzięki temu Zachód musi być grzeczny i często przymykać oko wobec różnych „kontrowersyjnych" kwestii i problemów, a Rosja, dzięki temu samemu, ciągle nie musi ogłaszać bankructwa, mimo mentalnej spuścizny marksistowskiej i codziennej praktyki parakryminalnej, zwanej biznesem „nowych Ruskich". Ową praktykę renomowany „The Financial Times" nazwał (2007): „Russia Inc.", pijąc do klanu egzekutorów Cosa Nostry „Murder Incorporated". Chodziło anglosaskiemu periodykowi o szczelną sieć firm kontrolowanych przez Kreml, a będących własnością „nowego rodzaju bandyckich bojarów, wiernych Kremlowi jak psy". Powódź petrorubli oraz biznesy surowcowe tych oligarchów (nikiel, uran, drewno, złoto itp.) dawały błyszczącą scenografię teatrowi pseudomocarstwowości rosyjskiej Władimira Putina.

W dzisiejszym świecie żaden bolszoj teatr nie mógłby funkcjonować bez tromtadrackiej reklamy. Więc stratedzy Kremla powołali (2004), dla zachodnich dziennikarzy, sawantów i ekspertów, ekskluzywny klub dyskusyjny „Wałdaj", gdzie często gościł sam wielki chaziajin. Kreml nie szczędził również grosza na periodyki tumaniące cudzoziemców („**Russia Profile**" i in.). Ani na spektakle takie, jak w Gwatemali (z osobistym udziałem samego Putina), gdzie Rosjanie przywieźli megarewię łyżwiarską (i całe składane lodowisko!), by „niespodziewanie" wywalczyć zimową olimpiadę dla swego kurortu Soczi. Ranking gazety **„New York Daily News"**, mający wyłonić *„głowę państwa, która spędzą wakacje najbardziej sexy"* — dał Putinowi–sportowcowi łatwy triumf. Jeszcze bardziej *„sexy"* była permanentna retoryka Putina na temat *„wolności"*, *„demokracji"*, *„swobód obywatelskich"* i *„praw człowieka"*, kopiująca liberalne teksty carów (Piotr Wielki, Katarzyna Wielka etc.) oraz genseków (Stalin, Breżniew etc.), i równie łatwo uwodząca mędrka zachodniego. Słusznie choć bezczelnie pisał przed laty polski buntowszczik *„Szpot"*:

> *„Bo nic nie wzrusza tak Zachodu,*
> *jak szum frazesów o wolności.*
> *Możesz pół świata zakuć w dyby,*
> *strzelać w tył głowy, łamać kości,*
> *ale bredź przy tym o ludzkości,*
> *o Lepszym Jutrze, Wielkim Świcie,*
> *i wyjdziesz na tym znakomicie".*

* * *

Ludzie, którzy pracowali jako współpracownicy w konspiracyjnej (*„podziemnej"*) drukarni *„Zecera"*, nie wyszli na tym znakomicie, gdyż roku 1983 wylądowali w reżimowym *„pierdlu"* i później bezduszny świat wcale ich nie hołdował. Vulgo: nie będąc członkami KOR–u — nie robili za herosów kiedy A.D. 1989 ojczyzna się zdekomunizowała i ogłoszono III Rzeczpospolitą. Laurki bowiem wystawiano selektywnie. Mogli tylko robić za świadków heroizmu „*Zecera*", który znowu (przy aresztowaniu) dał brawurowy popis.

Czasy były ciężkie: tuż po „*stanie wojennym*" nadeszła era stanu postwojennego, pełna represji i bolszewickich rygorów. Ale czasy zawsze są ciężkie, pech to pech, nie kijem go, to pałką. W czasach bez represji gnębi społeczeństwo nuda, lub chlew polityczny (pyskówkowy) budzący wymioty, i tylko młodość daje życie rajcujące, a zgrzybiali i grzybiejący wspominają swe młode lata miło, choćby i z czasów komuny szalejącej jak huragan. Schody były mniej strome, ulice krótsze, pojemność większa, kac mniej dokuczliwy. Jak u Archimedesa: ciało zanurzone w cieczy wypierało chcicę ejakulacją.

Witek „*Znajda*", będąc prawą ręką „*Zecera*", stał się rutyniarzem „*konspiry*". Jego słabością był — mimo zapewnień Bochenka, że „*glina*" ich nie ruszy — ciągły paniczny lęk przed wpadką i aresztowaniem. Lecz jego siłą było biegłe maskowanie tego strachu, czyli mimikra. Lubił udawać kogoś innego. Chętnie udawałby kogoś wybitnego, szczególnego (amanta, muzyka, plastyka, poetę itp.), jednak nie wiedział jak to robić, więc skoncentrował się na udawaniu chojraka. Grał ów cyniczny fason, który podejrzał u szefa, i który mu imponował niczym kinomanom grepsy Clinta Eastwooda, Bruce'a Willisa tudzież innych twardzieli Hollywoodu. Doszedł w tej błazenadzie do dużej wprawy, bo rutyna czyni mistrza, czego ilustracją są losy wielu rzemieślników ścigających poziom artystów.

Esbecja zjawiła się niespodziewanie. Bez dzwonienia, bez pukania — czymś otworzyli drzwi i weszli niby do swojego domu. Z ciemnego korytarza zabrzmiał familiarny pytajnik:

— Jak leci?

— Różnie, raz kwadratowo, raz podłużnie — odparł Mariusz.

— Dzisiaj będzie skośnie — wycedził mundurowy.

Mundurowemu towarzyszyło kilku „*zomoidów*" i cywil okularnik. Ten się rozejrzał i wskazał niepracującą akurat maszynę drukarską:

— Co, zepsuła się, czy zrobiliście sobie przerwę na szlugi?

— Nie wiem czy się zepsuła, bo nie używam tego, to nie moje — wyjaśnił Mariusz. — Zostało, cholerstwo, po poprzednim właścicielu, ja nawet nie wiem do czego to służy.

— Pewnie do bicia masła — uśmiechnął się człowiek noszący oficerski mundur.

Zaprzeczyć mogłaby gotowa już „*bibuła*", lecz nic takiego wokół nie leżało. Intruzi zerknęli do sąsiednich izb — też nić, ani śladu czegoś drukowanego nielegalnie.

— Gdzie są bezdebitowe wydawnictwa? — spytał mundurowy.

— Pod ziemią — burknął „*Zecer*".

— Znaczy w piwnicy?

— Nie w piwnicy, tylko w podziemiu, głupku. Nie wiesz, że wydawnictwa bezdebitowe to druki podziemne?

Wtedy — za tego „*głupka*" — oberwał pierwszy raz. Kułakiem, aż się zgiął. Mundurowy chciał jeszcze poprawić kolanem, lecz rozległ się krzyk jednego z zomowców:

— Panie kapitanie, tutaj!

Zomowiec wlazł do łazienki, gdzie „*Zecer*" produkował (ubocznie) bimber; wanna była pełna zacieru.

— Bimber! — ucieszył się kapitan.

— Nie bimber, tylko roztwór — sprzeciwił się Bochenek.

— Jaki roztwór?

— Balsamiczny. Chciałem powiedzieć: balsamizujący.

— Czyli co?

— Czyli jak wasz generał zejdzie albo go odstrzelą, będziecie mogli go zabalsamować w tej wannie, zbudujecie mauzoleum na warszawskim placu Konstytucji, i będą stały kolejki, jak do Lenina, piesku.

— Coś ty powiedział?!! — ryknął mundurowiec.

— Hau, hau!

Pięść wystrzeliła prosto w podbródek, „*Zecer*" stracił przytomność i runął. Ocucono go kopem. Wszyscy aresztowani to widzieli. Później dał twardzielski show przed trybunałem — stawiał się sędziom. I wreszcie trzeci garnitur świadków swej *„kiziorności"* otrzymał w więzieniu, gdy kazano mu posprzątać spiżarnię. Miast sprzątać, otworzył wszystkie puszki konserw, które się tam znajdowały, kilkaset sztuk. Szybko się uwinął, starczyła mu godzina i kwadrans. Naczelnik zapytał winowajcę: „ — *Dlaczego?!...*", a ten wyjaśnił, że przez *„brak zaufania do reżimu"*: chciał sprawdzić czy papierowe opaski puszek kłamią tak samo jak wszystkie reżimowe druki. Kiedy miesiąc później wyszedł z karceru, *„kryminalni"* sprawili mu łomot *„pod celą"*, bo przez niego mieli dużo gorszy jadłospis — samą suchą kaszę oraz zgniłą zieleninę. Ale i ten łomot zaliczono później Bochenkowi do rejestru martyrologii politycznej, dysydenckiej chwały, *„kontry"*. Zbierał punkty bezbłędnie — ściśle według scenariusza.

* * *

Generał–lejtnant Wasilij Stiepanowicz Kudrimow już jako młodzian był człowiekiem wierzącym, i to wierzącym obustronnie, wierzył bowiem zarówno w kreacjonizm, czyli w cud stworzenia, jak i w darwinizm, czyli w ewolucję gatunku. Cud stworzenia został dokonany przez cara Iwana Groźnego, który powołał formację zwaną Opryczniną (1566) jako swą represyjną pałkę do terroryzowania społeczeństwa i dławienia wszelkich zarodków buntu lub lokalnej suwerenności. Oprycznicy (6 tysięcy funkcjonariuszy) przytraczali sobie u siodeł dwa godła swej profesji: miotłę (wymiatanie zdrady i sprzeciwu) tudzież psi łeb (kąsanie wrogów cara). Mieli prawo zabijać bez sądu, grabić i palić. Często korzystali z tego przywileju.

Niespełna wiek później (~1656) rozpoczęła się ewolucja: pierwszym następcą Opryczniny został Tajny Urząd (Siekrietnyj Prikaz) cara Aleksego, a za Piotra I — Prieobrażieńskij Prikaz (1695). Od 1718 roku funkcjonowała Tajna Kancelaria, potem Tajna Ekspedycja (1762) Katarzyny II, Komitet Wyższej Policji (1805) Aleksandra I, wreszcie sławny III Wydział Kancelarii carskiej (1826), utworzony za Mikołaja I przez szefa Korpusu Żandarmów, generała Alieksandra Benkendorfa. Jeszcze sławniejsza Ochrana, która przed puczem bolszewickim zwanym Rewolucją Październikową ulokowała swych agentów w sztabach wszystkich organizacji i partii rewolucyjnych (Azef, Łuczenko, Malinowski e tutti quanti), zastąpiła III Wydział na całym terytorium Rosji ze schyłkiem XIX wieku, choć swój petersburski oddział miała już dużo wcześniej (1866), a status gubernialny zyskała latem (sierpień) 1881, co uczyniło ją *„bezpieką"* wszechpaństwową. Bolszewicy zreformowali ją po swojemu (ideologicznie), zaś ewolucyjne mutacje komunistycznych tajnych służb zwały się kolejno: Czeka (plus równocześnie wojskowe GRU), GPU, OGPU, NKWD, NKGB, MGB, KGB i FSB.

Wszystkie rosyjskie *„bezpieki"* budowały i doskonaliły swoją *„razwiedkę"*, czyli wywiad zagraniczny, rozpoznanie u cudzoziemców, szpiegostwo. A wszystkie *„razwiedki"* miały swoje tajne służby *„operacyjne"* (sabotażowe i egzekucyjne), dla upuszczania krwi wrogów. W drugiej połowie XX wieku takich dywersantów i zabójców szkolił osławiony radziecki Specnaz; mordercze treningi trwały kilka lat, i później asy trafiały do bandyckich (komandoskich) zespołów GRU i KGB, zwanych „Alfa", „Omega", „Kaskada", „Proporzec" i „Zenit", które zasłynęły m.in. brawurowym zdobyciem Kabulu (grudzień 1979), od czego rozpoczęła się sowiecka interwencja na terenie Afganistanu. Ich celem dalekosiężnym, paneuropejskim, była dezorganizacja zaplecza frontu armii *„imperialistycznych"*, kiedy już ZSRR uderzy ku Paryżom, Brukselom i Madrytom, aby wyzwolić tamtejsze *„masy pracujące"*, lecz będąca efektem reaganowskich *„wojen gwiezdnych"* gorbaczowowska *„pieriestrojka"* przemieniła te szczytne plany w makulaturę dziejów.

Wasia Kudrimow trafił do „Proporca" (*„Wympieł"*), formacji supertajnej i superelitarnej, która składała się z samych oficerów, i którą zwano *„myślącymi bagnetami"*, bo nie wypełniwszy kontrjelcynowskich szturmowych rozkazów *„betonu"* partyjno–kagiebowskiego (1991) oficerowie ci dowiedli, że nie są stadem tępa-

ków ślepo słuchających przełożonych. Wasia, co prawda, był innego zdania — spełniłby ów rozkaz — ale nie chciał się wychylać gdy reszta kolegów zadecydowała: *„taki ch..!"*. Dwa lata później, już jako zwierzchnik, dostał polecenie rozwiązania *„Wympieła"*, i spełnił je akuratnie, bez litości. Wielu kolegów zasiliło
wtedy prywatne służby (ochrony milionerów i szefów naftowych
spółek), lecz on gardził *„gorylowaniem"* u Żydów–oligarchów
i munduru państwowego nie zdjął. Jego dusza była równie silna
co jego muskuły.

Od dawna wiadomo, że ludzkimi uczuciami rządzi metafizyka,
a jako główny dowód wskazuje się pełną dziwów i bezsensów mi
łość między płciami, gdy tymczasem o tej irracjonalności świadczą rozliczne wzajemne stosunki, sympatie i antypatie, chociażby
fakt, że niektórzy ludzie pełni cnót odstręczają każdego, a inni,
pełni jawnych i notorycznych wad, są lubiani przez wszystkich,
ujmują, mimo że wcale im się nie chce kogokolwiek czarować.
Wot, zagadka ludzkich dusz! Tak właśnie było z Kudrimowem.
Pechowcy, których Wasia mordował lub inaczej kasował, bez wątpienia nie czuli do niego sympatii, lecz koledzy, zwierzchnicy,
podwładni, *„towarzysze"* i urzędasy gdziekolwiek, nawet rozmaite
baby i panienki — wszyscy lubili tego niedźwiedziowatego, wyglądającego na poczciwca, który ma akurat migrenę, człapiącego niby dziadek Wasię, chociaż wobec wszystkich był grubiański,
opryskliwy, czasami wręcz brutalny, i nigdy nikomu nie zaserwował przeprosin, uśmiechu, miłego słówka czy podziękowania. Nawet jego rytualne, permanentne *„ — Job twoju mat'!"* nie raziło
niczyich uszu, jakby klął pijany berbeć, który nie rozumie co mówi. Generał–lejtnant Kudrimow wszakże, wbrew pozorom, zazwyczaj wiedział co mówi kiedy wydawał rozkazy...

✻ ✻ ✻

Arcyzwierzchnik generała–lejtnanta Kudrimowa, od roku 2000
prezydent Federacji Rosyjskiej, Władimir Władimirowicz Putin,
był — podobnie jak Wasia — człowiekiem wierzącym. Nawet jesz

cze bardziej, bo wierzył nie tylko w *„służby"*, lecz i w demokrację, chociaż wobec demokracji trochę laicko: był tu wyznawcą wierzącym, ale niepraktykującym. Miał to od czasu harowania na ger-
mańskiej placówce KGB (lata 70–e i 80–e XX wieku), kiedy
szpiegował *„imperialistów zachodnich"*. Już wówczas demokracja jawiła mu się niczym *„bladź"*, a wycierający sobie nią gęby
przywódcy zachodni — niczym arlekiny łżące wedle reguł systemu. Rozumiał, że wszystkie te demokratycznie wybrane dupki,
którym się marzy, by użyć Orwella za scenarzystę, wcale nie są
lepsi od Hitlera, tylko Hitlerowi bezzwłocznie się udało...

Władimir chciał, żeby jemu również szybko się udało, i wiedział, że bez pomocy *„służb"* nie będzie to możliwe, bo sama
władcza predyspozycja nie wystarczy, choćby była wsparta czymś
trudniejszym: dyscypliną wewnętrzną, osobistą. Nie przesadzam
— całkowicie rządzić sobą samym jest dużo trudniej niż autory-
tarnie rządzić innymi. Lecz ta pierwsza umiejętność bardzo pomaga tej drugiej. Świetnie samokontrolujący się Putin nie miał wątpliwości, że narodził się do rządzenia: do wydawania poleceń i do
egzekwowania rozkazów. Dla spełnienia ambicji trzeba mu było
tylko fartu, ergo: życzliwości losu — uśmiechu Historii.

Historia jest starą kobietą. Jest obleśna, kapryśna, zjadliwa, pełna fumów, i ma nieodpartą skłonność do kretyńskich wygłupów,
jakby ciągle testowała odporność ludzkości na nonsensy. Z tego
właśnie powodu figury bezsprzecznie żałosne (exemplum Gorbaczow, Kennedy, Diana czy Wałęsa) zostają mitologizowanymi he-
rosami i heroinami, symbolami, godłami, chlubą gatunku homo
sapiens. Ponieważ jednak najtrudniej być *„prorokiem we własnym
kraju"* — niektóre spośród tych bożyszcz są cenione jak glob krą-
gły, wyjąwszy własną ojczyznę, gdzie miały chwilę triumfu, aby
później stać się obiektem powszechnej wzgardy (Wałęsa) lub wręcz
nienawiści (Gorbaczow). Michaił Gorbaczow za to, że uległ Jan-
kesom i Angolom niczym dziwka i przygotował *„pieriestrojką"*
grunt do rozmontowania ZSRR. A rozmontował osłabione imperium jego następca, wiecznie pijany Boris Jelcyn, ze swym szta-

bem „*demokratów*". Dlatego Rosjanie nie lubią demokracji i demokratów — „*słowo* «*demokracja*» *stało się w Rosji obraźliwe*" („**The Spectator**", 2007). Stało się obraźliwe, gdyż rozgoryczeni jelcyniadą Rosjanie zaczęli, miast wyrazu „*demokracja*", używać słowa „*dupokracja*".

Koniec wieku XX był końcem drugiej kadencji rządów Jelcyna. Ówczesny krach walutowy (załamanie rubla) i gospodarczy mało obchodził Jelcyna; prezydent bał się tylko jednego: że następca zezwoli prokuraturze rozliczyć gigantyczne finansowe machlojki kremlowskiej mafii, którą kierowała córka Jelcyna, Tatiana, przy pomocy paru fagasów. Znalazł więc człowieka, który mu zagwarantował całkowite uniknięcie rozliczeń, szlaban dla prokuratorów, swoisty „*żelazny list*", i tego człowieka, byłego oficera KGB, Władimira Putina, mianował szefem FSB (1998), po czym namaścił go (1999) jako swego kandydata do wyborów prezydenckich. Lecz w sondażach prowadził, mając dużą przewagę, sympatyczny Jewgienij Primakow, a gburowaty Putin plasował się daleko. Trzeba było sprawić cud. I wydarzył się „*cud*". Przez miesiąc od chwili „namaszczenia" eksplodowało w Rosji kilka straszliwych bomb (Moskwa, Wołogodońsk, Bujnaksk), zabijając kilkuset pechowców pod gruzami bloków mieszkalnych. Kreml ogłosił, że sprawcami są Czeczeni, zaś Putin ogłosił, że jeśli zostanie prezydentem, to zdławi suwerenność czeczeńską i każdego dopadniętego czeczeńskiego terrorystę „*utopi w kiblu*" (sic!). Efekt: wygrał łatwo (marzec 2000). Po ośmiu latach „*pijanej demokracji*" Jelcyna Rosjanie tęsknili już do swej tradycyjnej demokracji (bolszewickiej). Nie da się wegetować bez wrogów („*wrogów ludu*" etc.). A wrogów trzeba topić w kiblu.

Utopienie w kiblu importowanej demokracji typu zachodniego zwróciło postradzieckiemu narodowi jego swojską demokrację, którą celnie opisał „**The New Times**" (2007): „*Mandat parlamentarny to dla Rosjanina duża przyjemność. Za wpisanie na listę partii, która ma pewność, że wejdzie do parlamentu, trzeba wyłożyć 7 milionów dolarów (partie niżej notowane żądają 5 milio-*

nów). Darmocha jest dla nielicznych «lokomotyw» partyjnych, takich z dużymi nazwiskami. Zniżkę dostają tylko bonzowie kontrolujący media, gospodarkę lub administrację. Deputowany Wasilij Szandybin przewiduje, że wskutek silnego popytu cena gwarantowanego miejsca wzrośnie wkrótce do 10 milionów (...) Kiedy sobie uświadomiono, że wybory to duży biznes? Z nastaniem rządów Putina. Wszyscy wiedzą, że za drogocennym immunitetem chowa się sporo gangsterów, przestępczych bossów. I wszyscy wiedzą, że głównym dysponentem miejsc oraz kontrolerem wszystkich list jest Kreml. «Istnieje każdorazowo dwóch sprzedawców, szef danej partii i Kreml» — *mówi Władimir Ryżkow z Republikańskiej Partii Rosji (...) Głosowaniami parlamentarnymi dyrygują klubowi wodzireje, dając znaki: kiedy podniosą jedną rękę, trzeba głosować za, a gdy dwie ręce* — *przeciw (...) Spośród 450 deputowanych Dumy, niezależnych jest ledwie 20 parlamentarzystów. Są bezsilni wobec tej prezydenckiej machiny do głosowania".*

Nigdy nie osiągnąłby tak pięknej demokracji, gdyby Boris Jelcyn — ten pieprzony alkoholik, który zafundował Rosji 85–procentową inflację i totalną degrengoladę imperium — wybrał kogoś innego. Było tylu chętnych... Czasami nocą ukazywał się Władimirowi wiszący nad Kremlem portret Jelcyna, co śpiącego gniewało. Pytał wówczas swą zmarłą matkę, która lewitowała wokół wjazdowej bramy:

— Wiesz czemu tak go nienawidzę?!

— Pewnie dużo mu zawdzięczasz, synku...

*   *   *

Obwód jest linią krzywą zamkniętą, nawet w dni robocze. Zupełnie jak granica ZSRR i mury zewnętrzne każdego więzienia. Przekraczając bramę więzienia (Grabiany), Mariusz i Witold mieli pełną tego świadomość, chociaż tylko Bochenek wiedział, iż „*Grabianka*" to prawdziwy, dużo cięższy „*pierdel*" niż stanowojenne, quasi–kurortowe „*internaty*" dla inteligentów.

Wewnętrzny mikrokosmos „*kicia*" w Grabianach nie bardzo „*kumał*" gdzie sklasyfikować tych dwóch nowych — wśród osadzonych „*politycznych*", czy wśród osadzonych „*kryminalnych*"? — gdyż jeden i drugi byli „*półpolitycznymi*": skazano ich za drukowanie „*bibuły*" i za pędzenie bimbru. Problemem „*Zecera*" było coś innego: uchronić „*Znajdę*" przed „*scwelowaniem*", które grozi wszystkim młodym nieszpetnym nowicjuszom. Witek, kiedy tylko znaleźli się w kilkuosobowej celi, rzekł grzecznie:
— Dzień dobry.
Leżący na górnej pryczy troglodyta odwarknął mu:
— Zahaltuj szamot!
Co znaczyło: stul pysk, „*frajerze*", póki „*ludzie*" nie dadzą ci otworzyć ryja. Witek skulił się, a „*Zecer*" klepnął go nonszalancko po ramieniu i wychrypiał czystą „*kminą*":
— Nie grypsuj z nim, bo to nie twój herbatnik.
Co znaczyło: nie rozmawiaj z nim, bo to nie jest twój przyjaciel. Dwóch golonych na łysą pałę łobuzów ruszyło ku nim, więc „*Zecer*" uniósł taboret i spokojnie czekał. Jego zwężony, zimny wzrok wstrzymał towarzystwo.
Pierwszych kilka nocy spali na zmianę, by nie dać się zaskoczyć, lecz wkrótce Mariuszowi udało się coś dużego: jakimś nieznanym Witkowi sposobem pogodził dwie antagonistyczne frakcje więziennej subkultury — „*grypserów*" (recydywistów) i „*festów*" (buntowników) — po czym skierował obie te elity przeciw sadystycznym „*fertom*" (którzy się oznaczali „*dziargając*" sobie przy łokciu biedronkę). Nim minęło pół roku — „*Zecer*" był już bardzo ważną figurą wśród „*git–ludzi*" (choć mając krótki staż, nie mógł zostać „*generałem*" czy „*pułkownikiem*"), a dzięki niemu i „*Znajda*" nie należał do gnębionych „*frajerów*". Kiedy zapytał swego patrona o sekret metody pacyfikującej starych „*garowników*", usłyszał:
— Dałem im możliwość przesyłania każdej liczby „*grypsów*", i wszystkie te liściki trafiają do adresatów, mój kanał działa bezbłędnie.

— Skąd masz ten kanał?
— Nie twoja głowa, amigo. Ważne, iż przez to biorą mnie za
kryminal–fiszę, i mamy spokój, nikt nas nie targa.

Oprychy brały go za bandycką fiszę z głębin podziemia prze-
stępczego, uwięzieni dysydenci za heroicznego VIP–a z głębin kulis „Solidarności" podziemnej, a błogosławili go wszyscy, bo *„politycznych"* uwolnił od ciężaru szykan ze strony *„fertów"*, *„festów"* i *„grypserów"*, tych ostatnich zaś od represji herbacianej.
Jedni mędrcy mówią, że Bóg tkwi w szczegółach, drudzy, że dia-
beł, i bez względu na to kto ma słuszność — faktem jest, iż drob-
ny szczegół robi czasami gigantyczną różnicę. Przed przybyciem
„Zecera" więźniowie parzyli sobie sekretną herbatę w wyczysz-
czonych słoikach po dżemie (z kantyny). Gotowali wodę grzałka-
mi robionymi amatorsko. Lecz ta herbata była fatalna, gdyż cha-
łupnicze grzałki miały blaszane końcówki z puszek po konserwach,
brudzące wodę trująco. *„Kryminalnym"* to nie przeszkadzało, bo
ci parzyli sobie esencję stężoną do oszałamiającego poziomu, czyli paranarkotyk (przeszkadzało im tylko *„klawiszowe"* tępienie nie-
legalnego parzenia), natomiast bardzo dyskomfortowało *„politycznych"*, ci bowiem pragnęli pić herbatę normalną, ergo smaczną
i zdrową. *„Zecer"* udał się do naczelnika *„paki"* i rzucił propozycję: zaprzestanie herbacianych represji wobec *„kryminałów"*, oraz
regularna *„klawa"* herbata dla *„politycznych"*, a w rewanżu mi-
nimalizacja, lub może likwidacja, samobójstw, samookaleczeń,
brutalnych gwałtów, buntów i rozruchów, słowem: wszelkich nie-
pokojów. Przybito pakt, więc wszystkim — *„garusom"* i *„klawi-
szom"* — zrobiło się lżej.

Będące rezultatem wysiłków *„Zecera"* lepsze kontakty między
„kryminalnymi" a *„politycznymi"* zaowocowały też wzbogaceniem
więziennej *„kminy"* o elementy upolitycznione. Śmierdzące pier-
dy, bąki, gazy itp. zwano *„kiszczakami"*, biegunki *„urbanami"*,
a klozet i kubeł na mocz dostały miano *„jaruzel"* — oddawanie
moczu było *„pojeniem jaruzela"* (inteligenci kpili angielszczyzną: *„feed the jaruzel"*). Jeśli generałom Jaruzelskiemu (premier)

i Kiszczakowi (szef MSW) doniesiono, że takie nazewnictwo szybko zyskało popularność w każdej „ciupie" — to musieli zdrowo
kląć. Chyba jednak nie aż tak wściekle jak dziesięć lat później
(już za wolnej RP) klął noblista, solidarnościowy „Lechu" (prezydent Wałęsa), gdy mu podkablowano, że robotnicy kupujący piwo „Lech" zamawiają je mówiąc: „ — Dwa głupole proszę",
a sklepikarz lub barman świetnie wiedzą o kogo i o jakie piwo
chodzi.

„Kmina" stała się miłością Mariusza Bochenka „pod celą".
Miała smaczki bardzo „charakterne", rajcujące soczystością lub
zaskakującymi skojarzeniami. Taboret to był „Tadek" lub „Ta-
dziu". Salceson to był „solec" lub „skurwysyn". Stolarz to był
„wiórek", a milicjant mundurowy to był „zdun". Śpiew to była
„kiepurka", twarz niewiasty to była „kosmetyka", oszust matry-
monialny to był „Fantazy", a hydraulik to był „gównopchaj",
„ginekolog" lub „łapiglut". Wszystkie zawody miały świetne hasełka, lecz lokalizacje miały pyszne hasełka również: ujawniona
melina to była „Halina zasrana", a szpital dla psychicznie chorych lub dom wariatów to była „stolica mądrości" lub „Głupie-
jewo". Ale najfajniejsze były sprośności, obscena...

∗ ∗ ∗

Obsceniczny „przecinek" generała Kudrimowa — często war-
czane: „ — Job twoju mat'!" — był jego refrenem wskutek głębokiego przyzwyczajenia, sięgającego aż dzieciństwa, gdyż tatuś
Wasi, pułkownik Stiepan Semenowicz Kudrimow, ciągle naduży-
wał tego zwrotu, nie krępując się obecnością małolata. Wątpliwe
czy chciał przez to uchybić swej ślubnej, rodzicielce swego syna,
zwrot ów bowiem jest w Rosji równie potoczny co u Jankesów
bluźniercze „holy shit!" i „motherfucker". Notabene — wywodzi się on (tak twierdzą sawanci) ze starosłowiańskiego pozdro-
wienia, które znaczyło „dałem ci życie" lub „kocham cię jak syna". Nie ma się więc co czepiać, gdy slawiści przywrócili bluz-
gowi pierwotną prasłowiańską godność.

Czwartą rzeczą (prócz genów, nazwiska i *„joba"*), którą Wasilij Kudrimow odziedziczył po swoim rodzicielu, była profesja specsłużbisty. Ukrainiec Stiepan Kudrimow pracował w ukraińskim NKWD/NKGB, ale gdy po śmierci Stalina (1953) dawny Pierwszy Sekretarz KC KP(b) Ukrainy, Nikita Chruszczow, został wszechsowieckim gensekiem, czyli komandirem ZSRR — Stiopa trafił do centrali moskiewskiej (Łubianka), bo Nikita, jak każdy szef, lubił mieć wokół siebie samych swoich, wziął więc ze sobą dużo Ukraińców. Stiopa był jego pupilem, chyba dlatego, że otaczał go pewien nimb — legenda współorganizatora egzekucji dokonanej z rozkazu Stalina na Lwie Trockim. Był to rok 1940, młodszy lejtnant Kudrimow miał wtedy zaledwie 18 lat, jednak wysłano go do dalekiego Meksyku, aby tam wraz z innymi *„companeros"* zrobił co trzeba, i dzięki tej kreciej robocie Trockiemu wbił się w czaszkę czekan trzymany przez Ramona Mercadera, meksykańskiego współpracownika wroga *„Słońca ludów"*.

Meksykańska antytrockistowska operacja *„Cayoacan"* wytworzyła piąte dziedzictwo, które pułkownik Stiepan Kudrimow zostawił synowi Wasilijowi. Tym *„piątym elementem"* był antysemityzm. Młody Stiopa miał do Żydów stosunek obojętny, czyli neutralny, mimo że w NKWD antysemityzm stał się obsesją modną, zgodnie z antyjewrejskimi kaprysami Stalina. Meksyk wszystko zmienił. Operacją przeciw Trockiemu dowodził *„generał Kotow"* (Nahum Aleksandrowicz Eitingon), żydowski as od *„mokrej roboty"* pracujący dla Smiersza, czyli terrorystyczno–egzekucyjnego komanda NKWD. W swoim raporcie o egzekucji Trockiego *„towarzysz Kotow"* całkowicie pominął rolę młodszego lejtnanta Kudrimowa, więc Stiopa, jako jedyny członek zespołu, nie dostał wówczas medalu. Wtedy zrozumiał, iż Żydzi to istotnie zaraza. Został antysemitą, i swego syna również wychował na klinicznego antysemitę, dając mu właściwą literaturę plus sugestywne lekcje poglądowe, pełne nieodpartych argumentów, jak choćby ten, iż tytuł sławnej zachodniej gazety **„Times"** czytany wspak to: *„Semit"* (Semita), więc wiadomo do kogo należy również **„Financial Ti-**

mes" i reszta takich mediów. Lekcje poskutkowały: później Wasia Kudrimow wedle tej samej metody przedstawi muzułmanom z Al–Kaidy lustrzane odbicie napisu *„Coca–cola"* (delikatne zarabizowanie liter czyni z tego odbicia frazę: *„Nie Mekce, nie Mahometowi"*).

Gdy Smiersza rozwiązano, kremlowskie komando zabójców stało się niezależnym V Departamentem I Zarządu Głównego KGB, wchłoniętym następnie (1970) przez Dyrekcję S („Nielegałowie") i przekształconym w Departament VIII. Stiepan Kudrimow robił tam błyskotliwą karierę do roku 1964, to jest do chwili zdymisjonowania Chruszczowa. Za Breżniewa przestał awansować, lecz nie przestał szpiegować i zabijać, bo jako mistrza *„mokrych operacji"* ceniono go niezmiennie. Wyznawał prostą dewizę: *„Człowiek umiera kiedy przyjdzie jego pora, lub kiedy się doigra"*, a credo Stiopy brzmiało: *„Dwoje oczu za oko, i trzy zęby za ząb jeden!"*. Sowieckie specsłużby odnosiły wtedy wiele sukcesów, dlatego Kudrimow i koledzy mieli prawo uważać, że Chruszczow mylił się, gdy roześmiany rzucił Nixonowi:

— Tak Waszyngton, jak i Moskwa, marnują furę pieniędzy rozbudowując swoje siatki szpiegowskie, ponieważ zazwyczaj płacą tym samym ludziom.

Dopiero kiedy Związek Sowiecki, mimo ciągłych triumfów KGB i GRU nad CIA, przegrał kilkudziesięcioletnią *„zimną wojnę"* z Ameryką, i kiedy ujawniono ilu funkcjonariuszy sowieckich tajnych służb zdradziło, pracując cichcem dla *„zachodnich imperialistów"* — pułkownik Stiepan Kudrimow musiał oddać Chruszczowowi sprawiedliwość: ten stary, rubaszny baryń, walący butem trefnisia pulpit mównicy ONZ, miał rację.

Uniform generała nie był widać Stiopie pisany (rangę pułkownika dostał od generała Andropowa w 1983), ale Stiopa pocieszał się, wierząc gorąco, że syn, Wasia, dopnie generalskich szlifów. Profesja kagiebowskiego egzekutora była szóstym dziedzictwem, jakie zostawił synowi. Siódmym zaś — pogarda dla *„zboków"*, wszelakich pedałów i innego modernistycznego gówna. Kpili obaj (nawiązując do stalinowskiego Kominternu), że wkrótce powstanie Homintern — międzynarodówka pederastów.

* * *

Ów problem, ino mający bardzo pomniejszoną skalę — chodziło o więzienną międzycelówkę i międzypiętrówkę *„pedryli"* — dopadł *„Blankieta"* w Grabianach zupełnie niespodziewanie: spadł mu na głowę niczym dachówka lub upuszczony przez dekarza młot.

Być może *„Blankiet"* sam sobie upichcił ten ambaras, przyczynowym prawem metafizyki, mówiącym o prowokowaniu kłopotów (*„Kto sieje wiatr, zbiera burzę"*). Interesował się bowiem ochoczo slangiem więziennym, i wręcz trafił do raju, kiedy załatwił sobie u naczelnika funkcję pomagiera bibliotekarza więziennego. Bibliotekarz, Zbigniew *„Zyga"* Tokryń, okazał się hobbystą tej gwary, jej kolekcjonerem–kodyfikatorem. Siedział już cztery lata (za recydywę paserską), i zdążył spisać setki grypserskich terminów używanych *„pod celą"* od półwiecza. Swój *„słownik"*, zestawiony alfabetycznie, dał Mariuszowi do wglądu. Co było prawdziwym wniebowstąpieniem dla wielbiciela *„kminy"*.

Nieprzebrane bogactwo osobliwych, szyderczych, dwuznacznych wyrażeń i wyrażonek pieściło wzrok czytelnika–degustatora na cokolwiek spojrzał. Głupi zegarek zwał się *„bokówką"*, *„busolą"*, *„ciukcią"*, *„cymą"*, *„klekotem"*, *„kompasem"*, *„sikorem"*, *„traktorem"*, *„zajgerem"*, i miał jeszcze kilkanaście innych smacznych grypsoterminów. Pałka milicyjna to był(a) *„banan"*, *„blondyna"*, *„dyktatura"*, *„dyscyplina"*, *„harap"*, *„świeca"*, plus drugie tyle innych cymesików. I tak ze wszystkim. Ale bezkonkurencyjne były terminy erotyczne — obscena. Damskie majtki to był *„nacipnik"*. Pierś kobieca to był *„giewont"*. Striptiz kobiecy to było *„łyskanie dziurą"*, onanizm męski to był *„napad pięciu na jednego"*, a dama uprawiająca seks oralny to była *„telefonistka"*. Bardzo bogato prezentowała się leksyka zbiorowej orgii seksualnej: *„derby"*, *„jajcymbał"*, *„lotnik"*, *„msza"*, *„narciarstwo"*, *„nawa-*

leta", „odlotowiec", „piździraczek", „popis", „rozbryzg", „seksparada", „szołbiznes", „spirometr", „supergwiazda", „szwancparada", „śpiewogra", „układ", „wagoneta", „wibrator" i *„wirus"*, plus kilka dwuwyrazówek, jak *„szwedzka prywatka", „odstawianie walca"*, i in. Stosunek seksualny był jeszcze zasobniejszy: *„akcja", „babranko", „bzyk", „centrowanie", „darcie", „dłubanko", „dziabanie", „grzmocenie", „heblowanie", „hulahop", „huśtanie", „jebankowanie", „kinderbal", „kindybalenie", „kitanie", „kiziorzenie", „korek", „koszenie", „kotłowanie", „koziołki", „ładunek", „okroczenie", „orka", „otupywanie", „paćkowanie", „parowanie", „pitegrzanie", „popychanko", „popierdółka", „popukanko", „porypek", „posuwka", „prucie", „prykowanie", „pychówka", „rozkołys", „rureczka", „sztos", „tyranko", „wecowanie"* i *„wtryskanie"*, tudzież kilkanaście innych prostych, nie licząc złożonych (jak *„grzanie kichy", „maczanie ogóra", „pociąganie ojcem", „tango z bolcem", „wrzucanie pałki"* czy *„zabawa dla małego"*).

Wyżej od kopulowania (pod względem liczby terminów) stał żeński narząd płciowy: *„brocha", „cipa", „harmonia", „kapciora", „kapeć", „kudłata", „kukuła", „mała", „migdał", „mona", „oczko", „odgniot", „oklapicha", „pachnidło", „pagór", „pakownia", „pampuch", „paskuda", „patelnia", „pejsachówa", „piec", „pizderko", „podstrzesze", „podszycie", „popielnica", „portfel", „psica", „psiuta", „pudernica", „rozbuchana", „rozcząłapa", „rozklapicha", „rozkudłana", „rura", „szpara", „śpiocha", „wideo", „wtryskarka", „zocha"* i *„zośka"*, oraz dwa razy tyle innych, mniej wdzięcznych ksywek, plus złożone, które się Bochenkowi szczególnie podobały (*„centrum bermudzkie", „mindzia mała", „smutne oko", „złoty szponder"* itd.). Lecz damski organ wciąż nie był rekordzistą.

Rekordzistą był organ męski. Wyobraźnia i rynsztokowa erudycja joyce'owskiej Molly Bloom przegrywały druzgocąco z kompendium *„Zygi"* Tokrynia, bibliotekarza więziennego, który zanotował m.in. takie grypserskie synonimy penisa–fallusa–kutasa, zwanego też potocznie chujem, siurkiem, ptaszkiem i klejnotem: *„alf"*, *„chabalbuch"*, *„czoł"*, *„czul"*, *„drut"*, *„dyszel"*, *„dziecio-rób"*, *„fajfus"*, *„flet"*, *„gładzik"*, *„głowa"*, *„gnyp"*, *„hejnał"*, *„jatagan"*, *„kabel"*, *„kiełbaska"*, *„kijek"*, *„kindybał"*, *„koniec"*, *„koń"*, *„krępel"*, *„lacha"*, *„laga"*, *„lanca"*, *„laska"*, *„lolek"*, *„lufa"*, *„luj"*, *„lutownica"*, *„łachudra"*, *„ładny"*, *„łeb"*, *„łysy"*, *„mały"*, *„nabab"*, *„naganiacz"*, *„nasączak"*, *„obdzwonek"*, *„ob-rzympas"*, *„odfilut"*, *„odświeżacz"*, *„ostojak"*, *„pal"*, *„palmus"*, *„pała"*, *„pejsachowiec"*, *„piczkopis"*, *„pieściwy"*, *„pit"*, *„piz-docewka"*, *„pizdoczop"*, *„pizdognat"*, *„piździgrzmot"*, *„popy-chacz"*, *„przewód"*, *„puzon"*, *„rębajło"*, *„rympał"*, *„siąpawiec"*, *„skóra"*, *„smyk"*, *„spiczny"*, *„szpic"*, *„szpikulec"*, *„sztywniak"*, *„szyja"*, *„taktomierz"*, *„terminal"*, *„termometr"*, *„trzonek"*, *„wa-cek"*, *„wajcha"*, *„wtryniacz"*, *„wtryskacz"*, *„zaganiacz"*, *„zamer-dacz"*, *„zaparzacz"*, *„zapchajcipek"*, *„zapieprzyk"*, *„zbytnik"* i *„ży-źniak"*. Łącznie było tego w *„słowniku"* Tokrynia dwa razy wię-cej, ku uciesze Bochenka, którego obscena bardziej rajcowały niż-li perełki nieerotyczne, choć i tam nie brakowało cymesów (jak krew zwana *„barszczem"*, pokerowa trójka króli zwana *„betlejem"*, czy fraza *„pies z reksem"* o gliniarzu z psem milicyjnym). Prze-stały *„Blankieta"* rajcować obscena, kiedy *„Zyga"* mu zakapował krótko o *„Znajdzie"*:

— Jeden kumkany trzepie ci herbatnika od zakrystii.

„Blankiet" wystarczająco znał już grypserę, by bez tłumacze-nia zrozumieć, że jakiś złodziej–recydywista dyma Witka od tyłu. Włosy podniosły mu się na głowie, a palce zacisnęły w kułak.

* * *

Że stan zwany niegdyś *„błogosławionym"* można osiągnąć zu-pełnie przypadkowo — to wiedzą wszystkie kobiety tego świata. Współczesny świat daje im mnóstwo technicznych i chemicznych (farmaceutycznych) instrumentów pozwalających uniknąć głupiej *„wpadki"*, lecz pół i nawet ćwierć wieku temu nie było to takie proste (chyba że partner lubił gumę), więc brzemienne kłopoty

trafiały się „*łatwym dziewczynom*" częściej. A co mówić o czasach jeszcze dawniejszych, choćby o „*wiktoriańskim*" stuleciu!
Wtedy zdarzały się przypadki bulwersujące nawet uczonych. Choćby ten, który zdarzył się podczas amerykańskiej Wojny Secesyjnej:
kula przebiła jądra pewnego żołnierza i lecąc dalej trafiła w pod-
brzusze pannę biegnącą tuż za okopami. Równo trzy kwartały później ta panna utraciła błonę dziewiczą, rodząc niemowlaka. Zapłod-
niły ją plemniki niesione kulą. Drugim cudownym zrządzeniem
losu był fakt, że ten sam medyk, który opatrywał mosznę pecho-
wego żołnierza, dziewięć miesięcy później odbierał noworodka ra-
nionej panny — istotę zrobioną bez użycia genitaliów. Odebrał, po
czym opisał rzecz całą w sensacyjnym artykule, który miał sensacyjny tytuł: **„Uwaga ginekolodzy!!"**. Nie na łamach brukowca,
lecz na łamach szacownego scjentycznego periodyku **„American
Medical Weekly"**. Publikację tę szacowne periodyki medyczne po-
wielały i omawiały serio przez kolejne kilkadziesiąt lat. Ostatni raz
wydrukowano ów idiotyzm jako scjentyczny pewnik w roku 1959
na łamach **„New York State Journal of Medicine"**.

„*Człowiek strzela, a Pan Bóg kule nosi*" — mówi porzekadło.
W stuleciu XX kule raczej zabijały niż zapładniały (jeśli nie liczyć pismaków, których wenę zapładniały zbrodnie wojenne i cy-
wilne), lecz rolę pocisków transportujących masowo plemniki peł-
niły papierowe listy i widokówki, vulgo: korespondencja miłosna
(a jeszcze później SMS-y tudzież internetowe kliknięcia łechcące
libido adresatów). Taki właśnie papierowy pocisk ugodził Krysię
Helbergównę w roku 1968.

Ojciec Krysi, Leopold Helberg, i matka Krysi, Róża Helbergo-
wa, byli komunistami solidnego przedwojennego szczepu (KPP),
którego światopogląd ukształtował kwintet mieszany Marks–En-
gels–Luksemburg–Lenin–Stalin. Ten ostatni wirtuoz nie zdołał ich
rozstrzelać podczas rutynowych „*czystek*" przed rokiem 1945, bo
Róża znała (ze Związku Nauczycielstwa Polskiego doby „*sana-
cyjnej*") towarzyszkę Wandę Wasilewską, a towarzyszka Wanda
sypiała ze „*Słońcem ludów*". Gdy krasnoarmiejcy zdobyli Berlin,

Helbergowie wrócili do ojczyzny i zajęli tzw. „*odpowiedzialne stanowiska*" w tzw. „*resorcie bezpieczeństwa*". Następnie tzw. „*odwilż gomułkowska*" (rok 1956) zrobiła im przykrość, rugując z eksponowanych foteli, lecz wkrótce los ponownie się ku nim uśmiechnął: dzięki wpływom tzw. „*starych towarzyszy*" on został wiceszefem Najwyższej Izby Kontroli (NIK–u), a ona wiceszefową Instytutu Badań Literackich (IBL–u). Na wiosnę 1968 ich córka, Krysia, otrzymała maturę i wyjechała do Moskwy, gdzie Komsomoł urządził dla „*przodującej młodzieży z bratniej Polskiej Republiki Ludowej*" objazd „*Kraju Rad*".

Kiedy Krysia objeżdżała kwitnące potiomkinady „*Kraju Rad*", nad Wisłą „*beton*" partyjny pezetpeerowski rozpętał dzikie represje przeciw „*syjonistom*", czyli Żydom (zwłaszcza przeciw „*aparatowi*" żydowskiemu i eksponowanym intelektualistom żydowskim), zmuszając wielu do emigracji. Reguły międzyfrakcyjnego mordobicia były u komunistów tak brutalne, że główne sekowane figury musiały wyjeżdżać w gorączkowym pośpiechu, a wśród tych głównych celów nagonki znajdowali się m.in. Helbergowie. Próbowali ściągnąć Krysię telegramami i telefonami, jednak się nie udało. Wyjechali więc bez córki (do Izraela via Bonn), przykazując bliskiej personie (ciotce Krysi), by odesłała im dziecko jak tylko „*delegacja młodzieży polskiej*" wróci z Sowietów. Wróciwszy — Krysia H. dowiedziała się, że jest Żydówką.

Wcześniej ten problem nie istniał. Helbergowie byli czerwonymi ateistami i nigdy nie roztrząsali swej żydowskości, a już z pewnością nie przy dziecku. W szkole również nikt nie wytykał wesołej blondyneczki rasowo. Słowa ciotki tak ją zaskoczyły, że spytała:

— Żydówką?... Czyli kim?!...

Wyjechałaby, wedle żądania rodziców, gdyby nie list z Białegostoku. Tadek Mirosz, kolega, którego poznała w trakcie objeżdżania „*Kraju Rad*", i któremu dała się nawet objąć, przytulić i cmoknąć parę razy, napisał, że ją kocha i że nie wyobraża sobie życia bez niej. Prosił o spotkanie w stolicy. Ten właśnie list był

kulą pełną plemników. Tadek zawitał do Warszawy i usłyszawszy
co się dzieje, rozpoczął szturm pełen dramatycznych argumentów
(że w Izraelu, nie znając żydowskiego, nie będzie mogła studiować, że tam jest strasznie, bo Arabowie sieją okrutny terror, że
kobiety są tam istotami drugiej kategorii, et cetera). Wieczór ar-
gumentacyjny zakończył się sceną biblijną wedle „pieśni Salomo-
na" ucieleśnionej bez zbędnych słów. Krysia H. odreagowała tym
aktem swój szok egzystencjalny, Tadzio M. odblokował mus seksualny, czyli presję młodzieńczego testosteronu — i efektem była
młodzieńcza ciąża, którą przed „rozwiązaniem" uwieńczył ślub
cywilny li tylko. Oblubienica została Krystyną Miroszową, a jej
córka dostała imię: Klara.

Co ta pradawna historia ma wspólnego z „Blankietem", Wit-
kiem, generałem–lejtnantem Kudrimowem i resztą naszych bohaterów? Spokojnie — dajmy Czasowi czas. Kule i tak nosi Opatrz-
ność. Myśmy są ino kukiełki Przeznaczenia.

* * *

Sto lat temu ukazała się drukiem rozprawa doktora Karola Fongelzena **„Higiena małżeństwa — miodowe miesiące"** (1906).
Można było tam znaleźć wiele rad i przestróg służących zdrowiu,
m.in. taką: „Nadmierne spółkowanie pociąga za sobą rozmaite
cierpienia i choroby, częstokroć bardzo przykre i dolegliwe". Witold Nowerski nie czytał pracy doktora Fongelzena, ale gdyby czytał — zgodziłby się z przytoczoną tezą. Dłuższy pobyt w bieszczadzkiej komunie hipisów, gdzie wszyscy (prócz smarkatych dzieci) stanowili grupowe małżeństwo praktykujące intensywną „free
love", ukazał Witkowi gamę chorób wenerycznych, które nie dawały się pacyfikować ziołami, więc trzeba było jeździć do Ustrzyk
Dolnych, bo tam była przychodnia i strzykawki służące antybioty-
kom, nie zaś „dragom". Od ciężkich narkotyków ustrzegł go „Rubens" (skończyło się na wąchaniu prymitywnego „kleju"; po pewnym czasie Mariusz B. to też „Znajdzie" wyperswadował), a od
„francy" niespecjalna „chcica" ku płci odmiennej. Jakoś Witka

do tych wdzięcznych cycuszków i pośladków niezbyt ciągnęło. Kilka zbiorowych orgii zaliczył biernie, raczej symulując aktywność niż ją praktykując, co nie było trudne, zważywszy stan lewitacyjnego upojenia koleżanek i kolegów.

Bardziej niż fertyczne blondynki podobali się „Znajdzie" dwaj spośród tych kolegów, kudłacze półgoli nawet zimą, lecz nie mógł tego przećwiczyć, bo w komunach wyrosłych z buntowniczego ruchu '68 pederastia nie była szczególnie modna. O ile „najczęściej występującym ssakiem górskim jest góral" (humor zeszytów), o tyle najczęściej występującym s s a k i e m hipisowskim tamtych czasów były żeńskie „dzieci kwiaty", brakowało bowiem prawie ćwierci stulecia do ery homoterroru gejowsko–lesbijskiego, czyli do schyłku XX wieku, kiedy wpływ mafii „kochających inaczej" zdyscyplinował propedalsko cały postępowy glob, zamieniając kodeks moralny ludzkości na kodeks oralny, i królować zaczęła parafraza tytułu książki Milana Kundery — „nieznośna lekkość odbytu" [© W. Łysiak]. W komunie Witold hamował swoje ciągoty, wiedział bowiem, iż życzliwy mu „Rubens" jest wrogiem pederastów, typowym „pedałobójcą". Dzisiaj mówi się o takich fanatycznych heterykach (jeszcze nie jako heretykach, lecz i to może przyjść): „sseksszowiniści", ale wtedy slang „political correctness" dopiero raczkował, to była era libertyńskiego przedświtu.

Testem decydującym dla seksualnego samookreślenia się Witolda były mazurskie wakacje. Pierwsze jego prawdziwe wakacje — pierwszy w życiu „Znajdy" wyjazd klasycznie urlopowy. Grupka studentów–dysydentów, którzy drukowali u „Zecera" swoje konspiracyjne pisemko, wyjechała latem na Mazury, z plecakami i namiotami, co dawało względnie tanią samodzielność, bo hotele lub domki campingowe zbytnio drenowałyby kieszenie żaków. Trzy pary — trzej chłopcy i ich dziewczęta. Jako siódmego wzięli ze sobą „Znajdę" (mówiąc, że biorą „przylepkę"), gdyż poprosił ich o to Mariusz. Kupił „Znajdzie" namiot, zaopatrzył we wszelkie turystyczne (plus finansowe) akcesoria, i odprowadził całe towarzystwo do pociągu.

Namiotowali przy brzegu romantycznego jeziora (te białe żagle, te wschody i zachody słońca!), pili, śpiewali, nurkowali, ka-
jakowali, robili kiełbaskowe ogniska — każdego dnia było wesoło
do głębokiego zmierzchu. Później przez niecałą godzinę z trzech
namiotów płynęły ku gwiazdom lub chmurom ekstatyczne sapania
i jęki, po czym zapadała nocna cisza i onanizujący się Witek też
mógł usnąć. Lecz nim minął tydzień, trzy sympatyczne studentki
(Ola, Grażynka i Beata) zgadały się konspiracyjnie (vulgo: za plecami swych partnerów, trzech antyreżimowych konspiratorów), że
ten miły Wicio jest taki biedny, bo nie ma dziewczyny. I ustaliły,
że będą mu kolejno robić dobrze, kiedy tylko ich chłopców zmo-
rzy Morfeusz. Każdej nocy, gdy męska studenteria kimała już *„jak
kamień"*, któraś dama opuszczała cichaczem swój namiot, wśliz-
giwała się do namiotu *„Znajdy"*, i robiła z jego przyrodzeniem
co chciała — *„everything"*. Poddawał się temu bezwolnie, ale
każdej nocy marzył, by to nie którąś, lecz któryś wśliznął mu się
do namiotu. Choćby Roman, szczupły krętowłosy blondyn studiu-
jący prawo... Wtedy definitywnie uświadomił sobie, iż jest *„zbo-
kiem"* — homoseksualistą bez żadnej wątpliwości.

Przed swym patronem udawał normalnego. To udawanie było
grzechem mniejszym niż skrywana skłonność, i dużo mniejszym
niż pajacowanie wielu gwiazdorów hollywoodzkich, gorąco przy-
tulających na ekranie dziewczęta z *„fabryki snów"*, mimo orien-
tacji homo (maskowanej bezczelnym *„emploi"* samców hetero).
Rock Hudson, Richard Chamberlain, James Dean, Jean Marais,
Jeremy Irons, Kevin Spacey i tylu innych czołowych *„amantów"*
X muzy (niektórzy filmowi *„twardziele"*, jak Marlon Brando czy
Burt Lancaster, też urozmaicali sobie seks jednopłciowo). Los Ludwika Bawarskiego i Oskara Wilde'a dowodzi, że czasami za te fałszywe maski trzeba płacić ciężki rachunek, lecz *„Znajda"* o tym
nie wiedział i bał się tylko demaskacji ze strony szefa. Wpadł dopiero w więzieniu.

„Zecer" ucapił go przy warsztacie stolarskim II bloku, strzelił
dłonią przez pysk aż huknęło, chwycił za brzegi *„katany"* wię-

ziennej, ścisnął je pod gardłem nieszczęśnika, prawie dusząc, i syknął:

— Ty gnoju! Ty śmierdzący pedrylu!! Kto cię tak przekręcił, gadaj!

— Niiikt... — wycharczał „*Znajda*".

— Od kiedy to robisz?!

— Nie wiem. W domu dziecka bawiliśmy się jak gasło światło.

— Koniec tych brzydkich zabaw! — ryknął Mariusz, luzując uścisk. — Koniec! Jeśli usłyszę jeszcze choćby raz, że się cwelisz, to finito między nami, „*Znajda*". Fi–ni–to, szlus! Będziesz obcy! Zrozumiałeś?

— Co mam nie... co mam nie rozumieć... no co! — chlipnął Witek, i rozpłakał się rzewnymi łzami.

*   *   *

Klara Mirosz urodziła się wiosną 1969 roku. Kilka lat później opuściła Polskę razem z mamą. Było to efektem kryzysu małżeństwa Miroszów, właściwie tąpnięcia, czyli ewenementu trochę gwałtownego, bo świeżo upieczony doktor inżynier Mirosz (dawniej asystent na Wydziale Łączności, później adiunkt na Wydziale Fizyki Politechniki Warszawskiej), zerwał duchową i fizyczną łączność stadła, przerzucając swoje uczucia hormonalne ku studentce, która póki co miała jędrniejszy biust aniżeli obiekt ślubny. W decydującą tzw. „*karczemną awanturę*" małżeńską włączył się niby mecenas diabła teść Krystyny, stary Mirosz, niegdyś wojujący „*moczarowiec*", który zamiast lać oliwę, judził syna głośno:

— Stale ci mówiłem, że ta gudłajka nie da ci szczęścia! Wygoń Żydówę precz!

Krystyna opuszczała Lechistan pełna nienawiści do „*polskich antysemitów*", i córce wszczepiła tę samą kontrpolską tudzież generalnie antygojowską mentalność. Stołeczna Jaffa zupełnie im się nie podobała, ale mieszkały tam kilka lat i wyjechały dopiero wtedy, kiedy rodzice Krystyny zginęli w autobusie anihilowanym bombą przez fanatyka islamskiego. Celem kolejnego exodusu było To-

ronto, gdzie już od roku mieszkał prawnik Levi Coben, telawiw-
ski „*przyjaciel*" Krystyny (wyjechał tam na czteroletni kontrakt,
zmusiła go firma). Jednak kanadyjską stabilizację zakłóciła nie-
przyzwoitość Leviego — czyn typu „*magil*" (hebrajskie: obrzy-
dliwy). Klara poskarżyła się, że konkubent rodzicielki próbuje dobierać się do córki kiedy mamusia jest chwilowo nieobecna. Wtedy Krystyna Helberg zrozumiała, że wstrętni antysemici zdarzają
się również wśród Żydów. Helberg, gdyż od przekroczenia granicy polskiej nie używała nazwiska Mirosz. Klara występowała więc
jako panna Helberg.

    Z punktu widzenia estetyki Levi Coben miał rację, bez dwóch
zdań. „*Estetyka*" bowiem to termin dubeltowy — w rozumieniu
scjentycznym oznacza naukę tyczącą kryteriów, aspektów i per-
cepcji sztuki, zaś w rozumieniu potocznym oznacza piękno, sto-
sowanie piękna, piękny wygląd tout court. No więc Klara Helberg,
dzięki sekretnemu procesowi mieszania krwi, ergo: dzięki niezgłę-
bionej wirówce i akrobatyce genów, była istotą dużo bardziej atrak-
cyjną niż jej niebrzydka przecież rodzicielka. Klara wyrosła na tzw.
„*piękność skończoną*", czyli kompletną, jej wdzięk nie ograniczał się jedynie do ślicznych rysów i pysznej sylwetki, lecz zawierał również stuprocentowy fenomen gibkości, mobilność klasy
max. Przemieszczała się z naturalną kocią lekkością, wzorem dzi-
kiej pumy. W poprzednim życiu bez wątpienia była kotem. To znaczy kocicą. Rasową. Tajemniczym futerkowym stworzeniem, mo-
tywowanym siłą instynktu, by chodzić tylko własnymi ścieżkami
i emanować niedbałe, nonszalanckie zimno, które budzi zazdrość
reszty stworzeń.

    Ta niezależność przejawiała się również wstrzemięźliwością ero-
tyczną, mimo żądz dręczących młodą anatomię Klary. Gdyby wierzyć Freudowi — człowiek, korona stworzenia, jest tak naprawdę
kłębkiem nerwów erotycznych, kukłą motywowaną głównie ins-
tynktem seksu. Chociaż osobnik ten sądzi, że umie być panem swego psychobiologicznego domu, lecz w piwnicach jego duszy ciągle buzują popędy zwierzęce, robiące zeń swoistego niewolnika.

Ów niewolnik własnego libido tłumi swą zwierzęcość jak umie, gwoli cywilizacji, przywdziewając szaty i maski kulturowe na publicznym widoku. Jednym udaje się to lepiej, drugim gorzej. Dzisiaj współczynnik cywilizowania się małpy ludzkiej sprawdza kierownica samochodu, mysz komputera, itp., a współczynnik zezwierzęcenia (zbestialnienia) dwunożnej istoty określa skala lubieżności, której podziałkę tworzą kolejne stopnie wyuzdań erotycznych. Który jest najwyższy? Szczytowa tortura sadomasochizmu? Poziom okrucieństwa i głębia bólu zadawanego? Nie. Tym punktem jest *„point of no return"*, skąd powrotu już nie ma, bo iganie rozkoszy ze śmiercią doprowadziło do mimowolnego lub planowanego zgonu. Klara była chorobliwie dumna; musiałaby zabić samca po kopulacji, gdyż nie zniosłaby myśli, że jakiś facet penetrował i brudził jej ciało wyrostkiem służącym również oddawaniu moczu. Przynajmniej tak sądziła. Własna dłoń i elektryczny wibrator zaspokajały jej chuć, nie kalecząc jej godności królewskiej. Ale tego rodzaju drażliwość psychiczna — wstręt spotęgowany do ścianu, sięgający znamion paranoi — zwykle nie trwa długo...

Pytanie: skąd się ten dziwny, nietypowy wstręt bierze? Z czego? Z homogenów? Klara Helberg nie była lesbijką; owszem, przez jakiś czas brano ją za taką na uniwerku, bo zimno torpedowała każdy podryw (a zachwyceni jej pięknością koledzy próbowali ciągle), lecz kiedy równie twardo pogoniła próbujące ją rwać koleżanki — przestano widzieć w niej *„lesbę"*, widziano raczej wariatkę, dziewczynę *„stukniętą"*. Ktoś puścił plotkę, że jest niedotykalska, bo romantycznie miłuje jakiegoś faceta spoza uniwerku — jakiegoś księcia z bajki, dalekiego Romea, któremu przysięgła wiktoriańską wierność po grób. Nikt się nie domyślił, że ciężkie filmowe porno, którego stała obecność telewizyjna tudzież internetowa skruszyła dziś wszelkie seksualne tabu, dynamicznie uskrzydlając bezpruderyjność–rozwiązłość–lubieżność nowych pokoleń — wobec Klary zadziałało niczym hamulec. Przypadkowe obejrzenie filmowej *„spermorzeźni"* (wideotaśmy na nocnej *„imprezie"*) wszczepiło Klarze wstręt do robienia z siebie minizlewu i kawałka mięsa. Bywa. Ale, jako rzekłem, taki wstręt u młodego organizmu nie może trwać wiecznie, biologia nie zna litości.

* * *

Pułkownik Stiepan Semenowicz Kudrimow aż do śmierci dręczył się myślą, że jego karierę zahamowała głupia złośliwość losu. Co było prawdą, szlify generalskie ominęły Stiopę wskutek pecha. Ten pech miał dwie fazy, obie związane z niefortunną krwią polskich klechów. Najpierw, mimo celnych trafień, nie udało się odstrzelić papieża Wojtyły (maj 1981), a Jankesi szybko ustalili, że bułgarscy i tureccy podwykonawcy byli tylko rękami centrali moskiewskiej. Smród wokół KGB przybrał wówczas skalę globalną. Lecz dla Stiopy jeszcze gorsza okazała się druga plajta, trzy lata później — casus Popiełuszko.

Sprawa miała być prosta: zwykły ksiądz Lach, żaden papież, kardynał czy biskup. Upierdliwy pyskacz, ciągle gromiący z ambony dyktaturę prosowiecką. Nie tylko on to czynił, ale „*księdza Jerzego*" wielbiła cała Warszawa i pół PRL–u. Trzeba było coś z tym zrobić. Kazano zrobić Stiopie. On, jego ludzie i ludzie jego ludzie, nadwiślańskie zbiry z SB, ułożyli plan. Realizacja planu nie wyszła. Księdza zdołano porwać, ale nie zdołano zwerbować, mimo strasznych tortur, więc musieli go ukatrupić. Co było klęską, bo ciało męczennika zostało znalezione i wybuchł kolejny międzynarodowy skandal. Inaczej mówiąc: Stiopa Kudrimow „*dał ciała*" — nie wykonał zadania postawionego mu przez zwierzchników. Tego samego roku (1984) umarł lubiący Stiopę gensek Jurij Andropow; następca Andropowa, Czernienko, dychał ledwie rok; następca Czernienki, Gorbaczow, rozpoczął desowietyzacyjną (desowietyzacyjną wbrew jego woli) „*pieriestrojkę*". Za Gorbaczowa usunięto dużą część starych kadr specsłużb, jako pierwszych wymiatając skompromitowanych. W ramach tej wewnętrznej czystki Stiopa poległ, nie miał szans.

„*Zesłany*" do służby ochrony kolei, pułkownik Kudrimow sądził, że będzie się tam czuł kiepsko, niby uszkodzony karabin, którego nie reperują (choć powinni), tylko wyrzucają gdzieś na kupę złomu. Mylił się, gdyż właśnie druga połowa lat 80–ych (czas dwóch głośnych prezydentów, Gorbaczowa i Reagana) była dla sowieckich kolei pasjonująca wyjątkowo. Prezydent amerykański zaczął planować i prototypowo wdrażać Strategiczną Inicjatywę Obronną (SDI), zwaną przez anglosaskie media *„programem wojen gwiezdnych"*. Rosjanie ripostowali *„kolejowymi zespołami rakietowymi"*, czyli inicjatywą bardziej przyziemną, ale nie mniej ciekawą. Każdy pociąg bojowy tworzyło pięć jednostek: lokomotywa, wagon mieszczący centrum dowodzenia i trzy wagony z rakietami. Nieustanna mobilność: w ciągu jednej doby taki pociąg robił 2 tysiące kilometrów, a wystrzeliwać rakiety mógł z każdego miejsca. Jankesi, próbując lokalizować te śmiertelnie groźne konwoje, zwiększyli do kilkudziesięciu liczbę satelitów obserwujących dzień i noc radzieckie terytorium. Lecz satelity były bezradne (bojowe pociągi, widziane z Kosmosu, niczym się nie różniły od cywilnych składów), chociaż podatnik amerykański płacił gwoli ich funkcjonowania bardzo dużo. Stiopa Kudrimow, pracujący przy ochronie tej cudownej zabawki (już jako malec uwielbiał *„fu–fu!"*, drewnianą kolejkę kupioną mu przez dziadków), czuł, że wykonuje dobrą robotę dla chwały ojczyzny — Sowieckowo Sojuza.

Składy kolejowo–rakietowe kursowały sześć lat (1985–1991). Później zajęli się nimi dyplomaci i, jak to politycy — spieprzyli wszystko. Dogadali się. Waszyngton przystopował prace nad SDI, zaś Moskwa przestała wozić rakiety koleją (dzięki czemu Amerykanom wystarczały trzy satelity fotografujące Rosję). Duża oszczędność dla każdej ze stron, lecz większa dla *„zachodnich imperialistów"*. Oto czemu Stiopa Kudrimow nienawidził polityki, politykowania, i polityków przede wszystkim, bo parszywe kombinacje tych chytrych *„swołoczy"* (*„ — Job twoju mat'!"*) zepsuły Sojuz. Czy nie prościej oraz sensowniej było machać twardym kułakiem blisko gudłajsko–pedalskiej mordy Zachodu, miast wazeliniarsko się układać, mięknąć i słabnąć?

Jednak doczekał brzasku nowej chwały — doczekał Władimira Władimirowicza Putina i jego obietnicy, że Rosja znowu będzie światowym mocarstwem. Istotnie — od 2002, z roku na rok konsekwentniej, szło ku dawnemu czyli ku lepszemu, twarda ręka Putina reperowała Matuszkę Rossiję *„kak nada"*. Gdyby jeszcze można było szybko przekształcić wojsko rosyjskie ze złomowiska i muzeum (oraz z katowni dla rekrutów) w nowoczesne siły zbrojne, nie dopuścić, by dawni satelici ZSRR wstępowali do NATO, wziąć za ryj (za *„paszczu"*) cały Kaukaz, zgnoić krnąbrną *„Polszę"*, ułatwić wszelakim talibom i alkaidowcom dokopywanie Ameryce... *„Nu da, wsiem paniatno, szto eto tiażoło budiet', job amierikańskuju mat'!"*.

Umierał (2004, trzustka zalkoholizowana) bez specjalnego żalu, właściwie szczęśliwy, dożył bowiem nowej chwały — ogniowej pacyfikacji Czeczenii, defilady kremlowskiej przy dźwiękach reaktywowanego hymnu ZSRR, wysadzenia w powietrze Nowego Jorku, i błyskotliwej kariery syna, ukochanego Wasi, szefa tajnego pionu egzekucyjnego FSB. Wierzył, iż Wasia *„pokaże"* wszelkim skurwysynom wrogim Federacji Rosyjskiej. *„Nu, pagadi!"*.

* * *

Spośród rozmaitych praw rządzących człowiekiem i ludzkością, jak również światem i wszechświatem — główne wydaje się prawo przyczynowości, tyczące skutków. Mówi ono, iż żadne zjawisko nie istniałoby bez przyczyny. Jest to równie proste jak korelacje: bocian–dzieci, błędny rycerz–wiatraki, lewica–praworządność... pardon, coś pomyliłem, chodzi o korelacje: Afryka–zebra, Australia–kangur, winorośl–szampan, srebrniki–zdrada, pług–skiba, Dumas–muszkieterowie, kastracja–falset, silikon–biust, itp. W ramach tego prawa — prawa skutków nieistniejących bez przyczyn — daje się łatwo wytłumaczyć dlaczego obywatel Mariusz Bochenek (*„Człon"* alias *„Rubens"* alias *„Blankiet"* alias *„Zecer"*), mężczyzna będący pupilem dam, pozostawał zatwardziałym kawalerem, mimo że pędziły lata i bliżej mu już było do pierwszej

siwizny niż do „*teenagerskiej*" młodości. W 1985 (czyli wtedy,
gdy Stiopa Kudrimow zaczynał pracę przy rakietowym transrosyj-
skim „*fu–fu!*"), „*Zecer*" skończył 36 lat i wciąż nie miał żony.
Ów brak obrączki to był skutek. Przyczyną była tak zwana (przed
wiekiem XX) kobieca „*płochość*", plus bochenkowa nadwrażli-
wość. Gdyby się chciało opowiedzieć to metaforycznym rymem,
nie trzeba byłoby tworzyć własnych rymów — starczy zacytować
XVIII–wieczny rym Trembeckiego pt. **„Wróbel"**:

> „*Jurny wróbel z czarną łatką*
> *Upędzał się za dzierlatką.*
> *I słowik do niej się palił,*
> *A chcąc rywala odsadzić,*
> *Czułość swoją przed nią chwalił:*
> *«Nigdy nie znam co to zdradzić,*
> *Zawszem był dla ciebie stały.*
> *Te ci pienia będę nucić,*
> *Które Bogów zachwycały.*
> *Z tobą się chcę cieszyć, smucić,*
> *I wszystko zrobię, bym twe serce zyskał».*
> *«A ja — rzekł wróbel — będę ciebie ściskał».*
> *I zaraz spór rozsądzony:*
> *Wróblowi kazano zostać,*
> *Słowik z głosem odpędzony.*
> *Otóż kobiet naszych postać*".

Dokładnie tak było w przypadku pierwszej (i ostatniej) wielkiej miłości Mariusza B. Kiedy kończył liceum, „*upędzał się za
dzierlatką*", czyli za koleżanką szkolną. Nakarmiony romansami hi-
storycznymi prywiślińskich „*pokrzepiaczy serc*" (Kaczkowskich,
Przyborowskich, Kraszewskich, Sienkiewiczów i in.), ergo: ufor-
mowany względem słowiańskich dziewic przez same niewinne le-
lije (Oleńki, Zosie, Basie, Marysie, Ligie etc.) — pisał miłosne
liściki i wierszyki („*Te ci pienia będę nucić*"), wzdychał, fundo-
wał lody i kino, itp. Tymczasem jego kolega, miast miłosnych

treli, wziął się do „*ściskania*" tejże dzieweczki od razu i nie bez
szybkiego skutku, by później przechwalać się głośno, że „*Kaśkę
zerżnął*". Wzmiankowana Kasia nie wnosiła żadnych pretensji, zaś
Mariusz został spławiony jako frajer. Był to dla niego traumatyczny szok.

Między liceum a studiami Bochenek odbył szkolenie wojskowe
(pluton łącznościowców). W łaźni koszar spostrzegł coś, o czym
nie miał wcześniej pojęcia: że jego penis jest większy, duży ponadnormatywnie. Kumple wynieśli tę wiadomość za bramę garni-
zonu, i odtąd dziewczyny urządzały łowy na „*Rasputina*" („*Członem*" został dopiero w komunie hipisowskiej). Co mu dawało satysfakcję dubeltową: fizyczną (bo orgazmową) i psychiczną (bo
odwetową). Z „*czułego słowika*" nic nie zostało — grał „*jurne-
go wróbla*". A szlachetnego rycerza zastąpił cyniczny fałszerz.
Pierwszym sfałszowanym przezeń dokumentem był wpis w zeszy-
cie szkolnego rywala mówiący, iż „*dyro to czerwona świnia, komunistyczny renegat, pezetpeerowski lizus*", co wskutek donosu
zostało odkryte i pieszczący Kasię rywal Bochenka postradał „*prawa ucznia*" tudzież możliwość zrobienia kiedykolwiek dyplomu
wyższej uczelni.

Płeć piękna, która ma nie tylko fenomenalną pamięć wzroko-
wą, lecz i dotykową — zazwyczaj świetnie pamiętała o nieprze-
ciętnym walorze płciowym Mariusza B. Skutkiem tej przyczyny
znajome „*Zecera*" stawiały się regularnie w Grabianach „*na widzenie*", by szepnąć Mariuszowi, iż czekają. Jednak niektóre nie
czekały bezczynnie, dlatego pewnego razu odbył się przez zakra-
towaną szybę taki dialog:

— Słyszałem, że często chodzisz w miasto, Jolciu... — rzekł
„*Zecer*".

— Nie chodzę! — burknęła Jola. — Brat mi czasem kopsnie
dzianego bojka, żeby trochę szmalu wykosić, to wszystko. Robię
u kosmetyczki.

— W Paryżu i w Londynie są lepsze gabinety. Chcesz wyje-
chać na Zachód?

— A kto nie chce?
— Każdy chce, niewielu może. Ja mogę.
— Weźmiesz mnie ze sobą?...
— Wezmę ciebie i twojego męża.
— Jakiego męża?!
— Wicia, którego poślubisz. I razem lądujecie w Paryżu. Gra?
— Może być... — uśmiechnęła się Jola radośnie.

* * *

Kiedy „Historia rosyjskiej oligarchii" dostała cichy (acz skuteczny) szlaban na druk, jej autor, Lieonid Szudrin, był pewien, że nikt spoza Instytutu nie przeczyta jego dzieła. Mocno go tedy zdumiało zaproszenie przysłane mu z Kremla (z samej Kancelarii Prezydenckiej!) wiosną roku 2005. Ów półstronicowy list, podpisany przez dyrektora Żarkinowa, szefa Sekcji Medialnej kancelarii, napomykał bowiem o rozprawie Szudrina, choć nie bez błędu: „Dzieje rosyjskich oligarchów".

W bramie kancelarii dano Szudrinowi przepustkę. Dyrektor Żarkinow przyjął gościa gruzińskim koniakiem i herbatą, stwierdził, że niestety ma wolny tylko kwadrans, i bez wstępów przeszedł do meritum: .

— Lieonidzie Konstantinowiczu, chodzi mi o głośną publikację „Protokoły Mędrców Syjonu", demaskującą spisek żydowski zawiązany przed stu laty, podczas bazylejskiego Kongresu Syjonistycznego, dla uczynienia Żydów władcami świata. Nie sądzi pan, że dziś sytuacja robi się analogiczna, bliska tamtej?

Szudrin ledwo wstrzymał prychnięcie i wytrzeszczenie wzroku; odparł chłodno:

— Nie sądzę, panie dyrektorze.

— Czy nie widzi pan, że wszystkie decyzyjne stanowiska globu zajmuje żydostwo?

— Nie widzę.

— Nie widzi pan?! Banki to przecież Żydzi, media to Żydzi, handel to Żydzi, giełda to Żydzi, trzymają wszystkie te instrumenty wpływu, przy których władze polityczne, rządy, premierzy, prezydenci, są jedynie marionetkami. Amerykański Bank Centralny i FED — Greenspan. Bank Światowy — Wolfowitz. Król spekulacji — Soros. I tak dalej. W Rosji podobnie, proszę sprawdzić metryki naszych oligarchów...

— Sprawdzając metryki naszych mafijnych bossów zobaczymy to samo — roześmiał się Szudrin. — Rosyjski capo di tutti capi, Siemion Mogilewicz, to Żyd z Żyda, pseudo „Kidała", czyli naciągacz.

— Zgadzam się, Lieonidzie Konstantinowiczu. Ale bandyci to sprawa dla policji, mnie interesuje fakt żydowskości naszych głównych biznesmenów, ta ich etniczna tożsamość...

— Są wśród nich też goje, rosyjscy, kaukascy, różni — przerwał dyrektorowi Szudrin, machając ręką, jakby się opędzał.

— Ilu?... Kilku?... Kilkunastu?... Reszta, prawie cała czołówka, to Żydzi! — uparł się funkcjonariusz administracji prezydenckiej. — Niektórzy, dość liczni, są wrogami Władimira Władimirowicza Putina...

— A niektórzy jego przyjaciółmi, jak Roman Abramowicz herbu Chelsea — wtrącił znowu gość.

— Więcej jest wrogów. Chodorkowski poszedł za kraty, Gusiński ledwo ich uniknął, a Bieriezowski już by siedział, gdyby nie zwiał do Londynu! Ci ludzie okradali Rosję, pasożytując na społeczeństwie bez litości!

— Co ja mam z tym wspólnego, panie dyrektorze, czyli co ja robię tutaj? — spytał gość.

— Pan jest utalentowanym historykiem–analitykiem, Lieonidzie Konstantinowiczu. Mówiono mi, że pańskie dzieło na temat rosyjskiej oligarchii finansowej to świetna praca. A czemu niewydana dotąd? Bo jej druk zablokowali Żydzi. Myślę, że mógłbym panu pomóc, mógłbym ułatwić druk, i to wysokonakładowy, płacąc duże honorarium...

— Jeśli co?

— Jeśli uzupełni pan tekst w sensie... etnicznym.

— Akcentując żydowskość baronów biznesu?

— No właśnie.

— Odmawiam, nie będę przerabiał mojej pracy.

— Myśli pan, że to nie spodobałoby się jakiejś grupie czytelników? Mam więc wariant propozycji: gdyby zechciał pan napisać esej dla jednego tylko czytelnika... Esej o dzisiejszej wszechwładzy żydostwa światowego...

— Czyli współczesne **„Protokoły Mędrców"**?

— Tytuł dałby pan wedle woli własnej — wzruszył ramionami Żarkinow, sącząc koniak.

Szudrin znowu roześmiał się, lecz tak, aby dyrektor nie dostrzegł, iż to jest znowu szydercze skrzywienie ust:

— Coś panu przypomnę, panie Żarkinow. **„Protokoły"** są apokryfem, fałszerstwem, które Ochrana zmajstrowała na bazie kilkunastu starych antysemickich druków. Zaś rozśmieszył mnie teraz fakt, że były klecone również dla jednego tylko czytelnika, również dla szefa państwa — dla cara Mikołaja II. Policja ministra spraw wewnętrznych, Stołypina, szybko wówczas ustaliła, że to chamskie oszustwo, i car się dowiedział. Kilkadziesiąt lat później Hitler też się dowiedział. Lecz ich reakcje były zupełnie odmienne. Gdy minister Rausching powiadomił Führera, że **„Protokoły Mędrców"** są falsyfikatem, ten warknął: „ *— Gówno mnie to obchodzi, to nie ma żadnego znaczenia!"*, i dalej wykorzystywano fałsz do kontrżydowskiej nagonki. A gdy Stołypin uwiadomił cara, że **„Protokoły"** są robotą tajnej policji, Mikołaj II westchnął: „ *— Trzeba je zdjąć! Nie wolno dla obrony czystej sprawy, świetlanej sprawy antysemityzmu, stosować brudnych metod!"*. Dwie różne reakcje. Zastanawiam się, panie dyrektorze, który wzór reakcji wybrałby prezydent Putin, gdyby pan mu przyniósł antysemicki bryk tego rodzaju...

— Czy ja powiedziałem, że to ma być dla Władimira Władimirowicza?! — obruszył się Żarkinow.

— A czy ja twierdzę, że pan by mu przyniósł? — uśmiechnął się Szudrin.

I wstał. Nim wyszedł z gabinetu, mruknął, puszczając oko do zbaraniałego urzędasa:

— Cały czas trzymałem kciuki, żeby się wam nagrało bez żakłóceń.

* * *

Między melodią fletu, na którym grywał Fryderyk Wielki, a nitką dymu z komina krematorium Auschwitz istnieje ta sama pępowinowa więź co między Opryczniną cara Iwana Groźnego a stalinowskim NKWD. Między putinowską melodią fletu szczurołapa z Kremla, która skutecznie głaskała uszy łatwowiernej widowni Zachodu, a putinowskim zamordyzmem wewnętrznym, określanym przez putinowski Kreml jako *„suwerenna demokracja"* — też istniała pępowina, nieprzeszkadzająca Zachodowi tak długo, jak długo kosmopolityczny kapitał rosyjskich *„jewrooligarchów"* nie dostał kilku ciosów dyscyplinujących. Skazanie Chodorkowskiego, plus ucieczka paru analogicznych tuzów do Izraela i do Zjednoczonego Królestwa — wywołały krzyk żydowskich i filosemickich kręgów Zachodu o putinowskim antysemityzmie. Krzyk szybko ucichł, ropa była ważniejsza. *„Business as usual"*.

Oskarżanie Putina o rasizm nie miało sensu. W przeciwieństwie bowiem do kagiebowców *„starej szkoły"* (jak prymus *„driewniewo zakona"*, Wasia Kudrimow) — kagiebowcy *„nowej szkoły"* (jak Putin) lekceważyli czynniki rasowe, gwiżdżąc na tradycyjny antysemityzm ludu rosyjskiego. Liczyły się kapitał i władza, a nie kolor skóry czy geny. Ci spośród oligarchów, którzy przejawiali ambicje polityczne wyższego (centralnego) rzędu, stawali się naturalnym (biologicznym) zagrożeniem dla włodarza Kremla, i tych putinowska maszynka do mielenia czyli *„odstrzału"* (milicja–skarbówka–prokuratura–sądy) eliminowała bez pardonu. Ci zaś, których interesowało jedynie światowe życie — megaluksus, megakomfort, megahedonizm — byli politycznie niegroźni, a nawet pożyteczni, gdyż cicho *„odpalali"* władzy dużą część *„urobku"*, a swym ekshibicyjnym bogactwem głośno dawali *„nowej Rosji"* megareklamę, sugerując światu, iż ta putinowska Matuszka jest istnym Eldorado. Świat klaskał gdy słyszał takie dowcipy o rosyjskich milionerach: *„nowy Ruski"* wysiada z samolotu na Majorce, trzymając narty, więc odprawiający go funkcjonariusz lotniska mówi:

— Przepraszam, ale szanowny pan omylił się, u nas zupełnie nie ma śniegu.

Wesolutki Rosjanin klepie funkcjonariusza po ramieniu, mówiąc:

— Spokojnie, śnieg przyleci następnym samolotem, jeszcze dziś.

Dla Putina takie dowcipkowanie było o tyle ważne, że szerzyło wizerunek neomocarstwa metodą upowszechniania siły królów kurortów — rosyjskich krezusów. Mógłby rzec to samo, co niejeden dyrektor CIA mówił o prawicowych dyktatorach Ameryki Łacińskiej: *„ — Też skurwysyny, ale moje skurwysyny!"*.

Putinowskie *„skurwysyny"* mają dziś swoje zagraniczne i zaoceaniczne rezydencje pałacowe, jachty, kluby, wyspy, drapacze chmur itp., a zdobyły to wszystko w ciągu ostatnich kilkunastu (niektórzy) lub ledwie kilku (większość) lat. Kiedy Bentley otworzył swój moskiewski salon (2003) — tylko 40 egzemplarzy elitarnego samochodu znalazło rosyjskich nabywców. Cztery lata później (2007) już 1300 bentleyów jeździło po ulicach Moskwy, nie licząc mercedesów S600 oraz innych ekskluzywnych *„fur"* klasy *„gold"*. Garaże tych cudeniek znajdują się na podmoskiewskim osiedlu Rublowka (nomen omen), gdzie dróg wjazdowych strzegą wartownie i brygady ochroniarzy, metr kwadratowy działki kosztuje ponad tysiąc dolarów, a skromny domek nie mniej niż trzy miliony dolców. W nieskromnych domkach mieszkają tam wszyscy krezusi putinowskiej Rosji — szefowie megaprzedsiębiorstw (Gazpromu, Łukoila i in.), prezesi banków, baronowie każdego biznesu, a między nimi również boss biznesu o nazwie Federacja Rosyjska, prezydent Putin. Lecz to jedyne terytorium, na którym mógł oficjalnie i lokalizacyjnie (adresowo) stykać się z wielkim kapitałem. Nie wypadało mu jeździć do *„zimowej stolicy «nowych ruskich»"* (francuskiej miejscowości alpejskiej Courchevel, która zimą przemienia się w czysto rosyjski pijany kurort), ani na wszelkie tropikalne *„złote wybrzeża"*, gdzie od paru lat brązowieją tłuste cielska i smukłe ciałka rosyjskiej oligarchii. Te smukłe to *„die-woczki"*, znaczy *„sweethearts"* rosyjskich oligarchów. Profesja tych *„wives"* i *„girl–friends"* jest dużo trudniejsza niż jakikolwiek fach samców, do których należą.

Z pozoru taka lalka — gdy już zastąpiła (wyeliminowała) poprzedniczkę — ma nic tylko *„dolce vita"*. Zakupy w najelegantszych sklepach Moskwy (przy ulicy Twerskiej), Paryża, Rzymu, Nowego Jorku, Madrytu i Londynu. Moskiewska *„mała czarna"* w kawiarni „Anatolly Como" — filiżaneczka 200 dolarów. *„Babranko"* i *„kimanko"* w luksusowej pościeli firmy Frette, na wypełnionych puchem węgierskich gęsi jaśkach za kilkaset dolców. Wolne wieczory (gdy pan i władca jest nieobecny) w moskiewskim nocnym klubie „Czerwona Czapeczka", gdzie pracują najlepsi striptizerzy i gdzie klozety są tak czyste, że na brzegu muszli sedesowej dama może spokojnie formować pasemka białego pudru dwiema kartami kredytowymi, American Express i Visa. Et cetera, et cetera. Ale to tylko pozór raju. Tej królowej życia towarzyszy permanentny stres, gdyż wedle *„prawa Goldsmitha"* (miliardera Jamesa Goldsmitha): *„Kiedy bogacz żeni się ze swą kochanką, tworzy wolne miejsce pracy"*. Kochanki oligarchów, stając się ich małżonkami, zwalniają etaty dla kochanek, a wiadomo, że każdego miesiąca na rynek wchodzą nowe falangi rozkosznych (młodziutkich, jędrnych, prześlicznych) *„kociaków"*. To jak z samochodem: ciągle powstają nowe modele ekskluzywnych aut, wypierające starsze roczniki lancii i ferrari. Żonie oligarchy, choćby przeuroczej, nie uda się zwyciężyć kosmetykami i skalpelami, bo mąż będzie cenił nie kunszt odmładzania, lecz naturalną świeżość. I nie codzienną rutynę, lecz nowość. La Rochefoucauld: *„Piekłem kobiet jest upływ czasu"*. Filozoficzne pytanie poety: *„Komu bije dzwon?"* — tyczyło mężczyzn; pytanie trafniejsze wobec kobiet brzmi: *„Komu bije zegar?"*. Wszystkie damulki oligarchów to wiedzą, dlatego cierpią rozumiejąc, że radosne brylowanie i fikanie szybko się skończy. Balsamem jest myśl o rozwodowym odszkodowaniu.

Władimirowi Putinowi, a konkretnie jego tajnym służbom, też
nie było nigdy lekko przez tę rotację „*mięsa*" (wymianę zleżałe-
go na świeże) u oligarchów. Balsamem stawała się myśl, że werbować narybek jest równie łatwo za każdym razem, bo zmiany
kadrowe w złotych sypialniach nie zmieniają ludzkiej natury. Hasło: „*Pełna kontrola!*" nie doznawało tedy uszczerbku podczas
inwigilującej wielki kapitał praktyki operacyjnej FSB.

* * *

Kiedy w roku 1988 dziewiętnastoletnia Klara Mirosz (już nie
Helberg) zapisywała się na Wydział Historii Uniwersytetu Ottawskiego — trochę starszy John Seren dostawał właśnie dyplom tej
uczelni. Był również Polakiem z pochodzenia. Jego ojciec, Stanisław Serenicki, dwie dekady pracował jako dyrektor wielkiej fabryki nawozów sztucznych, a w roku 1980 został wywieziony tacz-
ką poza bramę swojej fabryki przez strajkujących robotników, którzy właśnie utworzyli zakładową „Solidarność". Pech chciał, że
była przy tym telewizja, więc kompromitującą wywózkę obejrzał
cały naród. Dyrektor Serenicki nie zniósł tej hańby — zastrzelił
się ze służbowego pistoletu (media reżimowe podały, że zmarł na
zawał serca, co było prawdą, lecz pełną prawdą było tylko w od-
niesieniu do jego żony, która umarła bez postrzału). Wskutek tych
dwóch zgonów Janek Serenicki został sierotą mając 18 lat.

Rok później wylądował w Kanadzie, u stryja, Alfreda Serena,
prowadzącego tam własny biznes. Stryj namówił go do czegoś, co
już dawno zrobił sam — do skrócenia nazwiska (Seren brzmiało
u Kanadyjczyków lepiej niż Serenitzky) oraz do studiów języko-
znawczych, gdyż bratanek był urodzonym poliglotą i przejawiał
zdolności badawcze względem dziwacznych języków, obyczajów
i praw. Pasjonowały go takie osobliwości jurysdykcyjne jak fakt,
że w Indonezji masturbacja jest karana ścięciem głowy, we Francji
nie wolno nazwać prosiaka imieniem Napoleon, w Bahrajnie ginekolog może badać ręką waginę pacjentki, lecz siedząc lub stojąc ty-
łem czy bokiem i widząc tylko lustrzane odbicie narządu, a w Wiel-

kiej Brytanii wolno odlać się publicznie pod warunkiem, że obsikuje się tylne koło własnego samochodu i prawą ręką opiera się o karoserię, zaś nie wolno przyklejać znaczka z królową do góry nogami, bo to jest zdrada stanu. Dziwne hobby u kilkunastolatka, lecz czy wszyscy nastolatkowie muszą przedkładać rap nad melodie wieku XVIII? Johnny Seren od muzyki rockowej wolał rokokową.

Gdyby zadano Johnny'emu pytanie, który język woli, angielski czy amerykański, nie miałby żadnych kłopotów z odpowiedzą, ponieważ lubił Szekspira. Bawiło go wyłapywanie rozmaitych różnic. Brytyjska winda, *„lift"*, w Ameryce nosiła miano *„elevator"*. Listonosz, u Anglików *„postman"*, u Amerykanów zwał się *„mailman"*, a brytyjska księgarnia, *„bookshop"*, w Ameryce mieniła się *„bookstore"*. Podobnie tramwaj (*„tram"* — *„streetcar"*), metro (*„underground"* — *„subway"*), trotuar (*„pavement"* — *„sidewalk"*), związek zawodowy (*„trade union"* — *„labour union"*), auto (*„motorcar"* — *„automobile"*), apteka (*„foodshop"* — *„drugstore"*), adwokat (*„solicitor"* — *„attorney"*), itd. Cieszyło Johnny'ego, że wyłapuje nawet takie różnice, które ominął Norman Moss, twórca **„American–British & British–American Dictionary"**. Jakiś czas (póki mu się nie znudziło) tropił też eliminowanie przez Amerykanów dubeltowych brytyjskich spółgłosek (*„travelling"* — *„traveling"*; *„jeweller"* — *„jeweler"*; etc.), dodawanie przez nich różnych głosek (*„judgment"* — *„judgement"*; *„fulfilment"* — *„fulfillment"*; etc.), kasowanie liter (*„flavour"* — *„flavor"*; *„colour"* — *„color"*; etc.), przestawianie liter (*„centre"* — *„center"*), zamienianie liter (*„defence"* — *„defense"*), tudzież amerykańską zwięzłość tych samych co brytyjskie sformułowań (*„the workers protested against the war"* — *„the workers protested the war"*).

Wśród semantycznych śledztw, które dociekliwy Johnny przeprowadził, szczególną radość sprawiło mu tropienie historii amerykańskiego terminu *„niedźwiadek–zabawka"*, *„pluszowy miś"* — *„teddy bear"* (wszczął to śledztwo pod wpływem piosenki Elvisa Presleya **„Teddy bear"**). Dlaczego właśnie *„teddy"*? Dlatego, że

w 1902 roku, kiedy prezydent Theodore (Teddy) Roosevelt roz-
strzygał terytorialny spór stanów Missisipi i Luizjana, pertraktacje
zawieszono, by odbyć łowy. Żadna gruba zwierzyna nie weszła pod
lufę, więc gospodarze, chcąc dogodzić prezydentowi, wypuścili mu
na linię strzału małego niedźwiadka. Roosevelt jednak oświadczył,
że do maleństwa strzelał nie będzie, i miś przeżył. Historię tę zre-
lacjonowała gazeta **„The Washington Post"**, a brooklyński kios-
karz jako reklamę wykorzystał uszytego przez swą żonę pluszowe-
go misia, którego nazwał *„misiem Teddy'ego"* (*„Teddy's bear"*).
Podczas swej kampanii reelekcyjnej (1904) Roosevelt uczynił płó-
ciennego misia swą wiecową maskotką. Odtąd w Ameryce tak właśnie zwano (*„teddy bear"*) wszystkie zabawkowe misie dla dzieci. Stryj, gdy Johnny mu to zrelacjonował, bił brawo i nagrodził
bratanka motorem firmy Harley–Davidson.

Tym motorem przystojny drągal, Jasio Seren, zwiedził całą prawie Kanadę, co zabrało mu około roku. Najbardziej podobały mu
się północne terytoria, gdzie zdumiewał plemiona indiańskie ucząc
się piorunem ich narzeczy i dialektów (zabierało mu to każdora-
zowo dwa–trzy tygodnie), tudzież frankofońska prowincja Quebec, bo tam dostrzegł niezwykłą analogię między językami francuskim i polskim: francuski termin *„dupe"* oznacza naiwniaka, wy-
kiwańca, frajera, identycznie jak lechicki termin *„dupek"*.

W tej samej połowie lat 80–ych, w której poliglotyczny lingwista Johnny studiował już językoznawstwo na ottawskim uniwerku — tysiące mil dalej, *„pod celą"* zakratowanej *„Grabianki"*,
więzienny lingwista Mariusz penetrował sekrety *„grypsery"* i *„kminy"* kryminalistów, wykazując równą pasję badawczą. Nic na nie-
bie i ziemi nie wskazywało, że drogi tych dwóch badaczy mogłyby się zejść kiedykolwiek i gdziekolwiek. Ale życie lubi kabaret,
więc jedynie góra z górą się nie schodzą.

* * *

Kiedy Jolanta Kabłoń uczęszczała do szkoły podstawowej, musiała też uczęszczać na lekcje religii odbywające się w przykościel-

nym Domu Parafialnym. Tam siostra–katechetka wpajała bogobojnej dziatwie rozmaite cnoty, rady, przestrogi i zalecenia, jednak nie wszystkie one pasowały Joli. Pełnoletniej już Joli kiepsko pasowała cnota czystości alias wstrzemięźliwości niewieściej, lecz to było później, gdy podrosła i wykwitł jej biust. Natomiast wcześniej drażniło małą Jolę przykazanie *„Czcij ojca swego i matkę swoją"*, bo chociaż wobec jej matki dałoby się ono stosować jako tako (dzięki łyknięciu dużej kapsułki wyrozumiałości), lecz wobec rodzica — notorycznego alkoholika, złodzieja, lumpa i menela duchem — za żadną cholerę, nigdy! Żaden pułap miłosierdzia bożego i anielskiej tolerancji nie mógłby łagodzić surowej cenzury dla tego chamidła. Osiedlowe zgrywusy przezywały go *„królem jabola"* (gdyż myślenie ekonomiczne kazało mu kupować najtańsze owocowe wino) i smarowały tynk pod parterowym oknem Kabłoniów rymami mającymi dotknąć tatusia Joli K. (*„Jabol lepszy od chleba, gryźć nie trzeba"*; *„Ani kefir, ani cola nie zastąpi ci jabola"*; *„Najmilsza chwila poranka — dwa jabole do śniadanka"*; itp.). Warto wszakże oddać sprawiedliwość Euzebiuszowi Kabłoniowi — nigdy nie pił przemysławki, wody brzozowej, borygo czy denaturatu. Mimo to Jola uciekła z domu nim osiągnęła pełnoletność.

Na *„gigancie"* (ucieczce z domu lub z poprawczaka) wszystkie dziewczęta się deprawują — tylko jedne mniej, a drugie bardziej. Jolę uratował przed tym drugim jej starszy brat, Zygmunt. Ów Zygmuś, który załatwił siostrze niezłą pracę w salonie fryzjerskim, pracował jako kierowca w fabryce chemikaliów (farb, lakierów itp.), dlatego poznał Mariusza *„Blankieta"* (któremu do roboty były niezbędne trudno zdobywalne tusze, farby drukarskie, barwniki), a ten, kontaktując się z Zygmuntem K., naturalnym biegiem rzeczy *„zapoznał"* Jolantę K., i dalej rozwinęło się to równie normalnie jak w każdym *„soft porno"*. Kiedy już ustalili, że Jola poślubi Witka Nowerskiego, dzięki czemu uzyska paszport, *„Zecer"* kazał jej odwiedzić cinkciarza Karola Wendryszewskiego pseudo *„Gulden"*.

„*Gulden*" był mężczyzną nieźle sytuowanym wskutek uprawianego fachu i nieszczęśliwym wskutek małżeństwa. Do swych 34. urodzin sądził, że ślub to coś dla drugich, wokół cinkciarzy kręciło się bowiem mnóstwo tanich „*towarów*", więc kiedy go pytano czemu się nie żeni, rzucał luzackim bon–motem, iż nie trzeba kupować mleczarni, by napić się mleka. W ogóle lubił dowcipkować o kobitkach („ — *Co robi blondynka po wyjściu rano z łóżka? Idzie do domu*"; „ — *Jaka jest podstawa bezpiecznego seksu? Wiedzieć o której wraca mąż*"; itp.), to był wesoły człowiek. Jednak szwagier namówił go wreszcie, przełamał niechęć „*Guldena*" wobec małżeństwa, a konkretnie wobec idei poślubienia pewnej wdowy, tłumacząc:

— Owszem, młoda flądra zrobi ci laskę, ale nie zrobi ci sznycla lub bigosu.

Kilka pysznych obiadków i kolacyjek u wdowy miało dużą siłę perswazyjną, i przez żołądek „*Gulden*" łakomczuch zawędrował do ołtarza. Ale dalej było już niezbyt słodko. Małżonce szybko odechciało się pichcić mężowi frykasy, i nawet seks uprawiała bez entuzjazmu, jak ta baba w kawale o babie, która przychodzi do lekarza i mówi:

— Panie doktorze, kiedy kocham się z mężem, to boli mnie prawy bok.

— Niech więc pani spróbuje obrócić się na drugi bok.

— A serial?

Wkrótce zresztą połowica „*Guldena*" odmówiła mu zupełnie świadczeń seksualnych, co zresztą nie było jeszcze szczytem martyrologii domowej tego męczennika — gorsze stały się lania, które mu sprawiała, kiedy nie dawał jej dużych pieniędzy na zakupy oraz na dofinansowywanie bliższej i dalszej rodziny. Bał się bronić pięściami, bo wówczas oskarżyłaby go u prokuratora (gdzie jako biurwa pracowała jej chudopensyjna siostra) o maltretowanie, i popadłby w konflikt z władzą, a konflikt z władzą to był akurat ostatni kłopot, którego życzył sobie waluciarz epoki PRL–u. Ten problem pomógł rozwiązać „*Guldenowi*" Mariusz B. Zobaczywszy sińce na skórze cinkciarza i wysłuchawszy spowiedzi bitego, znalazł rozwiązanie:

— Jolka spuści jej łomot. Ćwiczy judo, kung–fu, ju–jitsu czy inną kamasutrę, jakieś azjatyckie gówno typu Bruce Lee dla ubogich, da sobie radę.

Istotnie, Jola Kabłoń, amatorka wschodnich sztuk walki (zaczęła się uczyć, kiedy zgwałciła ją żulia osiedlowa), dała megierze łomot bez trudu, i to kilka razy, dopadając ją w bramie, w parku Planty, w przymierzalni sklepu, lecz to nie było rozwiązanie na dłuższą metę. „Gulden" tedy coraz częściej uciekał z własnego domu, szczególnie chętnie pomieszkując u „Zecera", którego czcił, bo ten łowił każdą babę wyłącznie samczą charyzmą (tą ponadnormatywną), gdy szpetny cinkciarz musiał za seks płacić, żadna niewiasta nie chciała mu dać bez pieniędzy. Naturalną koleją losu Mariusz, idąc do „kicia" wraz ze swym protegowanym (którego wszyscy brali za kuzyna „Zecera"), zostawił mieszkanie „Guldenowi" pod opieką, każąc mu regularnie karmić kota „Kacapa", płacić rachunki, reperować sprzęty itp. Równie klarownym biegiem rzeczy małżonka „Guldena", odcięta od cinkciarskich wpływów, zorganizowała prokuratorsko–milicyjny nalot na ten lokal, mniemając, że efektem będzie duży łup. Ale tak ją, jak i delegatów władzy, spotkała duża przykrość. Kiedy wkraczali do klatki schodowej, zatrzymało ich dwóch cywilnych panów. Jeden spytał:

— Czego?!

— Posiadamy nakaz rewizji lokalu osadzonego Bochenka Mariusza — wyrecytowała pani prokurator.

Drugi smutny pan przedarł rzeczony dokument na krzyż i mruknął bez gniewu:

— Spierdalaj, siostro! Lub porozmawiamy inaczej!...

Gdy miesiąc później zjawiła się tam Jola Kabłoń — nikt jej nie utrudniał wejścia do lokalu „Zecera". A mimo to chciała ciupasem „spierdalać", bo widok wnętrza przyprawił ją o gęsią skórkę.

*　*　*

Młode rosyjskie wilki kapitalizmu (biznesmeni rosyjscy ery post-sowieckiej) wystartowały szeroką falą na progu ostatniej dekady XX stulecia. Duża ich grupa odniosła spektakularny sukces, jednak większość odniosła sukces krótkotrwały, a liczni zakończyli żywot bardzo gwałtownie, zlani krwią (wedle darwinowskiej *„selekcji naturalnej"*, czyli konkurencji istot tudzież gatunków w *„walce o byt"*). Początkowo (póki *„selekcja"* nie spowszedniała) te śmierci wywoływały gromki medialny huk. Jak choćby zgon wiceprezesa Banku Jugorskiego, trzydziestotrzyletniego Wadima Jafiasowa, którego posiekano kulami z broni maszynowej (1995). Tylko przez kilka pierwszych lat (1991–1996) od kul i bomb zginęło na terenie Rosji 38 bankierów, a 69 zamachów się nie udało. Właśnie wówczas dyrektor Banku Centralnego Rosji, Władimir Smirnow, rzekł, iż *„włoska mafia to przedszkole w porównaniu z mafią rosyjską"*. Egzekutor Wasilij Stiepanowicz Kudrimow mógłby parafrazować tę opinię perswadując, iż mafia rosyjska to przedszkole w porównaniu ze speckomandem zabójców działających dla Kremla i KGB, a później dla FSB. Wszystkie nieudane zamachy były, co do jednego, blamażami mafii, a zespół zatrudniający Kudrimowa nigdy nie chybiał. Nadzwyczajnie chroniony przez kilka prywatnych służb bankier Kantor stanowił wymowny dowód.

Oleg Kantor był bezpośrednim zwierzchnikiem Wadima Jafiasowa, prezesem Banku Jugorskiego. Mimo młodego wieku, grał ważną rolę w rosyjskim systemie bankowym — obsługiwał liczący 2 miliardy dolarów kredyt Banku Światowego dla rosyjskich przedsiębiorców–potentatów (1992). Później kondycja banku Kantora trochę osłabła, zajął się więc zyskownym pośrednictwem handlowym (szło głównie o gaz i branżę naftową). Na początku 1995 roku zgłosił się do Kantora przedstawiciel pewnego malutkiego banku i oświadczył, że ten mikrus chce kupić pakiet kontrolny (51%) akcji bankowego giganta, jakim stał się już BJ. Kantor wyrzucił bezczelniaka za drzwi, i nie uległ kolejnym mafijnym naciskom. Wobec tego naciskający rozwalili wiceprezesa BJ, Jafiasowa, da-

jąc tym ulicznym zamachem „ostatnie ostrzeżenie" krnąbrnemu
prezesowi. Miast się ugiąć — Kantor mocno zwiększył swą ochronę: dzień i noc strzegło go kilka kordonów uzbrojonych po zęby
„goryli". Bez skutku. W czerwcu 1995 został zastrzelony na terenie podmoskiewskiego... ośrodka rządowego, całkowicie kontro-
lowanego przez państwowe tajne służby! Snajperem, który trafił,
był Wasia Kudrimow.

Nim ta dekada minęła — Wasilij Stiepanowicz Kudrimow został majorem (1997) i podpułkownikiem (1998). Kłopoty ojca nie
przeszkadzały mu awansować, był bowiem bardzo ceniony jako
„wympiełowiec" i egzekutor. Właśnie wtedy FSB dostała się w ręce Wołodii Putina, gdyż prezydent Boris Jelcyn, zanim wypromo-
wał Putina na swego następcę, uczynił go szefem FSB. To szefo-
wanie trwało krótko, ale miało dużą rangę, ponieważ dziełem Putina stał się błogosławiony przełom, kończący chaos wewnętrznych
rozgrywek między dwiema frakcjami FSB, i zwłaszcza między
FSB a GRU. Rozgrywki takie trwały trzy lata i osłabiały zdolność
tajnych służb Federacji Rosyjskiej do wypełniania ustawowych obo-
wiązków. Putin, kiedy tylko został wodzem FSB, zwołał zebranie
kierownictw wszystkich departamentów FSB i GRU, po czym prze-
mówił:

— Towarzysze!... Chciałem powiedzieć: gaspada!

Rozległy się śmiechy, zrazu tłumione, chwilę później huczne,
i zaraz gromkie oklaski, tak jak planował. Zyskawszy tą celową
„pomyłką" luźniejszą atmosferę, mógł wyłożyć meritum:

— A więc, panowie! Dziesięć lat temu w Trypolisie miał się
odbyć mecz futbolowy Libii z Algierią. Na trybunach usiadło siedemdziesiąt tysięcy kibiców, lecz te tłumy nie usłyszały gwizdka,
tylko komunikat, że mecz nie zostanie rozegrany, gdyż Libia bez
walki oddaje zwycięstwo Algierii, która bardziej potrzebuje punktów, bo ma większe szanse wejścia do finałów Mistrzostw Świata.
Libijska federacja piłkarska wydała oświadczenie, że Libia rezygnuje, ponieważ Algieria udziela jej wsparcia w konflikcie ze Sta-
nami Zjednoczonymi. Libijski przywódca, pułkownik Muammar

Kadafi, rzekł: „*Drużyny Libii i Algierii faktycznie tworzą jeden zespół, dlatego rywalizacja między nimi byłaby bezsensowna. Najważniejsze, żeby awans wywalczyli Arabowie"*. Otóż to! Zamilkł i spojrzał po sali swym zimnym, szklanym wzrokiem. Wiedział, że został bardzo dobrze zrozumiany, i że właściwie mógłby już wyjść, bez zbędnych dalszych słów. Panowała tak kamienna cisza, jakby którykolwiek uczestnik zebrania bał się głębiej odetchnąć. Prelegent zezwolił, by trwała denerwująco (deprymująco) długo, zerknął ku oknu, gdzie szyby lekko drżały od ulicznego ruchu przy Łubiance, i jednak dokończył, tym samym beznamiętnym tonem czekisty:

— Niektóre rywalizacje między drużynami zdążającymi do tego samego celu są dużo głupsze i dużo groźniejsze aniżeli tamta rywalizacja futbolowa. Nie dziwiłbym się, proszę panów, gdyby pułkownik Kadafi rozstrzelał wówczas każdego piłkarza, działacza czy trenera protestującego przeciwko decyzji władz, lub próbującego ją sabotować w jakikolwiek sposób. Miłego dnia panom życzę.

Zszedł z podium i wyszedł z sali centralną „przecinką" między dwoma polami krzeseł. Kiedy kroczył nią ku wyjściu, mając wzrok utkwiony w górze — wszyscy prężyli się na baczność, a cisza była ogłuszająca niby salwa plutonu egzekucyjnego.

Tego dnia Wasia Kudrimow pokochał Władimira Władimirowicza dozgonnie.

* * *

Sharon Stone zyskała sławę rozchylając kolana i ukazując w półmroku kolebkę ludzkości. Klara Helberg — jak wszystkie młode dziewczyny — też chciała zdobyć sławę, ale nie tą drogą. Aktorstwo, piosenkarstwo, fach modelki bądź kosmonautki, sport olimpijski i seks balangowy — odpadały. Małżeństwo lub partnerstwo z kimś sławnym, czyli rozgłos bycia żoną lub metresą gwiazdora, nie nęciły Klary również, m.in. dlatego, że małżeństwo jako takie uważała za przejaw głupoty, a konkubinat za inny paraniewolniczy wykwit złego smaku. Przyczyniły się do tej awersji: i trady-

cja rodzinna (frustracje małżeńskie jej rodzicielki), i wyniki son-
dażu przeprowadzonego wśród kilku tysięcy małżonków chcących
zdradzić współmałżonka z kimkolwiek (wypowiadało się tam ano-
nimowo mnóstwo dzieciatych żon, które niczego nie pragnęły bardziej niż gacha dysponującego wolnym czasem oraz twardą fujarą,
tudzież sporo tatusiów różnego wieku, gotowych ulżyć sobie cudzo-
łożnie dla dobra swego i dla ulgi nieszczęśliwych białogłów). Ten
sondaż rozśmieszył Klarę i wzmocnił w jej duszy zły stosunek do
instytucji małżeństwa. Roiła, że zdobędzie sławę własnymi siłami,
jako kobieta–geniusz. Może wynalazczyni, może kompozytorka lub
pisarka, ewentualnie malarka lub rzeźbiarka, taki żeński Einstein
czy Michał Anioł.

   Tego rodzaju marzenia są typowe dla ambitnych feministek, lecz
Klarze równie daleko było do wojującego feminizmu, co do sado-
erotyzmu. Feministki prowadzące w Malmö kurs siusiania na sto-
jąco, czyli po męsku, śmieszyły ją tak samo jak idiotki ganiające
za sukniami ślubnymi z białą koronką i welonem, czy gołe „nazi-
stki", wymachujące pejczem w towarzystwie szczekającego wilczu-
ra. Problem Klary polegał wszakże nie na tym, że trudno jej było
zdecydować się jaki kierunek studiów winna obrać, by kuć ostrze
swej przyszłej sławy — artystyczny (twórczość), techniczny (wy-
nalazczość), prawniczy (polityka), czy scjentyczny (badania dające Nobla) — lecz na tym, że brakowało jej pieniędzy, by opłacić
studia. Niezbędne więc było stypendium. Złożyła papiery w pięciu uczelniach (Montreal, Ottawa, Quebec, Winnipeg i Edmon-
ton), ale wątpiła czy przydzielą jej jakieś stypendium, miała bowiem bardzo kiepskie argumenty. Cztery uczelnie nie wyraziły chęci finansowania jej studiów, lecz z piątej, wielce szacownej — z za-
łożonego A.D. 1848 University of Ottava — przyszło uprzejme
wezwanie na rozmowę kwalifikacyjną. Rozmowa toczyła się rutynowo do momentu, kiedy kwalifikator, prodziekan Simon Kraus,
rzucił pytanie czystą polszczyzną, bez odrobiny jakiegokolwiek ak-
centu:

   — Nie. zapomniała pani języka rodziców, panno Helberg?

Zdumiona wykrzyknęła:

— Pan jest Polakiem?!

— Nigdy nie byłem Polakiem, chociaż urodziłem się tam. Nie lubię Polaków, droga pani.

Czekał, by coś na to rzekła, jednak się nie doczekał, więc spytał znowu:

— A pisanie po polsku, i czytanie?

— Dawno już nie czytałam i nie pisałam po polsku, lecz chyba nie zapomniałam...

— Sprawdźmy.

Wyjął z szuflady biurka książkę, **„Trzech muszkieterów"**.

— Zna pani to dzieło?

— Nie, ale kiedyś widziałam w telewizji film pod takim właśnie tytułem...

— Jasne, to lektura dla chłopców.

Podał jej książkę, mówiąc:

— Proszę otworzyć na stronie siedemnastej i przeczytać fragment zakreślony.

Fragment zakreślony ołówkiem brzmiał: *„Kobieta była młoda i piękna. Jej uroda uderzyła młodzieńca tym bardziej, że nigdy nie spotyka się podobnej na południu, gdzie dotychczas przebywał. Była to blada blondynka o długich włosach, które spadały w lokach na ramiona, o wielkich, niebieskich, tęsknych oczach, różanych ustach i dłoniach z alabastru. Rozmawiała żywo z nieznajomym".* Klara czytała to mając wrażenie, że czyta o sobie. Przeczytała bez trudu, ale widać było, iż bardzo się stara, jak małe dzieci podczas szkolnego sprawdzianu.

— Tak sobie... lepiej pani mówi... — ocenił Kraus.

— Bo w domu rozmawiam z mamą po polsku, a czytam po polsku rzadko.

— Jeszcze strona trzysta piętnasta, panno Helberg.

Drugi zakreślony fragment był nieco krótszy: *„Milady kochała, lub udawała, że kocha jego samego. Tajemny głos, płynący z głębi serca, mówił mu wprawdzie, że jest tylko narzędziem zemsty,*

*że zaznaje pieszczot, ponieważ ma zadać śmierć, ale duma, mi-
łość własna, szaleństwo zagłuszały ten głos, dusiły ten szept"**.
— Milady to cudowna figura muszkieterskiego romansu — wyjaśnił Kraus. — Prawdziwa *„femme fatale"*. Mężczyźni są dla
niej kukiełkami, marionetkami na sznurkach, którymi ona porusza
misternie, zgodnie ze swym kaprysem i swą wolą. Jest żeńskim de-
miurgiem, stworzycielem, sprawcą historycznych faktów. Jak się
to pani podoba?

Podobało się jej bardzo, trącało ważne struny duszy, lecz zapytała przytomnie:

— Co to ma wspólnego ze mną? Czy od tej Milady zależy moje stypendium?

— Poniekąd, droga pani... Proszę do jutra przeczytać całą tę
książkę.

— I wówczas otrzymam stypendium?

— Wówczas zyska pani szansę na superstypendium, ale to będzie zależało od dalszego ciągu naszej rozmowy. Jutro, kwadrans
po piętnastej.

*   *   *

Obywatele dzisiejszych krajów cywilizowanych nie mają pojęcia co to jest brud. Nawet jeśli telewizja prezentuje migawki ze
slumsów Kalkuty, Rio czy jakiejś stolicy afrykańskiej — nie rozumieją (gdyż nie wąchają i nie tykają) co to jest prawdziwy brud
i smród. Ewolucja higieny (mydło i szampony, sanitariaty i ście-
ki, kuchnie i śmieciarki, etc.) poszła bowiem tak do przodu, że
sam Darwin nie mógłby się nadziwić choćby gatunkowej różnicy
między XVII–wiecznym Paryżem (ówczesną kulturową stolicą Europy) a Paryżem obecnym. W tamtym Paryżu króla Ludwika XIV
majętni obywatele stąpali ulicami nosząc wysokocholewiaste buty
i mocno perfumowane rękawiczki (przytykano je do nosa), albowiem wszystkie ulice zalegała niby strumień lub bajoro gruba warstwa błota, pełna gnijących odpadów (z domostw, rzeźni, farbiar-

---

* — Tłum. Joanna Guze.

ni, garbarni etc.) i odchodów (zwierzęcych, lecz głównie ludzkich, ponieważ fekalia wyrzucano przez okna, a kanalizacji nie było). Nie było jej również w pałacach, więc Luwr, Wersal, Tuileries i inne królewskie siedziby cuchnęły na kilkanaście mil, identycznie jak wszelkie rezydencje arystokratów. Załatwiano się gdziekolwiek, bez skrępowania: tarasy, balkony, schody, korytarze, nisze westybulowe były obsrywane i obsikiwane cały czas. Gdy nie chciano wychodzić z komnaty, robiono kupę za drzwiami — po prostu. Relacje ówczesnych pamiętnikarzy bywają fekopikantne i moczofrywolne — oto hrabia de Brancas, wiodąc królową Annę korytarzem Luwru ku sali balowej, żeby zatańczyć, czuje ucisk pęcherza, więc staje, i dalej trzymając jedną ręką Madame, drugą wyciąga spust i leje na tapiserię ściany, a kiedy kończy, maszerują znowu jak gdyby nigdy nic. Dopiero kilkadziesiąt lat później autor podręcznika dworskiej etykiety, pan de Courtins, będzie przestrzegał, iż raczej nie wypada dygnitarzom publicznie obnażać członka w obecności szlachetnie urodzonych kobiet.

Jolanta Kabłoń nie była kobietą szlachetnie urodzoną, lecz jako fryzjerka, kosmetyczka i obywatelka średniowzględnie higienicznego kraju wschodniej Europy była wystarczająco wdrożona do pewnych standardów czystości i porządku, by omal nie zemdleć wskutek woni i bardaku wewnątrz mieszkania Mariusza B. Zrazu pukała i dzwoniła, lecz nikt nie reagował. Słyszała jednak spoza drzwi delikatny ruch, chrapanie i żałosne miauczenie. Dotknęła gałki–klamki. Okazało się, że drzwi wejściowe nie są zakluczone, tylko zatrzaśnięte. Kiedy przekroczyła próg — nogi się pod nią ugięły i ścisnęła palcami nozdrza, taki bił fetor. Oczu nie zakryła, chociaż Karol Wendryszewski „Gulden" leżał na podłodze goły jak przysłowiowy Turek kanonizowany, i rytmicznie chrapał. Wokół niego kwitło malownicze śmietnisko „słomianego wdowca": sterty pustych butelek, otwarte puszki konserw, brudne talerze z resztkami żarcia i keczupu (dzięki którym zresztą kot „Kacap" przeżył), jakieś szmaty, skarpetki, gacie, również wymiociny w dwóch miejscach, horror. „Chlew", par excellence.

Pierwszą reakcją Jolanty była chęć natychmiastowej ucieczki
z tego gnojowiska. Ale drugą była złość. Ruszyła do łazienki bacznie niczym żuraw, wysoko unoszonymi stopami omijając trefne artefakty i plamy, tam spuściła wodę w klozecie razem z cuchną-
cym łajnem „Guldena", znalazła wiadro, napełniła, przyniosła do
salonu i chlusnęła pełnym kubłem przez chrapiący łeb cinkciarza,
aż H_2O trysnęło wokół niczym gejzer. „Gulden" zawył jak raniony zwierz, usiadł i przecierał ślepia, plując wodą.

— Cześć, „Gulden"! — syknęła Jola.

— Co... co... ty tu robisz, Jolka, do kurwy nędzy?! — jęknął
pan Karol, nie wierząc własnemu spojrzeniu.

— Przysłał mnie Mario, śmierdzielu pieprzony, czyli „Blankiet", czyli „Zecer", pamiętasz jeszcze kto to jest „Zecer"?!

— Pewnie, że pamiętam...

— I że to jest jego chata, gnoju?!

— Też pamiętam, no...

— I że kazał ci pilnować swojej chaty, a nie zamieniać ją w wy-
sypisko śmieci i miejski szalet, ty obszczymurze?!

— Jolka, daj spokój, bo jak ci, kurwa, przydzwońcam...

Tym już zupełnie wyprowadził kobietę z nerwów. Wzięła duży
zamach i zdzieliła pustym wiadrem czerep „Guldena" tak mocno,
że boleściwie rycząc przeturlał się po pawimencie, skaleczył sobie
bok o zębatą krawędź puszki mieszczącej niegdyś sardynki lub
szproty, i huknął łokciem ścianę, co też przysporzyło mu kapkę
bólu. Tak to już bywa — jedni trafiają w życiu na niewiasty cmo-
kające im każdą część anatomii, zaś drudzy na baby tłukące ich
czym popadnie. „Gulden" bez problemu mógłby zostać bohaterem uczonych rozpraw akademickich (magisterskich, doktorskich
i habilitacyjnych) o „syndromie przemocy fizycznej międzypłcio-
wej", gdyż ciągle lała go jakaś białogłowa. Jola, nim wyszła, powiedziała krótko:

— Jutro znowu tu przyjdę i chcę zobaczyć tip–top idealny. Ma
być błysk! Nie będzie błysku, to będzie po tobie, śmierdzielu, bo
wygadam o wszystkim „Zecerowi" i jego ludzie dadzą ci w kość

dużo charakterniej niż ja! On planował... no, że chce cię wziąć ze sobą na Zachód. Ale nie wiem czy cię weźmie jak się dowie, dupku, co wyprawiasz z jego chałupą. Wiadro masz obok. Poszukaj szczotki, ściery, i bierz się do pucowania, „*Gulden*", bo jak jutro zobaczę tu ten sam syf, to będzie koniec żartów!

* * *

Klara Helberg przeczytała całych **„Trzech muszkieterów"** na czas, i punktualnie stawiła się u prodziekana Krausa, a ten zaczął dialog od pytania oczywistego:

— Jak się podobało, panno Helberg?

— Niezbyt, proszę pana.

— To oczywiste. Lektury przymusowe, i jeszcze adresowane do drugiej płci, niezbyt nas cieszą. Pamiętam, że kiedy byłem w piątej klasie, babcia kazała mi przeczytać **„Anię z Zielonego Wzgórza"**, wyobraża sobie pani?

— Teraz bez trudu.

— A co pani sądzi o Milady, prezentowanej przez Dumasa herbowo jako lady de Winter?

— Że to zbrodniarka, trucicielka, słusznie ją ukarano.

— Tę powieściową tak, problem jednak w tym, iż monsieur Dumas okłamał czytelników.

— Okłamał? — zdziwiła się Klara. — Pisarze nie kłamią, tylko fantazjują.

— Lecz gdy fantazjują na kanwie faktografii, gdy pasożytują na życiorysach autentycznych figur...

— Milady to postać autentyczna?

— Tak, panno Helberg. Żadna spośród głównych figur tej książki nie została wymyślona przez Dumasa, to są wszystko postacie historyczne.

— Ten komiksowy superman d'Artagnan też jest figurą historyczną?!

— I on, i Atos, i Portos, i Aramis. Wszyscy ci rębacze byli królewskimi muszkieterami u kapitana de Tréville'a, d'Artagnan dosłużył się nawet szefowania muszkieterom, został emisariuszem króla Ludwika XIV, wykonawcą tajnych misji dla monarchy. Sporo opisanych przez Dumasa intryg to historyjki prawdziwe, zaistniałe w rzeczywistości, również ta główna, tycząca naszyjnika. Dumas pozmieniał pewne jej detale, gwoli ubarwienia, udramatyzowania swojej opowieści, lecz generalnie intryga klejnotów, miłość lorda Buckinghama i królowej, dorabianie dwóch części naszyjnika skradzionych przez szpiega kardynała de Richelieu, to autentyki.

— Według Dumasa złodziejką jest Milady, pani de Winter...

— Ona to rzeczywiście zrobiła, na rozkaz diabolicznego kardynała, który chciał skompromitować francuską królową. Była istotnie Angielką, fascynującą kobietą, robiła z mężczyznami co chciała, przez wiele lat kręciła politycznym światem Paryża i Londynu.

— Jako kto? Kobiet nie czyniono wówczas ministrami, ambasadorami i gubernatorami...

— Jako superszpieg i superlobbystka, mocarna figura cienia, półcienia i dwóch dworów, panno Helberg. Nazywała się Lucy Percy, hrabina Carlisle. Była najmłodszą córką Henry'ego Percy, siódmego earla Northumberlandu. Miała niezrównaną urodę, taką, o której się mówiło: „bellissima". W 1617 zwiała z domu do barona Jamesa Haya, który był krezusem. Wszyscy jej mężczyźni byli bogaczami i czołowymi, bardzo wpływowymi mężami stanu, choćby diuk Buckingham, czy Thomas Wentworth earl Strafford, czy John Pym, przywódca angielskiej Izby Gmin. Służyła kardynałowi Richelieu jako tajna agentka przez prawie dwie dekady, osiemnaście lat! Przyczyniła się do głównych wolt politycznych na obu stronach kanału La Manche, nie wyłączając rewolucji Cromwella oraz detronizacji i śmierci króla Anglii, Karola I. Co nie znaczy, że udawało się jej wszystko, życie to trudny fach, a knucie to fach bardzo trudny. No i los bywa kapryśny, panno Helberg. Jednakowoż szczęściarze summa summarum wygrywają. Jak tam u pani ze szczęściem, zna pani swoją „linię szczęścia"?

— Nie pytałam Cyganki, ale może pan jest chiromantą...

— Nie, to był żart.

— Czy ta prawdziwa Milady, ta lady Carlisle, nie była morderczynią?

— Droga pani, w tym fachu bywa różnie... Nic nie wiadomo, żeby była trucicielką, lecz wiadomo chociażby, iż próbowała zabić swego francuskiego kochanka, owego supermuszkietera d'Artagnana, nasłała na niego nocą gromadę zbirów.

— Dlaczego?

— Realizowała rozkazy sukcesorów swojego promotora, kardynała Richelieu, a d'Artagnan był niewierny, jak wszyscy jurni samcy...

— I co?

— I klops, muszkieterskie szpady podziurawiły tę zgraję. Jednak druh d'Artagnana, Atos, został wówczas śmiertelnie raniony. To był 1643 rok, Lucy musiała uciekać z Paryża do Londynu. Tam też czasami przegrywała, kilka miesięcy spędziła jako pensjonariuszka londyńskiego więzienia Tower.

— Skąd są znane te wszystkie szczegóły?

— Dzięki notatkom kilku ówczesnych kronikarzy, La Rochefoucaulda, Roederera, Loméniego. Wszyscy oni podkreślają jej niezwykłą inteligencję, błyskotliwość, czar, no i, rzecz jasna, urodę. Proszę spojrzeć.

Wyjął z szuflady cienką broszurkę i otworzył. Przed kartą tytułową widniała ilustracja konterfektowa, półfigura XVII–wiecznej damy. Dama miała misternie trefione loki, we włosach dwa kwiaty, sznur dużych pereł wokół wysmukłej szyi i patrzyła porozumiewawczo na Klarę.

— To jej wizerunek z 1640 roku — rzekł prodziekan. — A ta broszurka to jej życiorys. Zostawiam go pani do jutra. Spotkamy się trzeci raz, o tej samej porze.

— I wtedy zakomunikuje mi pan decyzję uczelni?

— Sprecyzuję warunki, natomiast pani wyjawi mi swoją decyzję względem propozycji tyczącej stypendium. Miłej lektury życzę, panno Helberg.

* * *

Bibliotekarz więzienia w Grabianach, Zbigniew „*Zyga*" Tokryń, lubił sobie podczas pracy nucić jakąś melodię. Miał ograniczo-
ny repertuar. Kiedy był wkurzony i markotny, płynęło mu z ust:

> „*Przyleciał do mnie za kraty*
> *Mały gołąbek skrzydlaty*".

A kiedy ogarniała „*Zygę*" fala lepszego humoru, nucił:

> „*Bo nie zna życia, kto nie służył w marynarce.*
> *Upojne harce! Upojne harce!*".

Upojne harce „*pod celą*" były wszakże przywilejem tylko wpły-
wowych więziennych pederastów, dlatego heteryka „*Zygę*" coraz
częściej biczowały filozoficzne myśli o własnej głupocie. „*Garo-
wał*" ledwie cztery wiosny, jednak męczył się już tym „*kiblowa-
niem*" tak, jakby trwało lat czterdzieści i jakby on był już staro-
winą. Wzorem wielkich antycznych i nowożytnych filozofów stawiał sobie egzystencjalne pytania wyzbyte odpowiedzi. W kwestii
rozsądku człowieczego nękały go przypuszczenia, że wszystko to
jest na opak, genetycznie i chronologicznie pochrzanione. Młodzi
ludzie — uważał — prócz testosteronu winni mieć również głębo-
ką mądrość (to byłby bezwzględny ideał młodości!), a głupieć winno się dopiero wraz z flaczeniem członków. Tymczasem jest na odwrót: rozsądek przychodzi (i to nie do wszystkich) z wiekiem lub
z nieszczęściem, a pełna werwy młodość jest durna jak gumowy
kalosz. Coś tu nie gra, ktoś spartaczył oprogramowanie, wypusz-
czając bubel. Chyba że sobie żartował, dając ujście perfidnemu
poczuciu humoru. Takich niedoróbek (lub psikusów) zaserwowano zresztą ludziom dużo więcej, by wspomnieć zupełnie się mija-
jący wiekowo szczyt seksualnej chcicy u panów (20–24 rok życia) i u dam (36–40 rok życia), lecz „*Zygę*" ten akurat problem,
erotyzm, czyli brak porządnego seksu (z kobietą, a nie z własną
grabulą), trochę mniej martwił niż perspektywa odsiadki jeszcze
kilku lat za paserkę. Bardzo zmądrzał przez minione cztery lata,
klął tedy swą dawną tępotę, która pozwoliła „*psom*" dwukrotnie

go namierzyć. Tak to już bywa — upadek oznacza wiedzę. O bez-
względności reguł życia, o złośliwości losu, o własnej głupocie,
i o dystansie między rajem a frajerską lokalizacją.

Właśnie w sprawie lokalizacji zaczepił go kumpel, Mariusz „Zecer", protektor Witolda:

— Stary, chcę skroić dla Witka robotę u ciebie, przy bibliote-
ce. Tylko na miesiąc. Pomożesz mi?

— Za?

— Trzy kartony szlugów.

— Pięć.

— Cztery.

— Jak dla ciebie, może być, amigo. Dokładasz do tego łacha,
czemu? Ni brat, ni swat, ni nawet kuzyn, sam mi rzekłeś.

— Ale coś jak syn, brachu, piastuję go już długo. Jest półnor-
malny. Żal mi gnoja... Z głupolstwa go nie wyprostuję, z pedal-
stwa tak, przynajmniej chcę spróbować.

— Jakim cudem? Zaszyjesz mu dwie dziury, amigo?

— Ożenię pedryla z babą, która umie spuścić manto każdemu
chłopu. Będzie go pilnowała dzień i noc, aż mu przejdzie ten syf,
wybije mu to razem z połową zębów. Na Zachodzie będzie łat-
wiejszy do kontroli, dzięki krótszej smyczy, nie zna żadnego języka. I nie będzie znał, jest zbyt ciemny, żeby dało się go szkolić, to prawie mongoł.

— Wybierasz się na Zachód po odsiadce?

— Wybieram się, ale nie po odsiadce, tylko już.

— Teraz?

— No. W przyszłym miesiącu, może ciut później.

— Jak?

— Esbecja daje paszporty politycznym, wszystkim siedzącym
przez konspirę, właściwie to wciskają, chcą jak najwięcej solida-
ruchów wypieprzyć z kraju. Ciągle kuszą. Zgodziłem się, wyfru-
wam.

— Farciarz!

— Chcesz, mogę cię wziąć ze sobą.

Tokryń wstał, słowa Mariusza B. uniosły go z taboretu.

— Jak?

— Normalnie, zostaniesz przeklasyfikowany na politycznego, na solidarucha, wroga ustroju i partii.

— Jak?

— Normalnie, za szmalec, kolego. Za duży szmalec. Oni też muszą z czegoś żyć, pensje mają chudziutkie... Biorę ze sobą starego kumpla, waluciarza, który uciułał furę zielonych. Część odda esbekom, a za ten haracz będzie mógł resztę wywieźć bez kontroli celnej, kapewu?

— Kapuję... — mruknął „Zyga" i ponownie usiadł. — Tylko że ja nie mam tuchlonego grosza, amigo.

„Zecer" puścił doń perskie oko i roześmiał się:

— Nie truj, brachu! Wkitrano ci aż dziewięć lat, jak za mokrą robotę, a dlaczego?

— Recydywa.

— Gówno prawda. Dostałbyś nie więcej niż czwórkę, już byś biegał wolny. Przypieprzyli ci wyrokiem, bo wkurzyłeś władzuchnę nie chcąc wskazać sezamu. Gdyby podłączyli ci jaja do prądu, wskazałbyś. Ale widocznie im się nie chciało, bo nie mieliby z tego nic, całość łyknąłby skarb państwa. Lecz kiedy wyjdziesz, mogą na ciebie czekać, i to już nie służbowo, ino po fajrancie, znaczy: prywatni zbóje. I będą mieli świeżo ładowany akumulator... Ja bym spieprzał, kiedy jest okazja i można większą część łupu uchronić.

Tokryń długo patrzył w podłogę, ciężko oddychał, myślał, aż wreszcie spytał chrapliwie:

— I ty możesz to załatwić?

— Mogę.

— Z gwarancją?

— Pełną.

— To... to jakaś gra, mam rację, „Zecer"?...

— Jakaś, brachu.

* * *

Silicon Valley — tak się nazywa kalifornijskie zagłębie elektroniczne. Dzisiaj niejedna czterdziestolatka i pięćdziesięciolatka mogłaby spokojnie nosić ksywkę „*silicon valley*", bo ostatnim etapem rewolucji przemysłowej stała się rewolucja chirurgiczno–plastyczna, a szczytowym jej osiągnięciem bezproblemowe (dużo łatwiejsze niż usuwanie wyrostka robaczkowego) przywracanie dziewictwa w specjalistycznych klinikach całego globu. Prostytutki chętnie fundują sobie ten tani regeneracyjny zabieg, gdyż rozdziewiczenie kosztuje klienta minimum 5 tysięcy euro. Jedyną dyscypliną pokrewną tu dla „*najstarszego fachu świata*" został (z chwilą upadku ZSRR i bloku sowieckich satelitów) „*drugi najstarszy fach świata*" — polityka. Na przełomie lat 1989 i 1990 wielu marksistów i komunistycznych aparatczyków (prosowieckich renegatów) przemieniło się cudownie w kapitalistów, liberałów i patriotów; gromady „*opozycjonistów*", „*dysydentów*", „*wywrotowców*", które cichcem prostytuowały się dla czerwonych represyjnych służb jako TW („*tajni współpracownicy*"), zaznały metamorfozy wewnętrznej (czyli też cichej) à la Szaweł i Paweł; wreszcie kółka intelektualistów i twórców, którzy propagandowo wspierali czerwone reżimy, odzyskały dziewictwo, bo zostały przez obecny w każdym kraju różowy Salon kreowane na czołówkę moralnych autorytetów. We wszystkich państwach dawnego „*bloku demokracji ludowej*" dawni oficerowie „*służb*" zyskali duże wpływy i wysokie stanowiska, głównie bankowe, biznesowe, menedżerskie, lecz czasami polityczne również.

Prymusem — czempionem skoku wzwyż i symbolem tej chirurgii politycznej — został car Władimir Putin, który nie lubił, by przypominano mu publicznie kagiebowską przeszłość oficera wywiadu. Pośród byłych kolegów i aktualnych funkcjonariuszy, tzw. „*siłowików*" (pracowników „*resortów siłowych*"), chętnie odgrzewał epopeję KGB i swój własny w niej udział, jednak na estradzie publicznej nie mogło być o tym szumu żadnego. Kiedy gazeta **„Saratowskij Riepartior"** porównała Putina do enkawudowskiego agenta Stierlitza (bohatera serialu **„Siedemnaście mgnień**

wiosny"), bo Stierlitz, tak jak Putin, pracował dla ZSRR u Niemców — bezczelny periodyk zamknięto decyzją administracyjną, charakterystyczną w *„suwerennej demokracji"* putinowskiej. Analogicznymi decyzjami relegowano z uczelni (Riazań, Samara i in.) studentów krytykujących przeszłość (KGB) i teraźniejszość (zamordyzm) Putina. Nowe regulacje prawne samodzierżawia putinowskiego (sankcjonujące aresztowania przeciwników Kremla, uniemożliwiające malkontentom organizowanie zjazdów, konferencji i demonstracji, ułatwiające likwidowanie krnąbrnych mediów i tworzenie sztucznych partii politycznych, etc., etc.) wyczyściły proputinowsko teren nowego, reaktywującego się imperium. Nowa praktyka władzy, niczym skalpele plastycznych chirurgów, przywróciła dziewictwo idei totalitarnej (zdawałoby się upadłej całkowicie za Gorbaczowa i Jelcyna), regenerując nostalgizująco bolszewizm, leninizm, nawet stalinizm, gwoli kultu silnej ręki wodza.

Do mgnień wiosny było Putinowi trochę daleko, bo aktor grający Stierlitza był zabójczo przystojny, natomiast Putin, kurdupel o kaczym chodzie — nigdy nie miał urody, charyzmy i wdzięku. Wrogowie przezywali go popularnym rosyjskim epitetem *„czmo"* (w wolnym tłumaczeniu: patafian, dupek), a hagiografowie mienili geniuszem i charyzmatykiem, lansując tezę, że dla rosyjskich kobiet jest on ideałem męskiej urody. Oba sądy mijały się z prawdą, jednak zwyciężała nakręcana propagandą popularność nowego cara w narodzie tęskniącym do caratu. Wielu Rosjan przysięgłoby, że Putin jest bezpośrednim sukcesorem dynastii Romanowów, nie dlatego, iż dziedziczy święte geny, tylko dlatego, że perfekcyjnie gra imperatorską rolę. Kunszt aktora bywa ważny — kiedy sondażownia zadała Europejczykom pytanie: kto napisał **„Imię róży"**? — 18% badanych stwierdziło, że Umberto Eco, a 49%, że Sean Connery, i tu kłaniają się reguły demokracji: czyż większość nie powinna mieć decydującego głosu?

Putin wszędzie się sprawdzał aktorsko, czy to jako główny bohater parugodzinnych telekonferencji z całym ruskim ludem (gdy udzielał niezliczonych odpowiedzi na spontanicznie rzucane przez obywateli pytania, które sformułowali ludzie Kremla), czy to jako uczestnik międzynarodowych rokowań i kongresów, czy to jako gospodarz przyjmujący delegacje zagraniczne, słowem: nie peszył go rodzaj estrady. W kontaktach bilateralnych, kameralnych, intymnych też sprawiał wrażenie pozytywne. Gawędząc z kimkolwiek, był przez cały czas nienagannie zaabsorbowany rozmówcą i treścią dialogu. Tylko co wrażliwsi czuli, iż jest to koncentracja aktora stojącego przed kamerą i bezbłędnie grającego swą rolę, gdy myślami błądzi już gdzie indziej, być może daleko od miejsca akcji. Nieuchwytnym ludziom z zimnym sercem zazwyczaj fortuna sprzyja.

Większość ludzi naśladuje aktorów (to stary truizm), czerpiąc całą swą „filozofię" i cały swój repertuar zachowań oraz gestów z ekranu kinowego i telewizyjnego. Nie ma tutaj granic — zdarza się małpowanie ekstremalne. A.D. 1999 wyłowiono w Wiśle ludzką skórę, precyzyjnie (całościowo, bez rozkawałkowania) zdjętą z ofiary mordu (pewnej studentki), i eksperci nie mieli wątpliwości, że morderca naśladował szyjącego sobie skórzane „kombinezony" sadystę–skórozdziercę, bohatera filmu **„Milczenie owiec"**. Również bossowie (hersztowie, menedżerowie, prezesi, kierownicy itd.) małpują filmy — wiadomo, że już parę dekad gangsterzy (nie tylko amerykańsko–włoscy) naśladują aktorów (Brando, Pacino i De Niro) grających w trzech częściach **„Ojca chrzestnego"** Coppoli. Zaś szefowie państw szczególnie chętnie małpują cesarza Napoleona, zwłaszcza gdy są niscy wzrostem (wysocy lubią raczej małpować generała de Gaulle'a). Putin wdziewał właśnie ten kombinezon duchowy, dyskretnie, bez tanich gestów (bez wsadzania jednej dłoni w rozpięcie kamizelki i chowania drugiej za plecami). Kombinezonu Stierlitza używał kiedy pracował na niemieckim obszarze; później ów kombinezon stał się wstydliwą przeszłością. Prezydenta Putina rajcował jedynie petromocarstwowy strój.

Że ropa może być przyczyną putinowskiego sukcesu — to wiedział każdy głupi. Lecz że fortuna naftowa aż tak Putinowi dopisze — tego nie przewidział żaden mądry. Gdy car Władimir brał tron (2000), w budżecie Federacji optymistycznie zakładano, iż baryłka ropy będzie kosztowała nie wyżej niż 33 dolary. Tymczasem kosztowała dwukrotnie więcej już kolejnego roku, a potem dalej szybowała, zbliżając się ku setce dolarów. To stworzyło putinowski paraboom gospodarczy, dzięki któremu neocarat został (trochę na wyrost) członkiem G–8, grupy ekonomicznych potentatów świata.

Tak więc ze światowcami dawał sobie Władimir Władimirowicz jako tako radę. Tylko z sąsiadami Lachami nie wszystko wychodziło *„kak nużno"*, co było *„oczeń wkurwiaszczije"* dla *„jewo wielicziestwa"*.

* * *

Trzecie spotkanie wicedziekan Simon Kraus zaczął od propozycji plenerowej:

— Porozmawiajmy dzisiaj na zewnątrz, jest taka piękna aura. Ogród naszego college'u to coś, czym możemy się chwalić.

Myślała, że pan Kraus chce ją podrywać wśród zieleni, ale tak nie było. To znaczy było, ale nie chodziło mu o podryw erotyczny, tylko podryw innego rodzaju. Wybrali ławeczkę blisko klombu z fontanną miotającą wilgotny pył.

— Jak się pani podobało życie lady Carlisle? — zapytał Kraus, przymykając wzrok i oddając twarz słońcu.

— Pasjonujące, starczyłoby na kilka romansów literackich i filmowych, plus kilka thrillerów szpiegowskich — odrzekła Klara.

— A na groteskę feministyczną nie?

— Groteskę?

— Tak, groteskę, burleskę, farsę wyszydzającą mężczyzn, którym się zdaje, że do nich należy świat.

Wzruszyła ramionami:

— Czy zaproponuje mi pan stypendium feministyczne?

— Feministyczne w takim wymiarze i w takim profilu, jaki pani uzna za stosowne. Bardziej jednak byłoby to stypendium polityczne, bliższe tym thrillerom, o których pani wspomniała.

— Uczelnia daje takie stypendia formalnie?

— Formalnie, panno Helberg, nie ma, niestety, podstaw, by dostała pani stypendium od uniwersytetu. Ja jednak mogę załatwić pani stypendium prywatne.

— Czyje?

— To prywatna fundacja, Silbermann Foundation. Wspierają młodzież z biednych krajów Europy.

— A czego oczekują w zamian?

— Dobrych wyników semestralnych i dobrego prowadzenia się podczas studiów.

— A pan czego chce za rekomendację mojej osoby?

— Nie tego o czym pani myśli, panno Helberg. Mam kilka warunków. Pierwszy: wraca pani do nazwiska Mirosz, Klara Mirosz. Drugi: cały czas szlifuje pani swój polski język, proszę rozmawiać z matką tylko po polsku. Trzeci warunek stanowi sedno układu, który chcemy z panią zawrzeć.

— Wy? O kim pan mówi? O władzach fundacji?

— Mam innych mocodawców, panno Helberg. Zechce pani wysłuchać?

— Proszę mówić, panie Kraus, słucham uważnie.

Słuchała dwadzieścia minut, bo tyle czasu mówił. Nie przerywała pytaniami, angażowała wyłącznie słuch. Dopiero kiedy Kraus skończył, szepnęła:

— Uważacie, że wszystko można kupić za pieniądze...

— Nie uważamy tak, wiemy, że nie wszystko. Ja to wiedziałem już jako kilkuletni bibliofil.

— Kolega z przedszkola próbował odkupić od pana książeczkę z bajkami, a pan pokazał mu figę lub wała?

— Trochę inaczej, panno Helberg. Mówiłem już pani, że urodziłem się nad Wisłą. Przed wojną światową moja rodzina była bardzo majętna. Dziadek był współudziałowcem wydawnictwa, które się zwało Biblioteka Groszowa, bo wszystkie produkowane tomy sprzedawało poniżej złotówki, za głupie 95 groszy. I reklamowało się bardzo sprytnie, pamiętam ten slogan co do jednego wyrazu. Był umieszczany na tylnych okładkach książek przygodowych, które czytałem, bo po dziadku zostały w naszym otwockim mieszkaniu stosy wydawnictw jego przedsiębiorstwa. Slogan brzmiał nokautująco: „*A jednak nie wszystko można kupić za pieniądze!! Rockefeller — choćby i wydał miliony — nie przeczyta lepszych książek niż te, które każdy może dostać u nas za 95 groszy, czyli za cenę najgorszego pudełka najlichszych papierosów!*". Fajne, prawda?

— Prześliczne, i jakie moralne, równające biednych i bogatych, istny Nowy Testament plus Dekalog!

Wargi Krausa wykrzywił grymas pretendujący do uśmiechu:

— Cieszę się, że przywołała pani etykę, panno Helberg. Teza, iż nie wszystko można mieć za pieniądze, jest oczywiście moralnie słuszna, z punktu widzenia etyki nienaganna, lecz z praktycznego punktu widzenie niekoniecznie słuszna, gdyż są tacy, którzy twierdzą, że to, czego nie można zdobyć za pieniądze, zdobywa się za duże pieniądze. Każda kobieta to potwierdzi.

— Jest pan pewien, panie Kraus?

— Tak. Każda kobieta wie, że podczas zakupów czymś lepszym od pieniędzy są duże pieniądze. A dla niektórych osób czymś większym od dużych pieniędzy jest możliwość zemsty... Lecz tego nie mogę obiecać. Nie mogę nawet obiecać, że wybudzenie z uśpienia kiedykolwiek nastąpi. Jeśli nastąpi, to nie wcześniej jak za dziesięć lat. Może za piętnaście lat, lub za dwadzieścia lat. Lub nigdy, bo nie będzie takiej potrzeby.

— I przez cały ten czas będziecie mi płacili s u p e r s t y p e n - d i u m?

— Tak jak powiedziałem, superstypendium. Nie pieniądze, nie duże pieniądze, tylko bardzo duże pieniądze. To oznacza komfortowe życie, blichtr, luksus i szpan. Trzeba będzie wydawać i smakować uroki życia, panno Helberg. Ewentualna harówka dopiero po wybudzeniu, jeśli ono nastąpi. Wcześniej treningi, wakacyjne ćwiczenia, kilka branżowych kursów.

— Czekając tyle lat na pracę można umrzeć z nudów, panie Kraus.

— Nikt nie będzie pani wzbraniał uprawiania fachu, który sobie pani wybierze. Proszę czekać harując w jakiejś dziedzinie, która da pani radość. Wolno byłoby pani prawie wszystko, prócz...

— Prócz odmowy wybudzenia?

— No właśnie.

— Zdarzają się tacy, którzy to robią?

— Panno Helberg, słyszałem o różnych metodach stosowanych przez samobójców, ale o takim samobójstwie jeszcze nigdy. Teraz chciałbym usłyszeć pani decyzję. Chętnie bezzwłoczną, ale jeśli pragnie pani namysłu, to poczekam kilka dni. W razie decyzji negatywnej — nie było tych rozmów. Milczenie jest czasami życiem, a nie złotem, panno Mirosz.

* * *

Johnny Seren, który kilka lat wcześniej niż Klara rozpoczął studia na Uniwersytecie Ottawskim, wybrał językoznawstwo za radą stryja i za własną skłonnością przejawianą od szczenięcych już lat. Drugą jego skłonność wrodzoną, bardziej egzystencjalną niż scjentyczną, stanowiło swoiste, nie wolne od popisywactwa, luzactwo, które dawniej nosiło miano ekstrawagancji. Był jej uosobieniem — sprawiał takie wrażenie, jakby to dla niego wymyślono termin *„ekstrawagancja"*. Słowo *„ekstrawagancki"* znaczy bowiem: nietypowy, niezwyczajny, dziwaczny, bezczelnawy, zwichrowany, sangwiniczny — i on się właśnie tak zachowywał. Gdy nauczycielka przedmiotu Przysposobienie Społeczne dała jako temat klasówki ważną kwestię: *„Moje obywatelskie sukcesy i porażki w pracy dla rozwoju socjalistycznego państwa i nad samym sobą"* — siedemnastoletni Janek machnął spowiedź liczącą dwa zdania: *„Rzuciłem picie, palenie i seks. Było to najgorsze 15 minut w moim życiu"*. Dostał dwóję i reprymendę pisemną (dzienniczkową). Ścian szkolnego klozetu nie paskudził, jak żulia klasowa, obscenicznymi rąbankami antycypującymi graffiti koszarowe, tylko hasełkami pełnymi gier słownych, sylabicznych, ortograficznych, onomatopeicznych bądź innych dźwiękowych, exemplum: *„Tylko w dżemie* *siła drzemie"*, *„Jadłeś rosół z kur wielu?"*, itp. Na drzwiach garażu dzielnicowego komendanta Milicji Obywatelskiej wykaligrafował nocą: *„Nie pij kiedy prowadzisz — za dużo się rozlewa"*. Gdy wchodził do księgarni (a wchodził często, bo czytać lubił), zadawał ekspedientkom pytania typu:

— Ma pani coś nowego Szekspira?

Szekspir służył mu zresztą nie tylko przy robieniu wygłupów, lecz i dla celów ważniejszych. Gdy biesiadujące u stryja towarzystwo kanadyjskich biznesmenów tudzież sędziwych rodaków (byłych akowców i eneszetowców) dyskutowało zażarcie o polityce, pewien montrealski przedsiębiorca huknął:

— Jak możecie gadać, że należycie do zachodniej Europy, kiedy leżycie we wschodniej Europie?

— To przez Szekspira — wtrącił się Johnny. — Polska była już od XVIII wieku najdalej na wschód leżącym krajem Europy, w którym grano Szekspira. Dwieście lat temu.

— Ale wciąż leżycie daleko na wschodzie, panowie! — upierał się Montrealczyk stymulowany procentowością ginu. — Liczy się gdzie kto leży!

— Miłośnik czasownika *„leżeć"*! — prychnął bratanek gospodarza po polsku. — Idę o zakład, że nie wie gdzie leżą Hawaje, nawet kiedy leży na hawajskiej plaży.

I spytał po angielsku:

— Był pan na Hawajach, mister Stegman?

— Często, a co?

— Gdzie leżą Hawaje?

— Gdzie?... No, na morzu, w strefie San Francisco... lub trochę dalej... ouppp! — czknął zapytany.

Dialogi, dzięki którym Johnny Seren demonstrował jak niewiele różni ekstrawagancję i arogancję, były jego specjalnością. Kiedy zobaczył przy trotuarze i płocie pod domem stryja dwie *„awangardowe rzeźby"*, zapytał czemu stryj zezwala tarasować chodnik i trawnik tą dubeltową *„instalacją"* z rur i blaszanych wiórów. Usłyszał:

— To artystyczne spawy.

— Widzę, że spawy, stryju. Czyje spawy?

— Córki sąsiada. Ona jest uczennicą akademii, studiuje rzeź-
bę. I ma taką ideę, że sztuka powinna wyjść z muzeów do ludzi,
znaczy na zewnątrz.

— Do przechodniów, stryju?

— Do mieszkańców miasta. Trzeba wyprowadzić obiekty sztuki do społeczności miejskiej, w miasto. Na każdym chodniku ma
być sztuka.

— Na każdej jezdni też?

— Nie kpij, Johnny. Ona wyprowadza obiekty i ustawia gdzie-
niegdzie na chodnikach.

— To samo robią sutenerzy, stryju.

— Powiedz jej sam o tych sutenerach, ja nie będę się handry-
czył, nie przeszkadza mi, synku.

Johnny wywalił obie te *„instalacje"* do śmietnika sąsiada, powiedział rzeźbiarce o sutenerach, i zrobiła się chryja, która trafiła
aż na łamy i przed kamery mediów. Lokalna społeczność opowie-
działa się jednak (drogą lokalnego referendum) za *„instalacjami"*,
więc Johnny nie został triumfatorem.

Lepiej mu poszło, kiedy urządził dywersję godzącą w gwiazdę
uniwersytetu, profesora Garry'ego Fitzpatricka, wojującego prote-
stanta, który gromił *„papizm"* przy każdej okazji. Profesor Fitz-
patrick, jako miłośnik *„politycznej poprawności"*, wyznawał kult
Rozumu, sławił antykatolicką rewoltę Lutra i francuskie rewolucyj-
ne Oświecenie, a katolicki mistycyzm i katolicką teologię karcił za
„maryjne newrozy" tudzież za *„metafizyczne niechlujstwo"*, będące przeciwieństwem rozumu. Sprawiło mu więc ból, gdy w hallu
głównym uczelni, obok wejścia do rektoratu, wykwitł plakat eks-
ponujący cytat z pism *„ojca protestantyzmu"*, Martina Lutra, tyczący rozumu właśnie. Luter podkreślał sprzeczność wiary i rozumu, puentując: *„Rozum to jest kurwiszcze, paskuda największa;
wskutek natury swojej i metody jest ladacznicą szkodliwą, prostytutką szkaradną, prawdziwą nierządnicą szatańską, kurwą ze-*

żartą przez świerzb i trąd, którą powinno się zadeptać i zniszczyć (...) Rzuć jej w gębę plugastwa, żeby ją oszpecić do szczętu. Rozum winien być pyrgnięty, utopiony na dnie wychodka!...". Ten sam antyfitzpatrickowy cytat lansowały ulotki rozrzucone po wszystkich wydziałach Uniwersytetu Ottawskiego. Tu Johnny S. był zwycięzcą — anonimowym zwycięzcą, lecz jednak. Tacy ludzie nie nadają się do pracy w służbach specjalnych. *„Wybujała ambicja", „arogancja", „negatywny profil charakterologiczny", „brak dyscypliny"*, itp. — wiedzą o tym wszyscy eksperci globu. Dlatego — trzy lata po rozpoczęciu przezeń studiów — KGB wytypował Johna jako idealnego kandydata.

* * *

Na początku drugiej kadencji prezydenckiej Władimira Putina sondaże dawały klarowny obraz świadomości społeczeństwa rosyjskiego. Aż 88% Rosjan spytanych: co jest dla nich ważniejsze, wolność czy porządek? — wybrało porządek. I właśnie za to Wasilij Kudrimow kochał Władimira Władimirowicza. Rzecz prosta: za to o g ó l n i e — za trzymanie przez Putina krótko przy ryju wszelkich malkontentów, dysydentów, pedalskich liberałów — a s z c z e g ó - ł o w o to za stopień generalski, którego się dochrapał u Putina, i za różne inicjatywy likwidujące chaos i słabość Matuszki Rossiji, dopiero co gangrenowanej gorbaczowowską *„pieriestrojką"* i jelcynowską *„pijaną demokracją"*.

Wśród tych szczegółowych uzasadnień afektu, który Wasia Kudrimow czuł wobec prezydenta grającego cara, pierwszoplanowym źródłem miłości były regulacje prawne wskrzeszające dryg dawnych czasów radzieckich, konkretnie pewną kagiebowską tradycję, o której celnie mówi żartobliwa anegdota wymyślona przez polskich *„buntowszczików"*. Rok 1970, witają się Gomułka i gensek Breżniew. Uściski, całusy (*„niedźwiadek"*), dusery, ordery.

— Nu da, wstrząsy społeczne macie już chyba za sobą, towarzyszu? — mówi Breżniew. — Czy to prawda, że cały ten harmider wybuchł z powodu grania jakiejś sztuki teatralnej?

— Prawda, towarzyszu pierwszy sekretarzu.

— A kto ją napisał?

— Mickiewicz, towarzyszu pierwszy sekretarzu.

— No to trzeba go...

— On już nie żyje, towarzyszu pierwszy sekretarzu.

Uradowany Breżniew klepie Gomułkę przyjacielsko po plecach, mrucząc:

— I za to cię lubię, Wiesiu, za to cię lubię!

Cicha zgoda Kremla na likwidowanie wewnętrznych oraz zewnętrznych wrogów Rosji miała miejsce również w czasach Borisa Jelcyna (wtedy Kudrimow debiutował jako egzekutor, wykańczając dwóch synów zdrajcy, polskiego pułkownika Kuklińskiego, chociaż samego Kuklińskiego, strzeżonego dzień i noc przez CIA, nie zdołał dopaść). Ale Jelcyn to był przywódca słaby psychicznie, kilka razy popełniał nieudane samobójstwo. Wasia i jego *„mołodcy"* dobrze pamiętali rozgardiasz, który wybuchł kiedy pijany Jelcyn dźgnął się nożyczkami i krwawił jak wieprzek. Tymczasem Władimir Władimirowicz, ho, ho! Od początku się widziało, że to człowiek z żelaza i z granitu — chłodny, opanowany, bezlitosny. Żadnych mięczakowatych rozterek i wahań. I żadnych strachliwych krygowań przed zachodnią psiarnią ujadającą na Rosję. W lipcu 2006, spełniając życzenie Kremla, Duma przyjęła ustawę zezwalającą wykorzystywać służby specjalne do zwalczania poza granicami Rosji *„wrogów rosyjskiego państwa"*, różnych *„terrorystów"*. Zwalczało się i wcześniej — ot, choćby dwa lata wcześniej (2004), kiedy ludzie Kudrimowa kropnęli w Katarze byłego prezydenta Czeczenii, Zelimchana Jandarbijewa — ale teraz można to już było robić bardziej legalnie, więc samopoczucie Wasi kwitło. Alieksandr Litwinienko został otruty w Londynie (2006) *„legalnie"*.

Rejestr proputinowskich egzekucji, których zespół Kudrimowa dokonał przed *„ustawą lipcową"*, zawierał mnóstwo ofiar bezimiennych (jak mieszkańcy bloków wysadzanych dla zrzucania winy na czeczeńską partyzantkę), lecz i figury publiczne, czasami

głośne nie tylko w Rosji. Exemplum znana publicystka, Anna Politkowska — kilka kul, i „koniec, dieł wieniec". Czy dziennikarz
Artiom Borowik (katastrofa lotnicza). Czy deputowany Siergiej Ju-
żenkow (pif–paf! na środku ulicy). Lub inny niegrzeczny deputowany, Jurij Szczekoczichin (tajemnicze choróbsko). Lub pieprzony
rebeliant wewnątrz czeczeńskiej filii FSB, Mowładij Bajsarow (od-
strzelenie, w centrum Moskwy, przez „nieznanych sprawców").
No i jeszcze kilku ważnych redaktorów ważnych mediów — telewizji i „Forbesa" nie wyłączając. Lista strachu — dzięki niej wielu podkuliło ogony. Ergo: zadanie wykonane „kak nada".
    Strach ma dużą siłę katapultującą. Poza granice Rosji. Musiało
wiać wielu, którzy sądzili, że wielkie „diengi" dadzą im kontrputinowską bezkarność i władzę. Zwiał Bieriezowski, zwiał Guceri-
jew (obaj do Londynu), zwiało sporo oligarchów brużdżących Władimirowi Władimirowiczowi, lub jedynie niegnących karku wystarczająco nisko. Inni zwiewali do Izraela, na przykład Niewzlin.
Kto nie chciał zwiewać lub nie zdążył — lądował w „pierdlu".
Taki Chodorkowski, gudłaj jeden! Roiło mu się kręcenie Dumą,
wprowadzał do niej swoich deputowanych, płacąc 10–11 milionów
„bucksów" za fotel! Teraz siedzi w kolonii karnej, a jego dziani
prawnicy mogą tylko piszczeć: „ — Sorka, nie wyszło!". Zrusz-
czyli angielskie „sorry" na „sorka", parchy skubane, lecz zrusz-
czenie żydowskich trików sądowych nie bardzo im wyszło, Władimir Władimirowicz nie zezwolił. Za to również kochał Wasia
Kudrimow prezydenta Putina — za trzymanie „jewrejów" krótko.
„Nawet oni mu niegroźni! Ci, co nie liżą łapy — do tiurmy albo
won z kraju! Rządzą połową świata, lecz nami nie rządzą, bo
wielki człowiek trzyma im cugle przy pysku!" — myślał sobie
Wasilij, ilekroć wzbierały w nim miłosne uczucia wobec majestatu prezydenta.
    Ale przecież nie tylko za to kochał Wasia Kudrimow prezyden-
ta Federacji — wołowa skóra nie pomieściłaby wszystkich źródeł
jego tkliwych uczuć. Kochał Wasia towarzysza prezydenta za to,
że ten określił rozpad ZSRR jako „największą tragedię XX wie-

ku, największe nieszczęście ojczyzny". I za to, że Putin przywrócił melodię hymnu radzieckiego jako hymn FR, oraz czerwony sztandar jako flagę armijną. I za to, że reaktywował *„psychuszki"* represyjne dla pyskujących kontrkremlowców — pierwszą wsadzono do wariatkowa dziennikarkę–opozycjonistkę, Larissę Arap. I za mnóstwo innych pięknych rzeczy, jak choćby wysłanie przez prezydenta na lodowy biegun samego szefa FSB, Nikołaja Patruszewa, żeby ten zatknął tam flagę rosyjską. Tylko, kurwa, łącznościowcy się nie popisali, bo kiedy Patruszew chciał złożyć meldunek i życzenia urodzinowe dla Władimira Władimirowicza, firmowy kagiebowski sprzęt odmówił posłuszeństwa, więc jenerał musiał skorzystać z telefonu satelitarnego użyczonego przez amerykańskich polarników. *„ — Job twoju mat'!"* — obsobaczył Kudrimow macierz elektroniki firmowej, która widocznie dostała jakiegoś żydowskiego wirusa w dniu tak podniosłym.

* * *

Szef Wydziału Historii Uniwersytetu Ottawskiego, profesor Dan Bready, był lekko szpakowatym pięćdziesięciolatkiem wyglądającym jak czterdziestolatek, i to on — dopiero on — rozbudził libido Klary, chociaż miał trzydzieści lat więcej niż ona. Ich pierwsze dialogi tyczyły poletka, które Klara Mirosz chciała uprawiać studiując. Oznajmiła, że z historii gatunku *„homo sapiens"* interesuje ją przede wszystkim półgatunek *„femina sapientissima"* alias *„mulier sapientissima"*, czyli genialne kobiety, które zasłużyły się dla ludzkości nie mniej niż mądrzy mężczyźni. Profesor spytał więc:

— Czy jest pani feministką?

— A czy pan ma coś przeciwko feminizmowi, profesorze?

— Nie, pytam gwoli porządku.

— Gwoli porządku odpowiem panu, iż nie jestem feministką, chociaż uważam, że gdyby faceci zachodzili w ciążę, aborcja byłaby sakramentem już przed czasami Średniowiecza, a dzisiaj byłaby we wszystkich punktach globu prawem konstytucyjnym.

— Cóż, to zupełnie możliwe. Jestem tego samego zdania, panno Mirosc.

— Mirosz.

— Mi... Miroś... no cóż, pękam, to trudne. Czy nie możemy przejść na „ty"? Jestem Dan.

— Okey, Dan, jestem Klara.

Inteligencja płciowa Dana Bready'ego, czyli hormonalna energia samczego sprytu — sprytu starzejącego się drapieżnika, który chce grasować, bo rutyna małżeńska wychodzi mu już nosem i ego kiśnie w nudnym łożu — kazała panu B. zaproponować Klarze wariantowy temat jej pierwszej pracy semestralnej, do wyboru dwie kwestie, obie tyczące głośnych dam, dwóch babskich ikon: twórczość Virginii Woolf lub twórczość Hannah Arendt. Łatwo przewidział, że Klara nie wybierze sławnej powieściopisarki — starczyło tylko bąknąć kilka zdań o „interesującym fenomenie antysemityzmu pani Woolf". Przewidział również co z życia sławnej filozofki, socjolożki i politolożki najbardziej zainteresuje Klarę. Że nie będą to częściowo kultowe, a częściowo kontrowersyjne rozważania, które wielka dama filozofii XX stulecia poświęciła problemom totalitaryzmu, nacjonalizmu, rasizmu i rewolucji, bądź kondycji egzystencjalnej, degeneracji systemów politycznych, upadkowi autorytetów czy banalności zła. Ani miotanie się niezrównanej Hani między prawicowym konserwatyzmem a rebeliancką lewicowością, między teorią państwa a teorią narodu, między świętym Augustynem a Jaspersem, lub między grecką „polis" a obozem koncentracyjnym. Liczył, że Klara zainteresuje się głównie romansem młodziutkiej żydowskiej studentki filozofii z dużo starszym wykładowcą filozofii na jej uczelni — i trafił bez pudła.

Roku 1924, na niemieckim uniwersytecie w Marburgu, genialny filozof Martin Heidegger (żonaty ojciec dwóch synów) przyuważył początkującą studentkę, osiemnastoletnią pannę Arendt, i wziął jej czarne płomienne oczy tudzież resztę skarbów do łóżka. Zachowała się jego korespondencja miłosna, fragmentami wysublimowana łacińsko („Amo, volo ut usis" — „Kocham cię, pragnę, byś

była"), a czasami bardziej przyziemna literacko (*„Może byś wpa-*
dła jutro za kwadrans dziewiąta. Naciśnij dzwonek, kiedy zgaś-
nie światło w moim pokoju"). Notabene — analogiczny melanż
wyżyn i nizin dają listy Heideggera do innych jego młodziutkich
uczennic (np. do Elisabeth Blochmann), które czarował swą charyzmą scjentyczną i genitalną. Duch chrześcijaństwa, tak silny filozoficznie w twórczości wielkiego goja lubiącego rozdziewiczać
płonące chęcią żydowskie studentki, lewitował wokół ich związku,
stąd doktorat dwudziestodwuletniej Hani nosi tytuł: **„O pojęciu
miłości u świętego Augustyna"** i jest cały hołdem dla kochanka,
który imponował jej bardzo. Przestał jej bardzo imponować, kiedy został sympatykiem Hitlera oraz członkiem NSDAP (1933).
Wyfrunęła wtedy za ocean, by zdobywać sławę na uczelniach chi-
cagowskich i nowojorskich. Ale nigdy nie przestała tkliwie myśleć o pierwszym kochanku.

Klara Mirosz zaczęła tkliwie myśleć o pierwszym kochanku,
kiedy została uczennicą profesora Bready'ego. Wylęgarniami wza-
jemnych uczuć były: sala wykładowa, stołówka wydziałowa, gabinet wykładowcy i kawiarnie ottawskie. Wszędzie tam toczył się
między belfrem a pannicą uczony dialog, który jednak coraz częściej przypominał pogwarkę mniej akademicką. Całość biegła jak
w tym złośliwym wierszyku Tadeusza Boya–Żeleńskiego:

> *„On jej szepta coś do uszek,*
> *I n t e l l e k t e m praży z bliska.*
> *I straci dziewczę wianuszek,*
> *Ale — «światopogląd» zyska".*

Nowy światopogląd Klary, zyskany przez to zauroczenie *„starszym panem"*, był raczej erotyczny aniżeli filozoficzny, chyba że
przyjmiemy, iż chodzi tu o jej prywatną filozofię seksualną. Zanim napisała pod kierunkiem profesora rozprawkę **„Studium relacji filozoficznych między Heideggerem a jego główną uczennicą"** (celniejszy byłby tytuł: **„Studium relacji fizjologicznych…"**,
lecz senat uczelni nie wyraziłby zgody) — swoje relacje z Danem

doprowadziła do spełnienia, przejawiając inicjatywę wedle kontr-
deterministycznej tezy pani Arendt. Od wynurzeń Hegla bowiem
(lub wcześniej) filozofia skłonna była postrzegać dzieje świata jako proces zdeterminowany. Tymczasem profesor Arendt uwypuk-
liła nieprzewidywalność, przypadek i rolę silnej woli zmieniającej
bieg faktów. Nic nie jest przesądzone, czynnikiem ukierunkowują-
cym wydarzenia i tworzącym nową jakość staje się zdolność pod-
jęcia odważnej inicjatywy. Właśnie to zrobiła Klara Mirosz, za-
praszając Dana do swego „roomu" na stancji, pijąc kupione przezeń wino, itd. Ponieważ sploty i wygibasy dwóch gołych ciał są
już wszystkim znane dzięki tysiącom filmowych i literackich romansów — nie będę tracił czasu na ubieranie własnymi słowami
tej nużącej plagiatowością powtórki z fizjologicznej rozrywki, tylko szybko przejdę do kolejnej odsłony mego dzieła.

*   *   *

Aby móc lekko się ślizgać po powierzchni każdej fali — trzeba być lekkim jak korek. Tak lekki był właśnie czeski dziennikarz
Milan Kundelka — niczego prócz piwa nie brał poważnie, i wcale nie chciał, by inni traktowali go serio. To się jednak musiało
zmienić, kiedy wyrzuciła go poza granice ojczyzny „praska wios-
na" (1968), którą tłumiły czołgi państw „demokracji ludowej".
Milan zawędrował aż do Kanady, i tam zrozumiał, że jeśli nie będzie przez kogoś traktowany serio w kapitalizmie, to umrze wskutek głodu. Pierwsze tygodnie spędził jako bohater czechosłowac-
kiej rewolty, dzielny uciekinier, fetowano go w mediach i na cam-
pusach, udzielał wywiadów i wykładów, lecz później trzeba się było wziąć do roboty dającej regularne pensje lub honoraria. Przyjął
propozycję Uniwersytetu Ottawskiego, by poprowadzić roczny kurs
literatury czeskiej (dzięki „praskiej wiośnie" wszystko co czeskie
stało się na Zachodzie bardzo modne wtedy). Rok minął, kontrakt
przedłużono, a cztery lata później zorganizowano Katedrę Literatur Słowiańskich, i tak Milan Kundelka został profesorem akade-
mickim. Dalej ślizgał się lekko po powierzchni niczym korek po

falach bytu. Ale każde duże *„szczęście idioty"* znajdzie kiedyś swój kres.

Przekleństwem profesora Kundelki stał się Johnny Seren, młodzieniec, który studiował językoznawstwo, lecz zapisał się również na wykłady z literatur słowiańskich i oznajmił, że jako pracę semestralną chce złożyć dysertację tyczącą polskiego tłumaczenia **„Ulissesa"** Jamesa Joyce'a.

— Dlaczego chce pan analizować to tłumaczenie? — spytał profesor.

— Gdyż zostało uznane w Polsce za perfekcyjne, za ósmy cud świata, a jest po prostu do dupy.

— Niektórzy, wcale liczni, sądzą, że ta książka jest p o p r o s - t u d o d u p y, choć krytycy wielu krajów wzięli ją za ósmy cud świata...

— Mnie interesuje przekład na język polski, panie profesorze.

— Dlaczego? Zna pan język polski?

— Urodziłem się w Polsce, a do Kanady przybyłem kilka lat temu.

— Zarzuca pan tłumaczowi kiepską stylistykę?

— Zarzucam mu fatalną znajomość języka angielskiego. Zrobił dużo komicznych błędów.

— Są chyba w polskich wydawnictwach adiustatorzy, których rolą było...

— Są.

— I co, czy to banda amatorów?

— Półamatorów. Okazali się patałachami, puścili te bzdety, całą masę. Dam panu kilka przykładów. Jeżeli ktoś komuś warczy: *„ — Go to God!..."*, to mówi po prostu: *„ — Gówno!..."*. We francuskim tłumaczeniu jest właśnie: *„ — Merde!..."*. Ale w polskim czytamy: *„ — Idź do Boga!..."*. Nonsens. Termin *„disap-pointed bridge"* polski tłumacz przełożył kretyńsko jako... *„roz-czarowany most"*, nie wiedząc, że *„disappointed"* to w angielskim nie tylko *„rozczarowany"*, lecz i *„nieużywany"*. Francuzi przełożyli to prawidłowo: *„pont désaffecté"* — most, który wy-

szedł z użycia. Zwrot: „ — *I payed my way"* należy tłumaczyć:
„ — *Spłaciłem, com był winien"*, a nie: „ — *Opłaciłem swoją drogę"*? Chyba starczy?

— Tak... — bąknął Kundelka. — Ale czy starczy na całą dysertację?

— Owszem, starczy, wyłapałem podobnych kompromitacji bez liku. A przy tym mnóstwo trudno zrozumiałych dziwolągów językowych, jak choćby nieistniejące w polszczyźnie *„smarkówy"* zamiast *„chustki do nosa"*, lub *„gołębiosercy"* zamiast *„dobry"* ewentualnie *„czuły"*. Niezręczność goni tam niezręczność, razi brak znajomości idiomów, no i pomyłki erudycyjne, wprost monstrualne. Ten tłumacz myli nawet szekspirowskiego Horatio z antycznym poetą Horacym, panie profesorze, to groteska!

Kundelka był lekko oszołomiony; nie bardzo wiedział co robić, a właściwie co mówić, jak się ustosunkować wobec petenta błyskotliwego i zarazem natarczywego.

— Skąd pan tak dobrze zna angielszczyznę, panie Seren? Przez te kilka lat mieszkania tutaj?

— Jestem poliglotą.

— Ile pan zna języków?

— Sześć dobrze, cztery dobrze minus, dwa nędznie.

— Również czeski?

— Nie, nie mam tej przyjemności, proszę pana.

Czech czuł, że ten młodzian to arogant, typ niebezpieczny, bał się takich kozaków. Pomyślał, że uniknie kłopotu spławiając go:

— Cóż, panie Seren... Niestety, mimo szczerych chęci nie mogę się zgodzić, bo nie mógłbym pańskiej pracy ocenić, nie mógłbym niczego zweryfikować, nie znam języka polskiego, chociaż szanuję...

— Wiem, że pan nie zna! — wycedził Johnny. — To zresztą pestka, zupełne głupstwo. Gorzej, iż nie zna pan przyzwoicie dziejów polskiej literatury, a wykłada pan te dzieje razem z dziejami piśmiennictwa innych Słowian!

— Jak pan śmie?! — ryknął Kundelka, czerwieniejąc.

— To pana trzeba spytać: jak pan śmie publicznie pieprzyć o polskiej literaturze głupoty, które wyczytał pan w jakimś czeskim lub angielskim polonożerczym bryku, napisanym przez nienawidzącego Polaków dyletanta? Pan okłamuje studentów i władze uczelni, grając profesjonalistę! Daję panu wybór: albo przyniosę panu moją dysertację i pan ją oceni entuzjastycznie, ze słownikami w ręku lub po omacku, wszystko mi jedno, albo przyniosę do rektoratu rozbiór pańskich prelekcji o literaturze polskiej, z wyszczególnieniem bredni, które pan głosi studentom. Co pan wybiera?

Kundelkę zatkało. Ciężko oddychał i czuł jak pot leje mu się z karku wzdłuż grzbietu.

— Milczenie biorę za pańską zgodę dla pierwszego rozwiązania — rzekł Johnny, uśmiechając się szyderczo. — Nie wiem kiedy, ale chyba już w przyszłym miesiącu dam panu moją dysertację. Na shledanou, pane Kundelka!

Wychodząc z gabinetu Czecha myślał: „Ciekawe czy wiesz, że po polsku masz psią godność familijną?".

✳ ✳ ✳

Nie wszystkie badania sondażowe tyczące preferencji społeczeństwa przypadały prezydentowi Putinowi do gustu. Sondaż mówiący, że Rosjanie stawiają porządek nad wolnością — owszem, *„panrawiłsa"*. Ale już sondaż tyczący epokowych gwiazdorów (*„Wymień dziesięć najważniejszych figur w historii świata"*) — trochę mniej. Co prawda triumfującą dziesiątkę zdominowali, całkowicie słusznie, geniusze rosyjskiego chowu (Piotr Wielki, Lenin, Stalin, Gagarin itd.), zajmując aż dziewięć pozycji, lecz wśród owej dziewiątki jedynym geniuszem na literę P był Puszkin (a nie Putin) i, co gorsza, złotą dychę uzupełnił cudzoziemiec Bonaparte, czyli przywódca, którego Putin skrycie cenił, ale formalnie musiał negować, gdyż ten Francuz był dla kagiebowców wrażym europejskim gadem, faszystowskim imperialistą, który nie dość, że zdobył kiedyś moskiewski Kreml, to jeszcze zdobył go przy pomocy odwiecznych wrogów ruskiego mocarstwa, Lachów! Tych piekielnych Lachów, którzy już wcześniej samodzielnie zdobyli Moskwę! Putin nie miał przesądów numerologicznych, ale zdziwiła go bliźniacza końcówka dat, dwunastka: pierwszy raz Polacy trzymali zdobytą Moskwę do 1612 roku, a drugi raz (jako sprzymierzeńcy Napoleona Bonapartego) weszli tam równo dwieście lat później, w 1812 roku! Ktoś opętany numerologią mógłby krakać, że za kolejne dwieście lat, w 2012, Lachy znowu wetkną na zdobycznym Kremlu swoje proporce...

Krnąbrna „*Polsza*" stała się cierniem dziurawiącym serce Władimira Władimirowicza już u progu jego prezydentury. To ona, tworząc buntowniczą „Solidarność", rozsypała ZSRR niczym budowlę z klocków. I to ona — gdy tylko przywróciła sobie suwerenność — zaczęła prowadzić antyrosyjską politykę tak forsownie, jakby nie miała nic lepszego do roboty. Nawet wówczas, kiedy rządy obejmowali w niej postkomuniści (a obejmowali dwukrotnie: 1993 i 2001; łącznie rządzili osiem lat!) — ryła przeciwko Moskwie ze wszech sił, bo tym postkomunistom kapitalizm mieszał we łbach niby samogon i sprzedali się „*Amieriańcom*" niby uliczna „*bladź*". „*Polaczyszki*" takie już są — historia ważniejsza dla nich aniżeli teraźniejszość czy przyszłość. Rozbiory, kibitki, knuty, kajdany, bunty narodowe, Sybir, Katyń, sierp i młot — to ich wciąż gniewa. Miast żyć w XXI wieku, żyją minionymi wiekami, „*swołocze*"! Chcecie minionych wieków? Proszę bardzo! Pierwszego kopniaka wymierzył im ustanawiając jako główne federacyjne święto narodowe (Dzień Jedności Narodowej, 4 listopada) rocznicę wyparcia Polaków z Kremla przed czterystu laty. Niech mają!

Wszelako rozumiał, że samą propagandą i sztuką (jak antypolski film „**1612**") nie przysporzy się Lachom bólu, i że jedynie skuteczne mogą być ciosy ekonomiczne. Zamknął więc granice Federacji przed polskimi owocami, polskimi wędlinami, polskim mięsem, polskim mlekiem i polską produkcją mlekopochodną każdego rodzaju, co uderzyło polski eksport solidnie. Embarga gazowego i naftowego wprowadzić nie mógł, bo musiał respektować długoterminowe umowy zawarte wcześniej, ale odciął rurociąg „Przy-

jaźń", wskutek czego ropa przestała płynąć do litewskiej rafinerii
Możejki kupionej przez Polaków. Niech sobie transportują z Zachodu, tankowcami i cysternami! Megarurociąg do zachodniej Europy puścił dnem Bałtyku, by ominąć Polskę kosztem większych
(dużo większych) wydatków na tę trudną inwestycję (trudną kon-
struktorsko i ekologicznie), ale dzięki temu Polska nie będzie miała prowizji tranzytowych. Figa! Szerokotorowa rosyjska kolej do
zachodniej Europy ominęła Polskę również, biegnąc dłuższą (dużo
trudniejszą) trasą przez Słowację, dzięki czemu i tutaj Lachy ni
rubelka nie zyskają. Mnóstwo takich kopniaków gospodarczych.
Lachom wbrew! A na dokładkę truskaweczka *„martyrologiczna"*,
wieńcząca historiograficzno–medialnie cały ten tort: wycofanie się
z uznania tzw. *„zbrodni katyńskiej"* za zbrodnię rosyjską i ludo-
bójczą. Chociaż Jelcyn dawno już przeprosił w Katyniu Lachów,
lecz nowe prace rosyjskich historyków unieważnią tamte bezsen-
sowne przeprosiny...

Gad jak to gad — mimo że deptany, kąsa. Oddaje ciosy, *„swo-
łocz"*! Będąc członkiem Unii Europejskiej — *„Polsza"* zabloko-
wała nowy traktat handlowy między Unią a Rosją. Nie ma co —
celnie uderzyły Lachy, boli! Lecz to nie wszystko: chciały też
gady polskie blokować możliwość kupowania przez Rosjan w Europie dużych firm energetycznych (elektrownie, składy paliw oraz
sieci przesyłowe) i możliwość finansowania inwestycji na terenie
Rosji przez EBI (Europejski Bank Inwestycyjny), namawiając swoich partnerów z UE, żeby wyhamowywano rosyjski sektor energetyczny kagańcami dla Gazpromu, Transnieftu, Rosnieftu i Łukoilu. Groza! A i szabelką wymachują bezczelnie! Kupili od Jankesów myśliwce F–16, wspomagają Jankesów w Iraku swoimi wojs-
kami, u siebie chcą budować tarczę antyrakietową. Niby to przeciw muzułmanom, Irańczykom, ale wiadomo, że mają bruździć rosyjskim siłom nuklearnym, psuć Rosji szansę zadania pierwszego
uderzenia. Wredne Lachy!

Trudno mu było orzec gdzie ma Rosja najtrudniejszy sąsiedzki
problem do rozwiązania strategicznego: na Ukrainie, w Gruzji czy

w Polsce? Wszędzie tam buzujące prozachodnie trendy nie dawały Kremlowi spokojnie spać. Putin ciągle omawiał tę kwestię z gronem doradców i pomagierów, lecz rezultaty długich dyskusji nie kontentowały go. Być może trzeba tu śmielszych mózgów? Zerknął ku dwóm zszywkom maszynopisu, który mu przyniesiono przed tygodniem: **„Historia rosyjskiej oligarchii"**. Autor: Lieonid Szudrin. Niegłupio pisze, może warto z nim porozmawiać...

* * *

Opuszczenie *„pierdla"* przez *„Zecera"* nie mogło być ciche, Mariusz był już bowiem figurą sławną, chlubą „Solidarności". Koło bramy więziennej czekało nań prawie sto osób, przynieśli kwiaty i szampana. Nie trzymali antyreżimowych transparentów i nie wznosili antyustrojowych okrzyków, tylko śpiewali hymn narodowy, **„Jeszcze Polska nie zginęła!"**, więc bezpiece trudno było reagować, bo władze nie zakazywały śpiewania hymnu. Co prawda zakazywano *„nielegalnych zgromadzeń"*, lecz ten będący *„powitalnym komitetem"* tłumek u bram *„Grabianki"* jakoś nie budził nerwicy władz. Przysłano ledwie dziesięciu funkcjonariuszy *„dla obserwacji"*, czyli na wszelki wypadek. Jeden z nich, mundurowy, warknął, kiedy po Mariusza, Witka i Zbyszka zajechało duże volvo, prowadzone przez *„Guldena"*, któremu towarzyszyła Jola Kabłoń:

— Piękny wóz! I jaki pakowny! Do samego bagażnika zmieściłoby się, kurwa, ze dwóch Popiełuszków, co?

— Ja bym i trzeciego upchał! — odrzekł mu kolega w cywilu.

Był koniec października roku 1988. Zbliżał się dzień 11 listopada, przedwojenne święto narodowe, okazja dla zademonstrowania kontrpeerelowskiego patriotyzmu i heroizmu. Rokrocznie składano wieńce u cokołów i grobów, które nie śmierdziały komuną, a komuna chrzciła składających wodą pod ciśnieniem, okadzała gazem łzawiącym i masowała gumowymi pałkami. Krąg krakowskich dysydentów planował wyjazd do Warszawy, gdzie wokół Grobu Nieznanego Żołnierza celebrowano rokrocznie główne demonstracje opozycji. Na tajnym spotkaniu magister Sierga, pracownik Wydziału Historii Uniwersytetu Jagiellońskiego, tłumaczył kolegom solidarnościowcom:

— To jest święto młode, ustanowione dwa lata przed wojną, w roku 1937. Lecz ważne dla patriotów...

— Zwłaszcza dla szczególnego rodzaju patriotów, dla piłsudczyków! — burknął doktor Marylski. — Oni je wprowadzili, bo trzęśli, jak chcieli, Sarmacją.

— Tralalala! — oburzył się docent Górski, socjolog. — Wy, Korwinowcy z „Officyny Liberałów", zawsze jawnie nienawidziliście *„Dziadka"*, uważaliście go za czerwonego bandziora, to obrzydliwość! Korowcy też go nie lubią, bo sami będąc bardziej lewackimi niż partyjniacy, uważają go za reakcyjnego dyktatora. Ma dużo wrogów. Ale święto 11 listopada nie powinno mieć wrogów! Przed wojną naród przyjął je gorącym sercem.

— Niecały naród — uparł się doktor. — Tylko brakowało głośnych sprzeciwów, bo sprzeciw powodował represje.

— Co pan gada!

— Gadam prawdę, to są fakty. Już pierwszego roku obchodów, na akademii w Teatrze Wielkim, siedem uczennic nie wstało kiedy grano **„Brygadę"**, hymn piłsudczyków. Szkołę tych dziewcząt dotknęły represje, straciła uprawnienia, a wszystkie jej uczennice musiały zdawać egzaminy trybem eksternistycznym.

— Za niewstawanie podczas grania **„Brygady"** pan pułkownik Wieniawa–Długoszowski i tacy jak on wybijali zęby lubiącym siedzieć... — uśmiechnął się cierpko docent Rogala. — A te dziewczęta były bez wątpienia córkami endeków, którzy nienawidzili piłsudczyków i gardzili **„Pierwszą brygadą"**. Drogi kolego, zostawmy przedwojenne waśnie stronnictw politycznych, bo...

— Bo mamy, d r o g i k o l e g o, trochę własnych! — przerwał mu *„Zecer"*. — Czego dowodem ta dyskusja. Jeszcze mizerna, historiozoficzna, ale nasze waśnie istotne, strategiczne, będą rosnąć. Wobec obchodów warszawskich są już kłótnie w Gdańsku i we Wrocławiu...

— Jakie kłótnie? — zdziwił się Marylski.

— Kłótnie o bezczelność KOR–u, który wszędzie przypisuje sobie prymat, spychając inne opozycyjne nurty, jak ROPCiO, KPN czy „Solidarność Walczącą", do kąta, by nie powiedzieć: do piekła. Kuroń nie wszystkim pasuje, proszę panów!

— Tobie też? — zainteresował się magister Bartczak.

— Mnie też.

— A konkretnie, staruszku?

— Nie leży mi lansowana przez niego idea „*finlandyzacji*" Polski. To jest idea półsuwerenności, pseudosuwerenności, a mnie idzie o pełną niepodległość.

— Więc jesteś wyznawcą maksymalizmu. Maksymaliści to ekstremiści, często przegrywają całą sprawę tam, gdzie metoda drobnych kroczków byłaby skuteczna...

— Gówno prawda! Wasza metoda to sunięcie drobnymi kroczkami prosto w dupę PZPR, niby reformowanej przez Rakowskiego i Wilczka, oraz w dupę Kremla, niby reformowanego przez Gorbaczowa, a ja sram na to! — rzekł „*Zecer*".

— Czyli srasz na wspólną walkę?

— Koleś, coś ci powiem! — zdenerwował się Mariusz. — Gdybyśmy razem „*garowali*", powiedziałbym niektórym współbojownikom używając kminy: „*puzon wam w oklapichę*", lub inaczej, chociaż tak samo. Pewnych barier nie da się zamydlić solidarnościowym gęganiem, czy zasłonić wspólnym celem, bo według mnie wspólny wróg nie uświęca walczącym środków i nie uszlachetnia chytrych kurewskich planów. To tyle, riebiata.

Rozeszli się skłóceni, co go niezbyt stresowało, bo miał na głowie emigrację, a wcześniej ślub „*Znajdy*" i Joli. Przeprowadzić ślub formalnie w trzy dni nie bardzo było można, lecz znalazł sposób. Zawiózł towarzystwo do Urzędu Stanu Cywilnego późnym wieczorem, tłumacząc, że ma tam kumpla, który zrobi dla „*młodych*" wyjątek bez zbędnych formalności i ceregieli (vulgo: omijając terminy i pewne przepisy, ale dając solidne papiery) — i tak się stało. Świadkami byli „*Zyga*" oraz „*Gulden*". Ucztę weselną wyprawiono w restauracji. Noc poślubną — w mieszkaniu „*Zecera*". Gdy się przebudził, spytał Jolę:

— I jak?

— Z tobą było lepiej, ale swoje zrobił, pannę młodą rozdziewiczył.

— Tak trzymać, nie daj mu wytchnienia, cały czas ostro, droga siostro!

Kilka dni później „*Zecer*" i jego czwórka weszli na pokład samolotu lecącego prosto do Londynu.

* * *

Pierwsze prace semestralne Klary Mirosz opiewały kobiety, których IQ i dokonania twórcze były chlubą gatunku. Takie jak polska noblistka Maria Curie–Skłodowska czy włoska malarka Artemisia Gentileschi. Tytaniczne damy polityki (jak Włoszka Maria Medycejska czy francuska faworyta Pompadour) i wszechpotężne władczynie (jak angielska królowa Elżbieta I czy austriacka cesarzowa Maria Teresa) zainteresowały ją w połowie studiów, więc kolejne prace semestralne Klary były bardziej upolitycznione. Jej pierwotną kandydatką do miana bohaterki pracy dyplomowej została królowa Elżbieta, władająca brytyjskim imperium i kręcąca mężczyznami (różnymi Cecilami, Walshinghamami, Leicesterami, Essexami, Raleighami, Drake'ami, Frobisherami) niczym szmacianymi lalkami na scenie teatrzyku kukiełkowego. Ale zdystansowała ją caryca Katarzyna Wielka, dla której cały intelektualny świat Europy był teatrzykiem (francuscy intelektualiści, giganci Oświecenia, czołgali się u jej stóp), i która miała aż jedenastu kolejnych „*faworytów tytularnych*", nie licząc kilkudziesięciu ogierów z tytułem ledwie „*adiutanta*" i dalszych bez żadnego tytułu, mimo że wcale nie była nimfomanką — była normalną kobietą, lecz mogącą dawać upust nieskrępowanej rozwiązłości, lubieżności, wyuzdaniu — dzięki sprawowanej wszechwładzy. Obie kandydatki — i Elżunia, i Kasia — nigdy nie wyszły za mąż (Katarzyna nigdy jako władczyni nie wyszła za mąż), obie więc były pierwszorzęd-

ne, a Kasia wygrała dlatego, że praktykując nocami szalony seks
przez kilkadziesiąt lat (aż do zgonu), dniem dbała o ekstremalną
skromność dworu: żadnych obscenów, frywolnych dowcipów czy
choćby dwuznacznych półsłówek, całkowita cnotliwość dam i pru-
deria mężczyzn. Ten dualizm Klarę upajał.

Tak więc caryca była pewniakiem, ale podobnie jak na zawo-
dach lekkoatletycznych — czasami faworytka biegu przegrywa,
choć brakuje tylko milimetra do mety, o przysłowiową sutkę ry-
walki, która niespodziewanie wyłoniła się zza pleców mistrzyni,
by wziąć laur. Tym właśnie sposobem przegrała Katarzyna Wielka, gdy w ręce Klary wpadł periodyk z artykułem Davida Boda-
nisa **„Passionate Minds"** i Klara dowiedziała się o genialnej da-
mie Wieku Świateł, którą zazdrośni mężczyźni skazali na zapo-
mnienie. Tą geniuszką — pionierką fizyki, kładącą fundamenty pod
teorię energii — była Emilia du Châtelet.

Emilia urodziła się w roku 1706 jako panna de Breteuil, arys-
tokratka. Dojrzewała w Paryżu ostatnich lat *„Króla Słońce"*, czasów Regencji i debiutu króla Ludwika XV. Matka chciała uczynić
ją mniszką, lecz ojciec nie zezwolił i zatrudnił belfrów. Wpajano
dziewczynce matematykę, grekę, łacinę. Matematyka szczególnie
ją nęciła i wkrótce stała się źródłem zysku, gdyż dzięki niej panna du Châtelet stawała się triumfatorką gier hazardowych dworu
wersalskiego. Zyski te przeznaczała głównie na książki — nie beletrystyczne, tylko scjentyczne. Rodzina zmusiła ją, co prawda,
do wczesnego małżeństwa, ale młoda małżonka pana du Châtelet
nie cierpiała zbytnio, bo mąż, zamożny oficer, permanentnie stac-
jonował tam gdzie jego pułk, czyli daleko od familijnego pałacu.
Zimnymi nocami grzał ją gach, typ bawidamka Valmonta, prymusa bestsellerowych wówczas **„Niebezpiecznych związków"**, którego jednak Emilia szybka rzuciła dla samego Woltera, giganta
oświeceniowej sceny europejskiej.

Gdy się poznali — ona miała dwadzieścia kilka lat, on zaś prawie czterdzieści, nie była to więc rażąca różnica wieku. Wolter
wszakże biadolił; oszołomiony jej świeżością i jej inteligencją, pi-

sał: „*Ach, czemuż spotkałem ją tak późno! Przez całe życie szukałem miłości, znajdując tylko iluzję!*". Zdawał się nie zauważać braku urody markizy du Châtelet, o którym pisano: „*Wielka, chuda, bez bioder i bez piersi, miała nazbyt duże stopy, łydki i ramiona*" (świadectwo pani de Deffand); „*Istny kolos, we wszystkich wymiarach, silna i drażniąca swą niezręcznością. Skórę miała jak tarka*" (świadectwo pani de Crequi). Ale Woltera „*kręciła*" bystrość jej mózgu. Razem uczynili pałac w Cirey swoistym instytutem badawczym, gdzie Wolter szermował piórem (paszkwilował), a Emilia ćwiczyła chemię, fizykę i matematykę. Korespondowały z nimi tuzy ówczesnej nauki i literatury. Emilia, posiadająca w Cirey laboratorium i „*galerię chemiczną*", dokonała tam ważnych odkryć tyczących natury światła (antycypujących późniejsze wynalezienie fotografii i odkrycie promieniowania podczerwonego), a zajmując się fizyką matematyczną, przekroczyła tezy Isaaka Newtona wnioskami, które umożliwiły jej następcom budowanie prawa zachowania energii, stanowiącego jeden z fundamentów współczesnej fizyki. Fundusze badawcze zdobywała uprawiając hazard przy karcianych stolikach Wersalu, gdzie jej mózg działający niczym maszyna arytmetyczna nie dawał rywalom szans wygranej.

Wolter zapewne ożeniłby się z Emilią, gdyby już nie była mężatką lub gdyby została wdową. Jednak dzielnego markiza du Châtelet, mimo że nie były mu obce pola bitew, kule się jakoś nie imały. Lecz i tak dwójka „*mądrali z Cirey*" stanowiła właściwie parę małżeńską. Ze wszystkimi atrybutami ślubnego związku, choćby z coraz częstszymi kłótniami po francusku (gdy kłótnia przebiegała intymnie vel kameralnie) lub po angielsku (gdy dostawali furii i publicznie miotali ku sobie obelgi nieprzystojące uszom służby bądź uszom gości wizytujących Cirey). Wolter był typowym hipochondrykiem, żądającym, aby Emilia ciągle mu współczuła i pielęgnowała go. Biegnące lata zredukowały też jego samczą wydolność (narzekał: „*aparacik mi szwankuje*"), więc temperamentna uczona coraz chętniej korzystała z cudzych „*aparacików*". Jednak dalej trzymała się Woltera i przeżywali platonicznie chwile piękne, romantyczne tout court. Jak wówczas, gdy zimową nocą pękła w szczerym polu oś karocy. Kiedy naprawiano ten defekt, Wolter i Emilia siedli sobie na zaśnieżonym wzgórku i gawędzili o astronomii, kontemplując ciche gwiaździste niebo.

Klara Mirosz pokochała Emilię du Châtelet, lecz nie pokochała towarzysza jej życiowego szlaku. Wolter — błyskotliwy dyletant uważający się za filozofa, karykaturalny pieczeniarz i lizus grający publicznie wolnościowca, a cichcem czapkujący europejskim despotom, mistyfikator pretendujący do wszechwiedzy, grafoman żądający dla swej figury Parnasu, szermierz bijący się piórem o prawdę, cnotę i honor z dalekich komfortowych ustroni niedorajdy (Cirey, Ferney), cynik gromiący bezprzykładnie chrześcijaństwo, pajac opętany kultem samego siebie (piętnujący sztuki Szekspira, a gloryfikujący własne dramatopisarstwo mizernego chowu) — budził jej złość, chętnie plunęłaby mu w twarz. Głównie dlatego, że po śmierci Emilii zacierał pamięć o niej i umniejszał jej dokonania. Robili to też inni mędrkowie współcześni Madame du Châtelet (jak choćby Immanuel Kant, który twierdził, że zwanie tej damy myślicielką byłoby równie dziwaczne co wyobrażanie sobie kobiety z brodą) czy późniejsi historycy (jak głośny André Maurois, który w biografii Woltera Emilię ośmieszał i lekceważył). Klara uznała, że czas wznieść Emilii pomnik piórem, i tak ukierunkowała swą pracę dyplomową.

* * *

Władimir Putin był fanem internetu odkąd ten rewolucyjny dla ludzkości wynalazek (najbardziej rewolucyjny, obok pigułki antykoncepcyjnej, wynalazek XX wieku) upowszechnił się wśród miłujących pokój ludów całego świata. Miał tu zresztą pewne osiągnięcia dużej klasy. Kiedy tyrał jako oficer niemieckiej placówki KGB (lata 80-e wieku XX), hakerzy włamali się do serwerów Departamentu Obrony USA i skradli militarne tajemnice Pentagonu. Śledztwo wykazało, że złodziejami byli niemieccy hakerzy uruchomieni przez KGB. Z kolei w roku 1999, kiedy Władimir Putin pełnił bojową funkcję szefa Federalnej Służby Bezpieczeństwa (następczyni KGB), zaatakowane zostały rządowe serwery Stanów Zjednoczonych. Śledztwo wykazało, że bandytami, którzy skradli m.in. dane amerykańskich systemów naprowadzania rakiet, byli hakerzy rosyjscy, i że atak przeprowadzono ze stolicy wrogiego kraju, Moskwy. Nie udało się wszakże dowieść, iż FSB maczała palce w tym przedsięwzięciu.

Rok później miłośnik internetu został prezydentem Federacji Rosyjskiej, co bywa zajęciem bardzo pracochłonnym, a każdą spośród nielicznych wolnych chwil przeznaczał na seks, na sport lub na *„surfowanie"* w internecie (3 × s). Zazwyczaj śledził internetowe dowcipy o sobie samym (wybory, sekretarz Putina melduje: *„ — Panie prezydencie, mam dwie wiadomości, złą i dobrą. Zła jest taka, że pański konkurent uzyskał 67 procent głosów. A dobra jest taka, że pan uzyskał 96 procent głosów"*), lecz czasami zdarzało mu się również zerkać gdzieś obok, i dzięki temu przypadkowo zobaczył tytuł: **„Historia rosyjskiej oligarchii"**. Rezultatem było zaproszenie Lieonida Szudrina do Kancelarii Prezydenckiej. Zaproszony historyk nie wykazał wszakże gotowości współpracy, co jeszcze bardziej wzmogło ciekawość prezydenta. Putin tedy zaprosił Szudrina do siebie na prywatną rozmowę (ozdobny blankiet zaproszeniowy przyniesiony przez speckuriera kancelarii), a takiego honoru żaden mieszkaniec Federacji Rosyjskiej unikać by nie śmiał.

Przed gabinetem Putina prężyło się dwóch żołnierzy mających barwne uniformy, szyte wedle wzorów epoki napoleońskiej, co harmonizowało z historyczną sztukaterią ścian pałacu i z rzeźbionymi drzwiami o złotych megaklamkach misternej roboty. Gdy Lieonid wszedł — prezydent wstał zza biurka, uścisnął gościowi dłoń, wskazał dwa fotele przy małym okrągłym stoliku i, nim usiedli tam, spytał:

— Herbata, kawa lub sok? Koniak, brandy, whisky lub wódka?

— Whisky i kawa, jeśli można, panie prezydencie.

Podano im napoje chwilę później, kiedy już toczyli merytorycz-
ny dialog.

— Wie pan pewnie czemu was zaprosiłem, Lieonidzie Konstantinowiczu...

— Widząc, obok drzwi, tych dwóch wojaków w dawnych mundurach, pomyślałem, że chce pan rozmawiać o historii, panie prezydencie — rzekł Szudrin, lekko się uśmiechając.

— Najpierw o bardzo świeżej historii. Czemuż to nie przyjął
pan propozycji Żarkinowa? Ale tak serio, Lieonidzie Konstantinowiczu...

— Bo narażanie się Żydom jest dla szaraka samobójstwem. Pan
może wsadzać Chodorkowskich, panie prezydencie, ja wolę siedzieć cicho. „**Protokoły Mędrców Syjonu**" to apokryf i zarazem
zgniłe jajo, lepiej nie tykać.

— Więc czemu są wciąż tak popularne na całym globie, bez
ustanku wznawiane i bez trudu sprzedawane w milionach egzemplarzy?

— Bo są wiarygodne.

— Nie rozumiem, Lieonidzie Konstantinowiczu... Sami powie-
dzieliście, że to apokryf, czyli lipa!

— Tak, to fałszywka zmajstrowana przez Ochranę dla cara Mikołaja II, rzecz jednak w tym, iż zmajstrowana genialnie, wręcz
proroczo, antycypująco. Niemal wszystko, co zostało tam przypisa-
ne Żydom jako spiskowcom, potwierdziła wkrótce rzeczywistość,
potwierdziły to historyczne fakty. Wszelkie *„dezyderaty Mędrców
Syjonu"* zyskały realny kształt. „**Protokół 7**" mówi o wzniecaniu
między gojami wojen, nawet *„wojny powszechnej"* — i taka strasz-
liwa wojna wybuchła. „**Protokół 3**" mówi o *„wysyłaniu na ulice
wściekłych tłumów robociarzy"* — i Europa, zwłaszcza Rosja, wi-
działa takie paroksyzmy tłumu. „**Protokół 1**" mówi o inspirowa-
niu terroru — i terror szalał, dziś szaleje jeszcze mocniej. Dwa
główne postulaty „**Protokołów**", mające dać Żydom władzę nad
światem, to opanowanie kapitału, czyli banków, i opanowanie kultury, czyli mediów. I tak się stało: wszystkie media, łącznie z ki-

nem, i cała światowa bankowość, zostały opanowane przez Żydów. „Protokoły" planują też demoralizację społeczeństw za pomocą taniej rozrywki, która będzie łamała hamulce chrześcijańskie — i to się dokonało, świat się cały spornolizował. Czyli potwierdziło się wszystko co ten apokryf mówi, stąd jego wiarygodność wśród ludów, które mają gdzieś demaskatorskie rewelacje historyków na temat Ochrany Mikołaja II. Głosowanie powszechne przywróciłoby „Protokołom" rangę prawdy objawionej, przez duże P, i to dopiero byłby kiks demokracji, która stanowi absolut naszych czasów.

Teraz Putin uśmiechnął się kącikami warg:

— Już z pańskiego oligarchologicznego wypracowania zorientowałem się, Lieonidzie Konstantinowiczu, że nie jest pan miłośnikiem demokracji...

— Wzorem Woltera, jestem raczej sympatykiem oświeconej paradyktatury, może być przez duże P.

Ta aluzja spodobała się gospodarzowi, obu bowiem rozmówcom przyszło na myśl słówko „putinokracja". Putin uśmiechnął się szerzej i popijając koniak, mruknął:

— Cóż... ja raczej, wzorem Winstona Churchilla, uważam demokrację...

— Ta piękna fraza, o ustroju „najlepszym z najgorszych", nie do końca jest autorstwa Churchilla, chociaż wszyscy biorą ją za churchillowską — przerwał prezydentowi Szudrin. — Nie byłoby jej bez Byrona, który medytując we Włoszech, w Rawennie, zrobił notatkę o ustrojach politycznych. Churchill jedynie dowcipniej sformułował tekst poety, ale wyraził to samo.

— Trzeba być historykiem, żeby znać wszelkie źródła — kiwnął głową Putin. — A wracając do...

Tym razem przerwał mu sekretarz, otwierając bez pukania drzwi gabinetu i milcząco wskazując zegarek.

— Przykro mi bardzo, Lieonidzie Konstantinowiczu, ale już mnie gonią, delegacja rządowa Syrii — westchnął Putin, zrywając się z fotela. — Taki mój los, kołowrót. Byłbym rad, gdyby odwie-

dził pan kiedyś moją leśną daczę, w którąś niedzielę, moglibyśmy
dłużej pogawędzić.

— To będzie dla mnie zaszczyt i przyjemność, panie prezydencie — ukłonił się Szudrin i uścisnął rękę Putina przez duże P.

∗   ∗   ∗

Wylądowali na lotnisku Heathrow. Mieli kłopoty przy stanowi-
skach kontroli wizowej i celnej, bo jedynie Mariusz dukał po angielsku (nie licząc „Guldena", który znał dwa słowa: „ — Change
money?"). Ale gdy tylko trafili do gigantycznej hali wejściowej —
kłopoty się skończyły. Czekał tam bowiem na nich zasuszony pięć-
dziesięciolatek, który trzymał tekturkę z wykaligrafowaną flama-
strem informacją: WUJEK MARIUSZ. Mariusz się zameldował
u tego pana, a ten miły pan wsadził całą piątkę w furgonetkę i po-
wiózł ku Oxford Street, do kilkupokojowego lokalu, który miał
być ich mieszkaniem. Pan nazywał się Lucjan Czepiela.

Kiedy Lucek Czepiela był młody i jeszcze młody — był intelek-
tualnie niezbyt lotny. Mimo to robił karierę akademicką na Uniwersytecie Śląskim, ułatwioną przez członkostwo partyjne pezetpe-
erowskie, które każdemu baranowi dawało fory w każdym obszarze PRL–u i w każdej dziedzinie „dynamicznego rozwoju". Uwieńczył swój „społeczny awans klasowy" pracą doktorską pt. **„Wa-
lory krajobrazowe polskich ssaków"** („Są takie ssaki polskie, co
przyjemnie wpadają w oko, np. sarna płowa i jeleń, lecz są również takie, co wpadają w oko obrzydliwie, np. wszystkie myszowa-
te"). Później przeniesiono go („przesunięto na nowy odcinek") do
roboty w Wydziale Kultury KW PZPR (Katowice), a kiedy skończył 46 lat, nagrodzono „placówką cudzoziemską". Został zastęp-
cą attaché kulturalnego ambasady londyńskiej, mimo iż znał język
angielski tylko trochę lepiej niż chiński, którego zupełnie nie znał.
Jednak po trzech latach mówił biegle łamaną angielszczyzną, i ogólnie zyskał pewien sznyt intelektualny tudzież kulturalny, obracał się
bowiem wśród dyplomatów, a wiadomo, że „kto z kim przestaje,
takim się staje". Wieczorem, przy kielichu, rzekł Mariuszowi:

— Sądziłem, że na Heathrow zaczepią pana funkcjonariusze MI 6 lub MI 5.

— Dlaczego mieliby to robić?

— Bo „*Zecer*" jest głośnym opozycjonistą, lubią takich werbować. A przynajmniej przesłuchiwać. Być może spróbują jutro czy pojutrze, zaś lotnisko odpuścili, bo bali się, że będzie tam czekała z kwiatami delegacja emigrantów.

— Ja również bałem się tego — wyznał Bochenek.

— Chcieli, chcieli! — pisnął Czepiela. — Ale im powiedziałem, że dla pewnych względów politycznych nie byłoby to rozsądne, i że spotkacie się uroczyście w tym tygodniu.

— Pan im powiedział?! — zdumiał się „*Zecer*". — Pan, komuch, pracownik jaruzelskiej ambasady?!

Czepiela uśmiechnął się:

— Jestem ich wtyką. Szpiegiem na usługach emigrantów antykomunistów. Mają mnie za swojego „*kreta*" w placówce PRL–u, szanowny panie. Donoszę im, kablując różne rządowe sekrety, ułatwiam różne papierkowe sprawy, niby to cichcem, dywersancko, antypeerelowsko. Gram Wallenroda, he, he, Konrada Wallenroda! Takie zadanie, a zadanie jak zadanie, trzeba wykonać. Co mi nawet sprawia przyjemność.

— To spotkanko z solidarnościowcami kiedy ma być?

— Będzie kilka spotkań, nie tylko z solidaruchami. Tu jest cholernie różnorodna emigracja, nowa, stara i prastara, jeszcze niedobitki andersowców. I skłócona jak każda Polonia, amerykańska czy kanadyjska, kłębowisko żmij. Wszyscy chcieliby lać komunę, ale póki nie mogą, to wzajemnie gryzą się sami. Będzie pan musiał strasznie uważać, poruszanie się między wrogimi kółkami to prawdziwe pole minowe.

— Co jeszcze może mnie tutaj zaskoczyć?

— Dużo rzeczy, od herbaty zaczynając. Lubi pan?

— Pić herbatę? Tak, lubię bardzo.

— W Polsce się uważa, iż herbata to tradycyjny główny napój Anglików. Tymczasem oni, podobnie jak Amerykanie, Kanadyjczycy, Australijczycy, Nowozelandczycy i właściwie cały świat, piją herbatę torebkową zmieszaną z mlekiem, lurę koloru cieczy wyżętej ze ścierki. Prawdziwą, czystą herbatę pija się dzisiaj już tylko w Polsce i w ZSRR. Polacy, kiedy tu przyjeżdżają i widzą tę *„bawarkę"* pitą przez Angoli, nie wierzą własnym oczom. Ale wróćmy do swarów polonijnych kółek. Coś identycznego zobaczy wkrótce kraj. Kiedy komuna legnie, triumfujące antykomuchy będą się żarły wewnętrznie gorzej niż żarły się z komuną. Już niedługo zobaczy pan, panie Mariuszu!

— Niedługo?! — wytrzeszczył oczy Bochenek.

— Niedługo, niedługo. Towarzysze w Warszawie już dogadują co trzeba.

— A co trzeba?

— Trzeba przejąć cały majątek państwowy na nasze prywatne konta, dając solidaruchom władzuchnę formalną, polityczną: gabinety, sekretarki, paprotki... Tym głupom się wydaje, że to będzie łatwizna — rządzić świętą ojczyzną! Zdekomunizowaną! Wystarczy przekreślić cały PRL, cały dorobek socjalizmu. A to bez sensu, panie Mariuszu! Gdyby powojenni Niemcy zachowali się tak wobec hitleryzmu, czyli *„narodowego socjalizmu"*, to nie mieliby ubezpieczeń społecznych, bo wiele pozytywnych regulacji prawnych tyczących robotników wprowadził właśnie Hitler! Nie chroniliby środowiska, bo ustawę chroniącą środowisko wprowadził Hitler, i obowiązywała ona aż do 1976 roku. Nie płaciliby przymusowego OC, bo ów przymus to hitlerowskie dzieło. Nie jeździliby też autostradami, bo autostrady masowo budował Hitler. Skasowaliby volkswagena, bo to motoryzacyjne dziecko Hitlera. No i wprowadziliby obowiązek kopcenia papierosów, bo Hitler postulował zakaz palenia zupełny... Chęć całkowitego odcięcia się od komuszej przeszłości byłaby idiotyzmem solidarnościowych władz, mam słuszność?

— Jasna sprawa... — przytaknął zmęczony rozmówca. — Czy w tym lokalu będziemy mieszkać przez cały czas naszego pobytu w Anglii?

— Tak, tylko że teraz to będzie krótki pobyt, bo niedługo lecicie na Jamajkę — wyjaśnił mu Czepiela.

— Gdzie?! — zdumiał się „Zecer" trzeci raz, dużo silniej niż uprzednio.

— Na Jamajkę. To dawna kolonia, dzisiaj członek brytyjskiej Wspólnoty Narodów. Tu, w Anglii, macie założyć patriotyczne, antykomusze czasopismo, ale do tego trzeba dużej forsy. I co powiecie emigranckim środowiskom, że przywieźliście szmal pasera „Zygi" i cinkciarza „Guldena"? Musicie znaleźć poważnego sponsora, antykomucha, panie Mariuszu. Świetnie się do tego nadaje pański krewny, kapitalista jamajski, szef spółki eksportującej wydobywane tam boksyty, mister Denis Dut, dawniej Dutczak. On już czeka na was w Montego Bay. Powie pan swoim emigracyjnym sympatykom, że leci pan do wuja Denisa po fundusze. No to cyk, chlapnijmy brudzia, panie redaktorze Bochenku!

* * *

Angielskie słowo „drug" ma dwa znaczenia: to lekarstwo lub narkotyk. Czyli „piguły" lub „prochy" vel „koks". Klara i Johnny brali „drugs" regularnie, tylko że innego rodzaju.

Ponieważ Dan Bready nie mógł zakładać sobie kondomów, gdyż gumowa szata psuła jędrność „aparaciku" pana profesora — panna Mirosz łykała tabletki antykoncepcyjne. Z trzech pochodnych przyczyn. Raz, że nie chciała ciąży, bo to dla dziewczęcia straszny kłopot. Dwa, że nie chciała aborcji, bo wyskrobywanie żywego organizmu to potworność. I trzy, że nie chciała umierać, bo mało kto chce umierać. Co prawda młode kobiety rzadko umierają wskutek porodu, lecz Klara była głęboko przejęta rodzajem zejścia swej idolki, Madame du Châtelet, która zaszła w ciążę mając 43 lata. Nowy kochanek Emilii, kapitan Saint–Lambert, wierszokleta, fircyk i „damski bokser", czasami brał ją gwałtem, łamiąc stosowany przez uczoną damę antykoncepcyjnie period wstrzemięźliwości seksualnej oparty na mierzeniu cyklu. Któreś wzięcie siłą skutkowało brzemiennością, a w tamtych czasach brzemienność była dla

niejednej kobiety czterdziestoletniej wyrokiem śmierci. Emilia wiedziała, że umrze wskutek porodu. Zdążyła jeszcze zadbać o prawo-
łożność swego dziecka: zwabiła do Cirey męża, markiza du Châtelet, któremu nie dawała się tknąć od lat, „uwiodła" go, i żyła
z nim kilka tygodni, więc ten uznał dziecko, pewien, że własno-
chujnie je zmajstrował. Powiła we wrześniu roku 1749. Kilka dni
później zmarła, mimo wysiłków lekarzy. Kochance profesora Dana Bready'ego cała ta tragedia rozorała serce.

Jankowi Serenowi grzały serce kultury indiańskie, które poznał
przemierzając motocyklem północne terytoria Kanady. Tamtejsi In-
dianie dali mu skosztować grzybów *„odjazdowych"*, dzięki czemu
zobaczył w lusterku do golenia, że ma głowę karibu, która szybko
stała się fosforyzującą głową ryby, a później głową wilka stąpają-
cego po zielonofioletowym śniegu nogami wysokimi niby szczud-
ła. Tak mu się to spodobało, że został fanem grzybkowych *„dru-
gów"*. Żadnych kryminogennych uzależniaczy nie tykał — żadnej
heroiny, kokainy czy haszyszu, żadnych chemicznych morderców,
jak crack, ecstasy czy LSD — brał wyłącznie halucynogenne grzybki, które już w kulturach praceltyckich i prekolumbijskich miały
status świętych dostarczycieli transu i *„boskiego odurzenia"*. Kolega z campusu uczelnianego, również miłośnik psychoaktywnych
grzybów, szepnął mu kiedyś o mocniejszym rodzaju tej narkoma-
nii indiańskiej — o *„ayahuasca"*, napoju warzonym przez mieszkańców dżungli południowoamerykańskich, który Inkowie zwali
„winem dla dusz". Do jego produkcji służyła trująca *„liana bogów"* vel *„łodyga dusz"*. Johnny rychło wyszukał literaturę tyczącą *„ayahuasca"*. Gwiazdor *„pokolenia bitników"*, amerykański pisarz William Burroughs, łyknąwszy *„wina dla duszy"* rzygał strasz-
liwie, a przed oczami płynęły mu gigantyczne larwy i *„każda ema-
nowała wulgarny, drwiący chichot"*. Poeta Allen Ginsberg (też
„beat generation") doświadczył czegoś identycznego: *„Cały pieprzony kosmos runął na mnie i wokół. Czułem się jak wąż, który
wymiotuje wszechświatem"*. Johnny pragnął zrobić to samo — wy-
rzygać wszechświat.

Poszukali Peruwiańczyka, który znał kogo trzeba, kupili bilety lotnicze, wysiedli w Limie, stąd pojechali autobusem do indiańskiej wioski, a stamtąd popłynęli łodzią ku wnętrzu dżungli, gdzie był duży pleciony szałas. Zjechało się kilkunastu pragnących nirwany „*gringos*". Każdy zapłacił czterysta „*bucksów*", i każdy musiał przez ostatni tydzień stosować ścisłą dietę, unikając soli, cukru, tłuszczu, alkoholu tudzież ciupciania. Szaman okadził półmrok, a dwaj jego pomocnicy rozdali siedzącym wokół centralnego głazu uczestnikom plastikowe miseczki na wypadek torsji. Później każdemu dano mały kubeczek, do którego szaman lał święty wywar. Biało ubrani pomagierzy szamana wznieśli chóralny śpiew, Indianki imitowały krzyki ptaków. Johnny'emu czaszka szumiała lekko; nie wiedział czy wskutek nerwów i tych śpiewów, czy może „*wino dla dusz*" zaczęło już działać.

Pierwszą halucynacją były wzory geometryczne. Wielobarwne, trochę falujące i wibrujące niby wnętrze kalejdoskopu. Nie znikały, bez względu na to czy zamykał, czy otwierał wzrok. Wtem poczuł, że jego ciało unosi się ku czarnej przestrzeni, rozjaśnionej wzdłuż brzegów złotawą pulsacją światła. Było bardzo cicho, a jego ogarnął balsamiczny spokój. Szybował nad wierzchołkami dżungli. Przyszły jednak pierwsze mdłości i pierwsze inkarnacje. Poczuł się aligatorem, którego skóra płonie wszystkimi kolorami tęczy, a później zaczął pikować spod chmur ku drzewom. Wrócił na ziemię wijąc się wokół pnia jak wąż i ściekając z gałęzi niczym krople żywicy. Zobaczył, że znowu jest w półmrocznym wnętrzu szałasu. Wymacał miseczkę i rzygał kilka razy. Kobieta krzyczała obok. Usłyszał głos szamana: „ — *Fuerte, fuerte!*" (bądź silny). Inna kobieta jęczała, jakby doznawała orgazmu. Kilku uczestników ciągle rzygało. Podniósł się z trudem i wyszedł przed szałas. Zobaczył kumpla klęczącego na klepisku. Kumpel kasłał, pluł resztką wymiocin i uśmiechał się, mówiąc:

— Wiesz co chrzani tamta Indianka? Że tylko tak mężczyzna może doświadczyć czym jest poród... Rozumiesz? Czym jest poród!... Warto było, prawda, stary?

Johnny rozejrzał się, unosząc wzrok. Zobaczył ciemnobłękitne niebo, strzępiaste obłoczki, dalekie góry w czerwonawym blasku zachodzącego słońca, i głęboko wciągnął powietrze pełne rzecznej bryzy tudzież roślinnego pyłu. Zbliżył się ku nim stary Indianin palący fajeczkę.

— Pierwszy raz?

— Uhmm — przytaknął kolega Johnny'ego.

— Czy fruwałeś?

— Fruwałem. Wydawało mi się, że frunąc zjadłem meteoryt. Wchłonąłem go, i okazało się, że tym meteorytem jestem ja sam. Połykałem siebie samego...

— Nie dziw się — mruknął staruch. — Wszyscy jesteśmy meteorytami.

Johnny Seren wracał do cywilizacji — do Ottawy — mając znakomity humor. W Ottawie zaczął handlować grzybkami psylocybinowymi, fajnym narkotykiem, bo psylocybina to silny halucynogen. Meksykańskimi grzybkami „Stropharia cubensis" (zwanymi „ciałem bogów"), etc. KGB tylko czekał na to.

* * *

Budynek weekendowy Władimira Putina zachwycił Lonię Szudrina (dowiezionego tam kremlowskim samochodem służbowym). Był piękną rezydencją, otuloną wysokimi drzewami i kępami dekoracyjnych krzewów, a sielskość „okoliczności przyrody" psuły jedynie posterunki straży prezydenckiej. Rozmawiać swobodnie dało się wszędzie wewnątrz, lecz wybrali sąsiadującą z ogródkiem, drewnianą, uroczo skrzypiącą werandę, gdyż panowała ciepła aura i las aromatyzował powietrze niby markowy spray lub kostka zapachowa ekskluzywnej firmy. Prezydent rozpoczął dialog od pytania trochę obcesowego:

— Lieonidzie Konstantinowiczu, wasze dzieło to robota wnikliwego analityka, proszę mi więc powiedzieć jaki jest największy dotychczasowy błąd mojej prezydentury? Największa wpadka Putina, tylko szczerze, Lieonidzie Konstantinowiczu.

— Szczerze?... Panie prezydencie, za Stalina mówiło się, że
„cmentarze są pełne szczerych".
— Czy ja jestem Gruzinem, Lieonidzie Konstantinowiczu?
„A czy ja jestem kretynem?" — pomyślał Szudrin i odparł:
— Błędów nie robi tylko ten, kto nie robi niczego. Ja jestem
historykiem, więc na pańskie pytanie odpowiem jako dziejoznaw-
ca. Głównym pańskim błędem było uczynienie świętem narodo-
wym rocznicy *„wyzwolenia Moskwy spod władzy polskich inter-
wentów"*. Wie pan co mówią sondaże, panie prezydencie?
— Wiem, że sondaże często obnażają głupotę albo zupełną igno-
rancję mas — prychnął Putin. — Sondaże prowadzone wśród społeczeństw Zachodu dowiodły, że, według młodych obywateli globu, podczas drugiej wojny światowej Amerykanie i Niemcy wspólnie walczyli przeciw Rosjanom!
— Młodzież wszędzie jest dziś głupia jak gra komputerowa, panie prezydencie, ale u nas sondaże wykazały, niestety, że aż połowa c a ł e g o społeczeństwa, czterdzieści osiem procent, nie ma
pojęcia co obchodzimy czwartego listopada, i tylko cztery procent
Rosjan wie, że w 1612 wypchnęliśmy z Kremla Polaków. Cztery
procent! Zasadniczy błąd to fakt, że dzięki pańskiej inicjatywie cały świat usłyszał, iż Polacy kiedyś władali Rosją, okupując Kreml,
serce Rusi! Napoleon trzymał Kreml ledwie kilka godzin, a Polacy miesiącami, bardzo długo! Chciał pan im dokuczyć, tymczasem zrobił im pan prezent, dał im pan laur.
— Nie mogę już cofnąć tego... — wymamrotał kwaśno Putin.
— W takiej sytuacji można zrobić tylko jedną rzecz, panie prezydencie. Uciec do przodu.
— Jak?
— Trzeba wszczepić wszystkim Rosjanom historyczną wiedzę
o roku 1612.
— Jak? Nawet połowa nie czyta gazet i książek.
— Ale wszyscy oglądają filmy patriotyczno–historyczne, w telewizji i w kinach. Trzeba zrobić megaprodukcję historyczną za
grube miliony, które wyłoży któryś z oligarchów. Najlepiej Żyd,

co uciszyłoby warczenie Paryżów i Nowych Jorków dotyczące ska-
zania Chodorkowskiego.

— Mam gdzieś cały ten ich wrogi bulgot! — uniósł się prezydent. — Chodorkowski to złodziej i skurwysyn, jak Gusiński, Bieriezowski i jeszcze paru!

— A reszta naszych oligarchów to są święci? — spytał cierpko Szudrin.

— Nie, to też skurwysyny, lecz to moje skurwysyny!

— Bardzo słuszna amerykańska filozofia, panie prezydencie, stary jankeski bon–mot. Tam zresztą również Żydzi robią patriotyczne gnioty, „made in Hollywood". Nasz żydowski kapitał chętnie
sfinansuje antypolskie dzieło o roku 1612, Żydzi nienawidzą Polaków bardziej niż hitlerowców, taka plemienna mania. Łatwo wy-
buli Abramowicz, film kosztuje dużo mniej niż zakupy gwiazd fut-
bolu dla Chelsea. Lub inny wasz pupil, panie prezydencie, Wek-
selber Wiktor. Wykupił dla Kremla carskie jajka Fabergé, niech teraz wykupi filmowe jajo dla wszystkich ruskich patriotów. Oczywiście nie dla inteligentów, dla tych czterech procent, bo to musi
być film „płaszcza i szpady", dla masowej widowni, dla dzie-
więćdziesięciu sześciu procent.

— A co można zrobić, żeby obłaskawić inteligencję, Lieonidzie
Konstantinowiczu?

— Można zrobić dużo, nawet bardzo dużo, ale kosztem siły władzy, czyli spłaszczając władzę decentralizująco, w kierunku liberal-
no–demokratycznym, wedle postępowych reguł, sloganów i miaz-
matów uwielbianych przez inteligencję. A wszystko to bez żadnej
gwarancji sukcesu. Fumy inteligencji, plus libertyńskie przesądy
inteligencji, sprawiają, że jako zbiorowość jest równie trudno ob-
łaskawialna co muzułmanie na Zachodzie. Proszę spojrzeć: Ango-
le czy Italiańcy ze wszech sił obłaskawiają muzułmanów, głasz-
czą, pieszczą, dowartościowują, a ten hołubiony przez nich sąsiad muzułmanin ma tylko jeden problem: czy można kraść radia
samochodowe w okresie Ramadanu?

Putin zrozumiał „bystro":

— Pieszczony przez nas inteligent myśli jedynie jak zyskać po-
klask swych zachodnich „meczetów": Sorbon, Oxfordów i Har-
vardów. Czy filozachodnia dysydenckość jest wrodzoną chorobą
tej naszej warstwy, tej klasy społecznej?

— Warstwy tak, lecz poszczególne indywidua gną się u kremlowskiego tronu łatwo, proporcjonalnie wobec pokus: liczby zer to-
warzyszących innym cyfrom na koncie, rodzaju tytułów, foteli, me-
dali i rang — wyjaśnił Szudrin.

— Wcale nie tak łatwo! — fuknął prezydent. — Sołżenicyn
nie przyjął nagrody państwowej od Gorbaczowa, a od Jelcyna nie
wziął medalu. Ilekroć mu się proponuje jakiś honor państwowy,
mówi: niet! To jest jak symbol, bo dla Zachodu Sołżenicyn stanowi logo inteligencji rosyjskiej.

— Każdego można skusić — uparł się gość. — Idę o zakład,
że w ciągu miesiąca skłonię Sołżenicyna do wzięcia nagrody fe-
deralnej z pańskich rąk.

— Przyjmuję ten interesujący zakład, Lieonidzie Konstantinowiczu — uśmiechnął się gospodarz. — Lecz jeśli pan przegra...

— To wylecę z egzaminu, z konkursu, poza krąg osób, które
są pańskimi rozmówcami, panie prezydencie. Spadnę z drabiny
prowadzącej ku Kremlowi, śmierć cywilna. Ale jeśli wygram, każe pan opublikować moją dysertację jeszcze w tym roku. Bez cenzury, i bez żadnych reinterpretacji czy uzupełnień.

— Ładno! — krzyknął Putin, wyciągając dłoń. — Sogłasien!

* * *

Putinowski wtręt, iż „*sondaże obnażają głupotę albo ignoran-
cję mas*", był całkowicie słuszny, lecz prawdą jest również, że
sondaże często ujawniają egzystencjalne realia: ludzkie strachy, potrzeby, frustracje itp. Oto (przykładowo) czołowe, według sonda-
ży, fakty i zachowania irytujące ludzi — rzeczy, które najbardziej
bliźnich denerwują: hałaśliwi sąsiedzi; agresywni kierowcy; bru-
dasy cuchnące; właściciele psów niesprzątający z ulic kup po swych
pupilach; komórki dzwoniące tam, gdzie jest wymóg ciszy; przy-

pisywanie sobie efektów cudzej pracy. Właśnie to ostatnie przepeł-
niło czarę goryczy generała Kudrimowa.

Wasilij Stiepanowicz Kudrimow pracował za pieniądze, jak każdy kto jest na etacie i bierze pensję, ale pracował nie tylko głową
i spluwą, lecz również sercem, wierząc w racjonalność tego co robi. Można tu mówić o czekistowskim idealizmie sowieckich egzekutorów–skrytobójców, który Anno Domini 1977 został wykpiony
piórem polskiego satyryka–„buntowszczika":

> „Prawdziwi to idealiści,
> bo nie dla własnej swej korzyści,
> lecz dla przyszłego szczęścia świata
> spełniają szczytną misję kata".

Katowska służba nie uwierała Wasi — nie miał moralnych problemów, etycznych dołków, kryzysów sumienia — póki 3 września 2004 nie nastąpiła masakra uczniów w Biesłanie. Komandosi
FSB kropnęli szkołę pełną dzieci granatnikiem RPG–7B1, popra-
wili granatnikiem RPG–26, wreszcie przywalili wyrzutnią rakiet
„Trzmiel". Od tych strzałów zapalił się strych szkoły, a od poża-
ru zdetonowały się ładunki wybuchowe muzułmańskich terrorystów (kłamliwa wersja rządowa brzmiała, że to terroryści zdetono-
wali ładunki). Prawie 350 zakładników (w tym 156 dzieci) na prze-
miał, plus 700 rannych. Ruska władza (hierarchia) zawsze ma-
wiała: „ — Liudiej u nas mnogo", ale ta rzeź niewiniątek była dla
Wasi czymś uwierającym. Może nie tyle nim wstrząsnęła, ile zepsuła humor, przyprawiając o gorzką myśl, iż chyba nie wszystko
co robią służby specjalne Federacji jest technicznie w porządku.

Kudrimowska czara goryczy zaczęła wzbierać niespełna rok później (2005), kiedy generał Andriej Chotiński, nowy zastępca szefa FSB, generała Nikołaja Patruszewa, objął stanowisko, zostając
bezpośrednim przełożonym generała Kudrimowa. Chotiński bowiem
miał przykry dla podwładnych zwyczaj wypinania piersi do orderów, bez honorowania zasług swych ludzi — z całym chamskim
tupetem „komandira" przypisywał sobie osiągnięcia niższych ran-

gą. Wasię Kudrimowa gniewało to szczególnie, bo znał Chotińskiego od młodości: razem studiowali na akademii KGB i razem
wypili niejeden litr samogonu.

W roku 2006, gdy Chotiński raportem dla Kremla przypisał sobie plan operacyjny eksterminacji kilku wrogów Putina (Litwinienki, Politkowskiej i in.) — czara się przelała, Wasia miał dosyć.
Jedynym człowiekiem, któremu mógł naskarżyć, był dawny adiu-
tant ojca (Stiepana Kudrimowa), a teraz wpływowy funkcjonariusz
Kancelarii Prezydenckiej, pułkownik Matwiej Gracz. Pułkownik
wysłuchał Wasię i zaproponował mu nowy etat, przejście do innej
służby — do Służby Wywiadu Zewnętrznego (SWR), spadkobier-
czyni GPU (Pierwszego Zarządu Głównego KGB). Kudrimow się
zgodził, po czym odwiedził gabinet Chotińskiego z butelką mar-
kowej whisky „Chivas Regal".

— Co to za okazja, Wasia, święto jakieś czy urodziny? — spytał łasy na trunki generał, wyjmując szklenicowe szkło.

— A musi być okazja, bratiec?

— Myślę, że masz interes, bo nie pamiętam, byś pijał takie drogie trunki, śmierdziuszkę bogaczy, oligarchów. Wiesz, że nie lubię oligarchów.

— Też nie lubię, Andriusza — rzekł Wasia, rozlewając w sta-
kany szlachetny trunek. — Bogacze to skurwiele, myślą, że za pieniądze można wszystko. I co najgorsze, Andriusza, mają rację.

— Powiedz to Chodorkowskiemu — prychnął generał, przepi-
jając. — Diengi mu tyłka nie ochroniły, siedzi.

— Mimo to skurwiele dalej uważają, że kto dysponuje wielką
forsą, ten może wszystko. Są zachłanni jak... jak...

Chotiński ułatwił mu znalezienie porównania:

— Jak kurwy–ciągutki!

— Tak, jak kurwy. I jak przełożeni, którzy mniemają, że kto
dysponuje zwierzchnią władzą, ten może wszystko.

— O kim mówisz, Wasia?...

— O zwierzchnikach, którzy są bardzo uprzejmi dla podwładnych, ale dobrzy dla nich nie są.

Chotiński zostawił na blacie biurka półdopitą szklankę i zwęził
oczy, lustrując przenikliwie twarz Kudrimowa. Wieloletnia zawo-
dowa rutyna szeptała mu, że podwładny nigdy nie kąsa zwierzchnika, jeśli nie jest chory umysłowo lub jeśli nie ma w rękawie silnego atutu. Więc miast ryknąć czy wyszczerzyć zęby, mruknął bez
emocji:

— Jestem uprzejmy dla ludzi, to łatwe i nic nie kosztuje. Dobry dla ludzi będę później, kiedy skończę pracować.

— A kiedy skończysz? — zapytał Kudrimow.

— Kiedy już nadejdzie mój wiek emerytalny, przyjacielu. Długo potrwa nim on nadejdzie, nie spieszy mi się zbytnio, mam dużo czasu, co najmniej kilka wiosen. Ale chyba tobie się gdzieś
spieszy, Wasia...

— Nie tam gdzie chciałbyś, Andriusza. Przechodzę do razwiedki, a ty mi możesz skoczyć, bo desygnował mnie tam sam prezydent, paniatno? Przyszedłem ci to powiedzieć, mierzawcu, prosto
w te twoje wredne ślepia, job twoju mat'!... Piję moje zdrowie,
nie twoje!

Wypił do dna, rozbił szklankę tradycyjnie po ułańsku (o par-
kiet) i wyszedł trzaskając drzwiami.

❋ ❋ ❋

Jest taki dowcip: „*Viagra light — stać to nie stoi, ale w sli-
pach ładnie się układa*". Mariusz Bochenek nie potrzebował żadnego afrodyzjaku, by mu się wewnątrz slipów ponadnormatywnie
układało, dlatego robił furorę na złocistej plaży Montego Bay —
damy różnych ras i barw wniebowstępowały widząc obcisłe slipy
faceta, którego niegdyś koledzy–hipisi zwali „*Członem*". Jamajka
była słonecznym rajem (dokładnie wedle tego, co fonetycznie obie-
cuje sama jej nazwa), a gospodarz grupy „*Zecera*", mister Denis
Dut (eksDutczak), był miłym facetem o bezdennej kieszeni, czyli
szczodrym bardzo.

Daniel Dutczak pochodził ze Śląska i wcale się nie uważał za
Polaka, chociaż za Niemca też nie. Roku 1971 wylądował w War-

szawie, bo jeżowłosy śląski myśliciel, towarzysz Edward Gierek, zastąpił wtedy towarzysza Gomułkę jako wódz PZPR–u i zabrał ze sobą do stolicy kraju prawie cały swój śląski gang (m.in. starego Dutczaka), co się zwało *„desantem śląskim"*. Ojciec radził Danielowi studiować prawo, lecz młody Dutczak lubił czytać książki beletrystyczne, a nie księgi jurysdykcyjne, dlatego wolał polonistykę, sądząc, że to będzie przyjemność. Zawiódł się, jednak siłą inercji ukończył polonistykę na warszawskim uniwerku (1975). Nie chciał wszakże fedrować jako polonista i nie pragnął mieszkać w kraju gdzie reglamentowano nawet papier toaletowy, a łojowata kiełbasa była towarem bardziej luksusowym niż dla mieszkańców Zachodu ostrygi, trufle czy astrachański kawior. Gdy Gierek padł, Daniel D. wykorzystał możliwość emigracji, jaką dawała *„akcja łączenia rodzin"* vel *„inicjatywa familijna scalająca"*, i prysnął do Republiki Federalnej Niemiec (1980), bo tam miał dziadków. Dziadek ze strony matki umieścił wnuka w firmie eksploatującej surowce naturalne, której potrzebna była filia karaibska. Cztery lata później (1984) Daniel Dutczak stał się Denisem Dutem, obywatelem Jamajki, a po kolejnych dwóch latach szefem własnej eksploatacyjno–eksportowej firmy i bonzą.

Między Denisem i Mariuszem błyskawicznie zawiązała się nić sympatii, od pierwszych słów na lotnisku.

— Czołem, wuju! — palnął kpiąco *„Zecer"*. — Kopę lat!

Dut przytulił „kuzyna", krzycząc wesoło:

— Witaj, chopie! Jak tam mama, ciągle robi te cudowne krupnioki?

— Ciiiszej! — syknął *„Zecer"*. — Moja matka umarła cztery lata temu.

— Tu nikt nie rozumie polszczyzny — uspokoił go Dut. — Ale, swoją drogą, mogły mnie, palanty, poinformować o takich detalach, żebym nie robił gaf kretyńsko, psiakrew!

Już pierwszego wieczoru przy alkoholu Denis wytłumaczył Mariuszowi jak kretyńską gafą byłoby założenie polskiego czasopisma lewicującego w stylu salonowym, charakterystycznym dla **„New**

York Timesa", „Newsweeka", „Spiegla", „Le Monde'u", „El Pais" i wszystkich czołowych gazet świata rządzonego kulturowo przez lewactwo „humanistyczno–liberalne":
— Po pierwsze: takie pismo nie miałoby u Polonii szans, bo Polonia jest prawicowa, konserwatywna i antykomusza do bólu.
— Przynajmniej to ją łączy — rzekł „Zecer". — W Londynie słyszałem, że wszędzie jest skłócona jak cholera.
— Jak dżuma, cholera, malaria i tyfus razem wzięte — kiwnął głową Dut. — Zawsze tak było, lecz kiedyś jednak było z większą klasą. W dawnym Londynie wszyscy wiedzieli, że dwaj znani panowie pisarze, Ferdynand Goetel i Melchior Wańkowicz, nie pałają do siebie sympatią, ale oba tuzy wymierzały sobie ciosy eleganckie, po dżentelmeńsku. Kiedy gazeta „Wiadomości" urządziła wśród naszych pisarzy ankietę, pytając: „Kim chciałbyś być, gdybyś nie był pisarzem?" — Goetel oddepeszował: „Chciałbym być Melchiorem Wańkowiczem". Jakaż finezja, prawda? A dzisiaj mordobicia i przysrywki niskiego lotu. Jako szefowi periodyku będzie ci, chopie, ciężko tańczyć na tym polu minowym, którym jest rodzima emigracja, nie będzie lekko.
— Czepiela mi mówił, że komuna już niedługo w kraju kipnie... — rzekł Mariusz.
— Rok, góra dwa — przytaknął Denis. — Takie decyzje niedawno w Moskwie zapadły.
— Na Kremlu?
— Na Łubiance. Lub raczej obok, blisko. Komunizm się skichał, bo przez wyścig zbrojeń już nie wyrabia finansowo, czyli ekonomicznie, to jest normalna plajta gospodarcza, bankructwo holdingu ZSRR. Chłopcy z KGB wiedzą, że bez kapitalizmu nie da się już ciągnąć tego wozu, karmić tego proletariatu, totalne bankructwo. A totalny głód, to masowy bunt, lepiej przeciwdziałać póki można coś zrobić... No pięknie, wróćmy do naszych spraw. Gdy komuna zwinie żagle...
— Gdy komuna padnie, to my z prawicowym periodykiem lądujemy na śmietniku historii! — przerwał mu „Zecer", machając

lekceważąco ręką. — W kraju władzę obejmą różowi, czyli michnikowcy, kuroniowcy, geremkowcy, wszelkie prydupasy KOR–u, a kto nie różowy, dostanie wała.

— Fakt — zgodził się Denis. — Przemianowana demokratycznie esbecja i jej kukiełki zrobią salonowy rząd. Jeden, drugi, trzeci, to potrwa nie tak krótko. Media będą też salonowe, chopie, będą wspierały postkomunę oraz różowych. Ale będą i wyjątki potwierdzające regułę, jakieś gazetki prawicowe, niemające większego znaczenia. Wy będziecie dalej robić na emigracji periodyk bardzo prawicowy i konserwatywny, czekając...

— Na co?

— Na radykalną, a nie efemeryczną zmianę wiatrów, na nowe kaprysy elektoratu, czyli na mocno odchylone wahadło wyborcze. I na sygnał, że wchodzicie tam do gry. Czyści niby anioły, niezbrukani aferami, nieskalani bolszewizmem, kundlizmem, lizusostwem, różowością i salonowością, jako świeży kwiat polityki, zbawienie ojczyzny, płomyk sprawiedliwości u krańca tunelu. Miną lata nim to nastąpi, panie „Zecer". Przez te lata będziesz zecerem własnego pisma, chopie, ważną emigracyjną figurą.

— Jakiego pisma? Tygodnika, miesięcznika, kwartalnika?

— Zaczniemy od miesięcznika, a gdy zbierze się solidna paka redaktorów i autorów, również krajowych autorów, przejdziemy na tygodnik.

— O jakim tytule?

— Patriotycznym, kolego. Możemy wymyślić coś już teraz, pod kielonek. **„Biały Orzeł"**, **„Patria"**, **„Szpalta Rodzima"**, **„Gazeta Niepodległa"**, et cetera. No to cyk!

* * *

Klara Mirosz zatytułowała swoje „*opus magnum*" (swoją pracę dyplomową): **„Emilia du Châtelet — wielka uczona doby Oświecenia"**. Triumfalizm tytułu korelował z triumfalizmem treści i anonsował (prawem łaskawej wróżby) triumf uroczystej, zorganizowanej przez lokalną grupę feministyczną, prezentacji dyp lomu. Wszelako w przeddzień tego publicznego występu, 16 maja 1993, spotkała Klarę duża przykrość. Ściana podestu schodów hallu głównego uczelni pełniła rolę tablicy informacyjnej, gdzie trzy gabloty mieściły różne ogłoszenia dziekanatu i samorządu studenckiego (kilka lat wcześniej, gdy studiował tu Johnny Seren, gablot jeszcze nie było i do przyszpilania ogłoszeń służyła boazeria obok drzwi rektoratu, więc Janek na niej wywiesił złośliwy cytat z Lutra). Wewnątrz gabloty środkowej przyczepiono pinezkami arkusz bristolu, który mieścił obszerny tekst, wykaligrafowany starannie tuszem, a podpisany: *„Ottawskie Koło Wolterianistów"*. Tekst brzmiał tak:

„Jutrzejsza ekstraordynaryjna prezentacja dysertacji dyplomowej poświęconej pani filozofce Châtelet, serdecznej przyjaciółce pana filozofa Woltera (członka rzeczywistego Akademii Francuskiej), budzi solidarny sprzeciw wszystkich serdecznych miłośników pana Woltera, gdyż autorka pracy, panna Klara Mirosz, serdeczna przyjaciółka pana historyka Brady'ego (profesora rzeczywistego Wydziału Historii), potraktowała swą bohaterkę jako boginię nauki i rozumu, a geniusza Oświecenia jak psie gówno. Zrobiła to metodą wypaczania realiów, ukrywania faktów i stosowania kuglarskich interpretacji. W związku z tym Ottawskie Koło Wolterianistów zawiadamia publiczność jutrzejszej prezentacji, że:

1. Emilia markiza du Châtelet, de domo Le Tonnelier de Breteuil, była wrednym babusem o figurze dragona, zepsutych zębach, fatalnych manierach, niewyparzonej gębie, braku poczucia humoru i braku higieny osobistej, co przyniosło jej wątpliwą famę flejtucha.

*2. Sławę uczonej zawdzięczała notorycznemu pozowaniu na «filozofkę» i «matematyczkę». Jest rzeczą zdumiewającą, iż owej «matematyczce» musiał dawać «lekcje algebry» zwykły belfer, niejaki pan Koenig, kiedy miała już 33 lata! Ten sam Koenig zarzucił później pani du Châtelet, że swym dziełkiem «**Institutions de physique**» streściła po prostu wykłady o Leibnizu i metafizyce, które jej dawał. Eksperci wyśmiali to dziełko tak bezdysku-*

syjnie, że skompromitowana pani du Châtelet przestała się zaj-
mować Leibnizem i wzięła na warsztat Newtona, bo był modny.
Argument, iż sam Wolter zwał swą metresę «filozofką», jest bez
znaczenia, gdyż Wolter zwał tym terminem każdą damę mającą
znośne IQ, m.in. margrabinę Bayreuth, siostrę króla Prus, Fry-
deryka Wielkiego.

3. *Równie ciekawym dziełem pani Emilii du Châtelet była pra-*
ca «Réflections sur le bonheur», gdzie wyłożyła swą ideę szczęś-
cia, twierdząc, że warunkiem osiągnięcia pełnego szczęścia w ży-
ciu jest dobre zdrowie, regularne wypróżnianie, uprawianie gier
hazardowych, łakomstwo, zakupy i cnotliwość. Istotnie, uprawiała
hazard na okrągło (czasami przez kilkanaście godzin bez przer-
wy), bulwersowała olbrzymimi ilościami pochłanianego jedzenia
i zachwycała «cnotliwością» przekraczającą miarę (wysoką) ze-
psucia tamtych czasów, gdyż swoim lokajom, kuchcikom, ogrod-
nikom i reszcie męskiej służby pokazywała się zupełnie goło bez
skrępowania (czego nie robiły nawet kurtyzany), a do swego łóż-
ka wpuszczała każdego chętnego, całkowicie nie dbając o zacho-
wanie pozorów. Pewnego razu Wolter rzekł przy niej (i myśląc
o niej) do syna swego siostrzeńca:

— Moje dziecko, aby radzić sobie z mężczyznami, trzeba mieć
kobiety jako sojuszniczki, zaś aby radzić sobie z kobietami, trze-
ba wiedzieć jakie są. Pamiętaj, że w s z y s t k i e kobiety zdradza-
ją i w s z y s t k i e są nieskromne, każda.

— Cóż ty wygadujesz dziecku! — krzyknęła pani du Châtelet.

— Prawdę, moja kochana, jest bowiem rzeczą bardzo szkodli-
wą okłamywanie dziatwy.

4. *Rzeczą bardzo szkodliwą jest też okłamywanie użytkowników*
prac paranaukowych fałszywą mitologią, jak choćby wykorzysty-
wane przez dyplomantkę głędy brytyjskiego historyka, Davida Bo-
danisa, hagiografujące panią du Châtelet. Przykładem mit o kar-
cianych sukcesach tej damy, realizowanych dzięki jej geniuszowi
matematycznemu — to czysta bzdura, jak świadczą jej zachowa-
ne listy, którymi ciągle żebrała o pożyczki na spłacenie karcia-

nych długów. Przegrywała permanentnie, i to wielkie sumy (któ-
rejś nocy aż 84 tysiące liwrów, majątek!) — hazard był dla niej
równie fatalną estradą co scjentyzm.

5. *Panu profesorowi Danowi Bready'emu, historykowi, i jego*
serdecznej dyplomantce, dedykujemy sąd Emilii du Châtelet o hi-
storiografii. Uważała tę dziedzinę za najgłupszą z nauk, pisząc:
«Jest to nauka tylko obciążająca umysł, a nie rozświetlająca».

6. *Pannie Klarze Mirosz życzymy rozświetlenia bez obciążeń,*
czyli wyjścia z mroku, jak się to chyba udało jej poprzedniczce,
pani Nancy Mitford, która już 36 lat temu opublikowała książkę
o pani Emilii du Châtelet. Autorka, komentując głupkowate (ckli-
we i roztrzęsione) listy markizy do jednego z kochanków, puen-
tuje tam: «Gdy czytamy tę beznadziejną paplaninę, dziwimy się,
iż Wolter, człowiek wrażliwy i nerwowy, mógł w ogóle wytrzy-
mać z taką kobietą».

7. *Złośliwi współcześni, wykpiwając newtonizm pani du Châ-*
telet, zwali ją «Emilią Newton». Jednak pogłoska, iż profesor
Bready chce sobie zmienić nazwisko na Dan Arouet, to niepraw-
da, bo sam Wolter preferował przydomek, a nie tę swoją familij-
ną godność. Również pogłoska, że dyplomantka chce sobie zmie-
nić imię (na Emilia), to bzdura, gdyż rabini w ottawskiej syna-
godze tępią takie niekoszerne kaprysy".

Widząc ten afisz, Klara doznała szoku. Stała przed gablotą niby słup, czytała i czerwieniała jak burak. Chciała zbić szybę i zerwać to antyhumanistyczne, antyfeministyczne, antysemickie gówno, lecz pomyślała, iż za zniszczenie gabloty może zostać oskar-
żona i ukarana. Nie miała przy sobie grubego flamastra, więc wyję-
ła szminkę i wielkimi literami nakreśliła na szybie: F A S Z Y Ś -
C I ! Przepłakała pół nocy, życząc „faszystom" drugiej Norymbergi lub Gułagu.

*   *   *

Śmierć (jak również choroba czy złamanie nogi) wcale nie jest
rzeczą okropną. Pod warunkiem, że przytrafia się komuś innemu.
Kiedy w Ottawie zmarł nastoletni Luciano Tavese, Johnny'ego Se-

rena zupełnie to nie wzruszyło. Dopiero kiedy uświadomiono mu, że on sam może gwałtownie zemrzeć, bo właśnie umarł Luciano Tavese — śmierć zaczęła bardzo obchodzić Janka. Tego jesiennego wieczoru wrócił do domu trochę wymęczony. Chciał chwilę odpocząć, wziąć prysznic, wdziać modny ciuch i ruszyć do klubu, gdzie spotykał przyjaciół. Ale gdy zapalił światło, zobaczył młodego (mniej więcej trzydziestopięcioletniego) eleganckiego mężczyznę w fotelu. Intruz był obcy, źrenice Janka nie widziały go nigdy przedtem. Siedział bez ruchu i patrzył na gospodarza chłodnym, rozumnym wzrokiem — włamywacze tak nie wyglądają, ani tak nie patrzą. Lecz przecież się włamał — wszedł bez zezwolenia! Johnny pomyślał, że owa milcząca persona przyszła go zabić. Bał się zrobić jakiś nerwowy ruch, by nie spowodować nerwowej reakcji tamtego, reakcji przy użyciu noża lub pistoletu. Siadł więc na kanapie, rozparł się i tłumiąc strach wycedził:

— Jak tu wlazłeś, drzwiami, oknem, szybem wentylacyjnym czy przenikającą ścianę mocą czarów?

— Jestem dobry — odparł krótko nieproszony gość.

— Widzę. I wierzę. Jesteś dobry. Tylko w jednym kraju powiedzenie: „ — *Jestem dobrym zabójcą*" to komplement. W Hiszpanii. Gdyż tam kochają matadorów. „*Matador*" to po hiszpańsku: zabójca. Jesteś Hiszpanem?... Aha, możesz być jeszcze Meksykaninem, w Meksyku również kwitnie corrida. „ — *Eres un buen matador!*", tak brzmi ten komplement ekskluzywny, bo zastrzeżony tylko dla dwóch krajów.

— We wszystkich sekcjach operacji specjalnych wszystkich tajnych służb to też komplement. Wszędzie, w każdym kraju — rzekł intruz cicho.

— Więc jesteś mordercą, egzekutorem?

— Gdzie tam! — zaprzeczył intruz. — Masz chore obsesje, kolego. Tkwisz w niewoli Jamesów Bondów z ich „*licencją na zabijanie*". Nie dziwię się, to normalne, wszyscy są niewolnikami legendowych archetypów, pielęgnujemy całą ich menażerię, od szlachetnego Robin Hooda, do zsyntetyzowanej figury herosa wojennego. Jedynie ci, którzy uczestniczyli w wojnach, wiedzą, że wojna stanowi konkurs brudu, smrodu, gnoju, jatkę mającą tyle wspólnego z jej idealizacją literacko–filmową, z cnotą heroizmu i z duchem altruizmu, co demokracja ze świadomym wyborem władzy przez powszechny elektorat. Mylisz się, kolego, nie jestem zabójcą.

— Qui s'excuse, s'accuse... — prychnął Seren. — Rozumiesz co to znaczy?

— Tak. „*Kto się tłumaczy, ten się oskarża*", stare francuskie powiedzonko. A Szekspir gdzie?

— Jaki Szekspir? — zdumiał się Johnny.

— Dwie twoje intelektualne specjalności, kolego, to: poliglota i harcownik Szekspira. Pierwsze już udowodniłeś hiszpańszczyzną i francuszczyzną. Brakuje szekspirowskiego popisu...

Zawiesił głos, a Serenowi się zdawało, że widzi iskierkę śmiechu w oczach intruza. Intruz czekał, więc Johnny palnął:

— „*Ludzie kładą się do grobów jak do łóżek...*". Ten cytat z Szekspira wydaje mi się najbardziej adekwatny dla znawcy wojen. Dużo rzezi zaliczyłeś, k o l e g o?

— Brawo, jestem pod wrażeniem. Tak, wziąłem udział w kilku wietnamskich i afrykańskich zbiorowych masakrach.

— Czyli jako użytkownik dżungli dowiedziałeś się, że jestem poliglotą?

— Dowiedziałem się więcej — że kochasz gry słowne, dziwadła lingwistyczne, osobliwości semantyczne, enigmy szyfrowe, ekscesy slangowe, et cetera. Popisz się znowu. Co cię ostatnio kusi?

— Może być na literę **g**?

— Ależ tak, proszę bardzo.

— Dziwi mnie fakt, że w większości kultur wywodzących się ze strefy ciepłej, południowej, przezywa się białego chrześcijanina epitetem na literę **g**. Żydzi mówią: „*goj*", Cyganie mówią: „*gadzio*", Meksykanie mówią: „*gringo*", Arabowie mówią: „*giaur*", można tę wyliczankę długo ciągnąć. Lecz i w językach Północy można znaleźć dużo epitetów na literę **g**, w polskim aż kilkadzie-

siąt, od *„gamoń"*, *„głupek"* i *„gnojek"*, do *„gudłaj"* i *„gówniarz"*.
A w twoim języku?

— W moim też trochę — rzekł nieproszony gość. — *„Gadina"*,
„gadiuka"...

— *„Grabitiel"* — podrzucił Johnny. — Włamywacz, *„włom-
szczik"*, nie jest na **g**. Po coś się włamał, dobry człowieku?

— Żeby cię ostrzec i żeby cię zaprosić.

— Trzeba się było po to aż włamywać? Nie wystarczyłoby zadzwonić i zapukać, co?

— Chcieliśmy zobaczyć twoją reakcję. Czy dostaniesz histerii
i trzęsionki, czy będziesz krzyczał, piszczał, ślinił się, srał ze strachu. To ważne jak reagujesz w stresowych sytuacjach.

— I co, zdałem egzamin?

— Pytanie: jak się zachowasz, kiedy przyjdzie prawdziwy kil-
ler i wyjmie gnata?

— Dlaczego miałby przyjść?

— Dlatego, że właśnie kipnął od prochów młody Luciano Tavese, syn szefa mafijnej rodziny Tavese z Atlantic City, i teraz Tavese szukają mordercy tego dzieciaka. Jeśli ktoś wskaże im Johnny'ego Serena jako dilera zaopatrującego Luciano, to nie uratuje
cię nic, Johnny, choćbyś zwiał na Marsa lub na Wenus. Dowód,
że szprycowałeś Luciana, pokaże ci mój zwierzchnik, dygnitarz
rosyjskiej ambasady, jutro. Przyjadę tu o szesnastej, zawiozę cię
gdzie trzeba.

Intruz wstał, ruszył ku wyjściu, lecz nim otworzył drzwi, rzucił równie cicho jak mówił cały czas:

— Nie informuj glin, nie alarmuj nikogo, bo nie przeżyjesz nawet tygodnia. Cosa Nostra to zawzięty gang, nie odpuszczają nikomu.

— A ty chcesz mi uratować dupę, bo jesteś z gangu konkurencyjnego, prawda? — spytał cierpko Johnny.

— Można tak powiedzieć — zgodził się intruz i zamknął za sobą drzwi.

* * *

Szudrin dobrze znał sławnego noblistę, Alieksandra Sołżenicyna, gdyż kiedy ten wrócił z Ameryki na łono ojczyzny (1994), młody Lieonid przez kilka lat pracował jako „*społeczny asystent"* wielkiego pisarza, robiąc mu w różnych archiwach, bibliotekach i muzeach bogate kwerendy dla monumentalnej kobyły o historii Rosji. Sołżenicyn chciał płacić honoraria pomagierowi wykonującemu „*czarną robotę"*, lecz Lonia brał tylko „*zwrot kosztów"* (przejazdy etc.), stąd mistrz mawiał później, że jest dłużnikiem młodego adepta historii, i że nigdy się nie wypłaci za ten kwerendowy trud. Zobaczywszy Lonię po latach, ucieszył się bardzo:

— Zdrastwuj, Lonia! Zuch przyszedł, serce się raduje!

— I ja się cieszę, mistrzu — rzekł Lonia. — Przyszedłem z prezentem urodzinowym, bo skończyliście osiemdziesiąt siedem lat, gratulacje, mistrzu. To maszynopis, moja praca na temat oligarchii rosyjskiej. No i, nie ukrywam, przyszedłem po prośbie...

— Żebym ocenił?

— To też, mistrzu, ale...

— Siadaj, Lonia. Napijesz się herbaty?

— Nie chcę robić kłopotu...

— Żaden kłopot, gdy pełny samowar pod ręką. Masza, podaj szklankę!

Służąca dała Szudrinowi „*czaj"* i „*sachar"*, a gospodarz wrócił do tematu:

— Więc mówisz, że po prośbie, Lonia?... O co chodzi? O jakieś wstawiennictwo?

— Nie, mistrzu. Chodzi o to, by mistrz przestał być moim dłużnikiem...

— Mam spłacić kwerendowy dług?

— Jeśli łaska, mistrzu, wasza wola, ja tylko jestem petentem.

— Czym mam spłacić?

— Weźcie nagrodę państwową, którą chce dać wam Rosja, mistrzu. Wręczyłby prezydent Putin, ale przyznałoby grono ekspertów, autorytetów, uczonych, twórców kultury o nieposzlakowanych życiorysach. Nie wzięliście orderów z rąk Gorbaczowa i Jelcyna, i ja to rozumiem, no bo tamci wpędzili kraj w anarchię, w chaos, w słabość, wyprzedawali państwowy majątek, sabotowali godność, niszcząc znaczenie międzynarodowe naszego mocarstwa. Ale Władimir Władimirowicz, który przejął kraj zdestabilizowany, splądrowany, zubożony, odbudowuje siłę i prestiż Rosji całą swą mocą. Nie zaprzeczycie chyba?

— Nie zaprzeczę — mruknął Sołżenicyn. — On się stara, robi co może, by przywrócić Matuszce rangę polityczną, i by bogate Europa, Ameryka, Azja przestały traktować Rosję niby kraj Trzeciego Świata, to mi się podoba, Lonia, więc nie zaprzeczę... Kto cię do mnie wysłał? Ludzie kremlowskiej kancelarii, synku?

— Nie, mistrzu, sam przychodzę, bo rozmawiałem z Putinem, kiedy przeczytał moje dziełko. Mówił o was jako o geniuszu i wzorze patriotyzmu. Jego marzeniem jest uhonorować was ceremonialnie za wasz trud. Ale on nawet nie wie, że przyszedłem do was, daję słowo, mistrzu!

— Wiesz, iż Zachód zwie go samodzierżcą, despotą? Gdy wezmę od niego jakiś medal państwowy, będą warczeć, że przyjąłem od eksszefa KGB...

— A czy kogoś na Zachodzie raziło, gdy tak liczni przyjmowali splendory od Busha seniora, który był szefem CIA nim został prezydentem Stanów? — spytał celnie Szudrin.

— No, rzeczywiście, masz słuszność, Lonia.

— Władimir Władimirowicz nikogo nie torturował ani nie zsyłał do Gułagu...

— Prócz Chodorkowskiego — uśmiechnął się Sołżenicyn.

— Dlatego Zachód imputuje, że nasz prezydent jest antysemitą, co zresztą imputowano wam również, mistrzu, i to niedawno, trzy lata temu, kiedy ukazała się wasza praca **„Dwieście lat razem"**. Ileż jadu tłoczyły wówczas zachodnie media, gdy cytowały wasz sąd, że *„Żydzi to oddział frontowy powołany przez światowy kapitał"*, i że według was *„Żydzi wiodą prym w niszczeniu mieszczańskiego porządku"*. Warto się tym przejmować? — kuł żelazo Szudrin.

— Masz słuszność, kochanieńki, nie warto — pokiwał głową gospodarz. — Ci ludzie... ludzie Zachodu... zupełnie nie czują Rosji i duszy rosyjskiej, uważają, że psychika Rosjan jest chora... A Putina, wyznam ci, coraz bardziej cenię. Choć czasami popełnia błędy, takie, jak to nowe święto, które więcej chwały przynosi Polakom niż Rosjanom...

— Wypomniałem mu to, mistrzu, prosto w oczy!

— I co, zezłościł się?

— Nie, skąd, to mądry przywódca, woli szczerych od dupolizów. Tłumaczyłem mu, że naród nie zna i nie lubi tej nowej rocznicy, wszyscy dalej świętują biesiadami domowymi trzy dni później, rocznicę przewrotu bolszewickiego.

— Siła przyzwyczajenia! — fuknął Sołżenicyn. — Pamiętam te listopadowe spędy na Placu Czerwonym, byłem kapitanem artylerii, maszerowałem razem z kolegami wzdłuż trybuny kremlowskiej, depcząc listopadowy śnieg i skandując. Często był siarczysty mróz. Czy wiesz, że po każdej paradzie listopadowej masowo umierały na zapalenie płuc dzieci, bo kazano głodnym, wychudzonym, kiepsko odzianym uczniakom godzinami czekać aż rozpocznie się defilada przed gronem tłustych, opatulonych futrami generałów, gensęków i kacyków?... Tak to było... Co ci obiecano, Lonia?

— Nic, mistrzu, nie jestem emisariuszem, przyszedłem sam, z własnej inicjatywy. Ale nie ukrywam, że liczę... że jeśli zaniosę na Kreml waszą zgodę, to może trafi mi się tam jakieś ciepłe krzesełko...

Sołżenicyn podrapał swą znaną kudłatą brodę wielkości syberyjskiego mamuciego krzaka, i spytał filuternie:

— Bylibyśmy kwita, kwerendarzu?

— Tak, mistrzu.

— No to powiedz im, że wezmę ten medal.

＊　＊　＊

Dwutygodniowe wakacje na cudownej Jamajce upłynęły jak z bata strzelił i trzeba było wracać do Londynu. Denis Dut leciał razem

z „*bochenkami*" (tak pieszczotliwie przezywał ferajnę Bochenka).
W samolocie siedział obok Mariusza, więc mieli dużo czasu, by
toczyć swobodną pogawędkę. „*Zecera*" gnębiły dwie sprawy: nieprzewidywalność krajowych wydarzeń tudzież nieolimpijskość jego „*teamu*" emigracyjnego. Co do obu kwestii Denis był wszakże optymistą — klarował „*Zecerowi*", iż nerwy tylko przeszkadzają trawieniu:

— Mój drogi, kanclerz Otton Bismarck zwał politykę „*sztuką
możliwości*", a ja sądzę, że jest ona również sztuką cierpliwości.
Trzeba, chopie, wytrwać i spokojnie czekać. Myślę, że już niezbyt
długo.

— Tak, słyszałem, że trzeba czekać na brzegu rzeki aż spłyną
trupy wrogów — powiedział markotnie „*Zecer*". — Tylko że ja
muszę uważać moich dawnych przyjaciół za wrogów, więc to cze-
kanie trochę mnie wkurwia.

— Nie żadnych przyjaciół! Wyłącznie klientów twojej drukarni, wszystkich tych korowców, michnikowców i innych różowych
pedałów, chopie, a że byli wśród nich też naiwniacy łykający każdą pseudohumanistyczną oraz patriotyczną demagogię, to już nie
twoja wina.

— Byli, byli, uczciwe ciołki, i to właśnie mnie wkurza, rozumiesz?

— Rozumiem, że dzielisz włos na czworo, chopie — burknął
Dut. — Zmądrzej wreszcie, stary! Nie ma dobra ani zła, bo to są
wartości względne, więc co dobre dla jednego, to złe dla drugiego, i na odwrót. Dekalogów też nie ma. Jest tylko ciągła gra władzy, polityka, kto kogo wyrucha, jak w rodzinie lub w biznesie,
zapytaj rozwodników lub Żydów. I to jest właśnie pasjonujące, cymes, bingo, prima, lepsze od hazardu w Las Vegas. Znasz „**Ojca
Goriot**"?

— Coś słyszałem, chyba kiedy łaziłem do „*budy*"... — zastanowił się Mariusz. — To napisał ten... no ten...

— Pan Balzac, Francuz. Bohaterem jest młody playboy, Rasti-
gnac, a jego mentorem stary kryminalista, Vautrin. Ów Vautrin to

chodząca mądrość, bazująca na doświadczeniu, na znajomości reguł i trików, na wiedzy o sekretach duszy ludzkiej. Tłumaczy Rastignakowi, że zasady i poglądy nie są żadną hostią, żadną świętością, tylko towarem, którym się handluje, a kto tego nie robi, jest głupcem praktykującym bezmyślnie „*linię prostą*", czyli mniemaną cnotę. Cały ów wykład Vautrina stanowi lekcję pragmatyzmu dezawuującą naiwny idealizm. Jedno zdanie wbiło mi się w pamięć jak gwóźdź: „ *— Nie fetyszyzuj swoich przekonań i obietnic. Gdy znajdziesz na nie popyt — sprzedaj je, Eugeniuszu, dobrze sprzedaj!*". A ty się ciągle szarpiesz, chopie... Wyluzuj!

— Nie o to chodzi... — mamrotał „*Zecer*", gryząc krakersa.

— A o co? Kościół nazywa to wyrzutami sumienia, lecz może czas już przestać być nieletnią dziewczynką?

— Dawno przestałem być małą dziewczynką, Denis. Wtedy, kiedy mnie dopadnięto i wyruchano. I nie tyle dręczą mnie teraz wyrzuty sumienia, co poczucie własnej śmieszności, kapewu?

— O co ci biega? — zdziwił się biznesmen. — Nie sądź, że nie pasujesz do roli, jaką chce ci dać historia, bo pasujesz.

— Wątpię — skrzywił się Mariusz. — Kiedy filuję na całą naszą grupę, na „*Zygę*", „*Guldena*", „*Znajdę*", Jolkę i na siebie samego, to pusty śmiech mnie ogarnia. My mielibyśmy rządzić Polską?! Cyrk!

Dut roześmiał się i klepnął kolano Mariusza, uradowany, że pamięć podsuwa mu brylantowy argument:

— Coś ci opowiem, chopie... Kilka lat przed pierwszą wojną światową Stefan Żeromski odwiedził zimą w Zakopanem pewnego rewolucjonistę, znaną postać, bojowca i drukarza konspiracyjnego.

— To nie był mój dziadek! — zakpił Mariusz. — Nie dziedziczę tych genów, konspiracyjnej poligrafii uczyłem się sam.

— To rzeczywiście nie był twój dziadek, to był ktoś zupełnie inny. Mieszkał kątem w biednej chałupinie na Kasprusiach. Kiedy Żeromski go zobaczył, przeraził się...

— Kto? Ten drukarz konspiracyjny się przeraził, bo zobaczył sławnego pisarza?

— Przeraził się pan Żeromski, bo zobaczył co zobaczył. Zobaczył chorego, brudnego, trzęsącego się łajzę, niemającego spodni, tylko śmierdzące kalesony. Jedyne spodnie oddane zostały do cerowania jakiejś babie i nie zdążyły wrócić, więc ten obdartus nie mógł wyjść na zewnątrz. Siedział głodny przy stole i kładł sobie pasjansa, twierdząc, że musi kartami wywróżyć przyszłość własną i przyszłość kraju. Znaczy przyszłość Polski. Razem, chopie: „*obraz nędzy i rozpaczy*" plus groteska. Żeromski nazwał to „*proletariacką mizerią*" i później napisał, że cały ten widok, ta rudera, ta nędza, ten komiczny brak gaci i ten pasjans bez sensu, wstrząsnęły nim. Zgadnij kim został kilka lat później ów komiczny łachmaniarz.

— Nie mówisz chyba o...

— Właśnie mówię o! O „*Komendancie*", stary. O marszałku Piłsudskim. O wodzu, guru, idolu, bożyszczu całego narodu prócz endecji, o żywym pomniku, tytanicznym rodaku, pupilu Historii przez duże H. Bo widzisz, ta pani Historia to rozumna bestia. Kurwa i święta. Ma zdrowy rozsądek, oraz poczucie humoru, oraz głupie kaprysy, oraz jadowitą złośliwość, oraz tajemną perspektywę, dzięki czemu nie każdy kapitan z Köpenick musi być kukiełką szybko zdemaskowaną. Wielu Dyzmów przechodzi do Historii w glorii lokatorów panteonu...

— Mówisz o marszałku?! — rozeźlił się Bochenek.

— Nie! — uspokoił go Denis. — Marszałek to był prawdziwy heros.

— Największy Polak! — zadecydował „*Zecer*".

— Ostatnio przegrywa w rankingach z Janem Pawłem II...

— Dla mnie pierwszy będzie zawsze „*Komendant*"!

— Wiem, że od dawna wyznajesz jego kult...

— Skąd wiesz?!

— Stąd, że wiem, iż w podziemiu drukowałeś niejedną hagiografię „*Dziadka*" jako antykomunisty. I to będziemy robić również nad Tamizą, chopie.

— Pisać o marszałku?

— O wszystkim co przypiecze skórę różowej hałastrze i komuchom. Na pohybel grabarzom wolności!

— Idź do cholery! — jęknął cichutko Bochenek, którego wskutek racjonowania pokładowych drinków ogarniała już kołysząca sen-
ność. — Co ten samolot tak się buja?... Turbulencja?...

* * *

Ludzkość nie narodziła się w biblijnym Raju, ani wtedy, gdy
jakaś małpa zeszła z drzewa czy jakiś pitekantrop przyjął wypro-
stowaną postawę, lecz wówczas, gdy zaspokajanie potrzeb fizjologicznych przestało być jedynym sensem egzystencjalnym homo-
nidów, to znaczy: kiedy praczłowiek zaczął pytać sam siebie i szukać odpowiedzi tyczących własnej istoty i drogi, własnych celów
i tęsknot. Kim jestem? Kim chcę być? Kim chcę być dla kogoś?
Kim nie chcę być? Kolebka ludzkości to moment, kiedy debiutu-
je dyskrecja, lub parafilozoficzna refleksja, lub któraś inna nie-
zwierzęca wrażliwość — jako najmłodsza siostra żądzy, siły, okrucieństwa i głodu.

A kolebka kultury? Kolebką sztuki był rysunek palcem lub pa-
tykiem na gładkiej powierzchni piasku, lecz, niestety, nie zacho-
wał się, więc musimy za pierwsze dzieło sztuki uważać rysunek
glinką na ścianie groty prehistorycznej. Tymczasem kolebką cywilizacji były — rzecz prosta — wynalazki, aczkolwiek nie umiemy
rozstrzygnąć co wynaleziono najpierw: płomień czy alkohol. Inna
sprawa, że oba te groźne dobra wynalazła wcześniej sama natura,
bo płomienie bez trudu tworzy piorun, a każda fermentacja roślin-
nej brei tworzy alkohol. Nie poświęcałbym tym zjawiskom czasu,
pisząc „Lidera", gdyby nie fakt, że panna Mirosz w przeddzień
publicznej prezentacji swego dyplomu zadebiutowała dubeltowo:
przypaliła sobie płomykiem pierwszego papierosa (i wypaliła kilka kolejnych papierosów do trzeciej rano, kiedy zmorzył ją sen)
oraz wypiła pierwszy kieliszek czystej, wysokoprocentowej skan-
dynawskiej wódki bez zakąski (i kilka kolejnych kieliszków, które podziałały jako usypiacz). Tak ją zdenerwował i rozstroił pasz-

kwil, który *„faszyści"* wymierzyli przeciwko niej i przeciwko pani du Châtelet. To był ciężki szok.

Mimo krótkiego snu plus silnej migreny, czyli niedyspozycji fizyczno–psychicznej, Klara bohatersko przetrwała prezentację *„opus magnum"*, które dało jej pierwszy naukowy *„gradus"*. Jednak kolejnego wieczoru znowu piła, i to sama. Wcześniej sądziła, że będzie oblewać triumf cieczą szampańską, razem z Danem, lecz im bliżej było ukończenia przez nią studiów, tym bardziej Danowi nie tylko serduszko stygło. Co prawda dotrzymał obietnicy i zaproponował Klarze asystenturę, od kolejnego (powakacyjnego) semestru, lecz czuła, że przestała być dla niego bóstwem erotycznym. Nawet nie wiedziała czy winna się tym martwić, gdyż jej uczucia wobec Dana również wychłódły z biegiem czasu, a każdy głupi pojmuje, że rutyna łóżkowa to niekoniecznie miłość. Bólu więc nie sprawiał dyplomantce jawny uwiąd romansu, tylko ośmieszenie dyplomu przez jakąś antysemicką hołotę. Paszkwil był hańbiący, wedle modnego w czasach Emilii du Châtelet aforyzmu: *„Śmieszność hańbi bardziej niż hańba"*. Pamiętała, że stworzył tę maksymę La Rochefoucauld. Zastanawiała się więc: czy jest sens pracować na terenie college'u, w którym zdarzają się takie rzeczy? I gdzie indziej mogłaby pracować? I czy musi czekać aż Dan zerwie ich związek, czy winna zerwać sama, możliwie szybko? Stanęła jakby u rozstaju dróg, i zaczęła się wahać. Kim jestem? Kim chcę być? Kim chcę być dla kogoś? Kim nie chcę być?...

Trwało pięć dni (pięć samotnych wieczorów w alkoholu) zanim biblioteka uniwersytecka ściągnęła Klarze z Toronto egzemplarz książki Nancy Mitford wymienionej przez *„faszystów"*-paszkwilantów. Lektura nie sprawiła Klarze przyjemności. Zwłaszcza cytowane obficie listy Emilii — histeryczne i pełne gęsiego bełkotu. Jak ten, którym trzydziestoczteroletnia Emilia skarżyła się na swego kochanka (Woltera), pisząc z Brukseli do innego swego kochanka (księcia de Richelieu): *„Zaznałam dwóch strasznych nieszczęść, jedynych, jakie mogły me serce rozerwać. Mam ważne powody, by obwiniać tego, dla którego wszystko rzuciłam i bez którego ca-*

*ły wszechświat byłby dla mnie niczym, gdybyś szczęśliwie Ty nie
był również jego częścią. Moi najlepsi przyjaciele podejrzewają
mnie o niegodne zachowanie, a Twoja przyjaźń staje się jedyną
pociechą mej duszy, chociaż dzieli nas chwilowo aż trzysta mil
dystansu. Moje serce łagodnieje dzięki Tobie, bo tylko Ty je rozumiesz, mój drogi...".* Itp., itd. Klara nie znała wymierzonej w epi-
stolografię miłosną sentencji Flauberta, że *„największym wrogiem
kobiety jest atrament"*, lecz myślała coś podobnego czytając listy
swojej bohaterki — czuła wstyd, że hormony przyćmiewały Emilii
rozum.

Ta stylistyka wynurzeń miłosnych nie różniła się wszelako od
kawiarnianych, parkowych tudzież pościelowych szeptów Klary i
Dana w wiośnie ich flirtu i w apogeum ich związku erotycznego.
„Na szczęście nikt nie stenogramuje i nie drukuje czułej paplaniny
kochanków, bo miliony ludzi umierałyby przedwcześnie, ze wsty-
du, widząc swoje miauczenia, kiedy minęły już uczucia!" — pomyślała odłożywszy dziełko pani Mitford. I z zazdrością przypo-
mniała sobie pewien erotyczny dialog, którego majestat, pikantny
i szlachetny, nienaruszony żadnym zębem czasu, godzien był zło-
tego lauru bądź hymnu pochwalnego. Usłyszała to w dalekobież-
nym autokarze. Przed nią siedziało dwoje staruszków — kobieta
i mężczyzna. Gdy autokar mijał suburbia Ottawy, kobieta pokaza-
ła palcem za okno:

— Pamiętasz? Tu były kiedyś dwa jeziorka, i było pełno krzewów. Rozbijaliśmy tu namiot latem. Jednoosobowy! Boże, byłam
wtedy taka głupiutka, bez rozsądku...

— Ale z dziurką... — mruknął starszy pan dobrotliwie.

Klarze przypomniało się wówczas, że ojciec mawiał: *„cacko
z dziurką"*, gdy coś mu bardzo trafiło do gustu lub do smaku.

Dla profesora Dana Bready'ego Klara przestała być *„cackiem
z dziurką"*, kończył się więc pewien ważny etap jej życia. Następ-
ny mógł być jeszcze ważniejszy, lecz rozpoczął się niefortunnie —
od groźby alkoholizmu. Pijące wskutek stresu kobiety szybciej uza-
leżniają się alkoholowo niż pijący dla kurażu i dla towarzystwa

mężczyźni. Wszelako gdy czujny jest anioł stróż upijającego się pierwszy lub piąty raz człowieka — zdąża zapobiec złemu. *„Deus ex machina"* stanął znowu przed Klarą prodziekan Simon Kraus...

* * *

Lokale komunistycznych dyplomatów, podobnie jak męskie slipy, dzieliły się na kilka rodzajów, zależnie od tego, który członek personelu danej ambasady był mieszkańcem danego lokalu. Pierwszorzędnie okazałą willą dysponował ekscelencja ambasador bądź ekscelencja konsul pełnomocny, lecz już drugą pod względem okazałości siedzibą cieszył się nie któryś spośród wice czy kierowników działów, tylko skromny chargé d'affaires bądź attaché morski lub kulturalny, będący *„rezydentem"* KGB w danej placówce. Kierownik wywiadu ambasady rozpracowującego kraj gospodarzy, jak właśnie pułkownik Igor Tiomkin, główny sowiecki *„szpion"* na obszar kanadyjskiego terytorium. Kanadyjskie *„służby"* wiedziały, że pełni on taką rolę, Tiomkin wiedział, że Kanadyjczycy wiedzą, a Kanadyjczycy wiedzieli, że on wie, iż oni wiedzą — była tu pełna zgoda, pełna akceptacja reguł gry, identycznych wszędzie, wzdłuż i wszerz całego globu.

Do podottawskiej willi Tiomkina zawiózł Johnny'ego samochód mający szyby, przez które patrzeć można było od wewnątrz, gdy od zewnątrz, miast wnętrza wozu, widziało się tylko czarną, nieprzenikalną wzrokiem płaszczyznę. Sama rezydencja przypominała ów samochód, lecz nie widokowo, raczej dźwiękowo: mądre anteny umożliwiały przechwytywanie pewnych dźwięków z zewnątrz, a mądre ekrany uniemożliwiały podsłuchiwanie jakichkolwiek rozmów toczonych wewnątrz. Nawet rozmów o myślistwie, gdyż pułkownik Tiomkin był zapalonym myśliwym. Właśnie dlatego wywalczył sobie u zwierzchności łubiankowskiej *„rezydenturę"* kanadyjską — kanadyjskie tereny łowieckie podniecały go identycznie jak kasyno podnieca nałogowych hazardzistów. Więc kiedy John Seren został przywitany przez pułkownika i wprowadzony do salonu willi, ujrzał, iż wszystkie ściany obwieszone są wypchanymi łbami zwierząt. Zlustrował to jednym łypnięciem oka, bez zachwytu, i skonstatował rzecz oczywistą:

— Lubi pan polować...

— Tak, kocham myślistwo! — wygłosił niby formułkę partyjną ukontentowany pułkownik. — I cenię sobie łowieckie pamiątki, znaczy trofea. Czyż nie są piękne?

— Słyszałem to już nie raz, pułkowniku — burknął John. — Zawsze kiedy się dziwię, że ktoś wiesza na ścianach trupy zwierząt, słyszę, że to takie piękne zwierzęta. Moja teściowa również była ładna, ale wystarczyło mi jej zdjęcie na komodzie z bielizną mojej żony.

Tiomkin roześmiał się od ucha do ucha:

— U was, gaspadin Serenicki, nie trzeba badać źrenic czy odcisków palców, bo dzięki samej tupeciarskiej arogancji można pana rozpoznać bezbłędnie.

— Nie nazywam się Serenicki.

— A powinniście się tak nazywać. Czyli powinien pan przywrócić sobie oryginalne nazwisko. Powinniście się też kiedyś ożenić, choćby raz, wtedy wasze gadki o teściowej nie będą bredniami bezczelniaka wymyślającego głupoty gwoli denerwowania rozmówców. Ale ja jestem odporny, takie gówniane prowokacyjki mnie nie ruszają.

— Mogę wymyślić coś lepszego, panie pułkowniku — zaproponował Seren.

— Coś lepszego w znaczeniu grzeczniejszego? — spytał kagiebista zeźlony kpinami z jego hobby. — To byłoby miłe, i tego wymaga, kak eto gawariat po francusku, sawuar wiwr.

Ostatnie słowa, rzucone przez gospodarza ruszczyzną, uskrzydliły gościa poliglotę:

— Intieriesno, tawariszcz pałkownik... Ja dumaju szto sawuar wiwr eto pieriestrojka KGB, znaczit', kak gawariat po francusku, kurioz, patamu szto prieżdie u was samyj ważnyj był sawuar fer. Nu, sawuar konetr u was wsiegda ważnyj, patamu wy możietie czitat' moju biografju kak chiromantka ruku.

Tiomkin wzruszył ramionami lekceważąco:

— Są tacy, którzy czytają z ręki. Inni czytają z oczu. Ja czytam z akt. Raporty, analizy, wnioski. Jestem lepszy od chiromantów i fizjonomistów, wyczytuję więcej sekretów. Nie tylko o was. O waszym tatusiu również.

— Co ma do tego mój nieżyjący już stary?

— Może chciałby, żeby pan kontynuował jego drugi etat...

— Pracował dla was, skurwiele?!...

— Przez prawie ćwierć wieku. A wykończyła go „Solidarność".

— I teraz wy chcecie, żebym ja się mścił?

— To też.

— Oglądał pan film „**The Sting**", pułkowniku? Paul Newman mówi tam, że *„tylko idioci się mszczą"*.

— A czy pan oglądał ten film do końca, gaspadin Serenicki? Zemsta się udała.

Zapadło milczenie, które gospodarz przerwał po chwili propozycją kulinarną:

— Jadł pan już obiad dzisiaj? Mam pyszne ryżowo–mięsne krokiety, kak gawariat Francuzy, Amierikańcy, Poliaki, Ruskije i Angliczianie.

— Hiszpańcy i Italiańcy też tak gawariat, po wsiem miru tak gawariat — rzekł zasępiony Johnny. — Nie, dziękuję. Z krokietów lubię tylko Davy Crocketta.

— Liczę na inną odpowiedź w sprawie kooperacji między panem a moją firmą — powiedział pułkownik, wyjmując barwne zdjęcie. — Tu zostaliście sfotografowani przy młodym Tavese, widać jak sprzedaje mu pan narkotyki.

— To były tylko grzybki halucynogenne, nikomu nie sprzedawałem innego dopingu! — krzyknął John.

— Ale tego tu nie widać, nie widać rodzaju *„koksu"*. Gdy rodzina Tavese otrzyma fotkę, umrze pan w cierpieniach.

— To wyście gnoja zabili! — domyślił się John.

— Tak, ale czy przekona pan o tym Włochów? Proszę wziąć sobie to zdjęcie na pamiątkę. A tu ma pan jeszcze ksero kolaboranckiego dossier swego ojca. Nie klął, aczkolwiek brał marne honorarium. Wy bralibyście bardzo duże. Luksusowe życie przez długie lata, bez żadnego ryzyka i bez większego wysiłku... Życzę miłej lektury i słusznej decyzji. Proszę myśleć pozytywnie! Za tydzień zobaczymy się znowu, więc do swidania!

* * *

„Głaza" Putina promieniały, kiedy Lieonid Szudrin kolejny raz pojawił się na Kremlu:

— Spasibo, drogi Lieonidzie Konstantinowiczu, spasibo! Przegrałem zakład! Tak w ogóle, to nie lubię przegrywać, ale ta przegrana sprawiła mi wielką radość! Ogromną radość! Ciężko było go namówić?

— Średnio ciężko, panie prezydencie.

— A jakich użyliście argumentów?

— Skutecznych, panie prezydencie.

— Tajemnica?

— Sekrety kuchni historyków, panie prezydencie.

— Nu charaszo, nieważne. Ważne, iż się udało. Myślałem, że Sołżenicyn będzie dożywotnio grał dysydenta czy choćby malkontenta, bo to taka inteligencka rogata dusza, są wśród nich zatwardzialcy...

— Bardzo nieliczni, panie prezydencie, i raczej ci z drugiego czy trzeciego rzędu — sprzeciwił się Szudrin, wchodząc Putinowi w słowo. — Gwiazdorzy to zazwyczaj ugodowcy, są przekupni, trzeba tylko wiedzieć kiedy, gdzie i którą metodą nakłuć balona. Uprzednio już tłumaczyłem panu, panie prezydencie, że chociaż inteligencja jako warstwa czy klasa ma genetycznie wrodzony instynkt dysydenckości, to poszczególne indywidua łatwo skłonić do lizania tyłka władzy autorytarnej. Wybornymi przykładami są Puszkin oraz Gogol.

— Co pan mówi, Lieonidzie Konstantinowiczu! Puszkin i Gogol?! Przecież ci dwaj uchodzą za symbole oporu, za antycarskie sumienia Rosji! Dzieci się tego uczą w szkołach!

— Cóż, na całym świecie szkolnictwo służy wpajaniu mitologii, mitologia jest istotą wszelkich systemów edukacji, panie prezydencie — uśmiechnął się Szudrin. — Dysydenckość Puszkina i Gogola to mit, nic więcej. Źródłem puszkinowskiego mitu jest nadinterpretowanie „**Ody do wolności**", a kanwą tego mitu jest ukrywanie, że wkrótce Puszkin „zmądrzał" i że się kajał, wyszydzając dla cara polską walkę o niepodległość, przeklinając zachodnią krytykę caratu wierszem „**Oszczercom Rosji**", ciągle łasząc się do cara i do kierownika represyjnych służb, szefa żandarmerii, generała Benkendorfa. W nagrodę został etatowym lokajem, kamerjunkrem dworu. Pisał odtąd wiersze „*patriotyczne*", stricte wazeliniarskie, lecz nie one najbardziej go kompromitują, tylko listy do Benkendorfa, którymi żebrał o datki i o pożyczki dla spłaty swych karcianych długów. Te listy są straszne, haniebne, zupełnie bezwstydne, panie prezydencie, nie wolno ich dawać uczniom. Dzieciakom daje się „**Eugeniusza Oniegina**". „*Moj diadia, samych cziestnych prawił...*".

— „*... Kagda nie w szutki zaniemog...*" — podjął Putin.

— „*... On uważat' siebie sostawił...*".

— „*... I bolszie wydumat' nie mog!*". Cha, cha, cha, cha!...

Ryknęli śmiechem, niby dwóch uczniów popisujących się przed szkolną akademią.

— Brawo, obaj nie zapomnieliśmy czytanki! — klasnął prezydent. — Ale wróćmy do naszych gigantów. W szkołach czyta się gogolowskie „**Martwe dusze**" i gogolowskiego „**Rewizora**" jako dzieła będące wyrazem sprzeciwu wobec samodzierżawia, krytyką czynownictwa oraz całego systemu!

— A nie czyta się, i słusznie, meldunków, raportów, donosów Gogola, który od młodości był funkcjonariuszem tajnej policji, budzącego grozę Trzeciego Działu Carskiej Kancelarii — wycedził Lonia. — Płaciły mu brytany „*żandarma Europy*", cara Mikołaja I, najpierw Benkendorf, później Aleksy Orłow, który objął żandarmską schedę po Benkendorfie. I znowu to listy do cara, do Benkendorfa, do Orłowa, szczególnie Gogola kompromitują. W pewnym prywatnym liście do księcia Korsakowa pisze, że nie jest takim idiotą, by bruździć piórem tej władzy, która mu hojnie płaci i pokrywa każdy jego dług. Uważał się za *„carskiego czynownika na niwie literatury"*, to jego własne słowa, panie prezydencie. Współczesny Gogola, Wissarion Bieliński, był początkowo jego wielbicielem, a kiedy przejrzał, wytknął Gogolowi *„bizantyjską obłudę"* i *„haniebną służalczość"*. Obie te cechy są charakterystyczne także dla dwudziestowiecznych znanych twórców i intelektualistów, by wymienić stalinistów Shawa i Sartre'a...

— Wiem, że jeśli idzie o twórczość dziewiętnastowieczną, wrogowie Rosji najchętniej cytują antyrosyjski paszkwil tego pedała de Custine'a — popisał się erudycją Putin. — Ale łajdak de Custine to Francuz. Kogo spośród rosyjskich autorów wrogowie Rosji, ci wszyscy *„kremlinolodzy"*, cytują najchętniej?

— Czaadajewa. Jego słynny *„list filozoficzny"*, list do Panowej, opublikowany przez **„Tielieskop"**. Uczone dowodzenie, że Rosja jest i zawsze była krajem barbarzyńskim, wyzbytym moralności, jakiejkolwiek wzniosłej idei, tradycji kulturowej, i cywilizacji zwłaszcza — to smaczny kąsek dla naszych wrogów. Lubią przypominać, że za ten druk redaktor czasopisma został zesłany na Sybir, cenzor został zdymisjonowany, natomiast autora listu oraz adresatkę wpakowano karnie do szpitala dla wariatów. Ale wolą nie przypominać, że kiedy Czaadajew został po roku zwolniony, stał się pełnym skruchy carofilem, gorliwym współpracownikiem oberpolicmajstra, ciągle bił się w pierś i przepraszał Mikołaja I, zwąc swój tekst *„szczytem idiotyzmu"*. Skończył jako konfident bezpieki.

— Jeszcze jeden... — mruknął Putin–car. — Czy *„historia lubi się powtarzać"* to przysłowie, czy raczej porzekadło?

— Nie wiem, nie jestem specjalistą od przysłów.

— I czy tylko u nas historia to dzieje szmacących się intelektualistów, panie Szudrin?

— Nie tylko, u innych też, choćby u Francuzów... Lecz my rzadko ich cytujemy, a Zachód lubi propagandowo wykorzystywać młodzieńcze, buntownicze teksty naszych gwiazdorów.

Po tych słowach Szudrina zrobiło się cicho. Putin się zamyślił, patrząc w rokokowe lustra tworzące przeciwległą ścianę, a kiedy się znowu odezwał, miał ton bardziej chłodny, rzeczowy:

— Jesteśmy skazani na wieczną wojnę z Zachodem, Lieonidzie Konstantinowiczu. Gdy nie ogniową, to polityczną, ekonomiczną, handlową, propagandową, medialną, ale wojnę. Bez sympatii intelektualistów część bitew tej wojny zostanie przegrana...

Ponownie wrócił milcząco do swego wnętrza, tykając wzrokiem perspektywę gabinetu, lecz nie widząc lustrzanych odbić, tylko własne chimery i zamiary. Raptem spojrzał bacznie na gościa i pierwszy raz użył formuły mniej ciepłej:

— Kim ty jesteś, Szudrin?

— Nie rozumiem, panie prezydencie.

— Jesteś idealistą czy cwaniakiem, mów!

— Cynikiem i pragmatykiem, panie prezydencie... — odparł Lonia.

— Chcesz władzy?

— Nie rozumiem...

— Rozumiesz bardzo dobrze! Pytam czy chciałbyś sprawować władzę, Szudrin!

— Tak, lecz nie bezprzymiotnikową...

— Z jakim przymiotnikiem?

— Jeśli władza, to tylko absolutna. Mam rację, panie prezydencie?...

Milczenie, które teraz zawisło pomiędzy nimi, pełne było czegoś nowego — bezgłośnego, lecz wyczuwalnego chichotu któregoś z nich, lub obydwu naraz. Przełamał tę chichoczącą ciszę Putin, mówiąc:

— Władzy absolutnej nie mogę wam dać, Lieonidzie Konstantinowiczu.

— Wiem, absolutyzm jest już zajęty — uśmiechnął się Lonia.

— I również ma przymiotnik...

— Wiem, jest oświecony, jak absolutyzm słonecznego Burbona, panie prezydencie.

— Mogę wam dać władzę mniejszą. Funkcję przybocznego eksperta, asystenta, konsultanta... Zastanów się do jutra, cyniku–pragmatyku.

— Jutro jest dzisiaj, panie prezydencie. Biorę tę posadę z radością. Chcę panu służyć — rzekł Lonia.

I obaj wiedzieli, że chce służyć przede wszystkim sobie, ale ta słabość bywa cechą przyrodzoną każdej istoty ludzkiej, prócz naśladowców świętego Franciszka z Asyżu.

* * *

Maksyma La Rochefoucaulda „Śmieszność hańbi bardziej niż hańba" była znana nie tylko Klarze Mirosz zgłębiającej wiek XVIII gwoli penetracji środowiska hrabiny Emilii du Châtelet, lecz również Denisowi Dutowi wskutek jego studiów na warszawskim uniwerku, albowiem profesor polonista, który tam wpajał „Satyry" biskupa Ignacego Krasickiego, chętnie przywoływał pana La Rochefoucaulda tudzież innych dowcipnych Francuzów. Dlatego Denis wyrecytował ten aforyzm „Zecerowi", tłumacząc, że chce, aby ich pismo było nie tylko patriotyczne, lecz i satyryczne.

— Będziemy robić londyńskie „Szpilki"? — zdumiał się Mariusz.

— Będziemy pakować szpilki w dupsko czerwonego totalitaryzmu, chopie, i tak właśnie zaistniejemy, to jedyna droga. Gazetek patriotycznych Polonii jest mnóstwo. Wychodzą wszędzie, w Kanadzie, w Australii, w Stanach i tutaj, a różnią się tylko papierem, krojem czcionki i grafiką łamów. Wszędzie to samo solenne dopierniczanie komuchom, przypominanie Katynia i Gułagu, wyliczanie stalinowskich czystek, wskazywanie leninowskiego wagonu zaplombowanego przez Niemców, piętnowanie ubecji torturującej akowców, identyczna mantra co tydzień, chór! My się musimy wyłamać z tego chóru, przejawić oryginalność.

— Robieniem sobie jaj?

— Dokładnie.

— Z torturowanych akowców, czy z torturujących ubowców?

— Nie bredź, chopie! — zdenerwował się Denis. — Nie wy-kręcaj kota ogonem, to nie tak. Dam ci przykład, wtedy zrozumiesz co mi biega, kiedy mówię o satyrycznym periodyku. Czytałeś Pia-seckiego?

— Tego diabelskiego PAX–owca?! — krzyknął zbulwersowany Mariusz. — Pogięło cię, Denis?

— Nie gadam o Bolku Piaseckim, sowieckim agencie i szefie PAX–u, tylko o Sergiuszu Piaseckim, idioto! Nie znasz?

— Teraz przypominam sobie. My w krakowskim podziemiu nie drukowaliśmy jego knig, robiła to Warszawa czy Gdańsk, lub mo-że Wrocław?

— A wiesz kto to był, chopie? To był ktoś jak ty, więzień, któ-rego wyciągnął z pierdla znany pisarz, Melchior Wańkowicz. I Pia-secki też robił w podziemiu, pracował dla polskiego wywiadu na granicy z Sowietami i na terytorium ZSRR. I później też wylądo-wał w Londynie, tu pisał, tu drukował, prawie wszystko się zga-dza, co?

— Prawie!... — charknął Bochenek, zaciskając zęby.

— Facet pisał na emigracji książki antykomunistyczne. Były po-pularne, ale tylko jedna zyskała gigantyczną popularność, była su-perbestsellerem — ta jedyna, którą machnął językiem nie serio, lecz dracznym, idąc w satyrę. **„Zapiski oficera Armii Czerwo-nej"**, młodszego lejtnanta Miszy Zubowa, czyste jaja! Taki niby pamiętnik lub raczej diariusz krasnoarmiejca, rozpoczęty 17 wrześ-nia 1939, kiedy Sowieci zaatakowali Polskę, żeby dopomóc Hitle-rowi. Cel mieli prosty, Misza wykłada go jednym zdaniem, kró-ciutko... czekaj, wezmę knigę, to ci przeczytam...

Zdjął książkę z półki, wertował chwilę, wreszcie odnalazł szu-kany passus:

— ... Cel polityczny, pisze lejtnant: *„Wszystkich burżujów ma-jących zegarki i rowery wyrżnąć"*.

Bochenek parsknął śmiechem, co ucieszyło Duta:

— Widzisz! To cię rozbawiło, chopie, i na tym polega siła sa-tyry, ucząc bawi, ludzie chcą to czytać. Jeśli nie będą chcieli czytać naszego periodyku, to leżymy, i szybko będziemy musieli kramik zwinąć. Piasecki stanowi wzór. Cała ta książka jest morowa, chwyta czytelnika za dziób już od pierwszych stron, od wejścia Armii Czerwonej do Wilna, gdzie Misza i jego kompani krasnoarmiejcy przeżywają głęboki szok, bo widzą masę ludzi przyzwoicie lub wręcz modnie ubranych, także robotników, ekspedientów i stróżów, słowem proletariuszy, ludzi czystych, mieszkających we własnych mieszkaniach, które są ładnie umeblowane, a w sklepach, co jest niesamowite — można bez kartek, bez kolejek i bez ograniczeń wagowych kupić chleb, mięso, nabiał, owoce, wędliny, wszystko! Są nawet sklepy z rowerami i zegarkami, cud jakiś! Misza jest tym widokiem tak zbulwersowany, że tłumaczy sobie, iż cały ten dobrobyt *„burżujski"* to *„kapitalistyczna propaganda"*, czyli mistyfikacja, cyrk, teatr urządzony dla zmylenia, dla zamieszania w głowach krasnoarmiejcom. A wszystko pisane tak humorystycznym językiem, że czytając, boki zrywasz. Gdy Misza widzi w domu nauczycielki niezwykły wynalazek, wannę, powiada: „ *— Żebym dużo czasu miał, to nawet co miesiąc korzystałbym"*. Udaje mu się poderwać jedną *„burżujską wielką damę"*, Irkę, która okazuje się prostytutką, a kiedy Sowieci organizują zajęte terytorium, Irka zostaje prezeską Wydziału Opieki nad Matką i Dzieckiem. Ale co ja ci będę truł, chopie, przeczytaj, pożyczam ci ten cymesik. Zrozumiesz morderczą siłę satyry, Piasecki żadną swą poważną książką antysowiecką nie dopieprzył tak komunie jak zgrywusowskimi **„Zapiskami oficera"**. Dlaczego? Właśnie dlatego, że wykpił komunę do szczętu. Zarżnął ją śmiechem. I to jest ta metoda, którą ja polecam, metoda Haszka. Nikt nie zgnoił imperium austriackiego lepiej niż Haszek jajcarskimi **„Przygodami dobrego wojaka Szwejka"**, to był nokaut, kaput! Myślę, że moglibyśmy przedrukować w naszym pisemku trochę kawałków z tej książki.

— Ze Szwejka?! — wytrzeszczył gały Bochenek.

— Z Miszy Zubowa, idioto! Ale można też sięgać w głąb wieków. Taki biskup Krasicki! Popatrz, założyłem sobie karteluszkiem jego satyryczny czterowiersz, pięknie pasujący do wszelkich czerwonych kacyków, do całego aparatu partyjnego. Piszemy o pezetpeerowskiej nomenklaturze, i dajemy cytat:

> *„Zdobycz wieków, zysk cnoty, posiadają zdzierce;*
> *Zwierzchność bez poważania, prawo w poniewierce.*
> *Zysk serca opanował, a co niegdyś tajna —*
> *Teraz złość na widoku, a cnota przedajna".*

— *„Prawdziwa cnota..."* — mruknął *„Zecer".*

— Prawdziwa *„krytyk się nie boi"*, lecz fałszywa bardzo się boi, zwłaszcza szyderczego śmiechu. A tym ją będziemy chłostać. I to się będzie ludziom podobać, panie *„Zecer".* I o to chodzi, żeby się podobało.

*   *   *

Kiedy generał Kudrimow przeszedł z Sekcji Operacyjnej FSB do Sekcji Pribałtyckiej SWR (Służby Wywiadu Zewnętrznego), zatrudniono go w Referacie Polska. Z Polską miał na dawnym stanowisku dużo wspólnego. Ostatnie *„polskie zlecenie"* wykonał rok wcześniej (2005), kiedy warszawscy chuligani dali kilka kuksańców czterem nastolatkom, synom ruskich dyplomatów. Media rosyjskie zrobiły wielki hałas, a Putin żądał *„rewanżu adekwatnego".* Więc ludzie Wasi Kudrimowa adekwatnie spuścili uliczny łomot czterem Polakom — trzem pracownikom moskiewskiej ambasady RP i dziennikarzowi. Remis zadowolił media, Putina i naród rosyjski. Dla Kudrimowa i jego chłopców było to niepoważne, bo uprzednio wykonywali na Polakach (choćby tych niuchających sekrety FOZZ–u — polskiego Funduszu Obsługi Zadłużenia Zagranicznego) cięższe wyroki.

Przez ostatnią dekadę XX wieku Kudrimow odwiedził Polskę trzy razy, kiedy była tam do wykonania *„mokra robota".* Każdorazowo gościł Wasię wówczas pułkownik Mieczysław Heldbaum, z ramienia KGB i GRU boss tajnych struktur bezpieczniackich nad Wisłą. Dzięki Heldbaumowi Wasia rozumiał trochę polski burdel, niezrozumiały dla wielu europejskich i światowych politologów tudzież dyplomatów. Szczególnie dużo dowiedział się w roku 1996, gdy wspólnie pili sylwestrową nocą, a właściwie już blisko świtu 1 stycznia. Rzekł wtedy:

— Popatrz, Mietek... komuna znowu u was rządzi, demokratycznie!

— Pieprzysz, Wasia, to nie żadna komuna! — splunął ością zakąskowej ryby Heldbaum. — Zwą się socjalistami lub lewicowcami, ale to hieny „transformacji", złodziejskiej fazy kapitalizmu. Do komuny nie ma powrotu, bratiec.

— Nieee... eee... nie ma?! — zdumiał się Kudrimow i gwałtownie czknął. — A dlaczego?

— Dlatego, że komunizm to pojebany system, Wasia.

— Nu, a dlaczego?

— Bo zawsze był fikcją gospodarczą opartą na pustym pieniądzu i na własności państwowej czyli niczyjej, dymanej przez każdego, więc kiedyś musiał się zesrać. Tutaj, u nas, detonatorem była „Solidarność", reprezentantka klasy robotniczej niepojmująca, że obalając komunizm na rzecz kapitalizmu, ergo wolnego rynku, zakłada roszczeniowemu proletariatowi, „ludowi", pętlę szubieniczną, i że wkrótce po swym triumfie będzie musiała przejść do opozycji, bo kapitalizm to jej wróg. Wokoło płacz i zgrzytanie zębów, miliony bezrobotnych.

— A dobrze, bardzo dobrze im tak, job ich matieri, biorą za swoje, ścierwa! — sapnął Kudrimow, czkając znowu.

Dziewięć lat później pułkownik Heldbaum umierał na raka, lecz nie dane mu było umrzeć na raka, bo został zastrzelony we własnym domu przez „kowboja" pracującego dla supertajnej struktury egzekucyjnej amerykańskiego rządu, zwanej TO („Team One"). Działo się to wszystko podczas jakiejś dziwnej operacji prowadzonej przez generała Growina z GRU, Wasia nie był jej uczestnikiem. Pierwszy raz wybrał się wtedy do Polski nie ze zleceniem operacyjnym, tylko na pogrzeb Heldbauma. Kiedy widział spuszczaną ku wnętrzu ziemi trumnę — miał wrażenie, iż odchodzi pewna epoka, czas ludzi ich typu. Lecz musiał jeszcze popracować kilka lat, choć rok później życie sprawiło, że nie musiał już pracować jako egzekutor.

Obejmując funkcję w Referacie Polska SWR, generał Kudrimow wiedział, że obejmuje ją akurat wówczas, kiedy koniunktura nad Wisłą jest szczególnie niesprzyjająca Moskwie, gorsza niż kiedykolwiek wcześniej, bo władzę przejęli tam dwaj zezwierzęceni bliźniacy (*„zoologiczni antykomuniści"*), którzy Kremlowi brużdżą. Szef, co prawda, uspokajał:

— Rządzą już rok, ale nie dociągną do końca czteroletniej kadencji, wykończymy ich wcześniej. Dużo wcześniej.

— Jak? — zapytał Kudrimow. — Sprzątniemy?

— Wasia!... — roześmiał się szef. — Ty już nie pracujesz tam, lecz tutaj. Ocknij się, generale!... My sprzątamy inną metodą. Medialną nagonką, dywersją, urną, słowem: demokracją, bez ołowiu.

— Mamy naszych ludzi w ich partii?

— W każdej polskiej partii — odparł zwierzchnik. — Mamy ludzi w polskich mediach, w polskiej administracji centralnej i terenowej, w polskiej gospodarce, wszędzie.

— To czemu Bliźniacy zdobyli władzę państwową? — zdziwił się rozsądnie Wasia.

— Bo spieprzyliśmy tam zeszłoroczną kampanię wyborczą, dlatego zrobiło się tu miejsce dla mnie i dla ciebie, nasi poprzednicy dostali karnego kopa, spieprzyli sprawę, są za to odpowiedzialni. Teraz ty będziesz odpowiedzialny za sprawy polskie, a ja będę twoim kontrolerem i dowódcą. Daję ci miesiąc na wejście we wszystkie problemy techniczne, logistyczne i personalne tamtej agentury. Wdróż się przez miesiąc, a potem działaj.

— Rosyjskiej guberni z Polsy nie zrobię... — mruknął bez entuzjazmu Kudrimow.

— Nie musisz. Ona nie ma się stać rosyjską gubernią, tylko oddziałem Gazpromu.

— Czyli...

— Czyli Gazprom ma przejąć Polszę, paniatno, Wasia?

— Tak! — odparł Kudrimow, salutując.

Zwierzchnik nie chciał żegnać go tonem surowym, więc by roz-
luźnić atmosferę, klepnął Kudrimowa w bark i spytał tonem łobu-
zerskim:

— Znasz, bracie, ten kawał o różnicy między Putinem a Ras-
putinem?

Kudrimow nie znał tego dowcipu, lecz znał systemy gabinetowych podsłuchów i metody wewnątrzsłużbowych prowokacji, dlatego warknął myślą: „Job twoju mat'!", a głosem burknął:

— Znam, panie generale. Ale nie lubię takich żartów.

I odmeldował się bezzwłocznie, gwiżdżąc na to czy rozzłościł
zwierzchnika, czy tylko rozśmieszył.

* * *

Alkohol to bardzo perfidny przestępca. I do tego rasista. Jednym rasom i plemionom szkodzi, a innym wcale. Pewnemu Pola-
kowi zmierzono prawie 9 prom. alkoholu we krwi, i twardziel ten
nie umarł (Francuz czy Filipińczyk umiera już przy 5–6 prom.),
a wiadomo, że Rosjanie szybują jeszcze wyżej, i to bez zakąski.
Nałóg spirytusowy jest dla Rosjan równie niegroźny co pędy bam-
busa dla pand — Wasia Kudrimow był tego normalnym przykładem. Lecz dla żydowskiej dziewczyny mieszkającej w Kanadzie
uzależnienie od alkoholu może być tragiczne, więc jej „służbowy"
patron i sponsor, dziekan Simon Kraus, musiał interweniować widząc, iż dyplomancki stres wiedzie ją ku częstemu kieliszkowi,
vulgo: ku ewentualnemu rozpiciu. Nie wolno było do tego dopuścić. Zjawił się tedy u niej bez zapowiedzi, „deus ex machina",
wieczorem, kiedy suszyła szklaneczkę „wody ognistej" pod papierosa, wylał zawartość dwóch butelek do zlewu, strzelił pysku-
jącą nań damę w buzię rozprostowaną dłonią i odczekał aż się dama wypłacze, ukoi, uspokoi, czemu pomógł puszczając płytę pełną łagodnego swingu, „smooth".

— Masz fajną kolekcję płyt, Klaro — rzekł grzecznie. — Ale
nie będziesz didżejką, więc co chcesz dalej w życiu robić, żeby-
śmy mogli dalej tak suto ci płacić jak dotychczas?

— Zostanę waszym szpiegiem u Chińczyków! — palnęła wściekle. — Całkowicie zamaskowanym. Przerobicie mi oczy na skośne, a cerę na żółtą.

— Nie wykonujemy tego rodzaju operacji, moja droga.

— Tylko zmieniacie ludziom nazwiska, co?! Zmieńcie mi jeszcze imię, bo jako Chinka muszę być Li, Wong czy inaczej w tym stylu!

— Nikt ci nie zmienił nazwiska, tylko przywróciłaś sobie nazwisko po ojcu, Klaro — perswadował łagodnie Kraus. — Imię masz śliczne, wywodzi się ze słowa *„czystość"*, i ze słowa *„jasność"*, myślę, że Chińczycy byliby nim zachwyceni i przetłumaczyliby je bez kłopotu na coś równie dźwięcznego oraz wdzięcznego. I byłabyś z pewnością bardziej zadowolona niż byłby Fiodor Dostojewski, gdyby wiedział jakim imieniem opatrywano jego książki w Polsce.

— Nic mnie to nie obchodzi! — krzyknęła Klara, wycierając łzy serwetką.

Krausa również nic to nie obchodziło, ale musiał terapeutycznym słowotokiem przedłużyć dialog, póki dama nie uspokoi się zupełnie.

— Pamiętasz, opowiadałem ci, że mój dziadek był przed drugą wojną edytorem i że został po nim duży księgozbiór. Kiedy dorastałem, dziwiło mnie, że na okładkach kilku książek, takich jak **„Bracia Karamazow"**, **„Zbrodnia i kara"** czy **„Idiota"**, widnieje autor Teodor Dostojewski. Zapytałem starego, a on mi wyjaśnił, że rosyjskie imię Fiodor to w języku polskim Teodor. Lecz takie spolszczone imię Dostojewskiego zawsze mnie drażniło i zawsze trochę mnie śmieszyło...

— Po co przylazłeś?! — przerwała mu Klara.

— Żeby cię wyciągnąć z bagna melancholii i wyplenić z twego życia groźbę alkoholizmu. Dopiero zaczynasz chlać, więc nie będzie to trudne.

— Co, wszczepicie mi w tyłek *„pluskwę"* kontralkoholową?

— Nie, wyślemy cię na kurs treningowy.

— Czego będziecie mnie tam uczyć, karate i strzelania między oczy biegnącemu człowiekowi z odległości stu jardów?

— Nie, technik manipulacji medialnej.

— Kłamstwa dziennikarskiego? A czym się ono różni od kłamstwa murarzy, kucharzy, zegarmistrzów, studentów, ekspedientów i sportowców?

— Drukiem, który trafia do mas. Zwie się to *„czwartą władzą"*. Czwartą, obok rządu, czyli władzy wykonawczej, parlamentu, czyli władzy ustawodawczej, i sądownictwa, czyli władzy jurysdykcyjnej. Kłania się współczesny Emilii du Châtelet, pan Monteskiusz. Biedak był sawantem, znaczy mądralą dużej klasy, lecz nie aż tak dużej, by starczyło mu wyobraźni na wskazanie czegoś więcej, ograniczył się do władczego tria. Nie przewidział *„czwartej władzy"*, władzy mediów, co jeszcze można zrozumieć, bo gazety wówczas raczkowały, ale że nie przewidział piątej władzy, która bardzo często jest władzą główną...

— Waszej! — domyśliła się Klara.

— No, władzy tajnych służb.

— Wszystko pięknie, ale ja już potrafię łgać, nie trzeba mnie tego uczyć!

— Mylisz się — pokręcił przecząco głową Kraus. — Techniki manipulacji medialnej to bardzo rozległa i subtelna dziedzina, obejmująca nie tylko żonglowanie faktami bądź sterowanie interpretacją faktów, lecz również problematykę tajników psychologii czy sugestii. Za klasyczny przykład uchodzi *„numer"* amerykańskich reporterów, którzy podczas niedawnej wizyty papieża w USA spytali Wojtyłę o jego stosunek wobec domów publicznych. *„ — To takie domy są tutaj?"* — zdziwił się papież. Nazajutrz gazety wydrukowały, że Ojciec Święty pragnął się przede wszystkim dowiedzieć czy w Ameryce są burdele. Chwyt sławny, lecz głupi, brutalny, ty będziesz uczona wyrafinowanych trików. Słyszałaś pewnie o *„podprogowym"* wstrzeliwaniu sygnałów informacyjnych do mózgu człowieka, czyli wnikaniu przekazu do ludzkiej świadomości wbrew woli, a właściwie wbrew wiedzy odbiorców?

— Chcecie, żebym została dziennikarką?
— Chcemy, byś została królową mediów, potężniejszą niż Królowa Śniegu. Znasz baśń Andersena?
— Mama mi czytała.
— Królowa Śniegu mroziła ludzkie serca, Klaro, a ty będziesz rozpalała cudze mózgi.
— Przestań kusić, mów kim konkretnie będę!
— Najpierw, tu, w Kanadzie, edytorką. I równocześnie kooperantką–korespondentką patriotycznego periodyku Polonii londyńskiej, to przez pierwsze lata. A później twoja medialna kariera nabierze tempa, pofruniesz ku tronowi. Kiedy dofruniesz, dwie władze, czwarta i piąta, spróbują razem capnąć monopol władzy, panno Mirosz... Uśmiechnij się, z uśmiechem twój śliczny pyszczek zyskuje blask!

* * *

Każdy, kto nie jest analfabetą, „kuma", że generalnie biorąc są dwa różne rodzaje druku: druki przyjemne i druki, których wolałoby się nie brać do ręki. Dla wielu ta różnica to różnica pomiędzy gazetowym nekrologiem teściowej a urzędowym nakazem zapłacenia grzywny, mandatu bądź długu. Dla innych jest to przepaść między ulubioną beletrystyką a formularzem podatkowym. Złe drukowane lub kaligrafowane słowo budzi ludzką wściekłość. Jak gniew Klary Mirosz, kiedy czytała afiszowy paszkwil tyczący Emilii du Châtelet i listy miłosne uczonej markizy, pełne żenującego bla–bla–bla. Podobne emocje ogarniały Johnny'ego Serena, gdy dano mu konfidenckie dossier jego ojca, którego esbecja zwerbowała bez trudu, bo trącił samochodem przechodnia „ze skutkiem śmiertelnym". Stanisław Serenicki miał wybór: iść do „paki" lub współpracować. Wybrał karierę, a później nawet zaprzyjaźnił się ze swym „oficerem prowadzącym", jeden drugiemu stał się bratem–łatą.

Johnny nie sądził, by mógł się zakolegować (a tym bardziej zaprzyjaźnić) z pułkownikiem Tiomkinem, albo z którymś pomagierem Tiomkina, lecz co do współpracy nie miał wyboru. Inna sprawa, że nie miał też jakiegoś specjalnego oporu, gdy w trakcie drugiej wizyty u Rosjanina poznał warunki kolaboracji tudzież wysokość *„stypendium"*. Tiomkin zapytał najpierw:

— Co pan chce robić, myślę o fachu? Chce pan sprzedawać trujące grzybki aż do emerytury, którą panu wypłaci Stowarzyszenie Dystrybutorów Używek Halucynogennych, drogi panie?

— Sprzedawałem ten indiański *„koks"*, by móc podróżować do miejsc egzotycznych — rzekł Johnny, i była to prawda.

— Czy nie lepiej podróżować za nasze pieniądze, bez ciągłego ryzyka dopadnięcia przez mafiosów lub przez gliny ścigające handlarzy prochów? Mafijne zemsty są brutalne, a odsiadki narkotykowe są długie...

— Za wasze pieniądze, lecz z ciągłą smyczą! — burknął kwaśno Johnny.

— Bez żadnej smyczy, przynajmniej dziesięć lat. Może dwa razy tyle.

— To się nazywa *„uśpiony"*, co?

— Tak się to nazywa. I w filmie, i w literaturze szpiegowskiej, i w życiu, czyli w żargonie tajnych służb, z którego lubią czerpać scenarzyści oraz literaci. Regularna duża forsa, komfortowe życie, spełnianie zachcianek, podróże, kobiety, brak kłopotów...

— Brak rodziny Tavese... — przerwał Johnny, wzdychając.

— Dokładnie, gaspadin Serenicki! — przytaknął gospodarz.

— Wyście sprowadzili tego makaroniarza do Ottawy, żeby go ze mną zetknąć, pułkowniku?

— Nie, los to sprawił, drogi panie. W Detroit trwa wojna gangów, dwie familie mafijne wzajemnie się wyrzynają, więc dziadek Luciana, dla bezpieczeństwa wnuka, odesłał go do ciotki, która rezyduje w Ottawie. To miały być wakacje trwające kilka miesięcy. Pech sprawił, że trwały tylko miesiąc. Wiadomość z ostatniej chwili: rodzina Tavese wyznaczyła wczoraj nagrodę, milion dolców, za wskazanie dilera, który sprzedał temu chłopcu prochy. Gdybym był panem, gaspadin Serenicki, już dzisiaj zmieniłbym lokum, jutro może być zbyt późno.

— Nie handlowałem w moim mieszkaniu, żaden mój odbiorca nie wie gdzie mieszkam!

— Pan wyraźnie nie docenia operatywności mafijnej. Jest prawie równie dobra jak operatywność KGB i GRU. Radzę zmienić lokum już dzisiaj, mamy dla pana ciepły adres...

— Syberyjski, za Kołem Polarnym?

— W Toronto, i tylko chwilowy. Chcemy bowiem wysłać pana na kurs, na szkolenie do Związku Radzieckiego. To będzie egzotyczna podróż, taka, jakie pan uwielbia. Bezdroża Kaukazu. A my tymczasem wskażemy rodzinie Tavese dwóch lokalnych dilerów, czym zaspokoimy jej żądzę krwi. Vendetta się wypełni i będziecie mieli gwarantowane bezpieczeństwo, czyli będziecie mogli, gaspadin Serenicki, wrócić do Kanady na czekający fotel dyrektora.

— Jakiego dyrektora?

— Woli pan tytuł prezesa, gaspadin Serenicki? Proszę bardzo. Chcemy, by pan współzarządzał polskim wydawnictwem emigracyjnym, firmą o bardzo patriotycznym, antykomunistycznym, antymoskiewskim, antykremlowskim profilu. Lecz nikt nie będzie pana ograniczał. Gdy zechce pan drukować także prace językoznawcze, o tematyce ulubionej przez pana, mam na myśli wszelkie gierki semantyczne, lingwistyczne, zabawy słowne, dziwolągi leksykalne, te rzeczy — proszę bardzo!

— Czego chcecie mnie uczyć w tym kaukaskim żłobku?

— Rozmaitych technik Jamesa Bonda.

— Również zabijania?

— Tak.

— Po co?

— Rutynowo. To zoologia. Zoologicznie i faktycznie rzecz biorąc ludzie są drapieżnikami. Zwierzęta muszą umieć zabijać, jeśli chcą przeżyć, sam pan wie. Pisał o tym chyba Darwin, mam słuszność?...

— Wcześniej pisał o tym Szekspir, panie pułkowniku.

— Istotnie, już pański bóg, Szekspir, o tym pisał. Ale przede wszystkim będziemy pana uczyć technik bezpiecznej komunikacji.

Bo kiedy zechce pan spytać o coś, lub będzie pan potrzebował jakiegoś wsparcia w ciągu tych długich lat snu — nie wolno będzie panu zwyczajnie przyjść do ambasady lub zadzwonić do mnie z telefonu. Musi pan znać metody komunikacji bezpieczne, dla anglosaskich służb niewykrywalne.

— Jakiej wysokości będzie mój żołd?

— Żołd?

— Właśnie, żołd.

— Bez takich słów, panie Serenicki!

— No więc honorarium, czy może stypendium...

— Raczej pensja, płaca, gratyfikacja. Wysokość do ustalenia, ale limit dla pana mam bardzo duży.

— Kiedy zaczniecie?

— Co?

— Płacić.

— Kiedy zmieni pan nazwisko urzędowo.

— Dobra, przybiorę sobie nazwisko matki, jak Picasso.

— Proszę wymalować drugą „**Guernikę**", to dam zgodę — roześmiał się Tiomkin. — Musi się pan zwać Serenicki, a nie Seren, bo bez czysto polskiego nazwiska nie będzie pan stuprocentowym patriotą.

* * *

I znowu Lonię Szudrina spotkał zaszczyt bycia prezydenckim gościem w daczy Władimira Władimirowicza, malowniczo leżącej pośród drzewostanu.

— Jak tam zdrówko? — spytał uprzejmie prezydent.

— Bardzo dziękuję, panie prezydencie, nie narzekam — ukłonił się Szudrin. — Pan też, widzę, kwitnie, tryska z pana werwa, istny kocioł energii.

— Biegałem dziś trochę wokół lasu, i przez całą godzinę ćwiczyłem na macie — pochwalił się Putin. — Uprawiacie judo, Lieonidzie Konstantinowiczu?

— Niestety nie... — przyznał się Lonia.

— Szkoda, moglibyśmy poćwiczyć nieskolko... A jogging?

— Też nie bardzo, chyba że jestem gdzieś spóźniony i trzeba błyskawicznie dobiec.

— A jakiś inny sport?

— Tylko seks i szachy.

— Oczywiście z własną żoną?

— Szachy tak, panie prezydencie.

Wybuchnęli śmiechem, filując dookoła czy nie ma pani prezydentowej w pobliżu. Usiedli na werandzie, przy stoliku trójnożnym, dźwigającym wazonik kwiatów, salaterkę ciastek, cukiernicę i filiżanki do kawy. Gdy zaserwowano im kawę, prezydent rzekł, patrząc ku gęstniejącym chmurom:

— Wkrótce będzie lać.

— To możliwe, zapowiadano wczoraj przyjście ulewy — powiedział Szudrin. — Czasami synoptycy się nie mylą.

— Mylą się rzadziej niż eksperci polityczni prognozujący bieg wypadków. Czasami zazdroszczę tym dawnym monarchom, którzy mieli Nostradamusów przybocznych.

— Nie ma czego zazdrościć, panie prezydencie. Ci władcy wielokrotnie źle wychodzili słuchając wróżb. Tylko przyboczni lekarze dawnych monarchów byli na dworach gorszą zarazą. Ciągłe puszczanie krwi i lewatywa. Lewatywa była bardzo ważnym zabiegiem, bo często królotwórczym, gdyż królobójczym. Wystarczyło domieszać środka zwalniającego tron...

— Co dolewano?

— W Europie sodę kaustyczną, wtedy niewykrywalną, zbrodnia perfekcyjna. Dzięki temu niektórzy władcy panowali krótko...

— A rekordziści, co panowali najdłużej? — spytał Putin, starając się mieć głos obojętny, normalny dla towarzyskich, bezznaczeniowych rozmów. — Ile czasu panowano?

— Rekordzistami byli faraonowie egipscy, panie prezydencie. Jeden władał ponad dziewięćdziesiąt lat, nie pamiętam imienia.

— A Europa?

— W Europie chyba Ludwik XIV, ponad siedemdziesiąt lat.

— Jakim cudem tak długo?

— Został królem mając cztery lata, za niego rządziła matka, Anna Austriaczka, jako regentka, a samodzielnie rządził ponad pół wieku.

— Taaak... — rozmarzył się w głębi ducha Putin, muskając spojrzeniem baldachim kłębiastych chmur. — Ale to były inne czasy, Lieonidzie Konstantinowiczu, zupełnie inne czasy.

— Tak, dziś lewatywa nie jest już modna — przytaknął Szudrin. — Natomiast demokracja głupio skraca władanie, limitując kadencje...

Władimir Władimirowicz jakby niedosłyszał, lub jakby ten wątek przestał go interesować, będąc tylko błahą paplaniną wstępną. Rzekł innym tonem:

— Dużo myślałem po naszej ostatniej rozmowie o tym co mówiliście. O Puszkinie i Gogolu...

— Ja, po tej rozmowie, również dużo myślałem. O tym co pan mi rzekł, panie prezydencie, à propos Zachodu. Że jesteśmy skazani na ciągłą wojnę z Zachodem. I że w tej permanentnej bitwie bardzo przydaliby się nam twórcy pokroju Puszkina czy Gogola. To prawda. Tylko skąd ich wziąć? Takich, którzy mając duży mir u społeczeństwa, chcieliby szczekać przeciw Zachodowi. Puszkin i Gogol robili to chętnie. Puszkin pisał o Ameryce: *„Ludzie tak zwietrzeli u nich, że niewarci jaja wydrążonego!"*. Gogol cytował ten epitet i dodawał: *„Cóż to są Stany Zjednoczone? Padlina, ot co!"*.

— Czy dzisiaj coś się zmieniło? — zapytał Putin, ukontentowany celnym cytowaniem klasyków. — Pieprzą przeciw nam, że łamiemy prawa człowieka, że zagrożona u nas demokracja, że kneblujemy wolność, że ginie w Rosji sprawiedliwość, i podobne sraty–taty! A u nich jaka sprawiedliwość?... Ewidentnego mordercę, który zaszlachtował własną żonę i jej faceta, uniewinniają mimo oczywistych dowodów winy, linii papilarnych, śladów krwi, badań DNA. Dlaczego? Bo jest sławnym sportowcem i jest czarny, więc skazujący wyrok mógłby rozgniewać Negrów. Pedały! Albo te polskie gnoje, które przysrywają nam, że niby w Rosji tyrania, bieda i pijaństwo. U nich za to raj! Taki dobrobyt, że dzisiaj miliony zrozpaczonych Polaczków emigrują, tłumacząc dziennikarzom: „ — *Wyjeżdżam, bo mój patriotyzm jakoś nie chce ubierać i karmić moich dzieci, ani płacić moich rachunków!*". Tymczasem Bliźniaki i ich kompani z Unii Europejskiej pierdzielą mi, żebym przestał łamać prawa człowieka!

— Odwińmy pięknym za nadobne — rzekł Szudrin. — Nie samą retoryką, bo ona spływa bez śladu, tylko inicjatywą, która tak dosunie krytykom Rosji, że będzie ich długo bolało. Cios w jaja!

— O czym myślicie, Lieonidzie Konstantinowiczu, o inicjatywie międzynarodowej?

— Tak. Sfinansujmy centrum badawcze, powiedzmy instytut, rejestrujący i analizujący przypadki łamania praw człowieka w Unii Europejskiej. Siedziba eurostołeczna: Bruksela, Genewa lub Strasburg. Bądź Londyn, Paryż czy Oslo. Nie mogą nam tego zabronić. Przypadków gwałcenia praw przez nich będą setki, same ruchy postępowe i młodzieżowe dadzą nam amunicji bez liku. Co pan na to, panie prezydencie?

— Świetny chwyt! — zgodził się Putin. — Osobiście zgłoszę tę inicjatywę, podczas któregoś szczytu Unia–Rosja. A jutro osobiście dopilnuję, Lieonidzie Konstantinowiczu, by wypisano wam kremlowski etat doradcy prezydenckiego w sprawach polityki międzynarodowej.

— Ta nominacja mocno zepsuje Zachodowi statystykę antyrosyjską — uśmiechnął się Szudrin.

— Czemu?

— Brytyjski **„The Economist"** nazwał właśnie Rosję „*państwem neo–KGB*", twierdząc, że odsetek funkcjonariuszy służb specjalnych w organach władz cywilnych Federacji Rosyjskiej wynosił za Gorbaczowa szesnaście, za Jelcyna tylko trzy, a za Putina siedemdziesiąt siedem.

— To wciąż mało! — zgrzytnął Putin. — Będzie więcej, Lieonidzie Konstantinowiczu!

* * *

O ile wśród sławnych zabytków konkurs falliczny wygrałaby bez
trudu krzywo stojąca wieża w Pizie (nomen omen), a wśród sławnych samców bez wątpienia rosyjski mnich Grisza Rasputin — o tyle wśród Londyńczyków końca lat 80-ych wieku XX duże szanse
miałby mister Bochenek, pod warunkiem że chciałby się afiszować
swoją męskością. Tymczasem „Zecer", chociaż szybko zachwycił
filigranową ekspedientkę z delikatesów przy Oxford Street, tudzież
sympatyczną kasjerkę z delegatury LOT–u — afiszować się musiał głównie patriotyzmem (plus antykomunizmem), i to manierą
tak bogoojczyźniano ogólnikową, by nie urazić żadnego nurtu Polonii, żadnej frakcji politycznej emigracyjnych Sarmatów. Jak gry-
py wystrzegał się dyskusji o Piłsudskim lub o Dmowskim czy Si-
korskim, terminy „sanacja" i „endecja" budziły jego panikę, tylko co do nurtów dysydenckich nad Wisłą miał jawnie skrystalizo-
wane przekonania, preferując KPN, mimo iż medialnie w kraju i za
granicą wiodący był ruch KOR–u. Generalna sympatia „Zecera"
zwała się po Bożemu „Solidarność", a idolami byli dlań Lech Wałęsa oraz Jan Paweł II.

Najlepszym tytułem nowego emigracyjnego pisma, które zakła-
dali Bochenek i Dut, byłby „Stańczyk", lecz ku ich żalowi termin ów politycznie kojarzył się z „lojalistami galicyjskimi" XIX
wieku, ugodowcami akceptującymi rozbiorową okupację austriac-
ką. Dowiedzieli się zresztą, że od dwóch lat (od 1986) wychodzi
już w kraju nieregularnie podziemne pismo „Stańczyk". Przypo-
mnieli więc sobie tygodnik satyryczny „Mucha", który ukazywał
się podczas zaborów, gnębiony mocno przez cenzurę, później wy-
chodził do roku 1939, i znowu kiedy wojna się skończyła — do
1952, aż zamknął „Muchę" stalinizm. Padła propozycja, by nazwać nowy tygodnik „Muchówką". Koniec końców Denis i Mariusz uradzili, że pismo będzie się zwało tyle samo patriotycznie,
co humorystycznie (gwoli podkreślenia jego charakteru satyrycz-
nego): „Giez Patriotyczny", z figurującym obok tytułu wyjaśnie-
niem dla czytelnika: „Czołowy wśród należącej do rzędu muchó-
wek rodziny gzów, «giez bydlęcy duży», powoduje u bydła cięż-

kie choroby, mogące być przyczyną zgonu. Tego życzymy komuchom". Nad tytułem zaś widniały dwa szlachetne motta periodyku. Denis przyniósł oba, chcąc dać możliwość wyboru Mariuszowi. Jedno było wzięte z **„Satyr"** Horacego: „Ridentem dicere ve-
rum" — „Śmiejąc się, mówić prawdę". Drugie wziął z **„Satyr"**
Ignacego Krasickiego:

> „Godzi się kraść ojczyznę, łatwą i powolną,
> A mnie sarkać na takie bezprawia nie wolno?
> Niech się miota złość na cię i chytrość bezczelna,
> Ty mów prawdę, mów śmiało, satyro rzetelna".

Bochenek tak się zachwycił obiema propozycjami, że dali dwa
motta miast jednego. Podpisując je: „Horacy, «Satyry»" i „Krasicki, «Satyry»". Horacy uszlachetniał periodyk sentencją łaciń-
ską, natomiast Krasicki raczył klarowną aluzją, bo pisał w dobie
rozbiorów, co musiało prowokować czytelników **„Gza"** do koja-
rzenia czasów tamtych i bieżących.

Dut przyniósł na to spotkanie coś więcej, kilka innych cytatów,
próbek dezawuowania komuny ośmieszaniem — metodą cytowania
tekstów wygłaszanych przez komunistów.

— Czy w komunie jest wolność? — zapytał „Zecera". — No
jak, jest w niej wolność?

— Jest. Można szamać, pić, srać o każdej porze i dymać każdą lalkę prócz sekretarki członka politbiura, ale nie wolno tknąć
politbiura słowem wiązanym.

— No to cytujmy konstytucję sowiecką lub konstytucję peerelowską, bo one gwarantują pełną wolność słowa. Drugie pytanko:
czy w komunie jest miejsce dla przedsiębiorczych, dla inicjatywy
oddolnej?

— Nie ma za cholerę! — rzekł Mariusz. — Tępiona jest każda oddolna aktywność, system jest totalnie scentralizowany, każdy wie o tym.

— No to każdy będzie się śmiał, gdy damy taki cytat ze wspomnień genseka Breżniewa, które wyszły pod tytułem **„Odrodze-**

nie": *„Ceniłem u ludzi przede wszystkim samodzielność myśle-*
nia, a więc inicjatywę twórczą, tę oddolną, robociarską, nękają-
cą asekuranctwo kierowników. To jest dla nas konieczne, więc
trzeba popierać ludzi odważnych, samodzielnych!". I tak dalej.

— Niezłe — zgodził się Mariusz.

— Jeszcze lepsze cytaty możemy czerpać dzięki stu stroniczkom
książki **„Co to jest radziecki styl życia?"**, wydanej w Moskwie
siedem lat temu, po polsku, dla Polaków. Agencja Prasowa Nowo-
sti. Śliczne prelekcje o bezsensie prywatnej własności i o przewadze własności kolektywnej. Plus przykłady z życia. Cały wzrusza-
jący rozdział o typowej radzieckiej familii proletariackiej Dudinów,
którzy gnieżdżą się, bo mają mieszkanie dwupokojowe, ale partyjną propozycję wzięcia lokalu trzypokojowego odrzucają, bo to
im już śmierdzi komfortem, czyli burżujstwem, czyli skończonym
świństwem, a oni są przyzwoitymi ludźmi. Takie pierdoły drukuje się dla ludzi w 1981 roku! No to przedrukujmy je, nikt tego nie
zna, gdyż nikt tego nie kupował. Dajmy się ludziom pośmiać, chopie, śmiech to zdrowie, można nim wyekspediować niejeden rząd
i niejeden system do piachu.

— A ta trzecia kniżka to co?

— Cymelium, pierniczenienie mistrzowskie! Dzieło akademika
Judina **„Kultura radziecka"**, Moskwa, Wydawnictwo Literatury
w Językach Obcych, edycja dla Polaków. Boki zrywać! *„Zaletą*
i narodową cechą kultury radzieckiej jest jej szlachetny charak-
ter i wyjątkowa uczciwość". Starczy?

— Pikne! — westchnął Mariusz.

— Całe jest takie, chopie, a już rozdział o genialnej i bezkom-
promisowej klasie inteligencji radzieckiej zwala z nóg. Jest co cy-
tować.

— Pikne, bardzo pikne, ale same cytaty nie starczą — skrzywił
się Mariusz. — Choćby najsmaczniejsze. Długo na tym nie pojedziemy.

— Zgoda — rzekł Dut. — Ściągnąłem już ekipę techniczną i
biurową, ściągnę też autorów. Młodych i ciętych jak osy, solidar-

nościowa emigracja jest pełna takich nienawidzących komuny pistoletów, którzy umieją truć i analitycznie, i satyrycznie. Chodźmy na piwo do pubu, poznasz barmana, chopie, czyli jednego z nich.

* * *

Odkąd wiadomo, że lewicowość to dobre maniery, rozwinięta empatia, głęboka erudycja, wrażliwość społeczna, krytyka efektu cieplarnianego i homofobii, zdrowy tryb życia, brak brzydkich nałogów, wyczynowa sprawność, seksualna jurność, szczera filantropijność, zdrowy rozsądek, poczucie humoru i umiłowanie Eltona Johna miast Ronalda Reagana, plus wstręt do faszystowskich krwistych steków po teksasku — ciężko być prawicowcem, bo każde elitarne towarzystwo zamyka przed reakcjonistą drzwi. Dawniej było jeszcze gorzej, ponieważ dla wszystkich wzmiankowanych cech lewicy (tudzież dla wielu innych cech tej formacji umysłowej, równie ważnych) mianownikiem była gorąca sympatia wobec Wietnamu Ho Szi Mina, Północnej Korei Kim Ir Sena, Chin Mao Zedonga, i zwłaszcza wobec ZSRR jako gołąbka pokoju. Problemy decyzyjne Klary Mirosz sięgnęły szczytu właśnie wówczas, więc spytała Krausa przytomnie podczas kolejnego rendez–vous:

— Mam kierować oficyną wydawniczą prawicową?! To jakiś żart...

— Nie, droga Klaro. Wydawnictwo będzie prawicowe i konserwatywne do szpiku.

— Czyli *„faszystowskie"*, taki będzie werdykt elit! — krzyknęła. — Elity intelektualne, śmietany salonowe, oplują je, i zgnoją do szczętu całe to moje *„do szpiku"*!

— Poznasz smak walki, a tylko w ogniu wykuwa się szlachetną stal, lecz nie zostaniesz samotna, nie damy cię rozgnieść.

— Umrę wskutek codziennych nerwów!

— Piękny zgon! — skwitował zimno Kraus. — Ileż podniecenia agonalnego, ileż emocji, ciekawy żywot, błyskotliwy thriller! Umrzesz jako edytorka, by narodzić się jako władczyni. Nie tak prędko, oczywiście, wpierw powalczysz wydawniczo kilka, kilka-

naście sezonów. Będziesz sławna. A wiesz, że kto nie ma wrogów, ten nie jest wart dużo...
— Słyszałam — mruknęła markotnie.
— Więc koniec straszenia, teraz będę ci wszczepiał optymizm.
Wrogów będziesz miała jedwabnych, moja droga. Elity tutejsze łat-
wo przełkną twoją prawicowość, bo będziesz drukowała tylko po
polsku, i do tego satyrycznie. Twoje wydawnictwo skupi się na hu-
moreskach. Drukowało będzie dla Polonii, dla starej i świeżej emi-
gracji, no i dla przemytu owej „bibuły" na teren kraju.
— Czemu skupię się na humoreskach?
— Bo śmiechem najłatwiej zabić i najłatwiej trafić do czytelni-
ków. Zabijać będziesz komunę, bawić będziesz antykomunę.
— Tylko po polsku?
— Mówiłem już, tylko po polsku.
— A skąd wezmę polski personel, co?
— Z piekła emigracji... Żartuję. Z mojej ręki, dziewczyno, do-
starczę ci kilkunastu prymusów.
— Również autorów?
— Autorów też, trochę później, to nie jest prosta sprawa. Zacz-
niecie od przedrukowywania dzieł już istniejących.
— Do tego trzeba mieć kontrakty na prawa autorskie, bez nich
za druk cudzych utworów grozi paragraf!
— Nie wszystkich, liczne prawa wygasły lub nie są chronione.
Słyszałaś o Zoszczence, Klaro?
— Kto to taki?
— Michaił Zoszczenko, rosyjski przedwojenny ironista, pióro
szczerozłote, geniusz. Samego Stalina tak rozzłościł swą pisaniną,
że ten na sesji komitetu partyjnego w 1946 roku krzyczał, iż trzeba z Zoszczenką zrobić porządek, przymusić, by „dostosował się
do społeczeństwa". Wydrukuj zoszczenkowe historyjki dla dzieci
o wodzu Rewolucji, wielkim Władimirze Iljiczu...
— O Leninie?!
— Tak, o Leninie, zwłaszcza o dzieciństwie Lenina. Jak malut-
ki Lenin myje rączki, siusia, et cetera. Nic złośliwego, normalna

codzienność, a czytelnik ryczy ze śmiechu, trudno się nie śmiać. Bolszewizm utopiony w nocniczku szczyla o nazwisku pomnikowym, spiż ubabrany skapującą ze śliniaczka kaszką manną.

— Ale Zoszczenko to Rosjanin... — wyraziła wątpliwość.

— I dobrze, bardzo dobrze! Nie martw się, Polaków prześmiewców też nie brak, są równie smaczni. Słyszałaś o Szpotańskim?

— Nie.

— Ten wkurzył Władzia Gomułkę równie mocno co Zoszczenko Stalina, miał proces, siedział, cała Polska zamarła jak Gomułka przeklinał „Szpota" z trybuny zjazdu partyjnego w Sali Kongresowej. Nie słyszałaś nic?

— Przepraszam, lecz...

— No trudno. Musisz się jeszcze dużo uczyć. Dlatego właśnie trzeba lat, żebyś się wyuczyła do śpiewania jak z nut. Wszystkiego. Historii Polski, historii literatury i sztuki polskiej, wszystkiego. Język polski musisz znać perfekcyjnie, niby polonista. W wydawnictwie ty i twoi pracownicy będziecie mogli rozmawiać wyłącznie po polsku. Ale to mało, musisz nie tylko w pracy rozmawiać po polsku. I nie tylko za dnia, także nocą. Musisz myśleć po polsku i śnić po polsku. Matka nie wystarczy.

— Z mamą widuję się ostatnio rzadko, ona jest bardzo chora, leży w klinice...

— Będziesz miała ciągły osobisty kontakt ze wspólnikiem, to też Polak, Jan Serenicki. Kończył tę samą uczelnię, tylko trochę wcześniej, kilka lat przed tobą. Polubisz faceta, przystojniak, i duży mózg.

— Nie pójdę do łóżka ze wspólnikiem, bo wy tego chcecie, wybijcie to sobie z głowy! — pisnęła urażona panna Mirosz.

— A kto ci każe?!... — prychnął Kraus. — Twój kontrakt nie obejmuje świadczenia komukolwiek usług seksualnych, sama sobie wyszukaj partnerów do łóżka, ilu chcesz, bezlimitowo, nas to nie obchodzi. Byle nie komunistów, trockistów, maoistów, jakichkolwiek lewaków, bo musisz dbać o swoją reputację. Twoja cnota to sarmacki patriotyzm.

Milczała przez chwilę, i rzuciła w charakterze nie prośby, tylko warunku:

— Chciałabym przynajmniej jedną książkę wydać po angielsku, panie Kraus.

— To zupełnie jasne, dziewczyno! — rozpromienił się domyślny pan Kraus. — Swą dysertację o Emilii du Châtelet wydasz po angielsku i po francusku. Także każdą inną swoją pracę, cokolwiek spłodzisz. Nakład bez ograniczeń, ile chcesz. Jesteś wśród przyjaciół, Klaro, wśród twych mecenasów i sponsorów, nigdy tego nie zapominaj.

* * *

Chyba każdy spostrzegł, że rozmowy pomiędzy bliźnimi są często identyczne. Jakby ktoś je wielokrotnie odtwarzał z magnetofonu. Identyczne tematy, identyczne zwroty, identyczna maniera, ciągle ta sama paplanina. Tysiące lat przemijają, a człowiek wciąż gada na jedno kopyto (wyjąwszy migowców, grypserów i kosmitę Lecha Wałęsę). Trudno się więc dziwić, że gadki pułkownika Tiomkina z Jankiem Serenickim mocno przypominały dialogi dziekana Krausa z panną Mirosz, tudzież pogawędki Denisa Duta z Mariuszem Bochenkiem, szczególnie jeśli idzie o sferę literaturoznawczą. Tiomkin wykazał imponującą erudycję à propos nie tylko światowej, lecz i polskiej literatury. Zaczął od tej pierwszej:

— Koniecznie tajny referat Chruszczowa na plenum KC KPZR, 1956 rok. Demaskacja zbrodni, pierwsze uchylenie kurtyny ludobójstw Stalina. O Stalinie jeszcze dwie rzeczy: **„Zagadkę śmierci Stalina"** Abdurachmana Awtorchanowa, i **„Stalin — rządy terroru"**, dziełko Francuzki, Hélène Carrère d'Encausse. Koniecznie też relacje dygnitarza polskiej bezpieki, uciekiniera, podpułkownika Józefa Światło, wygłaszane w emigracyjnej rozgłośni trzydzieści cztery lata temu.

— Staroć, śmierdzi naftaliną — zauważył Serenicki.

— Ale zna to niewielu waszych rodaków, szczególnie młode pokolenia nie znają, więc warto drukować. Głowę dam, że wy sami nie znacie, gaspadin Serenicki.

— Fakt, nie miałem przyjemności, panie pułkowniku.

— A **„Inny świat"** Herlinga–Grudzińskiego znacie?

— Tylko słyszałem o tym...

— O tej książce, czy o tym pisarzu, gaspadin Serenicki?

— O tym pisarzu.

— A **„Ciemność w południe"** Koestlera znacie?

— Jamais couché avec — odparł Serenicki frywolną francusz-czyzną.

— No więc widzicie, wasze pokolenie nie zna całej tej antybez-pieczniackiej i antygułagowej literatury!

— Myślę, że wielu moich rówieśników zna, zaś ja po prostu nie jestem właściwym delegatem mojej generacji, bo od literatury anty-komunistycznej, antysowieckiej, antybezpieczniackiej, wolałem fra-zę szekspirowską.

— No to jak jesteście dyletantem w tej literaturze, czy raczej zu-pełnym ignorantem, gaspadin Serenicki, to nie machajcie mi przed nosem naftaliną! — uniósł się Tiomkin. — Naftalina, dobre sobie! Chcecie coś esbeckiego świeższego aniżeli podpułkownik Świat-ło? Proszę bardzo. W roku 1971 warszawski Departament Szkole-nia i Doskonalenia Zawodowego MSW wydał książeczkę **„Z do-świadczeń pracownika operacyjnego SB"**. Autorzy: J. Łabęcki i M. Strużyński. Na okładce i na karcie tytułowej widnieje między nazwiskami autorów a tytułem podkreślone słowo TAJNE. Tajny druk esbecki, cukiereczek! Można to spokojnie przedrukować, SB nie upomni się o prawa autorskie sądowo.

— A gdzie śmiech? — zapytał ignorant. — Mówił pan, pułkow-niku, że preferować będziemy humor, satyrę...

— Coś wam pokażę — mruknął Tiomkin, wyjmując z szufla-dy broszurkę, której okładkę zdobił profil szlachetnego młodzień-ca o czystym spojrzeniu. — Juliusz Fuczik, **„Cela 267"**, Wydaw-nictwo Ministerstwa Obrony Narodowej Książka i Wiedza, Warsza-wa 1951 rok. Fragment więziennych wspomnień głównego boha-tera narodowego Czechosłowacji. Słyszeliście o Fucziku?

— Niestety, nie.

— Zamordowany przez hitlerowców heros czeskiego ruchu oporu, anioł podziemia walczącego z hitleryzmem. Czci go cały świat. W Ameryce Południowej kilka miejscowości nosi nazwę Fuczik. Kilka szczytów górskich w Azji. Kilkanaście jezior na kilku kontynentach. Dziesiątki kołchozów i sowchozów. Setki domów kultury, fabryk, stadionów, basenów w Czechosłowacji, Korei, Mongolii, Rumunii i ZSRR. Ulice, place, statki dalekomorskie. Wszystko to zwie się: „Fuczik" lub „imienia Fuczika". Encyklopedie całego świata oddają mu hołd. Dzień jego męczeńskiej śmierci, egzekucji toporem w berlińskim więzieniu Moabit, 8 września, został przez media całego globu mianowany Międzynarodowym Dniem Solidarności Dziennikarzy. Gwoli uhonorowania Fuczika, czeska Praga jest siedzibą Międzynarodowej Organizacji Dziennikarzy. Fuczik to ikona komunizmu. Ikona nieomal religijna. Ileż poematów, powieści, pieśni, hymnów, rymów o nim spłodziły pióra tej Ziemi! Wydrukujecie jego życiorys i te rymy parareligijne, choćby poświęcony mu wiersz chilijskiego noblisty, Pabla Nerudy:

> *„Juliuszu płonący!*
> *Plastrze życia.*
> *Żelazna i słodka komórko,*
> *Stworzona z miodu i ognia.*
> *Daj nam dzisiaj,*
> *Jak chleba powszedniego,*
> *Swą istotę,*
> *Swą obecność...".*

— Istna modlitwa do drugiego Chrystusa! — skrzywił się Serenicki. — Tylko czy to ma być ten humor?

— Nie, humor będzie na końcu. Wydrukujecie to wszystko, cały ten profuczikowy Tadż Mahal, a na końcu poinformujecie, że Fuczik nie był ofiarą Gestapo, tylko konfidentem Gestapo, i nie został przez Niemców stracony, tylko ewakuowany U–bootem do Paragwaju, kiedy waliła się swastykowa Rzesza, i ma gdzieś hołdy rocznicowe, bo wciąż żyje sobie komfortowo.

— Więc to wszystko fałsz?!

— Tak, zaś wspomnienia Fuczika to apokryf. Majstersztyk propagandy komunistycznej.

— Chętnie to ogłoszę, panie Tiomkin!

— Równie chętnie ogłosicie prawdę o polskich bohaterach podziemia antyhitlerowskiego, gaspadin Serenicki. Tych czerwonych. Oni też mają, choć jedynie w Polsce, ulice, place, hasła encyklopedyczne i rymowane pienia. Fornalska, Krasicki, Nowotko i towarzysze. Większość współpracowała z Gestapo, by wykończyć akowców lub wewnątrzpartyjnych konkurentów. Humor prawie jak z niemej komedii ery Chaplina. Bolszewicki humor.

* * *

Na dworze carskim były nie tylko bale, lecz i skrytobójstwa. Na plenach Komitetu Centralnego KPZR były nie tylko głosowania, lecz i zdrady. Na Kremlu Władimira Putina od samego początku były nie tylko jawne ceremonie, lecz i sekretne zebrania członków gabinetowej mafii, którą oni sami zwali *„lożą masońską «Put'»"*. W języku rosyjskim *„put'"* znaczy: droga. Siebie zwali *„putnikami"*. *„Putnik"* to po rosyjsku: wędrowiec.

Lieonid Szudrin został członkiem tego kremlowskiego „wolnomularstwa", *„putnikiem"*, 14 stycznia 2007 roku. Do komnaty sąsiadującej z gabinetem wicepremiera Miedwiediewa zaprowadził debiutanta Gleb Pawłowski, przyboczny ideolog Putina, jego swoisty mentor. W komnacie czekała już reszta *„putników"*: Dmitrij Miedwiediew, Siergiej Sobianin (szef administracji prezydenta), Igor Sieczin (wiceszef administracji), Giennadij Timczenko (zwany *„osobistym skarbnikiem Putina"*), Siergiej Naryszkin (prawa ręka Putina wobec *„aparatu"*), Siergiej Iwanow (generał–lejtnant, były tuz KGB i FSB) oraz Władisław Surkow (główny spin–doctor Kremla, zwany *„szarą eminencją"*). Pawłowski, prowadząc Szudrina, mówił o nich i o sobie:

— Wszyscy się wzajemnie nienawidzimy, bo rywalizujemy ze sobą pozyskując względy Wielkiego Kalifa naszego Bagdadu, ale

tworzymy monolit jako „*think–tank*", sztab jego mózgów, bo cały nasz los, cały karierowy szlak, zależy od niego. Razem z nim
idziemy do góry, lub toniemy. Rozumiesz?
— Lepiej niż mógłbyś przypuszczać — odparł Szudrin.
— Pamiętaj, wszystko o czym tam będzie mowa jest ściśle po-
ufne, strictly confidential, i tylko prezydentowi możesz te sekrety
wyjawić, nikomu innemu na całym świecie, rozumiesz?
— Jak abecadło i tabliczkę mnożenia.
— Z wszelkimi kłopotami personalnymi wal do mnie. Gdyby
któryś kolega robił ci koło pióra. Wśród nich tylko my dwaj jes-
teśmy absolwentami Historii, a historycy muszą się trzymać razem,
mam słuszność?
— Zupełną, Gleb!
Kiedy weszli, Gleb przedstawił nowego:
— Czołem, riebiata! Oto nasz nowy współspiskowiec, Lieonid
Konstantinowicz Szudrin, historyk.
— Tak, słyszeliśmy — rzekł Surkow. — To ten, co namawia
Władimira Władimirowicza, żeby zmusił Warszawę do przeprosze-
nia Rosjan za Katyń.
Wybuchnęli gromkim śmiechem, a Iwanow, klepiąc dłonią ko-
lano, uzupełnił żarcik:
— I dzięki temu zostanie oligarchą, gaspada!
Śmiech się wzmógł, lecz przepowiednię Iwanowa sprostował
Timczenko:
— Nie oligarchą, tylko autorem właśnie drukowanej cegły o ro-
syjskiej oligarchii, to jednak drobna różnica zysków.
Kiedy tak kpili, Gleb klepnął Lonię po ramieniu, mówiąc:
— Nie przejmuj się, robią ci chrzest mafijny metodą szydze-
nia. Siadaj tam i odczekaj bez nerwów, wkrótce się uspokoją. Na-
ryszkin, daj już spokój, koniec tej błazenady!
— Chciałem tylko powiedzieć, że czytałem fragmencik maszy-
nopisu tego dzieła...
— I co? — spytał Surkow.
— I czkawkę mam do dzisiaj! — palnął Naryszkin.

— Może czkawkę dziedziczną? — odwinął Lonia. — Metresa cara Aleksandra I, Maria Naryszkina, też miewała często czkawkę, choć nie wiem czy wskutek lektur, i czy również wtedy, kiedy dawała carowi.

Chóralny śmiech, tym razem wymierzony nie w nowego, gruchnął znowu. Naryszkin przygryzł wargę i jako jedyny nie rechotał, bo przygryzanie warg śmiechowi nie służy.

— Umie się celnie odszczeknąć, brawo! — przyznał Miedwiediew. — Dobra sowiecka metoda...

— Nigeryjska — uściślił Timczenko. — Nigeryjskie przysłowie powiada: *„Gdy ktoś cię ugryzł, przypominasz sobie, że i ty masz zęby"*.

W ten sposób rodzą się ksywki, ni z tego, ni z owego — dzięki tamtemu dialogowi Lonia zyskał wśród *„putników"* bezsensowny przydomek: *„Nigeryjczyk"*. Tymczasem dialog dopiero się rozkręcał; wicepremier Miedwiediew skończył *„szutki"*, zmieniając ton głosu:

— Czas ucieka, dosyć żartów, panowie! Witaj, Lieonidzie Konstantinowiczu, mówimy tu sobie wszyscy na *„ty"*, więc witaj Lonia. Panowie, czas prezydenta ucieka również, druga kadencja mija w marcu, za czternaście miesięcy. Konstytucja nie przewiduje kadencji trzeciej, paniatno?...

— Konstytucja nie jest Pismem Świętym, chłopaki — burknął Naryszkin. — Wystarczy przegłosować nowy paragraf, demokratycznie!

— Ręce precz od konstytucji! — zgromił go Surkow. — Przynajmniej chwilowo, później się zobaczy, kiedy miną wybory prezydenckie, lecz teraz majstrowanie w konstytucji to byłaby katastrofa międzynarodowa, o sile bomby wodorowej, liberalny salon Zachodu rozszarpałby nas, wszystkie media Zachodu ukrzyżowałyby Władimira Władimirowicza jako bandytę gorszego od Pol Pota czy Saddama Husajna. Nie ma mowy!

— Będziemy się przejmować piszczeniem Zachodu, a nie głosem narodu rosyjskiego? — spytał Iwanow. — Większość społe-

czeństwa marzy o dalszej władzy cara Putina, nie chcą, nie wy-
obrażają sobie jego zejścia ze sceny!

— My również nie chcemy tego, ale zamiast gmerania w konstytucji, trzeba ją obejść, znaleźć jakieś luki bądź triki prawne, które zezwolą dalej królować Władimirowi Władimirowiczowi lege
artis, czyli po bożemu! — rzekł twardo Sobianin.

— Chwileczkę, dziewczynki, spokojnie, dajcie mi coś powiedzieć! — krzyknął Pawłowski. — Przecież, o ile wiem, konstytucja nie zabrania kandydować trzeci raz, tylko nie można trzeci
raz z rzędu! Cztery lata wytrzymamy...

— Fakt, cztery lata to niedużo — przytaknął Sieczin.

— Goń się, Igor! — warknął Naryszkin. — Przez cztery lata
wylądujemy cztery razy w śmietniku, będzie z nami koniec!

— Nie będzie, jeśli przez te cztery lata zaufany człowiek Władimira Władimirowicza uchowa główny fotel dla niego, jako prezydent–figurant.

Dyskutowali jeszcze kwadrans, chaotycznie i bezładnie, impro-
wizując. Miedwiediew miał tego wreszcie dosyć. Przerwał jazgot
i zadecydował:

— Na wariata nic nie wymyślimy i nie uradzimy. Kolejne spotkanie „*loży*" w kolejnym tygodniu. Gleb i Władek przygotują warianty prawne, wszelkie sensowne możliwości prolongowania prezydentury Władimira Władimirowicza. Reszta też się pomęczy, po-
szuka, poniucha, popyta, pomyśli, każda koncepcja, choćby sur-
realistyczna, będzie warta rozpatrzenia, panowie. Urządzimy tu za
tydzień „*burzę mózgów*", może wyniknie z niej coś sensownego,
co będzie można proponować komandirowi. On na was liczy, riebiata!

* * *

Pierwszy numer **„Gza Patriotycznego"** (listopad 1988) wyszedł pod hasłem „*Seks, sierp i młot*", gdyż Denis stwierdził, że
„*pierwszym numerem trzeba chwycić odbiorców za jaja*". Ilustracjami były pikantne (ale nie pornograficzne) karykatury, mach-
nięte przez dwóch grafików, i lekko obsceniczne zdjęcia półubra-

nej żony Witka Nowerskiego, ekspanny Jolanty Kabłoń, którą ucharakteryzowano na bolszewiczkę doby leninowskiej. Na jej partnera bolszewika został ucharakteryzowany *„Zyga"* Tokryń, bo *„Gulden"* stanowczo odmówił występu. Teksty były różne: trzy humoreski, cztery publikacje analityczne, dwa felietony (później przybyło felietonistów), dramatyczna biografia kochanki Stalina, Wiery Dawydow (operowej solistki moskiewskiego Teatru Bolszoj), wstrząsający rejestr gwałtów dokonywanych przez stalinowskiego siepacza Berię (dla którego enkawudziści porywali dziewczęta i kobiety z mieszkań i ulic), plus garść cytatów. Głównym cytowanym autorytetem był, rzecz prosta, główny sowiecki mędrzec, sprawca przewrotu bolszewickiego, Władimir Iljicz Lenin, który rewolucjonistce Klarze Zetkin tłumaczył jaki ma stosunek do seksu:

„Podniecające pragnienie urozmaicenia sobie rozkoszy łatwo nabiera siły niepohamowanej. Formy małżeństwa i obcowania płci w sensie burżuazyjnym już nie zadowalają. W dziedzinie małżeństwa i stosunków płciowych nadchodzi rewolucja będąca odpowiednikiem proletariackiej rewolucji. Zrozumiałe, że ten powikłany problem, gdy go upublicznić, wzbudza głębokie zainteresowanie tak wśród kobiet, jak i wśród młodzieży, bo właśnie te dwie grupy, kobiety i młodzież, cierpią szczególnie dotkliwie przez bałagan charakterystyczny dzisiaj dla płciowych stosunków".

Cytowany był również trochę starszy klasyk, Karol Marks, który razem z Fryderykiem Engelsem opublikował A.D. 1872 **„Manifest Komunistyczny"**, gdzie stało: *„Komunizm nie musi wprowadzać wspólności żon, bo ona istniała zawsze. Tyle że na miejsce obłudnie maskowanej wspólności żon chce wprowadzić otwartą, oficjalną, legalną".* Towarzyszyły temu smaczne cytaty z dzieła wodza II Międzynarodówki, Augusta Bebla (**„Kobieta a Socjalizm"**), i z dzieła przybocznej feministki Lenina, komisarki Armii Czerwonej i członkini rządu bolszewickiego, Alieksandry Kołłontaj (**„Autobiografia seksualnie wyzwolonej komunistki"**), która namawiała płeć piękną do nielimitowanego rżnięcia się i dawania komukolwiek wedle własnych żądz i kaprysów (*„zgodnie z włas-*

ną naturą"). Puentę numeru stanowił fragment polskiej literatury współczesnej — passus użyty przez reżimowego lizusa, Romana Bratnego, autora projaruzelskiej (antysolidarnościowej) powieści **„Rok w trumnie"**: *„Patrzyło na mnie osłupiałego ślepe oko odbytnicy..."*.

Dla równowagi (i dla wystudzenia emocji) drugi numer **„Gza Patriotycznego"** mocno kąsał *„gospodarkę socjalistyczną"*. Znowu humoreski, artykuły, felietony, karykatury i cytaty. Cytowane były — *„do śmichu"* — głównie tezy czerwonych kuglarzy ekonomii i hasła czerwonych kompendiów (encyklopedii, słowników, zbiorów partyjnych wystąpień). Jak dwa hasła ze **„Słownika Akademii Nauk ZSRR"**:

„INFLACJA — Właściwy dla krajów kapitalistycznych spadek wartości pieniądza w wyniku nadmiernej emisji, przekraczającej potrzeby obrotu towarowego. Wzrost po II Wojnie Światowej, wskutek nasilenia się parazytyzmu w obrębie gnijącego kapitalizmu".

„KRYZYS EKONOMICZNY — Stan nieuchronnie powtarzający się w kapitalistycznych społeczeństwach. Uwidacznia on eksplozję wszystkich sprzeczności kapitalizmu (...) Źródła kryzysów ekonomicznych tkwią w samej istocie systemu kapitalistycznego".

Tym radzieckim majaczeniom towarzyszył bełkot nadwiślański, zaczerpnięty z **„Krótkiego słownika filozoficznego"**, dzieła partyjnych filozofów:

„OGÓLNY KRYZYS KAPITALISTYCZNY — (...) Ogólny kryzys światowego systemu kapitalistycznego rozpoczął się w okresie I wojny światowej, zwłaszcza w wyniku odpadnięcia od systemu kapitalistycznego (...) Zaostrzając wszystkie sprzeczności kapitalizmu, ogólny kryzys przyspiesza jego zagładę, zbliża zwycięstwo światowej rewolucji socjalistycznej".

Trzeci numer **„Gza Patriotycznego"** miał jako wiodący temat sport, a dokładniej *„koksownictwo socjalistyczne, będące przemysłową formą faszerowania wyczynowych brojlerów"* (czyli *„pom-*

powanie" dopingowym *„koksem"* czempionów reprezentujących
państwa *„bloku ludowej demokracji"*), ze szczególnym uwzględ-
nieniem enerdowskich *„fabryk dopingu"*. Ilustracjami (prócz kilku karykatur) były szpanerskie zdjęcia monumentalnych pływaczek
i lekkoatletek NRD, których sterydowa neomuskulatura nie dawała
się zgolić wzorem owłosienia. Przez takie fotografie ten numer został uznany za prawie pornograficzny.

Czwarty numer ekipa redaktora Mariusza Bochenka dedykowa-
ła sferze usług w krajach socjalistycznych. Hasłem przewodnim numeru był fragment dyrektywy ze wschodnioniemieckiego dzienni-
ka partyjnego **„Saachsische Zeitung"**: *„Fryzjerzy mają ustawowy
obowiązek odrzucania żądań strzygących się obywateli, kiedy za-
życzona fryzura sprzeczna jest z regułami moralności socjalistycznej"*.

Numer piąty był monograficzny poetycko. Dawał serię wierszy
nadwiślańskich poetów sławiących służby specjalne Polskiej Rzeczypospolitej Ludowej — ubecję i esbecję. Jak w poemacie Andrzeja Mandaliana **„Towarzyszom z bezpieczeństwa"**:

> *„Tyle nocy*
> *niedospanych,*
> *mętnych,*
> *poplątanych,*
> *od dymu ciasnych,*
> *«wyprowadzić»*
> *rzekł konwojentom*
> *i zasnął.*

> *Śpij, majorze,*
> *świt niedaleko,*
> *widzisz:*
> *księżyc zaciąga wartę;*
> *szósty rok już nie śpi Bezpieka,*
> *strzegąc ziemi*
> *panom wydartej"*.

We śnie nawiedził majora towarzysz Dzierżyński, i major złożył mu raport. Ale to już zacytuję kilkadziesiąt stron dalej, kiedy
„przyjdzie jego pora". Teraz muszę tylko wzmiankować, że od
pierwszego numeru rosła wśród kręgów patriotycznych (emigracyjnych i krajowych) szczytna legenda **„Gza Patriotycznego"**.

* * *

Generał Kudrimow nigdy nie studiował dorobku Alberta Einstei-
na, więc być może nawet mylił go z reżyserem Eisensteinem, twór-
cą filmu **„Pancernik Potiomkin"**. Teorię względności poznał późno, i to nolens volens, kiedy kilka lat przed emeryturą stał się pra-
cownikiem Służby Wywiadu Zewnętrznego. Ktoś mu pokazał *„interview"*, którego udzielił mediom deputowany Dumy, Alieksandr
Liebiediew, były londyński *„rezydent"* KGB. Została tam przed-
stawiona krzywdząca dla Wasi teoria względności intelektualnej kagiebowców. Liebiediew błysnął cytując głośnego amerykańskiego
polityka, Henry'ego Kissingera, który rzucił komplement prezydentowi Putinowi: *„ — Wszyscy porządni ludzie zaczynali w wywia-
dzie. Ja również, nim mianowano mnie sekretarzem stanu"*. Następnie Liebiediew oznajmił dziennikarzom, iż wywiad zagraniczny,
nie będący żadną *„bezpieką"*, stanowi elitę intelektualną wszelkich
„służb": *„ — Szpiegami zagranicznymi czyniono u nas tych, którzy się wyróżniali inteligencją. Wywiad zewnętrzny grupował i gru-
puje śmietankę umysłową służb rosyjskich, starannie selekcjono-
waną"*. Co automatycznie znaczyło, że do reszty Zarządów KGB
(od kontrwywiadu i służb ochrony VIP–ów, po straż graniczną, na-
słuch i formacje antyterrorystyczne) przyjmowano głupszych kandydatów, drugi–trzeci sort. Wasia całe lata wierzył, że jako funkcjonariusz Pionu Operacyjnego jest członkiem elity (bo tak mu perswado-
wało zwierzchnictwo), tymczasem ta elitarność okazała się bardzo
względna wedle Liebiediewa. Mógłby się wprawdzie cieszyć, że u
schyłku kariery wylądował pośród *„zagraniczników"*, lecz rozumiał, iż Liebiediewowi chodziło o służbę stricte szpiegowską —
o funkcje *„rezydentów"* i wywiadowców pracujących przy radziec-

kich i rosyjskich ambasadach, nie zaś o biurokratyczne fotele i stołki w SWR. Większość zresztą służby Kudrimowa to były „*działania operacyjne*", mokre egzekutorstwo — podług Liebiediewa robota dla debilnych. Wasię przepełniała wściekłość. Ale co mógł zrobić? Nie miał wystarczająco silnego zaplecza, by kilka lat przed emeryturą toczyć wojenki z pieprzonymi Liebiediewami — mógł tylko gasić telewizor. Gaszenie telewizora (lub zmienianie pilotem kanału) pełni na całym globie ważną rolę terapeutyczną, dającą kojące satysfakcje ludziom, którzy przycisnąwszy guzik, mogą zamknąć gębę każdemu nielubianemu typowi. Odkąd Wasia przeczytał pierdoły Liebiediewa, zmieniał kanał lub wyłączał telewizor ilekroć deputowany Liebiediew chrzanił z ekranu coś wzniosłego („*państwowotwórczego*"). Telewizor był bowiem ulubionym medium generała Kudrimowa, wywierał nań duży emocjonalny wpływ. Zwłaszcza filmy dziecięce, filmy o dzieciach i programy z udziałem dziatwy rozgrzewały serce generała lub wyciskały mu łzy, tak jak gospodyniom domowym moczy majtki wszelka serialowa „*liubow*'". Dlatego gdy zespół Kudrimowa wysadzał bloki w Bujnaksku i Wołogodońsku — anonimowe ofiary zupełnie Wasi nie przeszkadzały. Ale kiedy inne „*służby*" rozwaliły szkołę w Biesłanie, i Wasia zobaczył dzięki telewizji mnóstwo półgołych zakrwawionych brzdąców — trafił go szlag. W takich chwilach urzynał się wódką „Stoliczną", puszczając sobie płytę ze starym białogwardyjskim romansem: **„Jamszczik, nie gani łoszadiej!"** (**„Woźnico, nie poganiaj koni!"**).

Względnościowa teoria, wyłożona przez Liebiediewa dziennikarzom, najpierw Wasię wkurzyła, później zaprogramowała mu antyliebiediewowsko pilota od telewizora, by wreszcie skłonić Wasię do bacznego przyjrzenia się kapitalistycznym elitom Federacji Rosyjskiej, a konkretnie proweniencji tych świecznikowych kręgów. Kiedy to zrobił — osłupiał. Prawie wszystkie czołowe stanowiska w dużym biznesie (w finansach, w usługach, w przemyśle, w handlu) zajmowali ci absolwenci Wyższej Szkoły KGB (mianowanej potem Akademią FSB), którzy działali jako czołowi szpiedzy za

granicą. Skurwysyny! Całkowicie opanowali choćby banki prywatne i państwowe. Kudrimow wcześniej sądził, że banki to arena byłych *„gławnych farcowszczikow"* (wiodących cinkciarzy), tymczasem okazało się, że nie. Taki Andriej Kostin, prezes Wniesztorg-
banku, *„rezydował"* wraz z Liebiediewem w ambasadzie londyńskiej, a kiedy wrócili do kraju, razem utworzyli Kompanię Finansowo–Inwestycyjną. Lub Władimir Dimitriew, prezes Banku Rozwoju, bywszy *„rezydent"* w Sztokholmie. I tak dalej, na który bank
nie spojrzysz. To samo z wielkim przemysłem. Szef rady dyrektorów giganta naftowego, Rosnieftu, Igor Sieczin, był szpiegowską
gwiazdą afrykańską (Mozambik i Angola). Prezes Rosyjskich Kolei Żelaznych, Władimir Jakunin, długo pełnił rolę bossa całej siatki szpiegowskiej KGB obejmującej Amerykę Północną, głównie terytorium Stanów. Siergiej Czemiezow, szef Rosoboronexportu (monopol handlu rosyjską bronią) był kumplem samego Putina (mieli
wspólne auto), kiedy szpiegowali Zachód pracując u Niemców. Lub
taki Kostarski, szef megafirmy elektronicznej, czy Władimir Gruz-
diew, szef megasieci handlowej Siódmy Kontynent, czy Filip Bob-
kow, szef megabiura ochroniarskiego — same, kurwa, byłe *„szpio-
ny"*! Inteligencja, psiakrew! Zdanie wyrażone przez **„The Economist"**, że putinowska Rosja stała się *„państwem neo–KGB"*, robi-
ło cichą karierę we wszystkich gmachach FSB, wędrując korytarza-
mi i gabinetami, i cieszyło personel tych gmachów, Wasię również,
ale po *„interview"* Liebiediewa i „kwerendzie" dygnitarskiej, którą
zrobił sobie na prywatny użytek generał Kudrimow — Wasia przestał się bardzo cieszyć. Inteligentniejsi! Skurwysyny pieprzone!!
   Tę niechęć wzmagał fakt, iż główny zwierzchnik Kudrimowa,
pogardzany przez Wasię Żyd, szef Służby Wywiadu Zewnętrznego,
były premier Rosji, Michaił Fradkow, również dawniej działał jako
szpieg. Kudrimow starał się pracować solidnie, jego ludzie robili w
Polsce co trzeba dla szybkiego zdetronizowania antyrosyjskiej partii braci Kaczyńskich, lecz wewnątrz swej nowej *„firmy"* (SWR),
i wewnątrz własnego Referatu Polska, i nawet wewnątrz własnego
gabinetu — czuł się źle. Zdawało mu się, że wokoło niego lewi-

tują wrogie fluidy. Jeden się zmaterializował — pewnego dnia Kudrimow zobaczył na swym biurku kartkę z datą: *„25 października roku?..."*. Dwie cyfry, dwa słowa, znak zapytania i trzy kropki — nic więcej. Rozumiał co to znaczy: mściwa groźba śmierci od wrogów, lub głupi żart ze strony dawnych kolegów–egzekutorów. Wziął butelkę, łyknął przez gwint, puścił sobie **„Jamszczika"**, i myślą posłał *„joba"* matce autora „liściku".

* * *

Gdyby jakiś uczony chciał napisać monografię o chorobowych i fizjologiczno–patologicznych motorach powstawania dzieł wielkich reformatorów tudzież ideologów — znalazłby przykładów co niemiara. Marcin Luter, nienawidząc katolicyzmu, wszystkie swoje protestanckie 95 tez pisał w wychodku, gdyż męczyła go chroniczna biegunka spowodowana chorobą jelit. Karol Marks nienawidził kapitalizmu, gdyż stale nękały go ropne czyraki, wywoływane chronicznym zapaleniem gruczołów potowych (*„hidradenitis suppurativa"*), co zdiagnozował brytyjski dermatolog Sam Shuster z Uniwersytetu Wschodnioangielskiego. Redagując do druku swój **„Kapitał"**, Marks rzekł listownie Fryderykowi Engelsowi: *„Burżuje zapamiętają moje czyraki po kres swych żywotów"*. Wolter, chociaż wiedział, że w jekatierińskiej Rosji panuje knut, a polityka rosyjska to zaborczy imperializm — sławił swymi pismami carycę Katarzynę Wielką jako patronkę wolności, sprawiedliwości, demokracji i rządów prawa, bo był chronicznym zmarzluchem (nawet podczas lata ubierał się bardzo ciepło). Pewien medyk, doktor Poissonier, wróciwszy z Rosji udał się do Ferney (szwajcarska siedziba Woltera) i nawymyślał sławnemu *„filozofowi"* za wszystkie pochwały caratu i *„liberalizmu"* rosyjskiego. Wolter odrzekł:

— Drogi panie, przysyłają mi stamtąd w prezencie takie dobre futra, a ja jestem wielki zmarzluch...

Klara Mirosz, studiując życiorys Emilii du Châtelet, równie dobrze poznała życiorys gacha mędrkującej markizy, dlatego Simon Kraus mógł użyć Woltera jako argumentu, gdy tłumaczył Klarze

pewne konieczności obligujące prawicowców. Klara bowiem, prze-
myślawszy propozycję Krausa, wystraszyła się, iż salonowe elity
Zachodu, aczkolwiek nie znają języka polskiego, usłyszą od swych
polskich komilitonów, tak samo jak one lewackich, że Wydawnictwo Puls Ojczyzny to bastion prawicy, czyli „reakcja" konserwa-
tywno–szowinistyczna, i będą chciały rozstrzelać tę firmę zmaso-
wanym ogniem swych lewicujących mediów.

— Wówczas będziecie walczyć — zawyrokował Kraus. — Wcale by nas to nie martwiło. Status kombatanta, bojownika walczącego w mniejszości przeciw zmasowanej sile zła, renoma Dawida
rzucającego wyzwanie Goliatowi, to piękne godło, pani prezesko,
piękna legenda, piękny status...

— Piękny status bohaterów poległych! — przerwała mu panna
Mirosz. — Dawid wygrał jednak z Goliatem, a moje wydawnictwo Goliaci nakryją czapkami bez trudu. Prawie wszystkie wiodące
media świata należą do lewicy...

— Ale Pismo mówi, że „ostatni będą pierwszymi", panno Mirosz... — uśmiechnął się Kraus. — Kiedyś runie lub przynajmniej
mocno osłabnie siła tych zachodnich intelektualistów, gdyż zostanie zdemaskowana ich głupota i zła wola, ich sprzedajność i naiw-
ność, które każą im wchodzić w tyłek Sowietom tak, jak Wolter
wchodził w tyłek caratowi. Pani jest wolterologiem, stąd świetnie
pani wie, że to ta sama melodia. Zachód to krwiożerczy imperializm, a Związek Sowiecki to gołąbek pokoju. Jankeskie rakiety to
ludobójstwo, a sowieckie to filantropia. Bredzą tak od dziesięcio-
leci, mieszają w głowach młodzieży całego świata, organizują po-
kojowe ruchy, wiece, marsze...

— I pan to mówi?! — przerwała znowu Klara Mirosz. — Nikt
inny, tylko pan i pańskie sobowtóry organizujecie te marsze i te
wiece, ogłupiacie te tłumy dzieciaków i frajerów, płacicie tym intelektualistom bez sumień, panie Kraus!

— Tak, wypełniam rozkazy — zgodził się Kraus. — Wobec pani realizuję rozkaz formowania n a s z e j prawicy, która kiedyś zwycięży tu i tam demokratycznie, choćby wskutek rytmu „wahadła

wyborczego". Proszę nie twierdzić, że jest pani skazana przeze mnie na klęskę. Pani jest przeze mnie promowana do sukcesu, chociaż niekoniecznie trwałego sukcesu, bo w demokracji nie ma trwałych klęsk, ani trwałych sukcesów.

— Dlatego pilnujecie...

— Dlatego musimy pilnować obu stron barykady, kiedy nadciąga demokracja. Pani strona zwie się prawicą. I dlatego już teraz, jeśli lewicowe media będą atakować Puls Ojczyzny piórami swych intelektualnych prostytutek, wydawnictwo odwinie brzytwą, ciosem brzytwy przez ujadające gęby goszystów. Na przykład drukując tekst polskiego antykomunistycznego satyryka, genialnego kuplecisty, pana „Szpota".

I wręczył Klarze fragment „poematu" Janusza Szpotańskiego, tyczący zachodniej elity intelektualnej oraz jej usprawiedliwień dla czerwonego totalitaryzmu:

> „Tak się historii koło kręci,
> że najpierw są inteligenci,
> co mają szczytne ideały
> i przeobrazić chcą świat cały.
> Miłością płonąc do abstraktów,
> najbardziej nienawidzą faktów,
> fakty teoriom bowiem przeczą,
> a to jest karygodną rzeczą (...)
>
> Wielkim nieszczęściem jest ludzkości,
> że ma sąd błędny o wolności,
> bo stąd się zło największe bierze,
> że nie żyjemy w falansterze,
> lecz każdy pragnie w pojedynkę
> zdobyć dla siebie szczęścia krzynkę.
> Oburzające to dążenie
> gmatwa historii bieg szalenie
> i zwodząc ludzkość na manowce
> uniemożliwia wszelki postęp (...)

By można było ludzkość zbawić,
trzeba się najpierw z nią rozprawić.
By mogła zapanować Równość,
trzeba wpierw wszystkich wdeptać w gówno.
By człowiek był człowieka bratem,
trzeba go wpierw przećwiczyć batem".

— Co to jest falanster? — zapytała Klara.

— Utopijna wspólnota dawnych komunistów, lewaków francuskich, gdzie miała obowiązywać także wspólność żon — wyjaśnił Kraus. — Podobał się „*Szpot*"?

— Zgrabny. Mniej mi się podoba pewność, że pan pierwszy napuści lewaków na moje wydawnictwo, by zdetonować hałas i zmusić mnie do walki.

— Ale włoska torebka, którą przedwczoraj sobie kupiłaś płacąc równowartość trzech robotniczych pensji miesięcznych, dalej ci się podoba?... — zapytał obcesowo sponsor.

*   *   *

W kolejnym spotkaniu członków „*loży «Put'»*" wzięło udział dziesięciu „*putników*" — tym razem był obecny również doradca nr 1 Putina, Siergiej Jastrzembski. Pawłowski i Surkow odrobili „*pracę domową*" — przygotowali warianty gry pt. Federacją Rosyjską rządzić musi dalej Władimir Władimirowicz Putin. Referował Surkow, czytając z kartki kolejne sugestie rozwiązania problemu:

— Wariant pierwszy: prezydent startuje w najbliższych wyborach parlamentarnych z listy ugrupowania Jedna Rosja, które ma obecnie prawie pięćdziesiąt procent poparcia, tak mówią sondaże. Następnie...

— Chwileczkę! — krzyknął Timczenko. — Czy to oznacza, że prezydent zapisuje się do partii?

— Nie, prezydent jest formalnie ponadpartyjny, jest przywódcą całego narodu niemającym legitymacji partyjnej, wszelako brak partyjnej przynależności nie przeszkadza nikomu startować z listy danej partii, jeśli tylko ta partia chce daną osobę wstawić na swoją listę, a czy JedRo, partia w końcu proprezydencka, *„kremlowska"*, utworzona dla wspierania Putina, nie zechce dać prezydentowi pierwszego miejsca na liście swych kandydatów do parlamentu? — spytał retorycznie Surkow.

— I żeby kandydować do Dumy nie będzie musiał rezygnować z urzędu prezydenta? — zdziwił się Miedwiediew.

— Nie musi tego robić, sprawdziliśmy, prawo zezwala urzędującemu prezydentowi kandydować.

— No dobra, i co dalej? — zapytał Iwanow.

— Dalej mamy właśnie ów pierwszy wariant, moi drodzy. Inna sprawa, że wszystkie warianty, które ja i Gleb przedstawimy, bazują na tym samym fundamencie: prezydent musi startować jako kandydat w wyborach parlamentarnych i musi zostać, choćby formalnie czy jednodniowo, deputowanym parlamentu. Niewątpliwie będzie wybrany, i będzie *„lokomotywą"* partyjnego towarzystwa, czym ułatwi start wielu innym kandydatom, bo kiedy tylko media ogłoszą, że Putin kandyduje z listy Jednej Rosji, notowania tej partii pójdą mocno w górę. I oto pierwszy wariant: JedRo wygrywa, Putin przesiada się ze stołka prezydenckiego na fotel premiera rządu, a zdominowana przez dwie partie *„kremlowskie"* Duma uchwala nowe prawo, które pełnię władzy nad Federacją oddaje premierowi, z prezydenta czyniąc kukiełkę. Tolerowalibyśmy więc marionetkowego prezydenta, zaś u steru mielibyśmy prezesa rady ministrów jako tego samego cara co dzisiaj. Premierem można być dożywotnio. I można przenieść siedzibę premiera na Kreml, to kwestia odpowiedniej ustawy.

— Bardzo pięknie, tylko aby Jedna Rosja zdominowała Dumę i dzięki temu wzięła rządową władzę, musi uzyskać w wyborach więcej aniżeli pięćdziesiąt procent głosów, zaś by zmieniać konstytucję, musi dostać przynajmniej sześćdziesiąt trzy procent głosów — podniósł Iwanow. — Nie ma pewności, nie ma gwarancji, że to się uda.

— Nie ma, dlatego opracowaliśmy warianty alternatywne. Wariant drugi: w grudniowych wyborach Putin zyskuje mandat do parlamentu...

— To jest stuprocentowo pewne — zgodził się Iwanow.

— Tak, to jest pewne. A więc zdobywa mandat deputowanego, rezygnuje z prezydentury, by zająć fotel parlamentarny, po czym 2 marca 2008 roku startuje jako zwykły deputowany w wyborach prezydenckich, które łatwo wygrywa i przez kolejne dwie kadencje jest prezydentem Federacji, aż do 2016 roku.

— Konstytucja zezwala na taki trik? — zdziwił się Sobianin.

— Zezwala, bo nie zabrania — wyjaśnił Pawłowski. — Wszystko co nie jest zabronione, jest dozwolone. Prawnicy nazywają coś takiego „luką prawną".

— Czy są jeszcze inne warianty? — spytał Miedwiediew.

— Kolejny wariant to superpremier Putin, który po czterech latach wszechwładnego premierowania może znowu legalnie zostać prezydentem, już bez żadnych „luk". I wreszcie wariant...

— Zaraz, zaraz, czegoś tutaj nie rozumiem! — wtrącił Sobianin. — Mówisz: cztery lata, a dlaczego...

— Bo to kadencja!

— Tak, lecz już wiemy, że wystarczy dzień przerwy, by odzyskać prawo kandydowania na prezydencki fotel. Jasne, że jeden dzień to byłaby komedia, heca, farsa, nikt tego nie zrobi, miesiąc to też zbyt krótko, żeby się nie śmiano, ale rok?... Jeśli prezydent–figurant umrze lub zachoruje w ciągu roku czy półtora roku, wówczas chyba...

— Masz słuszność, Sierioża, wówczas są wybory prezydenckie i premier może startować bez hecy! — przyznał Surkow. — Taka sama sytuacja jest szczęśliwą ewentualnością w czwartym wariancie. To wariant „tylnego siedzenia". Nowym prezydentem zostaje figurant, Putin zostaje premierem bez uprawnień nadprezydenckich, czyli zwykłym szefem rządu, a nie figurą carską, lecz z „tylnego siedzenia" kieruje, bo prezydent musi spełniać wszystkie jego ciche rozkazy.

— Backseat driver! — popisał się angielszczyzną Naryszkin, robiąc „*perskie oko*". — Tego jeszcze u nas nie było, riebiata!

— Było! — wszedł mu w słowo Szudrin, widząc okazję zemsty za czkawkową „recenzję" swej rozprawy historycznej, wyrażoną przez Naryszkina podczas uprzedniego dyskursu. — Było, kiedy Iwan Groźny zrzekł się tronu i pojechał do Słobody Alieksandrowskiej, żeby zostać eremitą. Obowiązki carskie kazał sprawować pewnemu Tatarowi, Naryszkinowi...

Kilku członków „*loży*" parsknęło śmiechem, Naryszkin zbladł jak smagnięty batem, zaś Szudrin beznamiętnie kontynuował:

— Po roku hierarchowie Soboru Ziemskiego uprosili Iwana, by znowu objął swój tron. Groźny wrócił, a Tatarzyna Naryszkina wywalono...

— Uważaj, by ciebie nie wywalono! — zagrzmiał Naryszkin.

— Spokój, gaspada! — uciszył ich Miedwiediew. — Nie przyszliśmy się tu czubić, tylko radzić. Głosować za wariantami nie będziemy, bo w masonerii i w gangach nie obowiązuje demokracja, prezydent sam wybierze spośród naszych propozycji odpowiadający mu rodzaj manewru. Ja boję się tylko jednego: że media zachodnie podniosą dziki wrzask...

— Nie dadzą rady wskazać żadnej kolizji z prawem, co najwyżej swobodnie misterną interpretację niedoprecyzowanych ustaleń konstytucyjnych — rzekł Surkow.

— Nie będą wąchać i roztrząsać szczegółów prawnych, tylko nagłośnią jazgot, że Putin antydemokratycznie łączy w jednym ręku dwa urzędy, prezydenta i premiera... — westchnął Iwanow.

— Jeśli tak zrobią, rozśmieszą cały świat i będą skompromitowani — powiedział Lonia.

— Czemuż to?

— Ponieważ amerykański prezydent jest równocześnie premierem — przypomniał im Szudrin.

Rozległy się brawa dla argumentu. Dyskutowali do drugiej w nocy. O wariantach.

* * *

W głosie pułkownika Tiomkina brzmiała serdeczność:
— Jak się wam podobał treningowy obóz?
— Tak sobie — odparł Serenicki. — Ale lepszy treningowy niż koncentracyjny, prawda, panie pułkowniku?
— Gratuluję wam, mieliście wyniki na dobrym poziomie.
— Mimo to nie dostałem Orderu Czerwonej Gwiazdy ani tytułu „bohatera Związku Sowieckiego"...
— Może przez tę kilkutonową szczyptę arogancji lub, jak mogliby mówić niektórzy: bezczelności? — zastanowił się kagiebowiec. — Lecz może z innego powodu, nie umiem zgadnąć. Które ćwiczenia najbardziej przypadły wam do gustu, gaspadin Serenicki?
— Obserwacje.
— Jakie obserwacje?
— Obserwowałem sobie belfrów, personel, w ogóle Rosjan.
— I wniosek?...
— Że Sienkiewicz miał słuszność.
— Major Sienkiewicz? Nie wiedziałem, że był tam. Co wam mówił?
— Pisarz Sienkiewicz, panie pułkowniku — roześmiał się Serenicki. — Henryk Sienkiewicz, wielki polski pisarz sprzed stu lat, noblista za „Quo vadis"... Quo vadis, Rosjo?
— Co takiego?
— Nic, pozwoliłem sobie na dygresję, bo Sienkiewicz widział Rosjan jako naród niezdolny do życia w wolności, gdyż urobiony przez Tatarów, a wymusztrowany przez Niemców.
— Dlatego karby komunizmu są niezbędne — zgodził się Tiomkin.
— Karby caratu były równie silne, i chyba lepsze — rzekł Polak.
— Może jeszcze wrócą... — mruknął Tiomkin.
— Z woli KGB, czy z woli narodu?
— Za sprawą kierownictwa KGB i za entuzjastycznym przyzwoleniem ludu. Co prawda socjotechnicznie masom obojętny jest

kolor caratu, czerwony bądź biały, lecz biały carat to powrót znaczenia religii...

— A więc „*opium dla ludu*", i to skuteczniejszego opium niż
komuna — dodał Serenicki erudycyjnie.

— Czy skuteczniejszego? Paralelnego. Lud ceni sobie równość,
a komunizm i religia identycznie lansują równość jako panaceum.
Przywrócenie znaczenia religii uraduje masy. Ten sam efekt miałoby przywrócenie białego, metafizycznego tronu na gruzach tronu partyjnego, kapezeterowskiego. Dla ludu świętość znaczy więcej niż świeckość.

— A dla KGB liczy się tylko skuteczność, prawda?

— Czegoś jednak nauczono was na Kaukazie, gaspadin Serenicki — ucieszył się Tiomkin. — Coś zrozumieliście. Gdy jeszcze zrozumiecie, że władzę w krajach Zachodu typuje, selekcjonu-
je, wymienia nie demokracja, lecz również, tak jak w Rosji, ciem-
na siła kulis, wówczas...

— Czyli kto?

— Czyli skryte macki i wpływy jawnych organizacji.

— Służby specjalne? MI 6, CIA, Mossad?

— To miecze i ramiona, narzędzia tylko, instrumentarium.

— A głowy to kto?

— A głowy to takie organizacje jak choćby Rada Spraw Zagra-
nicznych, Komisja Trójstronna, czy Grupa Bilderberg... Demokracja jest grą dla naiwnych, elektorat promuje urnami, głosowaniem,
wodzów wytypowanych przez międzynarodowe mafie polityczne,
przez dyrektoriaty globu. Możecie być dumny, gaspadin Serenicki, bo człowiekiem, który kilkadziesiąt lat temu założył sitwę Bilderberg, był Polak, Józef Retinger, prawdziwy Mefisto, zwany „*ku-
zynem diabła*". Pewnie też lubił czytać Sienkiewicza. A ja myślałem, że wasz ulubiony literat to Szekspir!

— A wasz nie?

— Nie, wolę Czechowa i Lermontowa.

— Uwierzę, gdy usłyszę cytat. Ja cytuję Szekspira na wyryw-
ki, i to nie oklepane frazy z „**Hamleta**", które wszyscy znają już

właściwie porzekadłowo, „*być albo nie być*", „*ktoś nie śpi, aby spać mógł ktoś*", „*rzeczy, o których filozofom się nie śniło*" lub „*życie jest opowieścią idioty*".

Tiomkin podrapał się w głowę, udając zakłopotanie człowieka przyłapanego, i powiedział:

— Najchętniej wyrecytowałbym wam, panie Serenicki, „**Pieśń o młodym opryczniku cara Iwana i o udałym kupcu Kałasznikowie**" Lermontowa, ale pamiętam mało, mógłbym wyrecytować tylko pierwsze wersy.

— Kto to jest oprycznik?

— Członek Opryczniny, służby specjalnej Iwana Groźnego.

— Ówczesna bezpieka?

— Dokładnie.

— A Kałasznikow to wiadomo, nawet dzieci znają dzisiaj tego „*udałego kupca*" kaliber 7,62, pułkowniku. Proszę o cytacik.

Tiomkin poszperał w pamięci i zaczął rytmicznie:

— „*Niet, ja nie Bajron, ja drugoj...*".

Tu przerwał, i zaczął raz jeszcze, lecz już coś innego:

— Może... może raczej to:

> „*Ja też lubiłem kiedyś szczerze,*
> *Gdy biegły lata mej młodości,*
> *Gorące burze w atmosferze*
> *I żar miłosnych namiętności*".

Recytując, Tiomkin sięgnął do szuflady i wyjął zdjęcie. Podał je Serenickiemu. Janek zobaczył piękną dziewczynę, otoczoną świetlistą aurą, bo fotografię ktoś robił przy dziwacznym załamaniu promieni słońca.

— To pańska córka, pułkowniku?

— Nie, to pańska wspólniczka, panie wydawco. Współwłaścicielka Wydawnictwa Puls Ojczyzny. Spółki z ograniczoną odpowiedzialnością, według prawa.

— Po polsku to by lepiej brzmiało niż po rosyjsku...

— Co?

— To co myślę o pańskich planach à propos „*żaru miłosnych namiętności*". W polszczyźnie wyrazy „*spółka*" i „*spółkowanie*" mają ten sam źródłosłów.

— Cieszyłby nas wasz związek, ale nie ma przymusu, gaspadin Serenicki...

— Dzięki Bogu, ponieważ od dziecka nie lubię przymusu łóżkowego — burknął Janek. — Ten cytat to był Lermontow, tak?

— Uhmm. To wpis Lermontowa do sztambucha Zofii Nikołajewny Karamzin.

— Ładny, panie pułkowniku, jednak będąc panem nie obstawiałbym tego konia.

— Tej klaczy?... No to zdradzę wam, że tej panny chyba by tutaj nie było, gdyby nie tak lubiane przez was, gaspadin S., zabawy trudnymi wyrazami, czyli gry słów. Ona i jej matka wyjechały z Polski chcąc dołączyć do dziadków w Izraelu, a ci dziadkowie rzucili Polskę genseka Gomułki, bo ten wszczął antysemicką kampanię, głównie przeciwko żydowskim intelektualistom. Chociaż sam miał żonę Żydówkę, żydowskich inteligentów nie cierpiał. Nie lubił ich, gdyż przed wojną siedział w więzieniu z kilkoma żydowskimi komunistami, za komunizowanie. Byli dużo lepiej wykształceni niż towarzysz proletariusz, i bawili się jego kosztem, szpikując swe dialogi terminami ze słownika wyrazów obcych, co Gomułkę złościło. Obrzydzili mu inteligenckość doszczętnie, panimajetie, gaspadin Serenicki?...

— Ja panimaju, gaspadin pałkownik, no ja iszczio raz gawariu wam, sztoby wy, kstati mienia, nie stawili na etu pikowuju damu...

✳ ✳ ✳

Wiosną 2007 roku prowadzący gry europejskie koledzy generała Kudrimowa mieli już bardzo duże osiągnięcia na kontynentalnej arenie surowcowej. Rosyjska firma nr 1, Gazprom, podpisała umowy z austriackim koncernem paliwowym ÖMV (co miało być gwoździem do trumny unijnego gazociągu Nabucco, konkurencyjnego dla rosyjskich gazociągów), z holenderskim gigantem Gas-

unie, z brytyjską Centricą, z włoskimi Enel i Eni, z niemieckimi
BASF i E.ON Ruhrgas, z serbskim NIS, z francuskim Total, z nor-
weskim Statoil Hydro, z belgijskim Distrigasem, z hiszpańskim
Repsolem, z algierskim Sonatrach, i jeszcze z tuzinem mniejszych
koncernów energetycznych. Budowanie przez Rosjan dwóch głównych europejskich „megarur gazu" (południowoeuropejski gazo-
ciąg South Stream oraz bałtycki North Stream), plus silne rosyjskie udziały w magistrali BBL (łączącej Anglię i Holandię), a także
znaczące udziały w największych europejskich magazynach–dystry-
butorniach gazu (Baumgarten, Zeebrugge etc.) — wszystko to czy-
niło Gazprom potencjalnym władcą Europy. Tylko jedna rzecz nie
udała się ludziom Kudrimowa i agentom Gazpromu — Polska, mająca wedle dyrektywy kremlowskiej zostać „gubernią Gazpromu",
wciąż. stawiała opór, i to gryząc (np. kupując litewską rafinerię
Możejki, wbrew rosyjskiemu Łukoilowi; dywersanci Kudrimowa
podpalili wprawdzie tę rafinerię, lecz Polakom i Litwinom udało
się stłumić pożar bez katastrofalnych szkód). Jednak Wasia Kudrimow gwarantował kierownictwu SWR (zwłaszcza „gławnomu ko-
mandiru", Michaiłowi Fradkowowi), że antykremlowskie Bliźniaki rządzące Polską zostaną odsunięte od władzy przed końcem roku, i że w jesiennych wyborach polskich zwycięży partia lubiąca
Kreml.

Duchowy zgryz generała był inny — tyczył karteluszka z feral-
ną datą. Wasia ciągle myślał o tym. I ciągle zadawał sobie pytanie: kto mi grozi, lub kto mi przypomina pewne sprawy dla wy-
głupu? Miał nieracjonalne, bardziej instynktowne przeczucie, że to
mogą być szakale z URPO. Też egzekutorzy, jak on niegdyś, lecz
on likwidował głównie politycznych, natomiast URPO zostało stwo-
rzone przez FSB dla wykańczania tylko kryminalnych bossów, czołowych gangsterów. Pracowało skutecznie, dyscyplinując krwawo
wszystkie ważne mafie Federacji (Sołncewską i Tambowską, jak
również mafie czeczeńskie, uzbeckie i gruzińskie), dzięki czemu
wszelka aktywność gangsterska w Rosji stała się filialną aktywno-
ścią „służb". Kto nie szanował „czekistowskiej kryszy" (czapy

FSB) — szedł do łagru lub do piachu. Lecz kiedy już URPO wzięło cały gangsterski świat na swą smycz — zwolniły się moce przerobowe tego komanda i zaczęto urpowców wykorzystywać dla dyscyplinowania opozycji antyputinowskiej. Wobec zespołu Wasi Kudrimowa była to konkurencja, więc tracąc monopol egzekutorskiego rynku, Kudrimow tym chętniej przyjął propozycję Służby Wywiadu Zewnętrznego Federacji. Czy dawny konflikt kompetencyjny mógł teraz pchać urpowców ku głupim żartom–odwetom? — myślał Wasia. Czy może to poważniejszy problem?

Któż mógł wiedzieć lepiej aniżeli on, że skłonność do robienia krwawych „*szutek*" przy pomocy znaczących dat jest kontynuowaniem przez KGB i FSB tradycji enkawudowskiej, bo złośliwy gnom Stalin lubił mordować „terminowo", wedle kalendarium? I że ta perfidna premedytacja stanowi godło adresowo–przyczynowe odwetów, jak ryba na ustach ofiar mafii sycylijskiej? Dziennikarka Politkowska, która nie raz ciężko dopiekła Putinowi, została kropnięta 7 października, a 7 października to dzień urodzin Putina gromowładnego. Strzelono mu urodzinowy prezent. Data z karteluszka podrzuconego Kudrimowowi — 25 października — to również był znaczący dzień dla „*służb*". Tego dnia w 1990 roku polski wywiad, próbujący przypodobać się Amerykanom (trwała właśnie agonia ZSRR), ewakuował cichcem z Iraku kilku „*spalonych*" agentów CIA, których Jankesi nie mogli ratować. Był to finał brawurowej operacji „*Samum*". Dwaj dowodzący nią oficerowie (generał Jasik i pułkownik Czempiński) ulotnili się szybko do kraju, wiedząc, że w Iraku grozi im zemsta rosyjsko–iracka. Lecz kilku innych uczestników „*Samumu*" pełniło dalej swoje „*rezydenckie*" obowiązki na Bliskim Wschodzie. Tych wykończyli ludzie Kudrimowa. 25 października 1996 roku zginął w Syrii komandos Jacek Bartosiak. 25 października 1998 roku pod Kairem zginął komandos Andrzej Puszkarski. 25 października 2002 roku zginął podpułkownik Jerzy T., również w Egipcie i również komandos. Wszyscy trzej należeli do polskiej elitarnej jednostki GROM. A może to GROM mnie straszy? — zastanowił się Wasia.

Zbyt częste myślenie o tajemniczym karteluszku sprawiło, iż ten 25 października począł się generałowi śnić niby złowieszczy biblijny napis–widmo MANE–THEKEL–FARES. Wasia wyjął spluwę i kilka razy strzelił do napisu, lecz albo nie trafiał, albo kule przechodziły skroś liter i cyfr jak przez obłok. Pyrgnął pusty magazynek, włożył nowy i chciał znowu strzelać, gdy raptem czyjaś koścista dłoń ucapiła mu ramię z siłą metalowych kleszczy i rozległ się chrapliwy głos:

— Daj spokój, Wasia.

Obejrzał się i ze zdziwieniem zobaczył *„świętej pamięci"* pułkownika Heldbauma, starego polskiego kumpla, którego tak niedawno żegnał na warszawskim cmentarzu. Krzyknął:

— Co tu robisz, Mietek?!

— Pukam ci do rozsądku — rzekł Heldbaum.

— Sam sobie puknij!... Zawsze cię lubiłem, chociaż ty jesteś Żyd, a ja nie lubię Żydów!

— Ja też nie lubię Żydów — uspokoił go Heldbaum, cały czas trzymając ramię Wasi.

— Puszczaj! — krzyknął znowu Kudrimow. — Muszę rozwalić ten październik i tę dwudziestkę piątkę.

— Czemu? — spytał Heldbaum.

— Bo grozi mi śmiercią.

— No i co z tego, baranie jeden? Umrzesz jak każdy, na tym polega demokracja.

Wasia chciał mu wyłożyć soczyście co myśli o demokracji, ale sylwetka Heldbauma zbladła, zrobiła się przezroczysta i rozpłynęła w lśniącej przestrzeni niby kłębek dymu.

* * *

Spotkali się przed południem, daleko od hałaśliwego centrum Toronto. Mała kawiarenka, pusty taras z kilkoma stolikami, cień wysokich drzew, śpiewy ptaków. Oboje byli nieco stremowani tym służbowym rendez–vous, ale każde musiało tu przyjść, jak na zastrzyk lub do gabinetu dentystycznego. On przyszedł pierwszy, ona spóźniła się kilka minut. Podali sobie ręce, usiedli i zaniemówili urzeczeni sobą. To się zdarza nie tylko w snach i w poezji — dla wzajemnej fascynacji trzeba czasami jednego spojrzenia, krótkiego niby błysk elektrycznych impulsów. Cud optymalnego doboru lub magia złudnego wrażenia, wszystko jedno, bo liczy się głównie ta zapierająca dech piękność krótkich momentów egzystencji, wielka u r o d a c h w i l, które są największym darem Boga dla człowieka. Mijają jak mgnienie serc lub oczu, ale dzięki nim warto żyć.

Chłonęli się wzrokiem niedyskretnie, wręcz bezwstydnie, zdziwieni, że przytrafiło się coś tak nieoczekiwanego. Dłużące się milczenie ktoś jednak musiał wreszcie przerwać; Janek wziął na siebie ów obowiązek zdmuchnięcia baśniowego czaru.

— Co musimy ustalić? — zapytał.

— Nie wiem... — szepnęła. — Kazali się nam dogadać, więc...

— Jestem gotów dogadywać się z tobą w każdej sprawie, od wydawniczego planu do Dekalogu, choć metod edytorstwa w ogóle nie znam, a z Dekalogu pamiętam tylko jedno przykazanie: *„Nie pożądaj żony bliźniego swego nadaremno"*.

Powinna była skwitować ten dowcip śmiechem, lecz może krępował ją erotyczny sens dowcipu, bo skomentowała tylko problem edytorskiej ignorancji:

— Edytorstwo jest mi równie obce co tobie, ale się nie lękam, dadzą nam przecież poligrafów, redaktorów, techników...

— Techników od pożądania?

Tym razem się zaczerwieniła, i skrzywiła wargi, jakby dając mu sygnał, że przegiął. Odzyskała wszelako dzięki temu pewniejsze brzmienie głosu:

— Mówili mi, że jesteś arogantem!

— I co ci jeszcze o mnie powiedzieli?

— Aby się nie przejmować.

— Mnie również mówili o tobie. Że jesteś kryptofeministką. I dodali, by się tym wcale nie przejmować... Jesteś kryptofeministką?

— Tak samo jak kosmitką, przybyłam na Ziemię prosto z Kosmosu.

— Widzę! — mruknął zachwycony.

— Po prostu interesuje mnie rola kobiet w krzewieniu kultury i cywilizacji, to wszystko. Chcę wydać dzięki naszej firmie moją pracę dyplomową o Emilii du Châtelet, francuskiej uczonej z czasów Woltera.

— Będziesz dalej pisała takie biografie geniuszek zmarłych przed wiekami?

— Nie tylko zmarłych. Teraz interesuje mnie Gertruda Himmelfarb, ona żyje.

— Kto?

— To badaczka historii, niegdyś trockistka, która odrzuciła lewicowość, zostając sztandarem konserwatyzmu, heroldką wiktoriańskiego kanonu wartości moralnych. Jej książka „The Roads to Modernity" mówi o etycznej dekadencji dzisiejszego świata. Czy mogłabym być jej wielbicielką, gdybym była feministką?

— Ja też szanuję wiktoriańskie wartości etyczne! — zapewnił Serenicki. — Każdego dnia od dziesiątej rano do szóstej po południu.

— Mówili mi, że lubisz sobie kpić ze wszystkiego. I że przy tym używasz różnych dziwactw językowych, gry słów, kalamburów, czy... czy tych, no... zapomniałam!

— Anagramów — podpowiedział Janek.

— Szczerze mówiąc... zapomniałam też co to są anagramy.

Wziął papierową serwetkę, skrobnął długopisem: „Jakub Bujak", i rzekł:

— Spójrz. Imię jest tu anagramem nazwiska, trzeba tylko przestawić litery i sylaby.

Uśmiechnęła się pierwszy raz:

— Więc zdarza ci się nie świntuszyć grą słów?

— Ale rzadko. Świntuszyłem już jako gówniarz, pisałem kredą na tablicy różne dwuznaczne żarty, pamiętam jeden: „Sukces posuwania się garnizonowego tkwi w sprężystym kroku, a sukces *posuwania garsonierowego tkwi w sprężystym kroczu"*. **„Pana Tadeusza"** też recytowałem tak aluzyjnie, że nieomal porno:

> *„Kobieto, puchu marny, ty jesteś jak zdrowie,*
> *Ile cię trzeba cenić, ten tylko się dowie,*
> *Kto zbadał puszcz litewskich przepastne krainy*
> *Aż do samego środka, do jądra gęstwiny"*...

Klasnęła kilka razy, tak się jej podobało:
— Trochę obsceniczne, ale świetne!
— Cieszę się, że i tym razem nie sprawiłem ci zawodu — rzekł Serenicki. — Jednak lubię też staropolskie rymowane gry słów, rymowanki o trochę trywialnych znaczeniach. Jak to:

> *„Siedziała na dębie*
> *I dłubała w gębie,*
> *A ludziska głupie*
> *Myśleli, że w zębie"*.

— Może być, nie zatkałam nosa i uszu.
— To był rym anonimowy. Staropolskie anonimowe zabawy rymami dają mi dużą radość. Posłuchaj:

> *„Czując w swym sercu wieszcze dreszcze,*
> *Cudne twe dłonie jeszcze pieszczę.*
> *Lśnił pięknie od tualet balet,*
> *Najwięcej miał tam zalet walet"*.

— Zgrabne! — przyznała. — Tylko nie brzmi zbytnio po staropolsku...
Teraz on zaklaskał:
— Brawo! Nadużyłem terminu „*staropolski*", to są rymy dziewiętnastowieczne.
— Mówili mi, że kochasz nie staropolskie, lecz staroangielskie, zwłaszcza Szekspira.
— To prawda. Od dzisiaj głównie **„Romea i Julię"**, bez finałowego aktu. Pojmujesz, nadobna Klaro?

— Nie pojmuję! — fuknęła.

— Nie pojmując, skazujesz mnie na „**Stracone zachody miłości**"...

— Dość tych głupstw!

— Chyba żebym, miast rezygnować, zdecydował się na „**Po-
skromienie złośnicy**"...

— Przestań!

Lecz wcale nie chciała, by przestał, bo wówczas w środku dnia
zgasłoby słońce i wchłonęłaby ją ciemność.

* * *

Europejski komunizm trzymał się dłużej niż faszyzm czy hitle-
ryzm, jednak również okazał się „*marnością nad marnościami*",
jak prorokowała Biblia. Komuniści przez samą istotę i złą sławę
swego systemu stali się kłopotliwi dla siebie samych, co ładnie uj-
muje pewna poetycka strofa W. H. Audena:

„*W przewidywaniu swym w zasadzie mieli rację,
Na wszelkie sytuacje tak przygotowani;
Niestety, sami byli swoją sytuacją*"*.

System komunistyczny musiał tedy runąć prędzej czy później.
Runął prędzej — A.D. 1989/1990. Wskutek przyczyn ekonomicznych, politycznych i psychologicznych. Politycznie musiał runąć,
bo imperium sowieckie bankrutująco przegrało tzw. „*wyścig zbrojeń*" z Ameryką. Ekonomicznie musiał runąć nie tyle dlatego, że
był gospodarczo niewydolny, ile dlatego, że nie dał rady się zre-
perować mimo szczerych chęci, które w Polsce okazali u schyłku
PRL–u gensek Jaruzelski, premier Rakowski i minister Wilczek.
Tzw. „*reforma Rakowskiego i Wilczka*" była nawet odważniejsza
niż późniejsze reformy wodzów III RP w latach 90–ych XX wieku,
jednak przyczyny psychologiczne skazywały na klęskę każdą re-
formę peerelowską. Wszystko tłumaczy żart o generale Jaruzelskim,

---

* — Tłum. Bohdan Zadura.

który poprosił Pana Boga, by ten mu zjednał glorię męża opatrznościowego i reformatora, czyli miłość lub chociaż sympatię rodaków. Pan Bóg się zgodził: „ — *Dobrze, Wojtula, ty nigdy specjalnie nie szkodziłeś Kościołowi, więc pójdę ci na rękę — daję ci umiejętność chodzenia po wodzie. Kiedy twoi rodacy to zobaczą — zrozumieją, że jesteś wyniesiony"*. Jaruzelski ucieszył się i ruszył ku Wiśle, aby sprawdzić otrzymaną zdolność. Gdy kroczył taflą rzeki koło mostu Poniatowskiego, zauważyli go siedzący przy brzegu wędkarze. Któryś splunął i rzekł bez krztyny szacunku: „ — *Zobaczcie, ten Jaruzel to nawet pływać, kurwa, nie potrafi!"*. Żaden cud nie mógł już czerwonego systemu uratować.

I wówczas komuniści postanowili zagrać va banque: *„uciec do przodu"*. W zyskowny kapitalizm. Tę hazardową rozgrywkę przeprowadziła perfekcyjnie bezpieka generała Kiszczaka, mająca — dzięki *„stanowi wojennemu"* i radykalnej zmianie sztabu „Solidarności" — solidarnościową agenturę skupioną wokół Lecha Wałęsy (Kiszczak mówił jasno: *„Głównym celem wprowadzenia «stanu wojennego» jest zmiana kierownictwa «Solidarności»"*). Trik tzw. *„transformacji ustrojowej"*, która się dokonała przy Okrągłym Stole w 1989 roku, polegał m.in. na genialnym qui pro quo: solidarnościowi buntownicy okazali się socjalizującymi *„wstecznikami"* (bo związek zawodowy z natury rzeczy bał się antyproletariackiego *„krwiożerczego kapitalizmu"*), a *„komuchy"* okazały się prokapitalistycznymi reformatorami, czyli grabarzami systemu komunistycznego (gdyż pod stołem wynegocjowały z Wałęsowcami, Geremkowcami, Michnikowcami i Kuroniowcami łatwość grabienia infrastruktury przez nomenklaturę). Po latach tak opisze to qui pro quo Andrzej Gwiazda, solidarnościowy rywal Wałęsy, usunięty mackami bezpieki spod nóg *„Lecha"* jako kłoda zawadzająca nobliście przy budowaniu II „Solidarności", tej zmierzającej do ugody, a nie do konfliktu:

„W Magdalence «nasi» doradcy zasugerowali, by władza zgodziła się na działalność «Solidarności» na poziomie zakładów pracy. Gen. Kiszczak przebił asem: «Albo Solidarność powstanie od

razu z krajową czapą, albo wcale». Przebił asem i zgarnął całą *pulę — to Kiszczak decydował jaką postać przyjmie «krajowa czapa».* W kuluarach Okrągłego Stołu Rysiek Bugaj nieśmiało podjął temat pewnej liberalizacji podejścia do prywatnej własności *«środków produkcji», czyli tolerowania prywatnych warsztatów* i sklepów. Na to prominentny działacz PZPR w randze ministra, Wilczek, odpowiedział: «O czym wy tu mówicie? Wszystko sprzedamy, natychmiast wszystko sprzedamy».* Naszych specjalistów z *«Partii Umiarkowanego Poprawiania Komuny w Granicach Prawa» kompletnie zamurowało.* System, który chcieli nakłaniać do *drobnych ustępstw na rzecz wmontowywania elementów kapitalizmu, dla nich całkowicie nieoczekiwanie ogłosił zamiar radykalnego przejścia na «dziki kapitalizm» (...).* Gdy nagle dotychczasowi komuniści ogłosili upadek komunizmu i niepodległość Polski, radykalni antykomuniści i niepodległościowcy zostali zaskoczeni tak samo jak umiarkowani reformatorzy. Jedni i drudzy nie znaleźli odpowiedzi, gdy przeciwnik nie tylko spełnił ich najśmielsze żądania, lecz nawet te żądania przebił (...) Role zostały odwrócone! Opozycyjna strona Okrągłego Stołu stanęła bezradna wobec antykomunizmu komunistów, oddając im całe pole decyzyjne".*

Cytowałem już (strona 193) dwie pierwsze zwrotki dytyrambu Andrzeja Mandaliana **„Towarzyszom z bezpieczeństwa"** (1953). Mówiły o zmęczeniu ubeckiego majora przesłuchiwaniem *„leśnych bandytów"* i *„zaplutych karłów"* — akowców. Bicie bowiem to duży fizyczny wysiłek. Zwłaszcza bicie patriotów. Więc zmęczony pracą major zasnął. I ktoś mu się przyśnił, jak Święty Mikołaj dziecku:

> *„Brnęła noc*
> *przez serce,*
> *przez rżyska,*
> *kolejami się snuła*
> *po torach,*
> *i przyszedł towarzysz Dzierżyński*
> *do towarzysza majora.*

Z krzesła zrywając się,
patrząc
(przecież twarz tę od dziecka znałeś),
major stanął na baczność
i słów
nie potrafił znaleźć.
Barki zdrętwiałe ból ciął,
tętno waliło w skroniach.
— Towarzyszu Dzierżyński,
pozwólcie,
opowiem o nas.
Chyba chcecie wiedzieć
jak dzisiaj,
jakie sprawy
i jakie troski?
Zwyciężyliśmy, towarzyszu,
nową
budujemy Polskę!".

Ten sam meldunek major mógł złożyć u schyłku roku 1989. Drugi raz zwyciężyli i zbudowali nową Polskę. Tamta nowa była czerwona (komunistyczna), zaś ta nowa była biała (antykomunistyczna). Lecz bez względu na barwy — budowniczowie byli pracownikami tej samej firmy konstruktorskiej. I tylko to się liczyło, tak z historycznego, jak i z finansowego punktu widzenia, jeśli pominąć punkt widzenia kabaretu.

* * *

Nie powinno się kopać leżących. Zwłaszcza gdy leżą w grobie. Tymczasem *„kremlowskie media"* i *„kremlowskie partie"* (Jedna Rosja i Sprawiedliwa Rosja) każdego wrześniowego dnia 2007 bezlitośnie kopały półmartwą opozycję antyputinowską, trwała już bowiem kampania wyborcza przed grudniową elekcją do parlamentu. To samo działo się w niedzielę ostatniego dnia miesiąca (30 września 2007), na wielkim mityngu putinowskiej partii. Jedna Rosja chóralnie wyklinała trupa zwanego opozycją. Ale ta przygrywka nudziła wszystkich uczestników partyjnego zjazdu, delegatów ze wszystkich rubieży Federacji Rosyjskiej, wszyscy bowiem czekali aż wystąpi „*gość honorowy*", sam boski Władimir Władimirowicz Putin, który zaszczycił zjazd. Gdy wreszcie Putin stanął przy mównicy, zrobiło się cicho ciszą bezszmerową, zupełnie inną niż wcześniejsze chwile skupienia delegatów. Nie powiedział niczego nowego. Stwierdził, że Rosja pięknieje i mocarnieje, gospodarka kwitnie, ludziom żyje się lepiej, więc trzeba uniemożliwić jakiejkolwiek opozycji krzywdzenie Rosji. Sprecyzował metodę potencjalnego krzywdzenia: byłaby to reaktywacja systemu korupcyjno–oligarchicznego, renesans samowoli oligarchów. Wyraził pogląd, że „*system bazujący na kłamstwie*" zniszczyłby społeczeństwu aktualny dobrobyt i jeszcze bardziej świetlaną przyszłość. Aby ta świetlana przyszłość stała się ciałem, w wyborach musi zwyciężyć Jedna Rosja. Huknęły rzęsiste brawa. Gdy przypomniał, że „*dziś przeciwstawiają się Kremlowi ci sami ludzie, którzy kilkanaście lat temu spowodowali rozpad ZSRR*" — sala zawyła wrogo, żądając kary śmierci dla „*swołoczy*". Uśmiechnął się, zrobił palcami literę V, życzył zebranym sukcesu i wrócił na swoje miejsce, głuchnąc od aplauzu zbiorowego.

Po Putinie „*ambonę*" zajął przewodniczący Dumy i przewodniczący JedRo, Boris Wiacziesławowicz Gryzłow, imponujący szlachetną sylwetką i wąsatą fizjonomią arystokraty z Sankt Petersburga Romanowów. Mówił długo, rozwlekle i nudnie, właściwie czytał referat sprawozdawczy. Zaprojektowany na Kremlu thriller rozpoczął się wtedy, gdy Gryzłow opuścił mównicę. Stanęła na niej Jelena Łapszyna, prosta tkaczka „*piątej kategorii*", z Obwodu Uljanowskiego. Jej głos wibrował, kiedy wygarnęła prezydentowi po proletariacku:

— Władimirze Władimirowiczu, tak nie wolno!!... Nie wolno wam! My wam wierzymy, że w Rosji dalej może być dobrze, ale my swoje wiemy! Wiemy, że będzie dobrze tylko wówczas, kiedy wy, Władimirze Władimirowiczu, będziecie dalej rządzić Rosją! A wy co?! Zasłaniacie się prawem, mówiąc, że prawo nie zezwala trzeciej kadencji! Co jest ważniejsze, Władimirze Władimirowiczu — opinia całego narodu, który was kocha i nie wyobraża sobie waszego odejścia, czy jakieś tam prawo?! Zresztą prawo to przecież techniczny problem, prawo można zmienić!... Ludzie, błagam was wszystkich, tylu was tutaj siedzi mądrych obywateli — wymyślcie coś, żeby Władimir Władimirowicz Putin, prezydent nasz kochany, dalej mógł być prezydentem!   .

Po tkaczce przemawiał paraolimpijczyk, który też błagał prezydenta, w imieniu wszystkich sportowców. Kolejny mówca, dziennikarz, żądał, by Putin wstąpił do JedRo i został partyjnym bossem. Następnie zabrał głos rektor uczelni z Samary, proponując inne rozwiązanie: bezpartyjny prezydent kandyduje do Dumy na czele listy wyborczej JedRo, by zwyciężywszy zostać premierem nowego rządu. Dalszych mówców nie było, sala wstrzymała oddech. Gryzłow spojrzał ku prezydentowi:

— Władimirze Władimirowiczu... proszę się ustosunkować...

Putin podniósł się, obciągnął garnitur, godnym krokiem ruszył do mównicy, wsparł dłonie na jej krawędziach, spojrzał delegatom prosto w *„głaza"*, i rzekł:

— Drodzy przyjaciele! Chociaż byłem jednym z inicjatorów założenia waszej partii, lecz chcę pozostać bezpartyjnym, jak większość obywateli naszego kraju. Nie zmienię więc mego statusu człowieka bezpartyjnego, ale wdzięcznym sercem przyjmuję propozycję zajęcia pierwszego miejsca na liście wyborczej Jednej Rosji. Myślę też, że koncepcja, bym został premierem kiedy upłynie druga kadencja mojej prezydentury, to koncepcja realistyczna, dobra. Aby kraj mógł dalej rozwijać się, kolejnym prezydentem musi zostać człowiek bezwzględnie uczciwy, człowiek utalentowany, energiczny i skuteczny. Z takim człowiekiem będę chciał współpracować jako szef rządu. I sądzę, przyjaciele, że bez trudu znajdziemy takiego człowieka. Cały ten plan uda się wszelako zrealizować tylko wówczas, gdy Jedna Rosja odniesie w wyborach przekonujące

zwycięstwo. Ku temu musicie więc dążyć, a ja ze wszystkich sił
będę was wspomagał, obiecuję.

Cała sala wstała i rozpoczęła huczną „*standing ovation*", trwa-
jącą bite pół godziny; sam Stalin mógłby być zazdrosny o taką
długość aplauzu. Tego wieczoru i nazajutrz wszystkie media świata dały deklarację Putina jako sensacyjny „*front–news*". Listę wyborczą Jednej Rosji otwierało nazwisko prezydenta, za nim figu-
rował Gryzłow, trzecie miejsce „*połucził*" minister do spraw sytuacji nadzwyczajnych, Siergiej Szojgu, wyprzedzając dwie damy:
mistrzynię olimpijską, Swietłanę Żurową, i gubernatorkę Petersburga, Walientinę Matwijenko.

Kilka dni później na instruktażowe zebranie klubu parlamentar-
nego Jednej Rosji pofatygował się założyciel tej partii, Władysław
Surkow, przekazując twardą dyrektywę Kremla:

— Chcecie promować partię i jej kandydatów?!... Zapomnijcie
o tym! Promujemy tylko jednego kandydata, pierwszego z listy,
który jak lokomotywa pociągnie całą listę, całą partię, i reklamu-
jemy tylko „*plan Putina*", nic więcej! Zrozumiano?

Wykład „*szarej eminencji Kremla*" dla członków klubu był tajny, lecz przeciekł do mediów. Szczątkowa opozycja podniosła rytualny wrzask, piętnując „*putinokrację*", „*kleptokrację*", „*feuda-
lizację*", „*samodzierżawie*" i „*mafię FSB*", lecz JedRo nic sobie
z tego nie robiła, a na prezydium partyjnym Gryzłow perswadował
bez osłonek:

— Pamiętajmy, że wybory do Dumy to swoisty plebiscyt, referendum poparcia dla prezydenta Władimira Putina. Liczy się tylko
jego zwycięstwo, które da triumf całej partii, i tylko realizacja jego planu!

Gwoli maksymalnego uwzniośłenia półboga oficjalna strona internetowa Jednej Rosji zamieściła apel posła Abduła–Hakimy Suł-
tygowa, by zwołać Obywatelski Sobór Narodu Rosyjskiego, który
przyzna Putinowi status „*Ojca Narodu*"...

* * *

Człowiek staje się całkowicie pełnoletni w momencie kiedy rozumie, że cztery najgłupsze słowa w leksykonie to „*niemożliwe*", „*zawsze*", „*nigdy*" i „*tylko*". Właśnie z tego powodu mnóstwo ludzi dojrzewa dopiero wtedy, kiedy ukochane osoby, które przysięgały wieczną miłość („*chcę tylko ciebie*", „*będę cię kochać zawsze*", „*nigdy cię nie opuszczę*", itp.), doznają raptownej zmiany upodobań, preferencji tudzież gustów, i mówią „*pa–pa!*", bo teraz komuś innemu chcą szeptać „*tylko*", „*na zawsze*", itp. Ale nie każdy przeżywa takie miłosne rozczarowania, stąd reszta osobników dojrzewa pod wpływem innych wstrząsów. Sporo ludzi na całym świecie (a głównie na Starym Kontynencie) dojrzało wskutek raptownego upadku komunizmu, bo milionom się wydawało, że komunizm nie upadnie nigdy. Nad Wisłą to „*nigdy*" utraciło rację bytu po upływie 44 lat. I pchnęło Mariusza Bochenka do zadania Denisowi Dutowi pytania oczywistego:

— Co teraz?

— Jak to: co teraz? Nic, pracujemy dalej.

— Tak samo?

— Właściwie tak samo.

— Mamy dalej dokopywać komunizmowi?!... — zdumiał się „*Zecer*".

— Chwilowo nie, ale za kilka lat komuna demokratycznie powróci, odzyska władzę w kraju, chopie, i odzyska mir społeczny jako czerwonka demokratyczno–kapitalistyczna.

— Chyba ci odbiło, facet! — krzyknął Mariusz.

— Zakład?...

— Proszę bardzo. O co?

— Kto przegra, ten będzie musiał wypić pełen kubek własnego moczu. To patent karaibski, chopie.

— Stoi! Za ile lat?

— Góra pięć.

— Demokratycznie, w wyborach powszechnych?

— Tak, dzięki ogólnonarodowemu głosowaniu, dzięki urnom.

— Stoi, frajerku, daj grabę!

Uścisnęli sobie dłonie, Denis przeciął uścisk drugą dłonią, a Mariusz zapytał:

— Czemu jesteś taki pewien ich powrotu do żłobu?

— Przekonał mnie pan pułkownik...

— Jaki pułkownik?

— Miecio Heldbaum — rzekł Dut. — Wyklarował mi to precyzyjnie. Wolę wierzyć jemu, niż tym wszystkim mędrkom, co piszczą dzisiaj, że komuna znalazła się na śmietniku historii. Jako idea czy ideologia — tak, leży na śmietniku historii. Ale komuchy, bezpieczniacy, pezetpeerowcy i ich wychowankowie, wrócą.

— Przecież padli niby bure suki, naród ich nie znosi, więc dlaczego miałby przywrócić im władzę?

— Dlatego, chopie, że teraz zapanuje w Polsce *„dziki kapitalizm"*, a wiesz co to oznacza? Że miliony ludzi zostaną błyskawicznie puszczone z torbami, przestaną mieć na papu, nie mówiąc już o książkach, wczasach czy innych przyjemnościach. Będą miliony bezrobotnych, miliony ledwo wiążących koniec z końcem. I miliony zepchniętych poniżej swego dotychczasowego statusu, czyli miliony spauperyzowanych, klnących, płaczących, złorzeczących nowym władzom, wreszcie tęskniących za komuną, bo kiedy panowała komuna, to *„czy się stało, czy leżało, dwa patole się brało"* i wszyscy byli równo udupieni, a teraz legion *„dzianych"*, bardzo *„dzianych"* i cholernie *„dzianych"* będzie kłuł wzrok rzeszy gołodupców. I gołodupcy zagłosują na komunę, chopie, to jest pewnik. A oto drugi pewnik: przez najbliższych dziesięć–dwadzieścia lat w kraju będzie wirowała karuzela ministrów *„czerwonych"*, *„różowych"* i *„białych"*, którzy się będą wymieniać przy korycie i wzajemnie masakrować rozmaitymi oskarżeniami, prowokacjami, aferami, skandalami, plus jeszcze archiwami bezpieki, gdyż cztery piąte figur ma życiorysy upaćkane tajną kolaboracją z bezpieką. Musimy przeczekać cały ten cyrk, tę rzeźnię narodową, tę dziką wirówkę, chopie.

— Tutaj przeczekać?

— Tak, a co?

— A to, że teraz nasi będą wracać stąd do kraju! — zdenerwował się „*Zecer*". — Wróci młoda i średnia emigracja, i część
starej, więc dla kogo będziemy tu pisać, dla Szkotów, kurwa?!

— Grubo się, chopie, mylisz, i sam to wkrótce zobaczysz. Re-
patriuje się bardzo niewielu, a z kraju zacznie przybywać bardzo
wielu, bo powszechna nędza i bezrobocie zaczną wypychać ludzi
masowo. Póki tutejsza pensja będzie dziesięć razy wyższa od kra-
jowej, my będziemy mieli dla kogo pracować tutaj. To się długo
nie zmieni.

— Kilkanaście lat?! — jęknął Mariusz.

— Trudno powiedzieć ile. Po kilku latach założymy w kraju fi-
lię, krajową mutację „**Gza Patriotycznego**", ale do definitywnej
gry wejdziemy nie wcześniej niż wówczas, gdy rąbanina krajowa
wytraci impet i da się zbudować tam silną strukturę na zgliszczach
wielu partii i partyjek, które spłoną.

— Czyli dziesięć, piętnaście, może dwadzieścia lat cholernego
chaosu!... — westchnął Bochenek. — Jak ten biedny naród to wy-
trzyma?

— Ten naród, chopie, wytrzymywał już nie takie powietrzne trą-
by. A dlaczego? Bo ma swój patent na w y t r z y m y w a n i e. Patent z wicu o półliterku.

— Nie znam tego kawału — burknął „*Zecer*".

— „*Co prawda aktualnie przeżywamy chaos, ale za kwadrans
Heniek przyniesie pół litra*". Takie są polskie terapie.

— Takie, owszem, są. Lecz jak pomyślę, że to tyle potrwa ile
mówiłeś, Denis...

— Też chciałbym się mylić, chciałbym, by to trwało krótko, jednak wojny domowe rzadko trwają krótko.

Rozemocjonowany Bochenek, który cały czas stał, teraz usiadł,
jakby go przygniotła perspektywa kilkunastoletniej emigracji. Dłu-
gą chwilę głęboko oddychał i milczał, aż wreszcie spytał:

— Kogo zaczniemy wyśmiewać od następnego numeru?

— Autorytety moralne Trzeciej Rzeczypospolitej, chopie — objaśnił go Denis. — Już się puszą. Już ewangelizują lud słowoto-

kiem, głównie różowym, na wzór Kuronia, Geremka i Michnika. Przyjrzyjmy się przeszłości sławnych reżyserów, aktorów, plastyków, publicystów i zwłaszcza literatów. Ci, którzy jeszcze żyją, będą grali błogosławionych świętoszków, zaś my będziemy leczyć ich ciężką amnezję wspominkami–cytatami o ich prokomuszych prysiudach i lansadach. Lista jest obszerna, aż trudno uwierzyć. Brandysowie, Międzyrzecki, Szczypiorski, Słomczyński, Bocheński Jacuś, Ficowski, Konwicki, Kobyliński, Szymborska, Rymkiewicz, Stiller, Mrożek, Marianowicz, Drawicz, Tazbir, Miłosz, Łapicki, Śmiałowski, Szczepański, Kieniewicz, Kołakowski, Lem, Brzechwa, Wajda i stu innych — prawdziwy gwiazdozbiór. Mam już worek pikantnych cytatów, i niektóre mnie samego bulwersują, bo nie przypuszczałem, że taki Jacek Trznadel, który skompromitował to bractwo książką „Hańba domowa", również ma sumienie niezbyt czyste, stalinizował piórem za młodu. Kiedy ukaże się wielka antologia tych grzechów elity salonowej, powinna nosić tytuł: „Liber lizusorum". Ludzie będą przecierać kwadratowy wzrok czytając prostalinowskie dupolizactwo Szymborskiej. Albo rymy Różewicza, chopie, mam tu fragment, spójrz:

„Czas który idzie jest piękniejszy
ludzie nie będą umierali jak larwy
komunizm ludzi podniesie
obmyje z czasów pogardy".

Słuchając tego rodzaju cytatów, „Zecer" czuł się lepiej. Działały jak morfina. Jeżeli bowiem wielcy twórcy tak się świnią...

∗ ∗ ∗

21 października 2007 roku Polska wybierała nowy parlament. Przy okazji wybrała nową władzę, usuwając od rządzenia antyrosyjską partię braci Kaczyńskich. Zwycięzcy wyborów (PO i PSL) bezzwłocznie zadeklarowali swoją sympatię dla Kremla: wicepremier Pawlak sugerował ułatwianie rosyjskim firmom naftowo–gazowym polskich inwestycji, a premier Tusk obiecał, że Polska prze-

stanie swym wetem blokować współpracę między Rosją i Unią Europejską, jak również wycofa swój sprzeciw wobec wejścia Rosji do WTO (Światowej Organizacji Handlu) tudzież innych gospodarczych gremiów cywilizacji zachodniej. Hasłem nowych władz będzie Miłość! — tak zapewnił Tusk w swym pierwszym przemówieniu po zwycięstwie parlamentarnym. Gdy generał Kudrimow usłyszał to z telewizora, przypomniał sobie scenę, którą mu kiedyś ironicznie relacjonowano jako pikantny cymesik — scenę posiedzenia rosyjskiego rządu dyskutującego o dalekosiężnych państwowych projektach. Putin spytał wówczas: „ — *Co jest dla nas najważniejsze?* ". Zrobiło się cicho. Ciszę przerwał minister obrony, były dygnitarz KGB i FSB, generał–lejtnant Siergiej Iwanow, mówiąc przez zaciśnięte zęby: „ — *Miłość!* ".

Wasia odczuwał w swym życiu miłość właściwie co dzień. Dawkowanie było rozmaite każdego dnia, ale tę miłość cechowała stałość, czyli wierność. Wierność, która sprawiała Kudrimowowi pewien ból, gdyż wolałby kochać inną, „Putinkę" (produkowaną od 2003 roku i szalenie popularną), jednak nie umiał przemóc nałogu — „Stoliczna" smakowała mu bardziej, wskutek długotrwałego wdrożenia. Lecz kiedy operacja „*Wybory Pol–2007*" zakończyła się sukcesem nad Wisłą — stwierdził, że musi „Putinką" wznieść biurowy toast, a miłość swego życia, „Stoliczną", golnie sobie wieczorkiem, wewnątrz własnego mieszkanka, nosząc kapcie, spodnie od dresu i ulubiony sweter, nieważne, że trochę dziurawy. Ledwie tak zdecydował, gdy wezwano go „*na dywanik*" szefa, gdzie ten szef, Michaił Fradkow, złożył mu gratulacje:

— Dobrze się spisałeś, Wasiliju, u Polaczyszków. Oni pewnie liczą, ci nowi, że włażąc nam z marszu w tyłek, otrzymają coś dla równowagi, jakieś całusy, gesty wzajemności, zniesienie embarga...

— I to niejednego embarga — przytaknął Kudrimow. — Mięso, wędliny, podroby to pierwsza sprawa, ale drugie embargo obejmuje produkty rolne, znaczy warzywa i owoce, które również chcieliby nam sprzedawać. Oba embarga były karą dla Bliźniaków, więc teraz trzeba będzie...

— Pewnie będzie trzeba, ale nie my będziemy decydować, tylko Kreml. Jak stamtąd przyjdzie rozkaz, zniesiemy lub zawiesimy embargo. Nie od razu każde, wpierw jedno, później drugie.
— A co z ropą naftową? — spytał Kudrimow.
— Jaką ropą? Przecież sprzedajemy im ropę, są długoletnie handlowe umowy.
— Tak, ale kiedy Polaczyszki wykołowały nasz Łukoil, kupując litewską rafinerię Możejki, odcięliśmy tam dopływ ropy zupełnie. Pod pretekstem, że rurociąg się zepsuł.
— Bardzo sprytne, cała Europa serdecznie się śmiała! — syknął Fradkow. — Rurociąg jest czyj?
— Transnieftu. Transnieft ogłosił, że bezterminowo odracza naprawę, bo rurociąg jest kompletnie zużyty, trzeba zbyt kosztownej reperacji.
— I co? W czym problem?
— W tym, iż rurociąg prowadzący do Możejek transportował też ropę dla Łotwy i Estonii. Więc teraz Łotwa, Litwa i Estonia muszą przywozić sobie ropę tankowcami, no to warczą gdzie mogą.
— Gówno mogą, Europa im nie pomoże, dba o własną dupę, Wasiliju. Zresztą to nie nasza sprawa, tylko sprawa ministra energetyki. A minister Christienko bez decyzji Kremla nie kiwnie palcem. Każdy, kto nie rozumie, że nafta to nie żadna energia, tylko broń polityczna, jest idiotą. Warszawa dobrze wie, że rurociąg bałtycki, który ich omija, to fragment politycznej gry.
— Oni liczą, że to jedynie fragment szantażu, i że można jeszcze cofnąć tę decyzję.
— To się przeliczą!
— A jak będą chcieli negocjować wejście do inwestycji?
— Powiedz to prezydentowi, nie moja broszka! — zezłościł się Fradkow. — Właściwie czemu zawracasz mi tą naftą głowę?
— Bo Polaczyszki chcą mieć transakcję wiązaną — uprecyzyjnił Wasia. — Wycofują wszystkie weta antyrosyjskie, lecz pragną zniesienia każdego embarga i zaopatrywania Możejek rurociągiem Transnieftu.

— Dałeś im takie obietnice?!... — ryknął Fradkow.

— Nie dawałem obietnic, ale musiałem czymś czarować, robiłem nadzieje dla...

— To teraz lej im naftę własnym fiutem, kurwa, bo póki Władimir Władimirowicz nie da sygnału, nic nie zrobimy, czy to jasne, Kudrimow?!

— Tak, toczno!... — odrzekł po wojskowemu generał–lejtnant Wasilij Stiepanowicz Kudrimow.

Wieczorem upił się, ale kiepsko spał — dręczyły go koszmary. Twarze ludzi, do których strzelał. Rozchylali sine wargi, pytając, lecz nie słyszał niczego. Wstał gdy ledwie świtało za oknem, ubrał się i wyszedł na miasto, puste jak pustynia. Plac Czerwony przemierzały patrole dwójkowe milicjantów. Wokół wież Kremla snuły się szarawe opary mgły. Gdzieś ze wspomnień dobiegły Wasię słowa piosenki śpiewanej przy ognisku dawno temu, wówczas, kiedy życie było proste jak wycior:

> *„Bierieg radnoj*
> *Czierniejet za karmoj,*
> *Tiomnaja nocz',*
> *Da wietier sztarmawoj.*
> *Da szałanda, da parus,*
> *Da wiernyj puliemiot.*
> *Chłopcy partizany*
> *Wiernulis' w pachod".*

* * *

Stół zalegała bogata martwa natura, pełna szkła, porcelany, wędlin, galaret i owoców. Jasny półmrok dawały dwa sześcioramienne świeczniki stojące na blacie; czuło się intensywną woń płonących aromatycznych świec. Serenicki oniemiał:

— Kobietę winien pan raczyć taką buduarową pompą, pułkowniku, a nie swojego wyrobnika, marionetkę...

— Coraz głośniejszego edytora, szanowanego biznesmena, fartownego giełdziarza, dużą figurę! — rzucił komplementami Tiomkin. — Czym się teraz trudzicie z Klarą? Prócz uprawiania seksu, darogije riebiata?

— Tłoczymy „Od białego caratu do czerwonego", siedem tomów.

— Nie znam.

— Autorem jest Polak Kucharzewski.

— To przedruk?

— Tak, ale zmodernizowaliśmy dawną edycję, dodaliśmy analityczny wstęp, ikonografię, indeksy, te rzeczy.

— Siadajmy, trzeba pić i jeść... Ta świecowa kolacja to uczta pożegnalna. Zostałem odwołany, będę teraz pracował jako attaché w Dubaju.

— Czemu pana odwołano?

— Dlatego, że przydziały „rezydentur" nie są dożywotnie. I tak pracowałem tu długo, według mojej centrali — za długo. Widzimy się ostatni raz, gaspadin Serenicki.

— Kto będzie pańskim następcą?

— Major Gruszka, ale to dla ciebie bez znaczenia, „Szekspir", bo odtąd działasz już na własny rachunek, nie musisz się meldować, chyba że będziesz wzywał awaryjnie. Przed tobą wielki sen, długie lata całkowitego spokoju. Rób karierę edytorską i scjentyczną, pisz prace językoznawcze, płódź dzieci, podróżuj, praktykuj co chcesz, twoja sprawa. Nie będzie ingerencji z naszej strony, chyba że zrobisz gdzieś piekielne głupstwo.

— To już mam za sobą, grzybki mnie wrobiły!... — westchnął Janek.

— Nie dramatyzuj! — prychnął Tiomkin. — Wytłumacz sobie, że taki był kaprys losu, życie tak chciało. Życie to schody. Kiedyś docierasz na piętro i widzisz korytarz, gdzie jest pełno drzwi od wielu pokojów. Trzeba któreś wybrać, nie można tkwić ciągle na schodach, bo szybko się okaże, iż schody prowadzą w dół. Twoje prowadzą do góry.

— „Życie to schody"... — uśmiechnął się Janek. — Bardzo ciekawa metafora, lecz wolę szekspirowską. „Świat to teatr", mówi szekspirowski szlachcic Jakub, a świat tajnych służb to zupa makbetowskich wiedźm, zacytuję panu:

> *„Bagnistego węża szczęka,*
> *Niech w ukropie tym rozmięka,*
> *Żabie oko, łapki jeża,*
> *Psi pysk i puch nietoperza,*
> *Żądło żmii, łeb jaszczurzy,*
> *Sowi lot i ogon szczurzy,*
> *Niech to wszystko się na kupie*
> *Warzy w tej piekielnej zupie!"* *.

— Szekspir pichcił tę samą zupkę, pracując jako tajny agent, więc was również powinno to rajcować, Serenicki...

— O czym pan gada, pułkowniku?!... — zdumiał się miłośnik Szekspira. — Szekspir nie był szpiegiem, znam bardzo dobrze jego żywot!

— Nikt nie zna b a r d z o d o b r z e jego życiorysu, nie wiadomo nawet kto pisał jego sztuki, Bacon, Marlowe, de Vere, Stanley, Neville, Florio czy jeszcze inni, może nawet baba, Mary Sidney Herbert...

— Strasznie się pan obkuł! Po co?

— Zwykła ciekawość, przeczytałem fragmenty nieukończonego dziełka na temat intensywnej szpiegowskiej działalności Szekspira, **„The Shakespeare Conspiracy"**...

— Nie ma takiej książki, pułkowniku, znam całą współczesną literaturę szekspirologiczną! — przerwał mu Janek.

— Wy znacie literaturę drukowaną, gaspadin Serenicki, a mnie udostępniono fragmenty pracy dopiero pisanej przez dwóch historyków, Grahama Philipsa i Martina Keatmana. To się znajdzie na rynku nie wcześniej niż za dwa lata, panowie się rozkręcają...

— Kto panu udostępnił?

— Koledzy z branży, mam dużo kolegów wszędzie...

---

* — Tłum. Józef Paszkowski.

— I co ci dwaj tam piszą?

— Że Szekspir był kilkanaście lat agentem elżbietańskiej Secret Service, podwładnym brytyjskiego superszpiega, Anthony'ego Mundaya. Jako William Hall jeździł po Europie, szpiegując i wożąc tajne listy. Gdy tylko wrócił z Danii, spłodził „Hamleta". Oni mieli manię brania sobie familijnych pseudonimów. Munday jako szpieg nosił nazwisko Grimes, bo jego chrzestny nazywał się Grimes. A córka Szekspira wyszła za Johna Halla ze Stratfordu, stąd wziął się ów William Hall. Philips i Keatman twierdzą, że konspirującego Szekspira otruto wskutek szpiegowskich porachunków. To, iż umarł w męczarniach, jest faktem.

— Tak, to prawda, wił się z bólu — rzekł Serenicki.

— Czasy się zmieniają, a metody nie — pokiwał głową Tiomkin. — Dzisiaj nowoczesne trucizny są znowu rytualnym elementem gry tajnych służb. Otruliśmy w Monachium szefa ukraińskich nacjonalistów, Banderę, i trujemy wielu innych...

— Pan mnie straszy, pułkowniku?

— Ani mi to przez myśl nie przeszło! To była dygresja szekspirologiczna. Teraz będzie druga dygresja. Czy wiecie, że wśród prawie dziewięciuset filmów szekspirowskich prawie trzysta to inscenizacje „Hamleta", i że spośród tych trzystu krytyka światowa za najlepszy uważa film rosyjski? A Rosjanie mówią, że „Hamlet" to sztuka rosyjska, bo bezbłędnie oddaje rosyjską duszę.

— Pańskiej duszy chyba nie bardzo... — skrzywił się ironicznie Serenicki.

— Bo moja matka była Gruzinką, drogi „Szekspirze", jest ze mnie półkrwi Rus.

— Ten kryptonim wymyślił mi pan?

— Tak, chciałem wam zrobić przyjemność.

— Wolę inny.

— Jaki?

— Jednoliterowy — „Y", igrek, przedostatnią literę łacińskiego alfabetu.

— Czemu?

— Bo ma kształt procy, a biblijny Dawid procą pokonał Goliata.

— To nie była taka proca, gaspadin Serenicki.

— Wiem, machali nad głowami szmatą lub skórką z kamieniem, ale w kulturze europejskiej proca to Y.

— A kto jest dla was Goliatem?

— „Solidarność". Wykończyli mojego starego, pułkowniku.

— Wiem. Napijmy się ku pamięci waszego ojca, gaspadin „Y"!

* * *

Wśród polityków właściwie nie ma ludzi niewierzących, zważywszy, iż każdy polityk głęboko wierzy w swoją predyspozycję do rządzenia masami ludzkimi, czyli społecznością. Tymczasem wiara części owych mas jest skoncentrowana na Istocie Wyższej, Niebiańskiej, co polityk też musi uwzględniać. Dlatego prezydent Putin, każdego październikowego dnia 2007 agitujący jakąś grupę lokalną lub branżową za Jedną Rosją, miewał częste spotkania (również mszalne) z duchowieństwem, głównie z Patriarchatem Moskiewskim Cerkwii Prawosławnej, lecz nie omijał i duchowieństwa muzułmańskiego. Ta intensywna kampania zostawiała mu niewiele wolnych chwil na spotkania prywatne, jednak znalazł dwie sobotnie godziny dla Leonida Szudrina. Szudrin kolejny raz został wpuszczony do prywatnej daczy numer 1.

— Prosiliście o spotkanie, Leonidzie Konstantinowiczu, pono macie jakąś sprawę dużej ważności — przywitał go Putin. — Słucham was.

— Niepokoją mnie, panie prezydencie, dwie sprawy. Jedna ważna, druga bardzo ważna. Ta pierwsza to represje, którymi nasz rząd chce zniszczyć przedstawicielstwa British Council w naszym kraju.

— Skąd o tym wiecie?

— Mam dobre uszy, panie prezydencie, a jako członek „loży" mam okazję słyszeć dużo. Boję się, że likwidowanie biur British Council i eliminowanie z eteru „Głosu Ameryki" oraz BBC, brytyjskiej rozgłośni, która cieszy się legendarną sławą na całym świecie, wywoła na całym świecie niepotrzebny antyrosyjski szum...

— Nie demonizujcie, Lieonidzie Konstantinowiczu! — przerwał mu Putin, machając lekceważąco ręką. — Te rozgłośnie będą zagłuszane do wyborów, może ciut dłużej, kilka tygodni, góra kilka miesięcy. Natomiast jeśli idzie o British Council... Może zlikwidujemy tylko część jej delegatur, te prowincjonalne, zaś moskiewską centralę zostawimy. Ławrow prowadzi z Londynem dialog w tej kwestii, chcemy wynegocjować jakiś kompromis dla rozwiązania tego problemu. Gówno nas obchodzi czy będzie to sprawiedliwe, czy nie. A ta druga wasza wątpliwość, ta ważniejsza?

— Tyczy pańskiego elekcyjnego zaangażowania, panie prezydencie — rzekł Szudrin. — Wsparł się pan całym ciałem na JedRo, co oznacza, że kiedy Jedna Rosja zwycięży i uczyni pana premierem, będzie pan stał na jednej nodze. W takiej pozycji łatwo stracić równowagę, gdy ktoś trąci...

Putin wzruszył ramieniem:

— Surkow, kiedy sześć lat temu zakładał Jedną Rosję, mówił mi coś podobnego. Więc założyliśmy drugą partię kremlowską, Sprawiedliwą Rosję, dla równowagi. Jedna centrowa, druga lewicowa, słowem balans.

— Nie ma tu żadnego balansu, panie prezydencie. Sprawiedliwa Rosja, która miała odbierać głosy komunistom Ziuganowa, jest tak słaba, ma tak kiepskie poparcie elektoratu, że to nawet nie szczudło czy patyk dla zachowania równowagi, lecz słomka, jakby jej nie było. Potrzebuje pan drugiej nogi!

— Bo co? Czego tu się bać? Ludzie JedRo są mi fanatycznie oddani, ze świecą szukać wierniejszych psów. Będą sprawną *„maszynką do głosowania"* w Dumie.

Kąciki warg Szudrina wykrzywił uśmieszek.

— Co was tak śmieszy, cholera?! — szczeknął Putin.

— Panie prezydencie, ja jestem historykiem, więc wesprę się przykładem historycznym. Robespierre miał we francuskim zgromadzeniu bezbłędną *„maszynkę do głosowania"*, przez kilka lat Konwent unosił ręce tak, jak chciał *„Nieprzekupny"*. A któregoś dnia, latem roku 1794, te rączki *„wiernych psów"* zagłosowały mu wbrew. Został demokratycznie obalony i stracony szybciutko. Miał, oczywiście, swoją partię, jakobinów, lecz ci zawiedli, nie umieli nawet poderwać dzielnicowych Sekcji Komuny dla obrony Robespierre'a. Brakowało mu silnej drugiej nogi, by zrównoważyć wrogów. Czy inaczej: brakowało mu rottweilerów, które mogłyby skutecznie szachować wrogów, fałszywych sprzymierzeńców, zbyt miękkich przyjaciół, i rzucić się do gardła każdemu ryjącemu pod wodzem.

— Mam w ręku całe FSB! — szepnął Putin.

— Być może całe FSB uważa, że ma pana w ręku... — odszepnął Lieonid.

— To nonsens!

— To matematyka, panie prezydencie. Sześć tysięcy *„siłowików"* vel *„czekistów"*, ludzi GRU, KGB i FSB, objęło dzięki panu czołowe pozycje we wszelkich władzach Federacji, rządowych, bankowych, handlowych, centralnych i regionalnych. Formalnie to sześć tysięcy wdzięcznych panu janczarów, wiernych Putinowców. Ale wdzięczność nie jest u ludzi cechą fizjologiczną, a jako cechę polityczną wyśmiewał ją już Machiavelli. Sześć tysięcy ludzi versus jeden człowiek, chociaż car...

Zapadło milczenie.

Równo miesiąc po tym milczeniu huknął grzmot, który członkowie *„loży «Put'»"* przezwą później *„gambitem Szudrina"*: zjazd wszechrosyjski. Dnia 15 listopada roku 2007 do Tweru zjechało 900 delegatów z 84 regionów Federacji Rosyjskiej. Przywieźli 30 milionów podpisów wielbicieli Putina (zebranych w trakcie masowych proputinowskich mityngów zwanych *„putingami"*), utworzyli *„spontanicznie"* Ruch Społeczny „Za Putina", i wezwali prezydenta, by został dożywotnim *„liderem narodu"*. Równocześnie jasno ostrzegli Jedną Rosję, że będą ją twardo kontrolować, stanowiąc *„alternatywny instrument nacisku"*. Fala *„putingów"* wzrosła od tej pory gwałtownie, a kilkudziesięciotysięczny moskiewski wiec prokremlowskiej młodzieżówki Nasi był kolejnym medialnym wydarzeniem dnia. Przy okazji tego wiecu utworzono jeszcze jeden proputinowski masowy ruch — Miszki (Niedźwiadki) — żeby kilkuletnie dzieci mogły hołdować cara w zorganizowany sposób, czyli „spontanicznie". Pisk konającej opozycji, że kiedyś to się zwało Pionierzy Stalina i Hitlerjugend, został zagłuszony przez skandujący radośnie tłum.

A jesień była ładna, niezbyt mroźna, lekki wczesnozimowy śnieg nadawał światu dziewiczy wygląd.

* * *

Dla Mariusza Bochenka, redaktora–dyrektora „Gza Patriotycznego", lato 1992 układało się jak w dwóch tangach kapeli Pudelsi. „Czerwone tango" tego bandu zaczyna się od słów:

„Nad kołchozem czarne chmury wiszą,
Idzie Wania z pijaniutkim Griszą".

Nad właśnie utworzonym azjatyckim kołchozem Wspólnoty Niepodległych Państw, spadkobiercą ZSRR, wisiały czarne chmury (superinflacja, superstagnacja, superkorupcja, superbandytyzm itd.), a władzę nad dopiero co utworzoną superFederacją Rosyjską (jedno i drugie grudzień 1991) sprawował superalkoholik Boris Jelcyn, piosenkowy Grisza. Etatowi satyrycy „Gza Patriotycznego" mieli ciągłe, bardzo rajcujące używanie. Z kolei w „Tangu libido" Pudelsów figuruje taki smaczny passus o miłości:

„Zachowaj serce dla kolegi,
A dla mnie zostaw tylko biust".

Swoim zwyczajem „Zecer" wciąż nie angażował do związków z płcią odmienną serca, a jedynie swój ponadnormatywny organ płciowy, tedy niewieście serduszka mniej go interesowały aniżeli bufory stroju topless. Denis Dut tym właśnie go nęcił, gdy jesienią 1992 roku przedstawiał mu uroki Paryża, gdzie chciał kumpla zaciągnąć:

— Chopie, „Paris by night", kabaret Crazy Horse, najzgrabniejsze nóżki i najpiękniejsze cyce globu! Jedźmy tam spędzić święta,

Sylwestra i Nowy Rok! Weźmiesz jaką cizię i będziemy odwalali
„amour" pod Wieżą Eiffla, chopie! Znasz ten wic? Nowożeńcy lą-
dują w Paryżu, on pyta: „ *— Co robimy wpierw, idziemy do łóżka, czy jedziemy zwiedzać Wieżę Eiffla?"*. Ona mówi: „ *— Idziemy do łóżka, wieża postoi zdecydowanie dłużej"*. Fajniutkie, co?
Cha, cha, cha, cha, cha, cha, cha, cha, cha!
    Ale kumpel, miast wtórować śmiechem, zawarczał ponuro:
    — Bo obiecałeś Paryż żonie Witka, sukinsynu! Tylko że bez
Witka!
    Dut, słysząc ów wyrzut, posiniał ze złości:
    — Czy to moja wina, do kurwy nędzy, chopie, że z niego ta-
ki mąż jak z koziej dupy trąba, co?! Moja wina, że rok temu Jolka
kupiła sobie wibrator, bo zakazałeś jej zdradzać tego pedzia, więc
co miała robić?! To wrażliwa kobieta, kiedyś zobaczyłem jak pła-
cze, no to przytuliłem ją, chopie, no i... no i tak poszło... A do
Paryża mógłbyś z nami lecieć dlatego, że Klara Mirosz przyjeż-
dża tam na przedświąteczne zakupy. Kontaktujemy się tylko listownie i telefonicznie z jej firmą, może czas zawrzeć osobistą znajomość, nie uważasz?
    Bochenek nie wziął do Paryża żadnej *„cizi"*, gdyż słusznie uwa-
żał, że nie przywozi się drewna do lasu. A kiedy zobaczył Klarę
Mirosz, odechciało mu się buszować po lesie. Rozweselony any-
żówką Denis przedstawił kumpla niezbyt wersalsko:
    — Pan Mariusz Bochenek, naczelny redaktor **„Gza"**, konspira-
cyjne pseudo *„Zecer"*, a swego czasu, gdy był hipisem, damskie
pseudo *„Człon"*, ponieważ wysiada przy nim Rasputin. Tak jest,
Madame!... Zostawiamy was, kochani szefowie od patriotycznego
druku, my z Jolą idziemy w nadsekwańskie tango, au revoir!
    Zostali sami, jeśli nie liczyć innych klientów bistra przy Champs
Elysées. Klara zapytała bez pruderii:
    — Czy on chciał powiedzieć, że ma pan w spodniach łeb więk-
szy, znaczy mądrzejszy, niż ten na karku?
    — Ciągle się łudzę, iż jest odwrotnie, panno Klaro — uśmiech-
nął się skonfundowany ekshipis.

— Rzeczywiście należał pan do komuny hipisów?

— Bieszczadzkiej, ale raczej jako gość niż członek. Jestem plastykiem, malowałem tam pejzaże i portrety. Chętnie namalowałbym panią...

— To byłby pański pierwszy akt?

— Bez wątpienia pierwszy tak o l ś n i e w a j ą c y, droga pani. Nie wystawiłbym go publicznie ani w Luwrze, ani w d'Orsay, ani w Beaubourg.

— Więc nie będę panu pozować, nie warto się rozbierać dla jednego tylko widza, panie redaktorze. À propos: zwiedził pan już te muzea?

— Nie byliśmy jeszcze w d'Orsay. W Luwrze byliśmy wczoraj, przedwczoraj byliśmy w bazylice Sacré Cœur, w Sainte–Chapelle i w Notre–Dame.

— Pierwszy raz w Paryżu?

— Pierwszy.

— I co?

— Fajne miasto. Tylko że...

— Tylko co? — podchwyciła zaciekawiona.

— Widzi pani... Cywilizacja współczesna doszła już do takiej aberracji, że nawet „**Robin Hooda**" filmowego nie można nakręcić bez jakiegoś Negra lub Arabusa u boku głównego bohatera. Zaś w Paryżu nie można już znaleźć ulicy czy knajpki, gdzie połowy ludzi nie stanowią Murzyni i muzułmanie...

— Pan jest rasistą! — wykrzyknęła, udając gniew typowy dla *„liberałów"*.

— Przyjechała tu pani razem z panem Serenickim? — zapytał, zmieniając temat.

— Nie, jego nie interesują butiki i kupowanie przedświąteczne.

— A czy jako wydawców interesowałaby państwa bardzo ciekawa monografia o gwarze przestępczej, właściwie leksykon tej gwary? Dzieło mojego współpracownika, Zbyszka Tokrynia.

— Wolałabym, żeby pan o tym rozmawiał z Jankiem. Janek wybiera się do Londynu w przyszłym roku, chce przedyskutować zintensyfikowanie współpracy i problem stworzenia ewentualnej filii nad Wisłą. Chyba już czas?

— Nie jestem pewien, lecz od dyskusji korona nikomu nie zleci.

— A na mnie już wielki czas, muszę się żegnać! Zostało tylko pięć godzin do zamknięcia sklepów.

— Chętnie będę pani towarzyszył jako tragarz butikowych toreb z wszelką francuszczyzną! — zgłosił swą gotowość Bochenek.

Przez plac de la Madeleine dotarli na bulwar Haussmanna, gdzie prócz wielkich domów towarowych, Lafayette i Printemps, są też sklepy luksusowe. Wszystkie witryny, małe oraz duże, jarzyły się bombkami i światełkami choinkowymi Bożego Narodzenia. Ostatnie grzechy Klara popełniła w ekskluzywnych sklepach jubilerskich przy ulicy Royale. Przed północą Mariusz odwiózł ją do hotelu „Georges V" i zapytał:

— Moja miesięczna pensja starczyłaby tu za jeden nocleg?

— Nie wiem, to najdroższy hotel w Paryżu.

— Chętnie sprawdziłbym czy meble tam są tego warte, szanowna pani.

Podała mu dłoń, mówiąc:

— Uwielbiam być adorowana, rozpieszczana, kuszona, jednak nie zdradzam mojego mężczyzny, nawet z Rasputinami, szanowny panie. Adieu.

Został sam na wieczornym paryskim bruku. Kilka ostatnich godzin rozgrzało mu libido do tego stopnia, że musiał bezzwłocznie wybrać: masturbacja czy prostytucja, tertium non datur. Wybrał, spośród licznego grona chętnych pań, prostytutkę trochę przypominającą Klarę rysami, fryzurą i figurą.

* * *

Listopadowy kryzys w stosunkach Moskwy i Londynu miał jako główny punkt programu kremlowski plan likwidowania rosyjskich biur British Council, lecz Anglików niepokoiło również szykowanie przez Rosjan testów międzykontynentalnego pocisku rakietowego RS–12M „Topol" (według klasyfikacji NATO: SS–25

„Sickle", czyli „Sierp"), mogącego przenosić ładunek nuklearny o sile 550 kiloton (zasięg 10 tysięcy kilometrów), a także pogłoski o planowanym fałszowaniu rosyjskich grudniowych wyborów parlamentarnych. Gdy brytyjskie służby specjalne wdrożyły stan pogotowia, szef MI 5 (kontrwywiadu), Jonathan Evans, przypomniał sobie dobrego znajomego tych służb, rezydującego nad Tamizą rosyjskiego oligarchę–emigranta, Borisa Bieriezowskiego, który był śmiertelnym wrogiem Putina (zwał Putina karłem kołyszącym się kiedy kroczy — „waddling dwarf") i zawsze miał piekielnie dokładne informacje z rosyjskiej sceny politycznej tudzież zza rosyjskich kulis, Bóg raczy wiedzieć od jakich krasnoludków.

Zaufanie Evansa do Bieriezowskiego zostało ugruntowane kiedy w Moskwie sądzony był inny oligarcha, szef koncernu Jukos, finansowy gangster, Michaił Chodorkowski, a media całego globu pluły oburzeniem, zwąc ów proces antysemicką i polityczną erupcją zemsty Kremla. Bieriezowski uświadomił Evansowi, że podczas rządów Jelcyna bank Chodorkowskiego, Menatep, dzieło kagiebowców, był pralnią pieniędzy wszystkich mafii rosyjskich kolaborujących z KGB i GRU, więc Chodorkowski, pupil KGB i FSB, któremu „odbiło" wskutek bogactwa, przez co rzucił polityczną rękawicę Putinowi i dostał kopa od własnych mocodawców — nie jest godzien współczucia wolnego świata, a kreowanie go rycerzem demokracji to idiotyzm kompromitujący media zachodnie. Również „proroctwo" Bieriezowskiego, że Putin zrobi sobie dowcip i utworzy europejski instytut badający łamanie praw człowieka w państwach Unii Europejskiej — okazało się prawdą: Putin w portugalskiej miejscowości Mafra ogłosił tworzenie takiego instytutu (październik 2007). „Mister B." wart był dialogu.

Bieriezowski przyjął zaproszenie na partyjkę golfa w ekskluzywnym podlondyńskim Royal Golf Club. Świeciło słońce (listopadowa rzadkość), a panowie gawędzili wędrując wśród dołków i pukając łyżkowymi kijami białe piłeczki.

— Drogi Borisie, czy technicznie jest możliwa duża skala wyborczych fałszerstw? Tylko proszę, nie mów jako wróg Putina, jako banita, którego tam zaocznie sądzono, chcę mieć relację obiektywną, nie interesuje mnie demonizacja Kremla.

Bieriezowski klepnął Evansa po ramieniu:

— Panie MI 5, ja jestem stary rosyjski Żyd, czyli mądry Żyd, a więc nie taki głupi, żeby rozgłaszać oszczercze plotki i wymysły, które się nie sprawdzą, nie zrobię tego, bo drugi raz już nikt nie chciałby ze mną gadać i mnie słuchać, spaliłbym się u was jako krynica informacji, byłbym kaputt! Rzecz w tym jednak, iż to, co powiem, będzie brzmiało jak demonizacja do kwadratu. Bo oni zaplanowali literalnie w s z y s t k o, każdy numer znany z prac o totalitaryzmach i o wyborczych przekrętach! Wszystko! Aż mnie samemu trudno uwierzyć. Idą na całość, bo muszą mieć ponad sześćdziesiąt procent głosów, bez tego nie daliby rady zmienić konstytucji proputinowsko.

— A chcą zmienić?

— Co głupsi wśród nich chcą, lecz mądrzejsi perswadują, że nie warto się kompromitować. Sądzę, iż Putin na to nie poleci, jest zbyt sprytny. To bardzo duży cwaniak, lepszy od nas, Żydów. Prydupnik Jelcyna, Anatolij Czubajs, ściągnął Putina do Moskwy z Petersburga, sądząc, że ściąga użyteczną marionetkę, dobrze otrzaskaną wśród tamtejszych grup mafijnych i kół kagiebowskich. Ja promowałem tę marionetkę na następcę Jelcyna, bo chcieliśmy mieć właśnie to, prezydencką marionetkę. A ona wydymała nas wszystkich gdy tylko dostała tron! Pognała mnie i Gusińskiego, przejęła Gazprom, i później mackami Gazpromu wszystkie telewizje, słowem: spuściła nas w kiblu bez trudu!

— Mogłeś go promować u Jelcyna, lecz nie mogłeś go delegować do kandydowania, to mógł tylko Jelcyn — rzekł Evans, gnąc ciało, by uderzyć kijem. — A nie wybrał Putina za jego piękne oczy i za twoje piękne namowy, wybrał za jakieś konkrety...

— Za sześćdziesiąt sześć konkretów! — przytaknął rozmówca. — Sześćdziesiąt sześć milionów zielonych banknotów. Tyle zdefraudowała jelcynowska „rodzina" kierowana przez córeczkę Tatianę, kiedy trwał remont pałacu kremlowskiego. Robiła to firma

szwajcarska, płaciło państwo, pieniądze szły z budżetu. Nikt by
się tą kradzieżą nie interesował, gdyby nie zbliżające się wybory
prezydenckie. Murowanym faworytem był premier, Jewgienij Primakow, miał w sondażach poparcie więcej niż pięćdziesięciopro-
centowe. Ale dowiedział się, że Jelcynowcy będą promowali kogoś innego. No to postanowił uziemić Jelcyna. Mianował swojego
człowieka, Jurija Skuratowa, prokuratorem generalnym, a Skura-
tow wszczął antykremlowskie śledztwo i wykrył te zwinięte przez
„rodzinę" sześćdziesiąt sześć milionów dolców. Jelcynowi zaczęło się palić pod tyłkiem, lecz był bezradny, bo prezydent nie może odwołać prokuratora generalnego. Więc wezwał Putina, wówczas szefa FSB, i rzekł: „ — Zrób z tym coś, Wołodia, i to szybko!". Putin zrobił. Dwie prostytutki zwabiły Skuratowa do miesz-
kalnego lokalu FSB, gdzie biedaka sfilmowano na golasa ukrytą
kamerą, i puszczono to smaczne porno w telewizji.

— W naszej też, widziałem tę trójkę baraszkujących ze sobą go-
lasów! — krzyknął Evans. — Ale myślałem, że to zrobili ściga-
ni przez prokuratora mafiosi.

— Dobrze myślałeś, to zrobili mafiosi. Efesbowsko–kremlows-
cy mafiosi.

— Więc o takie buty szła gra!

— O takie. Puścili filmik i było po prokuratorze, jak również po
sprawie tych przekręconych milionów. Putin zdał egzamin. A teraz będzie zdawał kolejny egzamin wyborczy, nie bojąc się żadnych
telewizji. Nawet jeśli jakaś zachodnia telewizja sfilmuje rozpędzanie pałami opozycyjnych wyborczych wieców...

— Putin nie posunie się aż tak daleko! — przerwał Rosjanino-
wi Evans.

— Nie? Wkrótce zobaczysz jak bardzo się mylisz, mój drogi!
Demonstrantów ulicznych będą spokojnie pałować i masowo zamy-
kać, będą też...

— Ale chyba nie przywódców opozycji?

— Ich przede wszystkim, mister MI 5. Kasparowa, Niemcowa,
Limonowa, Kasjanowa i Jawlińskiego będą już na początku każ-

dego wyborczego wiecu pakować do suk i wywozić jako aresztantów, *„za zakłócanie spokoju"*, odsiadka kilka lub kilkadziesiąt godzin. Te wiece opozycji będą rozpędzać, prócz milicjantów, młodzieżówki putinowskie, Nasi i Młoda Gwardia...

— To są podobno studenci!

— Jasne, to są kulturalni studenci, lecz ci studenci tworzący fasadę mają tak zwane *„oddziały porządkowe"* złożone z ulicznych oprychów, głównie z chuliganów należących do futbolowych *„klubów kibica"*, gdzie grupują się pseudokibice, młodociani bandyci, rynsztokowe męty. I właśnie ta żulia, ta hołota lubiąca wyć, kląć i tłuc czym popadnie, będzie masakrowała ewentualnych demonstrantów–opozycjonistów. Biuletyny partyjne i ulotki opozycji będą przechwytywane przez specjalne bojówki. Już zlikwidowano internetowy portal Ruchu Obrony Praw Człowieka, a internetowe strony Forum Obywatelskiego, Innej Rosji czy Sojuszu Sił Prawicy będą blokowane lub eliminowane. Zagłuszane będą wszelkie sygnały telewizyjne wrogie Putinowi. Żeby było dowcipniej — Centralna Komisja Wyborcza zakaże krytykowania podczas kampanii wyborczej jakichkolwiek władz państwowych.

— To jest światowe novum! — krzyknął Evans, psując strzał do dołka.

— Drugie światowe novum to inny urzędowy zakaz, przepis zakazujący mediom choćby napomykania o *„organizacjach ekstremistycznych"*. A kto jest *„organizacją ekstremistyczną"*? Decyduje władza, czyli Kreml.

— Więc... więc każda organizacja przeciwputinowska może być uznana...

— Żadne *„może być"*, mój drogi! Każda taka organizacja j e s t bezzwłocznie uznawana za *„ekstremistyczną"* i podlega brutalnemu sekowaniu.

— Czy oni zwariowali?! — zapytał retorycznie szef MI 5.

— Oni świetnie wiedzą co planują i co robią. W dniu elekcji zastosują wszystko co wymyśliły Azja, Afryka, Ameryka Łacińska i bolszewizm. Będą listy z *„martwymi duszami"*, będą ruchome

grupy wyborców, zwane *„karuzelą"*, jeżdżące od punktu do punktu tysiącami autobusów FSB, będą ruchome punkty głosowania...
— Jak to ruchome?! Dla kogo?
— Dla chorych, dla bezdomnych, generalnie dla dużego wyborczego przekrętu. Będzie też mnóstwo źle wypełnionych kart do głosowania, i tu masz trzecie światowe novum: według prawa, wszystkie głosy nieważne przypadają zwycięzcy, czyli putinowskiej Jednej Rosji.
— Cooo?! — jęknął Evans. — Chyba żartujesz?...
— Rosja lubi i żartować, i przodować — mruknął Bieriezowski, opuszczając kij. — Przodujemy w jeszcze jednym gatunku żartów. Wiesz ilu dziennikarzy zginęło na świecie podczas minionych dziesięciu lat? Prawie tysiąc. Z tego prawie setka rosyjskich, na terenie Rosji. Tylko wojenny Irak nas wyprzedza, o włos. Narkotykowa Kolumbia jest trzecia.
— Będą mordować opozycyjnych dziennikarzy u schyłku kampanii wyborczej?
— Nie, już ich solidnie zastraszyli wcześniejszymi morderstwami. Ostatnie miało miejsce w marcu tego roku. Reporter Iwan Safronow poleciał przez balkon swego domu, mieszkał na wysokim piętrze.
— Za co?
— Za zajmowanie się aferami finansowymi hierarchii rosyjskich wojsk, chodziło głównie o sztab... Później już nikt nie ruszał tych afer, nauczkę zrozumiano.
— To jest...
— Tak, to jest putinizm, system budzenia strachu. Wiesz dlaczego rosyjska opozycja jest tak mizerna? Bo żeby mieć partię, trzeba przedłożyć w urzędzie pięćdziesiąt tysięcy podpisów. Czyli pięćdziesiąt tysięcy adresów ludzi do represjonowania za antykremlowski opozycjonizm. To jest właśnie putinokracja. To, plus święta mądrość Stalina, że nieważne kto oddaje głosy, tylko kto je liczy. Inne pytanie brzmi: kto się przejmuje ulotkami opozycji, ulotkami z informacją, że będąc wicemerem Petersburga Putin nad-

zorował handel metalami mera, Sobczaka, i brał przy tym łapów-
ki dla niego i dla siebie? Takie ulotki to walenie grochem o płot.
Ludzie kochają Putina. Inflacja dwunastoprocentowa, dwie trzecie
dochodów rodziny pochłania żywność, a motłoch się cieszy widokiem batiuszki. Nie przemożesz.

— Jeśli tak go kochają, to po co wyborcze triki?

— Kochają, ale do urn masowo nie biegają, tymczasem on musi zdobyć minimum sześćdziesiąt dwa procent głosów.

— Straszny system, straszne państwo! — westchnął Evans.

— Wy nie jesteście lepsi, mister MI 5 — rzekł oligarcha, tra-
fiając białą piłeczką dołek. — Wprawdzie Piotr Wielki podziura-
wił swemu synowi, carewiczowi, wnętrzności rozpalonym prętem
wsadzonym przez odbytnicę, lecz wy wcześniej zrobiliście to samo z waszym królem Ryszardem II. Nie macie więc prawa samodzielnie grać kolebki europejskiego humanizmu.

* * *

Nową towarzyszką codziennego współżycia Lieonida Szudrina
była Wiera Czirkowska, córka emerytowanego pułkownika wojsk
pancernych, który swego czasu utracił nogę w afgańskich górach.
Pracowała jako bibliotekarka na Kremlu, a nogi miała po matce,
obie zdrowe i kształtne niby z pisma dla mężczyzn. Jej stale wesołe usposobienie i perlisty szczebiot nie dowodziły imponującego
rozumu, tylko trwałej pogody ducha, tworząc wokół Lieonida bal-
samiczną atmosferę, konieczną mężczyźnie, który jest pionkiem blisko szczytu władzy. Codzienne dialogi między Lieonidem i Wierą
omijały krąg zagadnień politycznych tudzież sportowych, bo jedno
i drugie nudziło Wierę, a interesowały ją telewizyjne seriale miłosne, pełne problemów serca i krocza. Gdy wszakże 7 grudnia 2007
ogłoszono definitywne rezultaty parlamentarnych wyborów zwanych
„plebiscytem putinowskim", Wiera wróciła z pracy roztrzęsiona po-
lityką:

— Wszyscy u nas, i w administracji, i w technicznym, no do-
słownie wszyscy mówią, że to hańba! Taki wstyd!

— Jaki wstyd? — zapytał Lieonid przez grzeczność. — Jedna Rosja wygrała...

— Ale w Moskwie i w Petersburgu na Władimira Władimirowicza głosowało niewielu, tak mało!

— Nie warto się tym przejmować, dziecinko, w tych dwóch stolicach mieszkają liczni frustraci, pseudointeligenci tumanieni ujadaniem „demokratów", i zwolennicy Ziuganowa, betonowe komuchy, które nic nie rozumieją — wyjaśnił jej Lonia, przytulając roztrzęsione dziewczę.

Wiedział, że Putin nie jest zadowolony. Formalnie cel osiągnięto, sondaże nie kłamały: JedRo dostała 64 procent głosów, co zezwalało samodzielnie zmieniać konstytucję, a razem z prawie 8 procentami Sprawiedliwej Rosji i z liżącą tyłek Putina pseudoopozycją Żyrinowskiego (nacjonalistyczna LDPR — też 8 procent) dawało aż 80 procent Dumy, czyli właściwie monopol. Ale prestiżowa klęska w Moskwie i zwłaszcza w „Putingradzie" (jak zwano Petersburg), gdzie Putin dostał ledwie połowę głosów — bolała. Lonia czuł, że tak będzie, gdy rankiem 2 grudnia przyszedł do punktu wyborczego. Głosowali tutaj ludzie, którzy piętnaście lat temu, za „wczesnego Jelcyna", wierzyli, iż w odsowietyzowanej Rosji triumfować będą wolność, prawo i reguły demokratyczne wypracowane przez cywilizację europejską, krótko mówiąc: nie „suwerenna demokracja", lecz demokracja autentyczna. Tymczasem za rządów Putina zbudzili się niczym Sherlock Holmes i dr Watson, bohaterowie anegdoty, która rozbawiła Lieonida wertującego u dentysty poczekalnianą gazetę. Detektyw i przyjaciel detektywa wędrowali mając dwuosobowy namiot. Którejś nocy Holmes zbudził Watsona:

— Popatrz jakie piękne gwiazdy, Watsonie. Co dedukujesz widząc ten gwiazdozbiór?

— Że wszechświat jest ogromny — wymamrotał Watson. — I że wśród tych gwiazd mogą być planety, a na którejś są żyjątka lub chociaż zarodki życia...

— Watsonie, jesteś idiotą — przerwał mu detektyw. — Ktoś nam podpierdolił namiot!

Rosjanom marzącym o cywilizowanym państwie ktoś ukradł namiot demokracji stawiany w pierwszej połowie lat 90-ych XX wieku, i przerażeni widzieli hen wysoko gwiazdozbiór FSB tudzież supergwiazdę polarną neocara. To głównie inteligenci, bo prości ludzie (ci spośród *„ludu"*, którym piętnaście lat temu roiła się demokracja), zestresowani *„pijaną demokracją"* Jelcyna — zarzucili już mrzonki, stali się Putinowcami. Nie mieli dobrych praw i dobrych mieszkań, nie mieli pełnych kieszeni i pełnych lodówek, nie mieli opieki zdrowotnej i wolności słowa, lecz dobre samopoczucie dawał im wszczepiany socjotechniką Kremla tępy patriotyzm, polegający na nienawiści ku wszystkiemu co nierosyjskie, na negowaniu prymatu zachodniej cywilizacji, i na wybielaniu wszelkich sowieckich zbrodni propagandowym bełkotem władz i mediów.

Szudrin wrócił z kancelarii prezydenckiej nie mniej sfrustrowany niż Wiera, panowało tam bowiem emocjonalne *„furioso"*, gdyż tuby zachodniego świata — Waszyngton, Ottawa, Unia Europejska, OBWE, ONZ etc. — głosiły, że wybory do Dumy to kpina z demokracji (*„urągające cywilizowanym normom"*, *„będące zaprzeczeniem demokratycznych standardów"*). Rozchmurzyła prezydenta (nieco) dopiero rozmowa francuska, bo prezydent Francji, Nicolas Sarkozy, zatelefonował, gratulując Putinowi triumfu. Było takich telefonów mało, ale lepszy rydz niż nic.

— Słuchaj — odezwała się niepewnym głosem Wiera. — U nas mówią, że... że Władimir Władimirowicz jutro zrezygnuje z poselskiego mandatu. Ja nie rozumiem dlaczego, a głupio mi było pytać...

— Zrezygnuje, gdyż nie może być równocześnie posłem i prezydentem — objaśnił Szudrin. — Oprócz niego, wielu gubernatorów lub wysokich urzędników znalazło się na szczycie list wyborczych Jednej Rosji, żeby ciągnąć partię jak lokomotywa. A teraz, kiedy JedRo triumfuje, ustąpią, oddadzą swe mandaty kandydatom z końca list, tym, którym zabrakło głosów. Miejsce Putina weźmie Siergiej Kapkow z Czukotki, ale prezydent nie oddaje mandatu zupełnie, tylko wchodzi na rezerwową *„listę zamrożonych manda-*

tów" i kiedy tylko zechce, będzie mógł odzyskać fotel deputowanego, który dobrowolnie zwolni dlań ktoś inny. Zrobi to pewnie wtedy, kiedy kończyć mu się będzie kadencja prezydencka.

— U nas mówią też, że wskaże nowego prezydenta, i zakładają się kogo...

— Kto jest faworytem? — spytał Szudrin.

— Siergiej Iwanow. Drugi jest Wiktor Zubkow, trzeci Dmitrij Miedwiediew, na niego mało ludzi stawia. A co ty myślisz?

Lonia pomyślał, że mocarny kagiebowiec, wicepremier Iwanow, to pewniak, lecz odrzekł:

— Nie wiem, dziecinko, nie zaprzątam sobie tym głowy. Dla mnie carem jest Władimir Władimirowicz, jemu służę.

W tym momencie przypomniał sobie passus z ostatniego listu żony, Larissy: *„Dla mnie bogiem jest Chrystus–Wissarion, jemu służę. Zapomnij o mnie, Lonia!"*. „Dwóch autokratów, dwie sekty i dwie groteski, cyrk kremlowski i cyrk syberyjski!" — pomyślał gorzko, autoironicznie.

Gdy trzy kwadranse później nagi zsunął się z nagiego ciała Wiery i poszedł do łazienki wziąć prysznic, zobaczył w lustrze twarz męża wariatki syberyjskiej i miał ochotę opluć taflę zwierciadła, jako płaszczyznę złośliwą wobec pragmatyków.

* * *

Eksperci polityczni całego globu, zwłaszcza *„kremlinolodzy"*, długo mieli pewność, że jeśli Putin nie odważy się zgwałcić konstytucji FR — w roku 2008 nowym prezydentem Rosji zostanie generał Siergiej Iwanow, wielbiciel koszykówki i powieści szpiegowskich, były *„rezydent"* KGB u Finów, Kenijczyków i Brytyjczyków (którzy A.D. 1983 wywalili go z Anglii *„za szpiegostwo"*), później szef Departamentu Analiz, Prognoz i Planowania FSB, sekretarz Rady Bezpieczeństwa Federacji Rosyjskiej (od 1999), minister obrony (od 2001), wreszcie pierwszy wicepremier (2007). Będąc kolegą Putina (urodzili się w Leningradzie, pracowali tam razem jako kagiebowcy, wzajemnie szlifowali swoją angielszczyznę, itd.) — miał fory dające mu rangę faworyta. Eksperci rosyjscy pytani przez cudzoziemców (np. Alieksiej Muchin, kierownik moskiewskiego Centrum Informacji Politycznej), zdecydowanie wskazywali Iwanowa. Również rosyjscy dysydenci (np. głośny Władimir Bukowski) mieli tu całkowitą pewność. Lecz ta pewność osłabła jesienią 2007 roku, gdy Putin zmienił premiera, mianując nowym szefem rządu bezbarwnego Wiktora Zubkowa. Część analityków (jak Derek Averre z Centrum Studiów Rosyjskich i Wschodnioeuropejskich Uniwersytetu Birmingham, czy Alexander Rahr, szef Rosyjskiej Sekcji Niemieckiego Stowarzyszenia Polityki Zagranicznej) typowała teraz Zubkowa, więc konkurs miał dwóch faworytów. Szokiem dla wszystkich było *„namaszczenie"* przez Putina innego kremlowskiego *„nominata"* — wicepremiera Dmitrija Miedwiediewa (grudzień 2007).

18 grudnia 2007 rozzłoszczony premier Wielkiej Brytanii, Gordon Brown, wezwał szefa kontrwywiadu, Jonathana Evansa, aby omówić sytuację rosyjską:

— Zobacz, chłopcy z MI 6 pieprzyli mi cały czas, mnie i Tony'emu, że Iwanow to superpewniak, tymczasem dostał kopa! Ja wiem, że Miedwiediew był wśród kandydatów, ale rok temu. Później się mówiło, że Iwanow już zwyciężył, a Zubkow to tylko zasłona dymna dla frajerów i gazet. Wezwałem cię, bo masz dobre kontakty z rosyjską emigracją antykremlowską, z samym Bieriezowskim, który ma dobre kontakty tam, u źródła. Chcę wiedzieć co tu jest grane!

— Panie premierze... — zaczął Evans.

— Daj spokój, nie premieruj mi w cztery oczy!

— Jak sobie życzysz, Gordonie. Bieriezowski uważa, że Putin wszedł na linę bardzo cienką, że ryzykuje hazardowo, osłabiając kremlowską *„kryszę"* byłych kagiebowców.

— Co to jest *„krysza"*? — spytał premier.

— Czapa zwierzchnia, coś jak rządząca *„kopuła"* mafii sycylijskiej, sztab gangu. Według Bieriezowskiego, Putin był cały czas marionetką decyzyjnych kręgów kagiebowskich, które wstawiły

Iwanowa na Kreml jako kontrolera, strażnika Putina, a teraz Putin się emancypuje.

— Można mu wierzyć?

— Putinowi? — zdziwił się Evans. — Putinowi nigdy, to lis.

— Bieriezowskiemu!

— Nie wiem, jego informacje są trudne do sprawdzenia.

— Kim jest ten Miedwiediew, co to za figura, że Putin gra nim przeciwko kagiebistom jak szachowym koniem?

— To młody zdolny prawnik, trzynaście lat młodszy od Putina, czterdziestodwulatek z Leningradu. Pracował u Anatolija Sobczaka, mera Petersburga, jako członek, a potem przewodniczący Rady Miejskiej. Doradcą Sobczaka i dyrektorem handlowym merostwa był wtedy Putin. Kiedy na Putina spadły zarzuty o defraudację, łapówkarstwo i bezprawne wydawanie licencji eksportowych handlarzom metalami kolorowymi, Miedwiediew uratował mu skórę przy pomocy zręcznych prawniczych trików.

— Więc dług i wdzięczność?

— I chyba lojalność Miedwiediewa, który został gorącym Putinofilem — dopełnił Evans. — Mówi się, że jest stuprocentowo uległy Putinowi, oddany jak pies, wzór lokaja. Był czołową figurą tak zwanego *„petersburskiego desantu"*, kiedy Putin trafił na Kreml i ściągał tam swoich ludzi. Ma trzy przezwiska. *„Syn Putina"*, to wśród kagiebowców. *„Lord Niedźwiedź"*, to wśród internautów. I *„Wielki Wezyr Sułtana"*, wśród urzędników kremlowskich, skrócone później do *„Wezyr"*. Teraz przybędzie mu czwarta ksywka, *„Carewicz"*, Rosjanie od kilku dni tak o nim szepczą.

— Jest *„twardogłowym"* czy *„liberałem"*?

— Podobno *„liberałem"*, wolnorynkowcem, globalistą, demokratą, ale według Bieriezowskiego to mit, lipa, bo kiedy Putin mianował Miedwiediewa przewodniczącym Rady Dyrektorów kompanii Gazprom, Miedwiediew zrobił ten koncern imperialistyczną bestią, agresorem szantażującym Europę bronią surowcową, odcinającym gaz Ukrainie, Gruzji i Białorusi, słowem wdrożył metody stalinowskie. Drugi mit to głędzenie, że nie był kagiebistą. Był.

— Bieriezowski tak śpiewa?

— Bieriezowski przysięga, że to fakt. Podobno Miedwiediew został zwerbowany jako student, proszę zgadnąć przez kogo.

— Przez Putina — zgadł prezes rady ministrów.

— Putin kagiebowiec zajmował się wtedy *„naborem kadr"* na macierzystej uczelni. Później Miedwiediew został stałym członkiem kadry Putina, szefem kremlowskiej administracji, szefem putinowskiej kampanii wyborczej, wicepremierem. Jest i trzeci mit. Że to człowiek nie tylko bez charyzmy, ale i bez siły wewnętrznej, miękki gracz. Pewnie bzdura, bo w rozgrywkach gabinetowych stawał się rekinem–ludojadem. Jelcynowskiego szefa Gazpromu, Wiachiriewa, rozszarpał *„białymi rękawiczkami"*.

— Gdy ekskagiebowska *„krysza"* zechce rozerwać Miedwiediewa, to rozerwie obydwu, Putina też...

— Tutaj trudno o proroctwo. Są tacy, którzy mówią, że niziutki Putin nominował Miedwiediewa wskutek swoich kompleksów, bo ten jest niższy od niego wzrostem, jest właściwie karłowaty. Ale może mianował go i dlatego, że frakcji kagiebowskiej Kremla dadzą radę przeciwstawić frakcję biurokratyczną, bardzo w Rosji silną, której klanem kremlowskim dowodzi duet: premier Zubkow i jego zięć, minister obrony, Sierdiukow. Putin uprawia hazard typu *„dziel i rządź"*, swinguje między *„biurokratami"* a *„siłowikami"*. Natomiast wśród *„siłowików"* praktykuje ciągłe roszady, regularnie przesuwając swe pionki z jednej specsłużby do drugiej i likwidując niektóre specsłużby, jak choćby elektroniczno–łącznościową FAPSI i pograniczną FPS, wchłonięte przez FSB. Powstają też nowe bardzo silne służby, jak zwany *„rosyjskim FBI"* Komitet Śledczy przy Prokuraturze Generalnej, mający prokuraturę kontrolować i kiedy trzeba klinczować. Dowodzi Komitetem zaufany człowiek Putina, Nikołaj Bastrykin.

Brown wykrzywił wargi w uśmiechu będącym złośliwością:

— A gdzie nie dowodzą dziś zaufani ludzie Putina ze specsłużb?

— Nie wiem — odparł Evans tonem równie szyderczym. — Aktualni i byli wysocy oficerowie KGB i FSB siedzą na wszystkich

głównych rosyjskich stołkach. Romodanowski, Nurgalijew, Liebiediew, Sobolew, Bojarskow, Czemiezow, Bieljaninow, Sieczin, Naryszkin oraz inni władają służbami celnymi i emigracyjnymi, lot-
niskami i stoczniami, bankami, mediami i handlem bronią, sektorami wojskowymi i cywilnymi, wszystkim, absolutnie wszystkim.
A nimi wszystkimi włada Putin, co nie znaczy, że nie miewa kłopotów, tak na Kremlu, jak i w FSB.

— Kto jest szczególnie mocny na Kremlu?

— Numer jeden to Sieczin, numer dwa to Siergiej Iwanow, numer trzy to Wiktor Iwanow. Formalnie administratorzy i biurokra-
ci, praktycznie — mandaryni. Kierowali renacjonalizacją przemy-
słu naftowego, sektorami handlowym i lotniczym, i dzisiaj trzymają główne nitki wpływu. Przykładowo: Igor Sieczin kontroluje dziś
Wniesztorgbank i największą firmę naftową Rosji — Rosnieft.

— Myślałem, że największą taką firmą jest Gazprom... — zdziwił się Brown.

— Gazprom to koncern multibranżowy, główny jego produkt to
gaz. Naftowy Gazprom — Gazpromnieft — to firma oboczna, mała wobec naftowej siły Rosnieftu czy Łukoilu.

— A te kłopoty Putina wewnątrz FSB? Sam mówiłeś, że przy
pomocy częstych rotacji pionków moderuje to towarzystwo...

— Nie zawsze ze skutkiem. Od ponad roku żrą się między sobą dwie frakcje „siłowików" — od chwili, kiedy za przemyt prokuratura aresztowała kilku generałów FSB. Chodziło o dużą kon-
trabandę na granicy z Chinami, zwano tę aferę „sprawą Trzech
Wielorybów". Od tamtej pory trwa wymiana ciosów, mnożą się
wzajemne aresztowania, kilku oficerów zastrzelono lub otruto.

— Otruto?!...

— Tak, trucizna wciąż jest u nich modna. Otruto dwóch oficerów z brygady antynarkotykowej. Doszło do tego, że przed miesią-
cem dawni szefowie KGB, weterani, generał Władimir Kriuczkow
i reszta, zaapelowali publicznie, by międzyfrakcyjna „wojna czekistów" ustała, bo jest niszczycielska dla FSB. Główni rywale to
frakcja Sieczina i Patruszewa, walcząca przeciw frakcji Zołotowa

i Czerkiesowa. Zołotow to szef ochrony Putina, zaś generał Czerkiesow to szef służb antynarkotykowych, FSKON i GAK. Obecnie
górą są ci pierwsi, szef megakorporacji Rostechnologie, Igor Sieczin, i szef FSB, Nikołaj Patruszew, ale to chwiejne, właściwie bli-
skie remisu. Putin chyba lubi gdy jego drużynnicy się czubią, bo
chociaż walcząc między sobą przynoszą mu trochę kłopotów, lecz
zarazem przynoszą mu pewność siebie właściciela kąsających się
psów. Miedwiediew jest silny siłą swego promotora, nie sądzę, by
jacyś *„czekiści"* dali mu radę.

— Co my winniśmy obstawić? — spytał Brown.

— Że wygra, panie premierze, jestem za tym, byśmy obstawili właśnie to.

Rosyjscy producenci spirytualiów obstawili w grudniu to samo,
rzucając na rynek wódkę „Miedwiediewka".

* * *

Roku 2007 dla nikogo nie było już sekretem, że coraz więcej
ludzi czyta SMS-y, a coraz mniej ludzi czyta papierowe książki.
Pierwszą z tych tendencji stymulowała młodzież, drugą próbowa-
ły hamować generacje starej daty, wdrożone do szelestu stron. Ci
weterani medium papierowego mieli dubeltową przyjemność z czy-
tania: raz, że czytana *„story"* uruchamia bezkresne bogactwo wyobraźni, a dwa, że im bardziej tradycyjna książka robiła się *„démo-
dé"*, tym bardziej dinozaury czytające książki stawały się *„la crè-
me"*, elitą, śmietaną, klanem prawdziwych inteligentów. Ta świadomość każdemu czytającemu papierowy druk pieściła ego, generałowi Kudrimowowi również, chętnie bowiem czytał on nie tylko
raporty swych agentów, w celu wypełniania służbowych zadań, lecz
i książki rozmaitych autorów, w celu dowartościowywania się na
płaszczyźnie kultury. Jego misiowaty wygląd mógł, co prawda, mylić przypadkowego obserwatora, gdyż opuchła gęba Wasi była fizjonomią człeczyny, który nie interesuje się literaturą, lecz wiadomo,
że *„pozory mylą"* — Wasia lubił czytać. Zwłaszcza dzieła naukowe, o świeżej i dawnej historii. Antyreligijne (o romansach i dzie-

ciach Chrystusa, o zbrodniach papieży i spiskach Watykanu), anty-
żydowskie (o globalnej mafii Syjonistów, o tym, że 11 września roku 2001 Żydzi nie przyszli do pracy w wieżach World Trade Center, itp.), czy antyamerykańskie (o gnębieniu Murzynów, o łotro-
stwach Ku–Klux–Klanu, o masakrach wietnamskich i o skanda-
lach korupcyjnych w obu izbach parlamentu amerykańskiego).

Dzięki temu zamiłowaniu do literatury naukowej Wasia rozjaś-
niał sobie umysł i poznawał mechanizmy wszelkich zjawisk, nawet
tak dziwnych jak radujący mu serce krach amerykańskiej waluty.
Mijającego bowiem roku 2007 dolar spadł ze szczytu (ze statusu
„światowego pieniądza") na poziom żenady, kompromitacji, bliski makulaturze. Niewiele bess mogło bardziej cieszyć śmiertelnych
wrogów *„Wuja Sama"*, i niewiele zjawisk mogło być źródłem rów-
nej liczby uczonych dywagacji tyczących przyczyn tak spektaku-
larnego bankructwa. Wasia Kudrimow *„trzniał"* wszystkie te ekonomiczne wywody, gdyż prawdę o upadku *„dolca"* powiedziała mu
naukowa rozprawa pt. **„Klątwa mnichów".** Stało tam jak byk,
że liczba 13 jest magiczną, złowróżbną liczbą demonicznych śre-
dniowiecznych rycerzy zakonnych, templariuszy (bo 13 października roku 1313 zostali aresztowani), tudzież ich spadkobierców, ma-
sonów, zaś masoneria amerykańska (Washington, Jefferson i spółka) stworzyła dolara, co demonstrują graficznie banknoty dawniej-
szej wersji. W książce była reprodukcja jednodolarówki z masońską
ściętą piramidą o 13 stopniach, z orłem dzierżącym 13 strzał plus
gałązkę mającą 13 listków i 13 owoców, z 13 gwiazdami nad głową orła i z 13 pasami tarczy pod orłem, z dwoma napisami o 13 li-
terach (*„E Pluribus Unum"* i *„Annuit Coeptis"*), z węgielnicą masońską o 13 gwiazdkach, itp. Przy okazji książka informowała, że
gdy na Wielką Pieczęć Stanów Zjednoczonych nałoży się żydowski heksagram, to jego rogi wskażą wyraz SMONA, będący anagramem słowa MASON. Wszystko było jasne.

Runięcie dolara nie wyczerpywało wszakże złotych atrybutów roku 2007. Mimo karteluszka z morderczą datą *„25 październik"* —
Kudrimow uważał ten kończący się właśnie rok za czas wielorakie-

go sukcesu. Sukcesu własnego i sukcesu Kremla. W Polsce udało się (październik 2007) odepchnąć od steru władzy szurających Rosji Bliźniaków, a nowa polska władza piorunem zniosła wszystkie kontrrosyjskie restrykcje Warszawy, za co Moskwa zniosła embargo na polskie mięso. Udało się również (grudzień 2007) odwołać londyńską wystawę francuskiego malarstwa ze zbiorów rosyjskich, bo warszawski agent Kudrimowa spił pracownika brytyjskiej ambasady w Warszawie, i ten mu wypaplał, że kiedy już arcydzieła trafią do Londynu, zostaną skonfiskowane wskutek sądowych pozwów spadkobierców prawowitych właścicieli (rosyjskich familii, którym rekwirowała majątki bolszewicka furia rewolucyjna). Komentatorzy światowi łączyli to odwołanie londyńskiej ekspozycji z likwidacją w Rosji przez Kreml 15 regionalnych placówek kultury angielskiej (British Council) pod zarzutem *„nielegalności"* i *„oszukiwania fiskusa"*. Wasia cieszył się jak dziecko.

Cieszyły go także inne ewenementy grudnia 2007 roku. Władimir Putin zdecydował, że od marca następnego roku nowym prezydentem będzie Dmitrij Miedwiediew, a nie Siergiej Iwanow, co cieszyło Wasilija, bo Iwanow był dla niego żywym symbolem puszących się superelitarnością oraz wyższością intelektualną absolwentów Szkoły Wywiadu KGB. Wprawdzie Miedwiediew nigdy nie przestał lubić zgniłej (heavy–metalowej) muzyki Zachodu, lecz Wasia darował mu ten błąd. Nie zbulwersowały go też plotki, iż matka Miedwiediewa była Żydówką, bo mogły się okazać tylko paplaniną wrogów. Zresztą Władimir Władimirowicz miał kilku żydowskich przyjaciół, a Wasilij uważał, że tak dobremu prezydentowi wszystko wolno, nawet to. Miedwiediewowi bił brawo kiedy ten, tuż po oficjalnej *„nominacji"* (17 grudnia), rzekł, iż nie wyobraża sobie swojej prezydentury bez współpracy z Putinem, i tylko Putinem, jako premierem, oraz że głównym zadaniem nowej prezydentury będzie niezepsucie fenomenalnego dorobku państwowotwórczego, społecznego i gospodarczego prezydenta Putina. Na wszelki wszakże wypadek (gdyby Miedwiediew miał kiedyś zapomnieć o psiej lojalności), już 13 grudnia zespół prawników Siergieja So-

bianina (szefa kancelarii putinowskiej) zaczął układać nową konstytucję, według której centralny ośrodek władzy zmieniał położe-
nie: prezydent tracił wszechwładzę, a premier zyskiwał ją, stając
się monopolistycznym dysponentem wszystkiego, od resortów siłowych (czyli wojsk i służb specjalnych) do resortów gospodarczych
(czyli mechanizmów trzymających za twarz oligarchów i elity biznesowe). W tym tzw. *„systemie kanclerskim"* (echo wzoru niemieckiego) prezydent miałby tylko funkcje reprezentacyjne, natomiast dla zdymisjonowania cara–premiera trzeba byłoby 80% głosów deputowanych Dumy i 70% głosów członków Rady Federacji. Praktyczna nieusuwalność.

    Euforię Wasi budziły również dane o prywatnej zamożności sa-
mego Putina (37% akcji Surgutnieftgazu, 4,5% udziałów Gazpromu i 75% Gunvoru, łącznie prawie 41 miliardów dolarów), bo chociaż Putin był absolwentem Szkoły Wywiadu KGB, czyli szpaners-
kiej ferajny pawi, której Kudrimow nie cierpiał, lecz z jego miło-
snym stosunkiem do Władimira Władimirowicza było identycznie
jak z gorącym uwielbieniem, którym rabbiego Joszuę Galilejczy-
ka darzą miliony antysemitów. Całą butelkę „Stolicznej" szczęśliwy Wasia *„obalił"*, gdy amerykański tygodnik **„Time"** mianował
Putina (też grudzień 2007) *„człowiekiem roku"*. Co prawda tutaj
radość trochę zepsuły Wasi krytyczne komentarze senatora Johna
McCaina (kandydującego do prezydentury USA), który przypomniał, że kiedyś Stalin oraz Hitler byli według **„Time'a"** *„ludźmi
roku"*. McCain przypomniał także słowa prezydenta Busha o Putinie („ — *Zobaczyłem jego duszę, gdy zajrzałem mu w oczy"*),
parafrazując: „ — *Kiedy ja spojrzałem w oczy Putina, zobaczyłem tam trzy litery: K, G i B"*. Ale ta złośliwość nie mogła zepsuć świetnego rocznego bilansu. Wasilij przeklął McCaina po swojemu („ — *Job twoju mat'!"*) i życzył sobie, by kolejny rok był
równie udany.

* * *

    Do pierwszego spotkania Mariusza Bochenka i Jana Serenickie-
go miało dojść w 1993, lecz doszło dużo później, wczesną zimą

1994 roku. Pierwszy nawiedzony pub londyński nie bardzo im pasował, gdyż podano im zbyt ciepłe piwo.

— Szczyny! — zgrzytnął Jan.

— Szczyny są trochę gorsze, wiem co mówię, piłem je w zeszłym roku, bo przegrałem zakład z Denisem o *„come back"* naszej komuny — mruknął cierpkawo Mariusz.

— Własny mocz?

— Własny, na szczęście.

— Dużo Hindusów pije własny mocz na zdrowie — pocieszył go Serenicki.

Zmienili pub i bez trudu znaleźli wspólny język, może dlatego, iż w tym nowym lokalu było chłodne piwo, a może dlatego, iż zaczęli od komplementowania się wzajem:

— Wiele satyr **„Gza"** euforycznie mnie rozbawiało — rzekł Serenicki. — Ale najbardziej podobały mi się różne niezamierzenie komiczne przedruki rządowych tekstów, jak choćby ten **„Komunikat Prezydium Rządu PRL"** informujący społeczeństwo, iż rząd zabronił kardynałowi Wyszyńskiemu sprawowania funkcji kościelnych, co już pachniało zakazem wiary w Boga... Pycha! Ci komuniści, którzy rok temu wrócili tam do władzy, to już inna para butów, kapitaliści pełną mordą. Proamerykańscy i szanują papieża. Tylko kraść się nie oduczyli, raczej rozwinęli swe talenty złodziejskie, więc macie o czym pisać. Ale samą kpiną nie da się tego wyplenić...

— W krajach muzułmańskich za kradzież amputuje się łapska, to jedyny skuteczny sposób — rzucił Bochenek. — Szkoda, że u nas się tego nie robi.

— U nas nie można, bo posłowie nie mieliby czym wciskać guzików do głosowania na sali sejmowej, kutasami przecież nie sięgną — parsknął Serenicki.

Porwała ich wspólna głośna wesołość, i Mariusz się zrewanżował:

— Wy też robicie morowe rzeczy. **„Carat"** Kucharzewskiego szedł tu jak świeże pieczywo, zresztą każda wasza edycja to bestseller i wśród emigracji, i w Polsce. Fajnie, że chcecie stworzyć tam sieć własnych księgarń.

— Księgarenek — uściślił Serenicki. — To są trudne problemy, kwestie prawne, lokalowe, marketingowe, dopiero się uczę tego.

— Wszyscy się uczymy tych rynkowych chwytów! — przytaknął Bochenek. — Kiedy zaczynałem wydawać „**Gza**", byłem zielony, zupełnie zielony. Teraz jestem dla nowicjuszy w branży profesorem.

— To samo ze mną i z Klarą, gdy chodzi o problemy redakcyjne, bo problemy rynkowe to inna sfera, a nad Wisłą, wskutek biurokratycznych barier i dżungli kretyńskich przepisów, to abrakadabra. Lecz redaktorsko mógłbym już szkolić młodych wydawców. Kilka miesięcy temu byliśmy w Rzymie na premierze filmu Giuseppe Tornatore „**Czysta formalność**". Media zapowiadały wielkie dzieło, a ja i Klara wyszliśmy znesmaczeni już po półgodzinie. Gdybyśmy nie byli wydawcami, pewnie akcja by nas nie wkurzyła. Wkurzyliśmy się kiedy Roman Polański, grający glinę, zaczął przesłuchiwać Gérarda Depardieu, grającego pisarza, twórcę bestsellerów. Obaj panowie, wskazując sobie dowolne stronice dowolnej książki przesłuchiwanego, cytowali z pamięci całe akapity tych woluminów! To idiotyzm, bo żaden pisarz nie zna na pamięć każdego zdania każdej swojej książki, i żaden czytelnik też!

— W Polsce bywali wielbiciele „**Pana Tadeusza**", którzy...

— Tak, bywają maniacy — zgodził się Jan. — Ale to poezja, zresztą dziewięćdziesiąt dziewięć procent uczących się jej na pamięć wkuwa tylko fragmenty poematu. Ja również cytuję z pamięci kilkanaście drobnych fragmentów dzieł Szekspira, te kawałki, które mi bardzo przypadły do gustu.

— Słyszałem, że jest pan szekspirologiem, i że chętnie przeniósłby się pan w czasy twórcy „**Hamleta**" — mruknął „*Zecer*".

— Bzdura! — zaprzeczył Serenicki.

— Nie jest pan szekspiroznawcą?

— Jestem, hołduję Billa ze Stratfordu jako superartystę i supermędrca, ale nie chciałbym przenosić się w czasy, kiedy nie było mydła i pasty do zębów. Już prędzej w erę Romantyzmu, do Oksfordu, żeby zostać uczestnikiem debaty o przewadze oksfordczyka Shelleya nad cambridżystą Byronem lub vice versa. Rok 1829. Publiczność oksfordzka, przez grzeczność wobec szanownych gości z Cambridge, uznała wyższość Byrona.

— Tak jak dzisiaj w kraju przez grzeczność wypada chwalić kapitalizm, lecz mnóstwo ludzi go wyklina, bo Balcerowiczowi zawdzięczają, że utracili robotę, albo że stopa życiowa obniżyła im się do kolan lub do samych stóp. Gorzki smak zdobytej wolności...

— Prędzej czy później musi przyjść pewna poprawa — rzekł Janek. — Gdy już wszyscy ważniacy ukradną *„pierwszy milion"*, kapnie coś i dla frajerów, i dla plebsu, dla każdego. Historiografia przyszłych generacji będzie się dużo bardziej interesowała dzisiejszą rewolucją obyczajową niż polityczną czy gospodarczą. Że to jest główny przewrót, a nie „Solidarność", Mur Berliński i upadek Rosji Sowieckiej — zrozumiałem redagując nową edycję **„Od białego caratu do czerwonego"**. Kucharzewski wspomina tam kilkakrotnie rosyjskiego filozofa, Władimira Sołowjowa, który przed końcem XIX wieku wydał kilka prac teozoficznych. Pożyczyłem je i studiowałem. U nas pierwsza została chyba wydana **„Krótka powieść o Antychryście"**, w 1924 roku. Sołowjow, notabene polonofil, prorokował makabryczny XX wiek i to, że kiedy ze schyłkiem XX wieku świat ogarnie kulturowo–obyczajowy nihilizm — rządzić będzie ludzkością *„Uśmiechnięty Szatan"*, *„Dobrotliwy Truciciel"*, *„Serdeczny Antychryst"*, ideał kusicielskiego przewodnika: pacyfista, humanista, filantrop, ekolog, wegetarianin, miłośnik natury i dialogu, przyjaciel ludzi i zwierząt, ascetyczny uczony i bezinteresowny dobroczyńca, *„Mesjasz Tolerancji"*, krzewiący wyrozumiałość totalną, dla wszystkich, dla prawych i dla nieprawych, lansujący moralność uniwersalną, ponadreligijną, koniecznie oczyszczoną z metafizyki i teologii katolicyzmu, ba, nawet dostrzegający Jezusa Chrystusa, lecz krytykujący Go jako biblista i mentor za zbyt restrykcyjny Dekalog, który tworzy podziały miast jednać ludzi, jednać braterskim uściskiem, niewykluczającym nikogo prócz wrogów wszechtolerancji i wszechhumanitaryzmu. Antchryst Mediator, nowy, modernistyczny Zbawiciel nowego, wszechwyzwolonego świata... Pomyśleć, że Sołowjow widział go już sto lat temu jako siłę nam współczesną!

Ten bulwersujący przypadek celnego chronologicznie profetyzmu, plus problem współczesnego rozprzężenia obyczajów, nie zainteresowały wszakże „playboya" Bochenka. Zmienił szybko temat na subkulturową grypserę, reklamując wydawcy więzienne dzieło „Zygi" Tokrynia i chwaląc się swymi nowymi studiami, tyczącymi slangu grabarzy, według których trumna to „dębowa jesionka", „garnitur", „piórnik", „pudełko" itd. (łącznie 34 określenia), urna funeralna to „doniczka", „gorący kubek" itd., zmarły to „sztywniak", „kloc", „klocek", „sucharek", „skóra", „niebol" itd., wisielec to „brelok", topielec to „boja", et cetera. Panowie wnikliwie roztrząsali kwestie semantyczne, jak to językoznawcy, przechodząc po drodze na „ty", bo przy grypserze i przy piwie „panić" nie bardzo wypada, zwłaszcza gdy Londyn jest mokry od deszczu.

* * *

Pierwszą po wyjeździe z ojczyzny wizytę w tejże Jola Nowerska złożyła latem roku 1996. Brat Joli, Zygmunt Kabłoń, któremu regularnie wysyłała z Londynu funty, uwiadomił ją telefonem o śmierci tatusia, Euzebiusza Kabłonia („króla jabola"), żądając, by opłaciła i zaszczyciła ceremonie funeralne. Wzięła ze sobą dwóch mężczyzn jako bagażowych: swego małżonka, Witolda Nowerskiego, i swego kochasia, Denisa Duta. „Gulden" Wendrychowski również chciał jechać, ale wykluczyły go ze składu kontuzja nogi i męki rehabilitacyjne.

Uczestników pogrzebu była garstka, kilkanaście osób, więc stypa nie była tłoczna, za to miała nostalgiczną atmosferę. Rzewnie bowiem wspominano nieboszczyka, mniej wszelako degustatora tanich win, tylko nieboszczyka systemowo–ustrojowego, który zmarł siedem lat wcześniej, a nosił imię PRL-u. Co prawda towarzystwo nie należało do wielomilionowej rzeszy „przegranych" (czyli tych obywateli III RP, którym tzw. *„transformacja ustrojowa"* zrobiła przysłowiowe *„kuku"*), lecz nostalgiczną tęsknotę biesiadujących wzbudzały kwestie, które można określić mianem prestiżu, lub, bardziej swojsko, *„szpanu"*. Wszystko zaczęło się od samochwalby Bronka Kohuta, eksdzielnicowego MO, który robił teraz w firmie ochroniarskiej i na brak *„kasy"* nie mógł narzekać. Przytaknął mu Longin Głowiński, dawny mistrz kradzieży metali kolorowych noszących fałszywą etykietkę *„złomu"*, a teraz właściciel warzywniaka targowiskowego. Kilku innych uczestników stypy również chwaliło swój aktualny byt kształtujący świadomość — byt profitentów tzw. *„wolności rynkowej"*. Co Denis Dut skomentował pochwalnie dla kapitalizmu, i ku swojemu zdziwieniu usłyszał od Kohuta:

— Wie pan, panie szanowny... Nie, żebym narzekał, ale dziś pieniądz nie daje tyle satysfakcji, ile dawał za komuny, chociaż, prawda, gorzej się wtedy żyło. Ale z jakim fasonem, kiedy człowiek zafarcił!

— Nie rozumiem... — powiedział Dut.

— A co szanowny pan jara? — spytał Kohut.

— Camele.

— No i pięknie. Ja to palę Stuyvesanty. Mogę je dzisiaj kupić na każdym rogu, grosze kosztują. Wtedy kupowało się je w Peweksach, albo też na czarnym rynku. Smakowały dużo lepiej, tysiąc razy lepiej, a wie pan szanowny dlaczego? Bo niewielu było stać. Wszyscy dookoła palili różne śmierdziuchy, Sporty i Ekstramocne, ci eleganccy Carmeny i Piasty, też gówno do kwadratu. Jak człowiek zdobył Camela, to był panisko, hrabia, baron. Fajnie się tak czuć.

Dut zrozumiał. I przypomniał sobie, że za młodu był tak właśnie uprzywilejowany na okrągło, bo jako syn wysokiego aparatczyka PZPR–u miał wszystko czego dusza zapragnie. Ale przy tym stole, przy tym żałobnym posiłku, nie ujawnił, że do czasu ukończenia studiów praktykował i obserwował peerelowski rytuał szpanowania na elitę konsumpcyjną, gdyż ta tematyka dialogu dużo bardziej go rajcowała niż wcześniejsze ględy o pogodzie i o mrożeniu wódki. Zgrywał więc *„pierwszego naiwnego"*:

— To ciekawe, proszę panów. Chyba nie tylko zachodnia nikotyna dawała tę satysfakcję ludziom posiadającym waluty, ale też...

— Wtedy się mówiło: *„dewizy"* — uświadomił go Zygmunt Kabłoń, lejąc wysokoprocentowy alkohol do kieliszków z kryształu czeskiego rżniętego.

— Sranie w banię! — zaprotestował Klemens Piekarz, ajent stacji benzynowej. — Mówiło się też: *„waluty"*, mój kumpel Rycho był nie tylko *„cinkciarzem"*, ale i *„waluciarzem"*, obsługiwał hotelowe cipy dla cudzoziemców.

— Pewnie, przecież mówiło się i tak, i tak — rozsądził Głowiński. — A szlugi, kurdele bele, to nie był jedyny szpan, bo dobra wędlina, i odżywka czy zabawka dla dziecka z Peweksu, i każdy zachodni ciuch dla baby, szmata z komisu czy z Różyca albo innego targowiska, i każda rzecz *„spod lady"*, robiła człowieka człowiekiem, kurde mol! Już nie mówię o *„gablotach"*, dzisiaj wóz to żaden szpan, ale wtedy cztery kółka robiły człowieka królem. Nawet, panie, kniżki co lepsze, to szły *„spod lady"* i później bujały się za duże przebicie na czarnym rynku, a już, kurna, *„świerszczyki"*, znaczy pornole, to był nieziemski cymes, cudo! Za fikuśną perfumę madeinfrance dzidzie zdejmowały barchany od razu! Żyć nie umierać, kurde flak, a tera co, wszystkiego w bród, wszystkie światowe firmy naokoło, do wyboru, do koloru...

— Jak masz diengi — wtrącił Piekarz.

— No, jak masz twardy szmalec, ale zobacz ilu już ma, mnożą się i mnożą. Zresztą jak cię nie stać, to sobie kupujesz chińską czy wietnamską podróbę, i też robisz pajac po królewsku. Nie to co dawniej. Się, kurde, żyło, oj, się żyło!

Jola N. długo przysłuchiwała się temu tokowaniu bez sprzeciwu, lecz w końcu nie wytrzymała:

— Co wy mi tu pieprzycie o **„Playboyach"** i szlugach! Papier toaletowy to był luksus! Jak się udało kupić kolejkowo albo za łapówę, to człowiek szedł przez miasto trzymając na widoku, żeby wszyscy patrzeli i zazdrościli. Był szorstkawy, szary, wyglądał jak brudny, kicha, całkiem do dupy, ale był!

— Każdy papier toaletowy jest do dupy, dzisiejszy pachnący też jest do tyłka — zauważył filozoficznie Kohut.

— Pewnie, ale mnie chodziło o to, że był do chrzanu, do kitu, nędzny, i trzeba było go zdobywać jak... jak...

— Jak złote runo — podsunął Denis.

— Jak złote runo, otóż to! — ucieszyła się Jola, choć nie znała mitologii w tym względzie. — Każda rolka to był skarb, prawda, Wiciu?

— Niestety — odparł krótko małżonek.

— Dolać jeszcze herbatki, Denis? — zaproponowała Dutowi, wiedząc, iż lubi przepijać trunki mocno słodzoną herbatą.

— Poproszę — rzekł Dut. — Świetna ta herbata. Mario mi opowiadał, że w prison parzyli sobie herbatkę robiąc końcówki grzałek z puszkowej blachy, a kabelki z pociętych tubek pasty do zębów, i owijając te kable folią z torebek. Później, dziurawiąc ścianę za pryczą, odsłaniali przewód sieci elektrycznej, oskrobywali izolację, i podłączali się do prądu. Tak robiliście, Wiciu, prawda?

Witold skinął głową, świadcząc tym gestem, że tak robili. Wtedy właśnie Denis Dut pierwszy raz zwrócił uwagę na jakość milczenia Witolda Nowerskiego. Rozgdakane towarzystwo było grupą ludzi niskich lotów, pytlowało niby przekupki, lub niby kręceni sejmową adrenaliną politycy, a on — człowiek najgłupszy w tym kółku — sprawiał wrażenie człowieka wyższego sortu, tylko dlatego, iż cały czas milczał. Życiem kierują przypadki. Trzeba było tej stypy, by jamajski biznesmen sponsorujący **„Gza Patriotycznego"** ocenił *„Znajdę"* inaczej niż dotychczas (nie jako człeka ociężałego umysłowo, lecz jako figurę z maksymy starożytnej: *„Milczący głupiec uchodzi za mędrca"*), i to mu podsunęło szaloną myśl...

∗ ∗ ∗

W ostatniej dekadzie XX wieku na duchowego lidera–mentora III RP kreował się (i kreowany był przez większość usłużnych

„*polskojęzycznych*" mediów) Adam Michnik, starozakonny bojow-
nik o prawa człowieka kierującego się lewactwem, czyli „*politycznie poprawną*" obłudą koloru przynajmniej różowego. Jednak ła-
pówkarska „*afera Rywina*" (starozakonnego producenta z branży
filmowej) eksplodowała tak niefortunnie dla rabbiego Michnika,
że pokruszyła cokół jego chwały, i w pierwszych latach XXI stulecia nimb trybuna „*wyborczego*" zaczął się gwałtownie chylić do
upadku. Równocześnie — wskutek furii lustracyjnej złych ludzi,
lansujących tezę o niemoralności donosicielstwa i o brzydocie jakiejkolwiek współpracy z totalitarną bezpieką PRL–u — zaczął się
walić cały świat mitologii Adama M., personifikowany figurami jego przyjaciół, wyznawców, klientów, akolitów i faworytów. Vulgo:
zaczęły się walić ołtarzyki narodowe, kruszyć pomniczki, rozsypy-
wać nimby i legendy „*ludzi światłych*", „*autorytetów moralnych*",
„*filarów społecznych*" dopieszczanych przez „*Salon*" vel „*mich-
nikowszczyznę*". Była to swoista hekatomba męczenników krzyżo-
wanych dokumentacją z „*teczek*" Instytutu Pamięci Narodowej. Ko-
laborantami bezpieki okazali się reżyserzy (Marek Piwowski i in.),
aktorzy (Maciej Damięcki i in.), pisarze (Andrzej Kuśniewicz, Andrzej Szczypiorski, Wacław Sadkowski, Ryszard Kapuściński, itd.)
oraz wszelkiej maści „*ludzie kultury*" (Andrzej Drawicz, Lech Isa-
kiewicz, Tadeusz Sznuk, etc.), nie mówiąc już o licznych polity-
kach (Michał Boni plus legion). Przy okazji tego demaskowania wyszła z nor przeszłości także śliska prawda o pederastycznych wyczy-
nach tytanów rodzimego etosu (jak Jerzy Giedroyc, Józef Czaps-
ki, Jerzy Andrzejewski, Jarosław Iwaszkiewicz et gejoconsortes).

Wódz największej polskiej gazety zwalczał lustracyjny proceder
długo, kilkanaście lat, używając wszelakich środków. Łajał, wykli-
nał, wyśmiewał, perorował, perswadował, postponował, dezawuo-
wał, kuglował, krytykował, miotał, motał, grzmiał, srał, gdakał,
obrzydzał — wszystko na nic. Przez pierwsze lata tej kontrlustra-
cyjnej ofensywy jakoś się udawało robić plewę z faktów i wodę
z mózgów. Lecz później grad bolesnych ujawnień stał się kamien-
ną lawiną, która przywaliła mędrca Agory. Skomasowana siła złej

woli bliźnich, zapiekła perfidia lustracyjnych zwyrodnialców, ode-
brała mu dziecięcą wiarę w ludzką nieskończoną dobroć, której sze-
fującym apostołem chciał być dla milionów rodaków. U politycznego wierzchołka tych kainowych *„łowów na czarownice"* leżał fakt
kolaborowania z bezpieką trzech przywódców „Solidarności", którzy zawarli trzy słynne *„porozumienia"* między związkiem a reżi-
mem PRL–u (Porozumienie Jastrzębskie, Porozumienie Szczeciń-
skie i Porozumienie Gdańskie): Jarosław Sienkiewicz był *„kablem"* MSW, Marian Jurczyk był *„kablem"* MSW, i Lechowi Wa-
łęsie też niejeden patriota wytykał ksywkę *„Bolek"* daną przez SB
„tajnemu współpracownikowi". Zaś kultowym symbolem kolaboracji stała się TW–kariera twórcy *„kultowego"* **„Rejsu"**, Marka P.,
który *„kablował"* gwoli zyskania paszportu, plus kilkakrotnie sma-
rowane dla SB wypracowania Agnieszki Osieckiej (formalnie nie-
zwerbowanej), która robiła to też, by uzyskać paszport. Znaleźli
się wreszcie tacy antysemici, którzy samemu *„Adasiowi"* zarzuca-
li kolaborację, puszczając w obieg kserokopie jego werbunkowego
aktu. Reagował esejami historiozoficznymi o naturze zła i dobra,
o tajnikach duszy ludzkiej i determinantach rewolucji, o *„lojalce"*
wieszcza Adama i głębiach myśli Stendhala, ale ludzie coraz mniej
go rozumieli i zła passa różowego guru trwała dalej.

Aż się odmieniło. Dwuletnie faszystowskie rządy antykomunistów (2005–2007), będące szczytem nieszczęść katowanej (deesbe-
kizowanej) ojczyzny, skończyły się wyborczą przegraną krwawych
Kaczorów, i do władzy wrócili *„sami swoi"*, wywiedzeni z dawnego matecznika geremkowskiej UD–UW. Komentatorzy prezento-
wali to jako medialny triumf Adama M., drugiego już o tych ini-
cjałach sympatyka *„przyjaciół Moskali"*, bo jego gazeta ciężko
pracowała dla wyborczego sukcesu formacji salonowej. Tak więc
wygrał — pomógł przywrócić rządy *„ludzi światłych"* — wszakże zmartwień mu nie ubyło. Główna jego trauma tyczyła bilansu
własnego żywota, helas! Mimo starań wieloletnich — nie awansował do rangi idola całego narodu. Europa nie mianowała go szefem żadnej paneuropejskiej instytucji lub organizacji. Nie dał też

rady skopiować kariery swego czeskiego kumpla, Vaclava Havla, który został prezydentem. Zawiodły i tolerancja europejska, i demokracja prywiślińska, zwłaszcza ta druga, bo jak słusznie diagnozował starozakonny patriarcha, profesor Geremek („*drogi Bronisław*", szalom!) — „*Polacy nie dorośli do demokracji*". Znaczy: dorośli niezupełnie. Dorośli do wybierania protegowanych Kremla i Salonu, pupilów „*wyborczego*" guru, a nie dorośli do wybierania samych guru, czego ilustracją smutny casus elekcyjny Jacka Kuronia, kolejnego bliźniaka Adama M. Czemu? To trudno powiedzieć — zagadki historii są chlubą metafizyki. Może nie podobało się ludowi, że pan Kuroń kazał harcerzom śpiewać pieśni czekistowskie i żydowskie, a nie polskie, i że pan Michnik uznał esbeckich oprawców, rutynowo mordujących patriotów, za „*ludzi honoru*"? Kto to wie...

Życzeniowym „*targetem*" optimum byłoby zresztą nawet nie stanowisko przywódcze, nie złoty fotel, lecz złota aureola — nimb światowy, lub choćby tylko nimb paneuropejski. Rozpoznawalność w każdym domu każdego kraju, czyli granie godła tak symbolicznego, jak „*polnische Wurst und Vodka*", ale tę rolę ukradł mu gdański prostak Dyzma, kradnąc przy okazji pacyfiście–intelektualiście Adamowi M. noblowską nagrodę pokojową. To bolało rabbiego z warszawskiej Alei Róż. Schyłek kariery w alei kolców drapiących duszę. Wiedział, że hen, daleko, na moskiewskim Kremlu, „*przyjaciel Moskal*" Władimir Putin pichci nowe polskie rozdania i otwarcia, lecz to już nie grzało zmęczonego „*komandosa*" rewolty '68 i mistyfikacji '89. Coraz częściej słyszał od spodu, z głębi Szeolu, pragmatyczną sugestię dyrekcji:

— Wracaj!

*   *   *

Wezwanie do gabinetu cara to nie obowiązek — to satysfakcja członka kremlowskiej elity przybocznych adiutantów. Lieonid Szudrin bardziej frunął niż stąpał po czerwonym dywanie długiego korytarza, ku flankującym złocone wrota sylwetkom dwóch sołdatów w mundurach XIX–wiecznych. Naprzeciw niemu maszerował funkcjonariusz wcześniej wezwany, który właśnie opuścił gabinet Putina. Był to doradca ekonomiczny prezydenta, wychowanek amerykańskich uniwersytetów, młody (35 lat) Arkadij Dworkowicz. Gdy się mijali, zatrzymał Lonię:

— Lonia, pomóż!

— Spadaj! Sam szukam pomocy.

— Jakiej pomocy?

— Nie mam bladego wyobrażenia co kupić Miedwiediewowi na jego rocznicówkę, a nie chcę mu kupować bzdur, jakichś zegarków, krawatów, spinek czy alkoholu francuskiego, bo on ma już hurtownię tych fantów. Co on lubi, wiesz może?

— Lubi ekskluzywne koszule, i ekskluzywne, szyte na miarę garnitury, i właśnie krawaty, drogie krawaty, lecz to chyba winna mu dobierać druga płeć lub on sam.

— A poza tym co?

— Hoduje egzotyczne rybki w akwarium, więc jeśli trafisz taką, której nie ma... — rzekł cierpko Dworkowicz. — Gra w szachy, więc kup mu szachy ze złota lub brylantów. No i kocha mocny rock. Już wkrótce, około połowy lutego, będzie feta Gazpromu, piętnastolecie, więc Miedwiediew, jako przewodniczący rady nadzorczej Gazpromu, chce uświetnić ceremonię rocznicową występem swej ulubionej grupy, Deep Purple. Surkow mu pomaga, bo także lubi ten zespół. To nawet będzie nieźle pasowało: Głęboka Czerwień! Prócz Deep Purple, „Carewicz" lubi również zespoły Black Sabbath i Led Zeppelin, tylko na winylu, ale obawiam się, że ma wszystko. Będzie ci trudno być oryginalnym, Lonia, bo odkąd namaścił go prezydent, wszystkie kremlowskie lizusy łamią sobie łby kombinując jaki prezent „Carewiczowi" dać.

— Dzięki za radę. I za skarcenie.

— Nie bierz tego do siebie, mileńki, i teraz ty spróbuj mi pomóc.

— Co jest, kolego?

— Pomóż mi przekonać Władimira Władimirowicza, że zyski z ropy oraz gazu, a przynajmniej część tych zysków, powinniśmy,

a właściwie m u s i m y inwestować w infrastrukturę wydobywczą
i przesyłową, a nie tylko konsumować!

— Ja?! — zdziwił się Szudrin. — Co ja mam wspólnego z ener-
getyką?

— Władimir Władimirowicz bardzo lubi ciebie...

— A ciebie nie lubi?

— Mnie trochę ceni, lecz źle słucha, natomiast ciebie lubi!

— Skąd wiesz?

— Wszyscy to wiedzą. Szepnij mu słówko w tej sprawie, bo jak
nie zmienimy podejścia do tego problemu, będzie katastrofa infra-
strukturalna. Nasze centra wydobywcze to już złom, nasze rurocią-
gi to kupa rdzy...

— Jakie nasze? Gazpromu?

— Tak, Gazpromu. To kretyństwo, że państwowa firma–gigant,
o której się mówi, iż Rosja stała się jej własnością, a nie ona własnością Rosji — że taka firma ładuje większość zysków w luksusowe siedziby, w prestiżowe branże nieenergetyczne, i na rynek finansowy jak rentier, by zgarnąć oprocentowanie lokat, a nie na stra-
tegię inwestycyjną gdy powoli kończą się eksploatowane od dawna
złoża gazu, na nowe szyby, nowe stacje uzdatniania, nowe techniki, plus remonty starej sieci. To jest głupie, kapujesz, Lonia?

— Nic nie obiecuję, Arkadij, nie obiecuję ci niczego — rzekł
Szudrin. — Jak będę miał okazję, wspomnę Władimirowi Władimirowiczowi, a teraz, sorka, on na mnie czeka i nie lubi spóź-
nialców.

Putin przywitał go rytualnym:

— Siadajcie, Lieonidzie Konstantinowiczu, mamy problem.

— Problem to ma ekipa alarmująca Houston — zażartował „fil-
mowo" Szudrin.

— Jasne — zgodził się car. — Nasz aktualny problem to Polska. Jest teraz bardzo grzeczna, nowa władza merda przed nami
ogonkiem, kuca, kryguje się i łasi. Już nie blokują naszych starań
o przystąpienie do OECD, a wkrótce gaspadin premier Tusk za-
wita tutaj z wizytą rządową, i będzie wzajemne picie szampanów,

klepanie pleców, uśmiechy, komplementy i cały ten normalny cyrk przed kamerami, bolszaja pompa.

— Czyli normalizacja stosunków, tak, panie prezydencie?

— Może... — mruknął Putin. — Mnie interesuje normalizacja naszych wpływów w polityce tego kraju, i nie sądzę, by dalej starczała tu zwykła agenturalność. U nich wybory są rzeczywiście demokratyczne, więc każdy głupi przypadek, jakaś afera lub tylko kaprys elektoratu potrafią rozwalić blok rządowy faszerowany agentami SWR. Do tego agentów zawsze mogą wykryć polskie służby, kontrwywiad. Potrzeba nam czegoś trwalszego, bardziej przewidywalnego i sterownego, nowej struktury politycznej, Lieonidzie Konstantinowiczu. Chcę, abyście się zajęli problemem tej struktury jako łącznik między mną a Służbą Wywiadu Zewnętrznego.

Dialog trwał jeszcze kwadrans, i Putin skierował Lonię do szefa SWR, Michaiła Fradkowa, a ten wskazał mu generała Kudrimowa, szefa Referatu Polskiego:

— Jego działka to Polska, więc obowiązek polacziszkowania to jego obowiązek. Ciekawy człowiek ten mój Kudrimow, nie wolno ulec pozorom i go lekceważyć. Z pozoru to góra mięsa, safandułowaty niedźwiedź, gruboskórny baryń, który umie tylko warczeć: „ — Job twoju mat'!". A tak naprawdę, bystre chłopisko.

— Bystro mordował?

Fradkow przyjrzał się Szudrinowi zmrużonymi oczami i szepnął chrapliwie:

— Tak, to też mądrze robił. Kiedy dyrektor polskiego Ośrodka Studiów Wschodnich, gaspadin Karp, odkrył na Białorusi tajny ośrodek GRU, gdzie spotykali się polscy prokuratorzy i nasi ludzie ze specsłużb, białoruska ciężarówka staranowała samochód tego Polacziszki o zbyt długich rączkach, trup na miejscu, żadnych dowodów zbrodni, zwykły wypadek. To było w 2004 roku. Kudrimow był mistrzem takich egzekucji, kolego.

— A teraz jest mistrzem wywiadu w Polsce?

— Mistrzem wywiadu i politycznej manipulacji. Antykomunistyczne Bliźniaki rządziły tam całe dwa lata, krzycząc od począt-

ku, że nie może być tak, iż kaci, dawni oficerowie bezpieki, otrzy-
mują sute, wielotysięczne emeryturki, natomiast ofiary bezpieki dostają dziesięciokrotnie niższe, głodowe. Mieli dwa lata i koalicyjną
większość, a nawet poparcie w tej sprawie dużej części opozycji,
lecz nie zdołali przeforsować ustawy... co ja mówię!... wcale nie
rozpoczęli prac przy ustawie mającej zmienić ten stan rzeczy, ska-
sować tę rażącą niesprawiedliwość. Niech pan zgadnie czemu?

— Ludzie Kudrimowa?

— Tak jest, agenci generała Kudrimowa. Kudrimow ma tam już
kilka dużych osiągnięć. To on wymyślił sztych, którym dobito tych
parszywych Bliźniaków, kiedy jesienią zeszłego roku kończyła się
w Polsce kampania wyborcza. Bliźniaki, mimo naszych starań, pro-
wadziły, miały zwycięstwo na talerzu. Żeby wykończyć konkurencję, pokazały w telewizji machnięty ukrytą kamerą film służb specjalnych, kręcony przez ichnią brygadę antykorupcyjną. Film ukazywał jak posłanka należąca do partii opozycyjnej przyjmuje dużą łapówkę od biznesmena i żąda dalszych łapówek za załatwia-
nie lewych interesów. Wydawało się, że po czymś takim konkurencja Bliźniaków jest ugotowana zupełnie. A wiecie co zrobił Kudrimow? Zapytał swoich ludzi: „ — *Czemu nie aresztowano jej?*".
Usłyszał, że chwilowo nie można tej kobiety aresztować, bo chro-
ni ją immunitet poselski. Więc zadał drugie pytanie: „ — *Czy ona
nie mogłaby się popłakać?*". Jego ludzie byli bardzo zdziwieni:
„ — *Jak to popłakać?*". Więc wyjaśnił im: „ — *Publicznie popłakać, przed telewizją. Niech nasi tamtejsi chłopcy zarobią na
swoje honoraria*". I tak zrobiono: tuż przed dniem wyborów baba poryczała się wśród telewizyjnych kamer, jęcząc, że uwiódł ją
grający szarmanckiego biznesmena–adoratora prowokator, funkcjonariusz brygady antykorupcyjnej, więc nie umiała mu odmówić,
a teraz służby Bliźniaków chcą ją zadręczyć, zamęczyć, zabić. Jak
polski elektorat to zobaczył, zwłaszcza żeński, to się wściekł na
Bliźniaków. I było po nich. Zostali załatwieni telenowelą brazylij-
ską, w której bezczelna złodziejka, łapowniczka, odegrała niewol-
nicę miłości i zwierzynę łowną sadystycznie dręczoną, wkładając

sobie szlochem dziewiczy wianek... Trudne do uwierzenia, kiedyś
polscy historycy analizujący tę wyborczą kampanię będą przecierać
wzrok, ale to fakt.

— Kaczyńscy popełnili gruby błąd, bo na zwalczaniu korupcji
nie można ugrać zbyt dużo, kiedy większość ludzi kradłaby, gdyby tylko mogła — zauważył Szudrin.

— Gruby błąd popełniają wszyscy, którzy obstawiają czystą demokrację, a ganią naszą *„suwerenną"* mutację demokracji, czyli
demoautokrację — odpowiedział mu Fradkow. — Polski elektorat
jest równie głupi co nasz, Kudrimow mi doniósł, że tam prawie
dziesięć milionów ludzi kocha serial **„Świat według debilnych"**
czy coś podobnego, serial właśnie dla ludzi debilnych. Ci ludzie
głosują i wybierają, oto demokracja.

— Haszek zwał takich ludzi *„notorycznymi idiotami"* — parsknął Lonia, wstając. — Proszę uprzedzić generała Kudrimowa, że
zgłoszę się do niego w przyszłym tygodniu.

* * *

Ludzka świadomość i ludzka percepcja rzeczywistości roją się
od błędnych wyobrażeń. Za pewniki bierzemy artefakty i zjawiska
zupełnie fałszywe, nie mając pojęcia, że czynimy błąd. Tak właśnie było z miliardami ludzi, którzy przez całe wieki mieli pewność,
iż Ziemia jest płaska. Tak właśnie było z każdym heterosamcem,
który dał się skusić perfekcyjnie ucharakteryzowanemu transwesty-
cie. Tak właśnie było z rzeszami fanów Lecha Wałęsy wymachu-
jącego siekierką na komunistów. I tak jest z tymi, którzy sądzą, że
czerwony strój to znana całemu globowi od wieków szata Świętego Mikołaja, gdy w istocie ten ubiór tragarza bożonarodzeniowych
prezentów rozpowszechnili globalnie graficy firmy Coca–Cola, tworząc kilkadziesiąt lat temu (1931), wedle regionalnych wzorów europejskich, sławną reklamę — dopiero wówczas cały świat zaczął
kopiować mikołajowy czerwony strój jako rytualny. I tak samo jest
dzisiaj ze świętym przekonaniem, że im ktoś bardziej uczony, wyżej kształcony, zawodowo scjentyczny (a już zwłaszcza biolodzy,

genetycy, matematycy, fizycy, astrofizycy, itp.) — tym bardziej ucieka od wiary w Boga, lgnąc do ateizmu, agnostycyzmu itp. Nic bardziej błędnego niż to wrażenie tyczące „jajogłowych": gdy przepytano 389 najwybitniejszych uczonych globu, tylko 16 zadeklarowało niewiarę, a 367 wiarę, niektórzy wiarę gorącą (geniusz mechaniki kwantowej, Werner Heisenberg, ładnie to ujął: „Pierwszy łyk z flaszki wiedzy robi cię ateistą, lecz na jej dnie czeka Bóg"). Boję się, że błędna może być również (u mych Czytelników) wizja dojrzewania pięknej edytorki, Klary. Zapewne sądzicie, że stała się postępowym (postmodernistycznym) dziwolągiem, typowym dla naszych czasów. Nic bardziej mylnego.

Nic bardziej mylnego, bo niezbadane są ścieżki, którymi los prowadzi swoje owce. W dobie, w której medialne (głównie internetowe) porno wszelakiego rodzaju (MTV, filmiki „hard–core", itp.), zwulgaryzowało język tudzież styl życia rozkwitających dziewcząt, przekłuło im szmelcem pępki na eksponowanych goło brzuchach, obnażyło plażowe pośladki pawiańską modą i uczyniło seksekshibicjonizm grą „trendy" — Klara Mirosz stała się prawdziwą damą typu XIX–wiecznego, monogamistką sublimującą swą „manière de vivre" na styl herbowy tout court. W dobie, kiedy feministki coraz usilniej grały terrorystki, lansując multirodzajową wyższość swej płci nad płcią brzydką (Jane Fonda: „Gdyby penis potrafił to wszystko, co może wagina, to budowano by mu pomniki i drukowano by znaczki pocztowe z jego wizerunkiem") — Klara kultywowała wstrzemięźliwość kobiecą typu „soft", zniewalającą mężczyzn. Była wszakże niedostępna dla mężczyzn, prócz jednego, którego zaślubiła i któremu urodziła trójkę dzieci nim skończył się XX wiek. Zwała się już wtedy nawet nie Klarą Mirosz–Serenicką, lecz Serenicką li tylko, wedle tradycji praojców.

Spośród rozlicznych tradycji swoich genetycznych praojców, pani Serenicka nie praktykowała właściwie niczego, żadnego judaizmu czy syjonizmu, a jedynym wyjątkiem była u Klary nieuleczalna wrogość do polskich antysemitów, którzy przy udziale hitlerowskich nazistów wymordowali miliony Żydów (ze szczegółami opo-

wiadało o tym wiele drukowanych w Kanadzie książek), zorganizowali Powstanie Warszawskie dla unicestwienia żydowskich nie-
dobitków (tego Klara dowiedziała się z gazety Adama Michnika),
i już po wojnie, wciąż głodni żydowskiej krwi, uprawiali pogromy
Żydów (w Krakowie, w Rzeszowie, w Kielcach i gdzie indziej).
Kolejnym etapem antyżydowskich represji ze strony Polaków był
1968 rok, który wypędził familię Krystyny Helberg poza granice
ojczyzny. Tego łotrostwa córka Krystyny, Klara, nie mogła wyba-
czyć Polakom. Dusiła to w sobie, zaliczając wszystkie owe szczęś-
liwe kanadyjskie lata, kiedy uprawiała feminobiografistykę, patriotyczne polskie edytorstwo i harmonijne małżeństwo z Janem, nie-
niepokojona i niekontrolowana przez ciemne moce, które *„uśpiły"*
ją dawno temu. Dopiero gdy zapragnęła wydać biografię żydowskiego herosa, Tewje Bielskiego, dowódcy kilkuset żydowskich partyzantów na Nowogródczyźnie podczas II Wojny Światowej — zjawił się, niby zły duch, stary znajomy, eksdziekan Simon Kraus,
i rzekł:

— Zabraniam! Nie wolno ci drukować tej książki, droga Klaro, nie chcemy kłopotów!

— Jakich kłopotów?! — zdenerwowała się szefowa Pulsu Ojczyzny. — Tewje i jego dwaj bracia, Asael i Zus, to żydowscy bohaterowie, utworzyli w Puszczy Nalibockiej całe zgrupowanie żydowskich partyzantów, a właściwie całą strefę żydowską wśród ba-
gien tej puszczy, było tam tysiąc kilkuset uciekinierów, mnóstwo
kobiet, dzieci, liczne żydowskie rodziny, które ocalały z Shoah!
I walczyli dzielnie przeciwko esesmanom! To cudowne, więc dlaczego mam tego nie upubliczniać?

— Bo Polacy zarzucą ci fałsz i wybuchnie afera jak sto diab-
łów! — objaśnił jej Simon. — Zbyt długo budujemy patriotyczną
„legendę" twoją, twojego męża i waszego wydawnictwa, żeby teraz spaprać ją skandalem, który postawiłby wam szlaban nad Wisłą, moja droga!

— Jaki fałsz?! — krzyknęła tak gwałtownie, iż opluła rozmówcę drobinkami śliny. — Czytałam pamiętnik małżonki bojowca od

Tewjego, wydany w Jerozolimie, „**Against the Tide**". Profesor Israel Gutman z Yad Vashem również zapewnia, że Tewje Bielski był bohaterem, zbawcą wielu Żydów i młotem na hitlerowców!

— A Polacy stwierdzą, że przeciwnie...

— Jak to przeciwnie?! Którzy Polacy?!

— Choćby historycy z warszawskiego IPN–u, z Instytutu Pamięci Narodowej, według których Tewje był kryminalistą, bandziorem, co się kumał z sowieckimi partyzantami i razem mordowali Polaków. Ci ipeenowcy twierdzą, że Tewje dostawał broń od Sowietów za kobiety, które im bracia Bielscy masowo sprzedawali, bo Sowietom w lesie brakowało kobiet. I że nigdy nie walczył z hitlerowcami, tylko przy udziale Sowietów masakrował polskie wsie, gwałcąc, rabując, mordując, pastwiąc się nad Polakami jak sadysta. Wskażą, że w samej wsi Naliboki, roku 1943, Tewje wymordował stu kilkudziesięciu Polaków, nie oszczędzając starców, dzieci i kobiet. Będą twierdzić, że utworzona przez Bielskich puszczańska osada Jerozolima stanowiła folwark wyzysku, bo większość Żydów biedowała tam jako niewolnicy herszta, zwyrodnialca Tewjego, który otaczał się luksusem, miał harem młodych żydowskich dziewcząt i...

— Dość! — krzyknęła Klara. — To nie może być prawdą, człowieku!!

— Nie jest ważne co jest prawdą, a co prawdą nie jest — burknął Kraus. — Nie jest istotne czy pogrom kielecki zorganizowali oficerowie NKWD jako prowokację antypolską, czy było inaczej. Dla nas istotne jest teraz, by nie zepsuć waszej „*legendy*", dzięki której będziesz się mogła wkrótce odpłacić polskim gojom tysiąc razy skuteczniej niż to umożliwia jakikolwiek druk, kobieto, więc nie pajacuj!

                          * * *

Z biegiem lat Mariusz „*Zecer*" Bochenek coraz mniej się martwił kondycją psychiczną Witolda „*Znajdy*" Nowerskiego, aczkolwiek coraz bardziej się dziwił stopniem jego milknięcia, zamykania się w sobie. „*Znajda*" nigdy nie był inteligentny, ale dawniej odzywał się do ludzi bez trudu, tymczasem, miast pogłębiać prostą umiejętność gadania — milkł. Takich osobników chwaliło dwóch głośnych wirtuozów pióra — dwóch panów T. Mark Twain powiadał: *„Lepiej milczeć i sprawiać wrażenie idioty, niż odezwać się rozwiewając wszelką wątpliwość..."*. A Julian Tuwim twierdził: *„Błogosławieni, którzy nie mając nic do powiedzenia, nie oblekają tego faktu w słowa"*. Bochenek nie znał obu cytowanych sentencji, nie znał również starożytnego *„Milczący głupiec uchodzi za mędrca"* — znał tylko popularne *„Milczenie jest złotem"*. I właśnie ten popularny bon–mot przypomniał mu Denis Dut, kiedy rozmawiali wczesną jesienią 2006 roku. Był to dla Bochenka traumatyczny dialog. Zaczął się od kwestii Denisa:

— Bracia Kaczyńscy dorwali się do rządów i trochę sobie porządzą, ale niezbyt długo, bo nie mają własnopartyjnej większości sejmowej, chopie, to im źle wróży. Za kilka lat, góra kilkanaście, wy przejmiecie tam ster. I będziecie kształtować, hartować, cwelować polską demokrację klasy lux.

— My będziemy tam walczyć o naszą władzę i naszą demokrację, a ty o co, Denis?

— Ja, chopie, o dostęp Śląska do morza.

— No to, kurna, trzeba ci będzie pomóc. Poprowadzimy z Zabrza do Sopotu śląską szosę eksterytorialną, albo przeniesiemy Krynicę Morską, Sopot i Międzyzdroje ku linii między zdrojami Gliwic i Katowic. Jest tam jakaś rzeka?

— I Gliwice, i Katowice leżą nad Kłodnicą.

— Bardzo fajnie, Sopot, Krynica Morska i Międzyzdroje wylądują u brzegów Kłodnicy. Władza może wszystko!

— Trzymam cię za słowo.

— Masz to jak w banku, słowo premiera!

Na tym skończyły się żarty wesołe, bo chociaż kolejny tekst Duta brzmiał również niby dowcip, ale taki, co wlepia gęsią skórkę rozmówcom:

— No więc prędzej czy później obejmiecie nad Wisłą ster rządów. Wcześniej jednak trzeba zbudować partię polityczną i wybrać

jej lidera. Znam już decyzję góry co do kandydata, waszym liderem będzie Witold.
    Było to tak głupie, że Bochenkowi nawet nie chciało się roze-
śmiać, tylko zdegustowany prychnął:
    — Bardzo dowcipne, humor pierwsza klasa!
    — To nie żaden dowcip, przyjacielu, to decyzja góry — rzekł
serio Dut.
    „Zecera" zamurowało. Milczał chwilę, aż wreszcie wykrztusił:
    — To idiotyzm, znasz Witka, czemu im tego nie wyperswado-
wałeś?!
    — Bo ja im to podsunąłem i przekonałem ich do Witolda.
    — Dlaczego?!!...
    — Dlatego, że on będzie miał „branie" u elektoratu. Ma bar-
dzo miłą, sympatyczną, prostoduszną twarz, a nie gębę sprytnego
politykiera. Skąpo mówi, więc nie palnie głupstw, nie walnie lap-
susów, które ciągle przytrafiają się politykom, nie będzie...
    — On w ogóle nic nie mówi, nic!! — przerwał z furią Ma-
riusz. — Nie wygłosi mowy do żadnego zgromadzenia, żadnego
elektoratu, do nikogo!
    — Nie będzie musiał wygłaszać żadnych kazań czy sążnistych
exposé, od codziennego gadania będzie miał ministrów i rzeczni-
ków partyjnych, klubowych albo rządowych, czasami przeczyta do
kamer jakiś krótki tekst z telepromptera...
    — Jest półanalfabetą!
    — To się go podszkoli, jutro zaczniemy intensywne szkolenia,
chopie. Jego małomówność stanie się cnotą w oczach milionów ludzi, którzy codziennie widzą rozgdakanych posłów i ministrów, codziennie oglądają polityczne kłótnie i pyskówki. Dzisiejszemu premierowi i kilku jego ministrom bardziej będzie szkodzić ich „par-
cie na szkło", przy demonstrowanej fatalnej polszczyźnie, niż kno-
wania wrogów. Tracą ci, którzy zapominają, że „milczenie jest złotem". Milczący przywódca robi wrażenie mędrca, autorytetu pow-
ściągliwego. Im bardziej będzie enigmatyczny, tym bardziej będzie
sprawiał wrażenie człowieka z granitu, męża stanu. Czasami coś

krótko wypowie, jakiś nauczony sarkazm, i to będzie wzbudzało zachwyt. Przecież każda mądrość czy dowcipność sceniczna to teatr, nic tu się nie dzieje bez scenarzystów, *„reserczerów"*, *„murzynów"*. Sądzisz, że premier Miller sam wykoncypował bon–mot o tym jak *„kończą"* prawdziwi mężczyźni?

— Wiem, że miał wyszukiwaczy takich grepsów, ale...

— Każdy estradowiec ma. Gdy zastrajkowali scenarzyści Hollywoodu, okazało się, że amerykańscy szołmeni telewizyjni, cieszący się sławą genialnych causeurów–ironistów, są bezradni, nie potrafią sami kreować niczego śmiesznego bądź sensownego. Każdą małpę można wyuczyć inteligentnych odruchów, przyjacielu...

Bochenek, rozpaczliwie szukający ratunku coraz bardziej gorączkowymi myślami, rzucił kolejny argument:

— Przecież zawsze może się zdarzyć, że jakiś cholerny dziennikarz lub jakiś cudzoziemiec, powiedzmy biznesmen lub dyplomata, zada mu niespodziewane pytanie, ekonomiczne czy strategiczne, i co wtedy?

Ale Denis Dut był przygotowany, nie peszyły go takie defetystyczne oznaki malkontenctwa:

— Wtedy Wicio zastosuje patent Venizelosa, chopie. Na paryskim raucie w 1919 roku Venizelos, grecki premier, został zapytany przez polskiego dyplomatę: co Polska winna zrobić wobec kwestii ukraińskiej? Nie miał bladego pojęcia o czym Polak mówi, lecz spokojnie uniósł mentorski palec i wyrecytował, że problem jest delikatny, więc trzeba tu działać wedle kardynalnych zasad i bez pośpiechu. Nauczymy Wicia takich uniwersalnych ripost.

— Zatem chcecie, żeby krajem rządził debil, kliniczny idiota, ćwierćDyzma! — warknął Mariusz, ciągle sądząc, że śni.

— Przecież Wałęsa rządził krajem całe pięć lat — przypomniał Dut.

— Ale *„Wałek"* miał gadanę, lubił mówić!

— Dlatego był prezydentem tylko pięć lat, chopie, ludzie mieli dość jego paplanych głupot. Gdyby mniej gadał, może by zafarcił drugą kadencję, rządziłby kolejne pięć sezonów...

— Czy ktoś gada, czy nie gada, ludzie rozpoznają głupich albo mądrych! — walczył „*Zecer*".

— Twój błąd, chopie, polega na tym, że wydaje ci się, iż aktor grający dobrze króla Lira lub cesarza Bonapartego, jest człowiekiem mądrym, to normalne odczucie widzów, tymczasem ów aktor może być kompletnym idiotą, lecz dobrze wytresowanym parodystą, tak bywa zazwyczaj — uśmiechnął się pobłażliwie Dut. — Stare powiedzonko teatralne, chyba Dejmka, że „*dupa jest do srania, aktor jest do grania*", mówi wobec „*komediantów*", i zwłaszcza wobec polityków, więcej niż chciał autor tego bon–motu, bo pierwszy i drugi rym mają więcej wspólnego niż się sądzi, chopie. Prawie wszyscy politycy, którzy rządzą, to spryciarze, ale w istocie głupole, trochę tylko cwańsi od aktorów, salonowe menelstwo. Tuż po objęciu władzy stają przed lustrem i mówią tekstem Nikodema Dyzmy: „ — *Cholera, do czego to człowiek doszedł! Trzeba utrzymać się możliwie długo i starać, żeby nikt się nie poznał!*".

Denis eksDutczak Dut miał słuszność. Kilka wieków wcześniej szwedzki kanclerz, Axel Oxenstierna (inni przypisują tę celną uwagę papieżowi Juliuszowi III), słusznie twierdził, iż „*małą mądrością rządzony jest świat*". Oniemiałemu „*Zecerowi*" śląski przyjaciel z Jamajki wyłożył jeszcze kilka detali planu:

— Jola i Witold adoptują dwójkę bachorów, to dzisiaj modne, a berbecie robią piękne wrażenie wdzięcząc się do kamer na rękach polityka.

— Gdyby się kretynka cztery razy nie skrobała, mieliby własne bachory! — sapnął Mariusz.

— Własne bywają bardziej niebezpieczne, chopie. Pijani gówniarze Wałęsy narobili mu mnóstwo kłopotów. Córka prezydenta Kaczyńskiego zdradza męża i chce się rozwieść, żeby wyjść za amanta, lewaka! Dzieciakami można też utłuc polityków, nie tylko, jak muchę, gazetą. Marszałka Sejmu, Kerna, przyzwoitego gościa, ale samobójczego ryzykanta, bo chciał rozliczenia przez państwo majątku nieboszczki PZPR, spadkobiercy ubekistanu wykończyli cipą nastoletniej córeczki, i jeszcze postesbecja zmajstrowała film fabu-

larny o tym nikczemnym cyrku, reżyserem był ich człowiek. Lecz
wróćmy do tematu. Witka trzeba koniecznie oswoić z tłumem, z dużą liczbą ludzi, bo polityk miewa takie bezpośrednie kontakty.

— Jak?! On się boi tłumu...

— Przestanie się bać jako anonimowy mim.

— Jako kto?! — wytrzeszczył oczy „*Zecer*".

— Jako mim.

— Mim? Znaczy przebieraniec komediant?!

— On się przebierać lubi. Kupił sobie czarny melonik, bo tak
mu się to klasyczne brytyjskie nakrycie łba spodobało, i nosi go
bez ustanku.

— Wygląda w nim jak arlekin, jak pajac!

— Mim to nic innego jak milczący pajac. Na chodniku prome-
nady w okolicach London Eye sterczy dużo mimów. Wielu jest za-
maskowanych. Jest średniowieczny rycerz, jest Zorro, jest Latają-
cy Holender, jest kamienny pomnik, jest Budda. Stoją bez ruchu,
albo robią rękami i minami pantomimę, on może się też tak gibać.
Milcząc lub grając.

— Co grając?

— Nie co, tylko na czym. Na gitarze, przecież lubi na niej grać.

— To nie żadne granie, to brzdąkanie. Wyuczył się w obozowi-
sku hipisów.

— W Bieszczadach?

— Tak.

— Więc pod twoim okiem.

— Ja nie uczyłem go brzdąkać, uczył go ktoś inny.

— Mim nie musi być koncertowym gitarzystą, starczy zwykłe
brzdąkanie, by zaciekawić przechodnia. Dla Wicia to będzie fraj-
da. Kiedyś wynosił śmiecie jako kitchen–porter, bardziej mu chyba przypadnie do gustu anonimowe zabawianie przechodniów, nie
sądzisz? I dla nas to też będzie lepsze, chopie, niż jego szwendanie
się po pedalskich knajpach na Old Compton...

* * *

Jan Serenicki, kiedy się ustabilizował i udomowił, wciąż jeszcze szwendał się po egzotycznych krajach, lecz już nie szwendał się
często po knajpach. Częściej szwendał się po miejskim parku, bo
tak mu kazała żona i tak lubił. Były tam fontanny, domki krasna-
li, huśtawki, zjeżdżalnie, minikaruzele itp., więc dzieci miały raj,
a on mógł, siedząc z boku na ławeczce, wertować gazety lub kart-
kować teksty zgłaszane Pulsowi Ojczyzny przez literackich agentów.
Któregoś dnia, latem 2007, przysiadł się nieznajomy. Trzymał to-
rebkę pełną ziarenek dla ptactwa. Ale zamiast karmić ptactwo, odezwał się do Serenickiego mocnym polskim głosem:

— Pan Serenicki?

— Tak — odparł Jan zdziwiony tą polszczyzną.

— Bardzo mi miło — rzekł tamten. — Czas, panie Janku.

— O co panu chodzi?

— Budzenie, agencie „*Y*".

— Nie zamawiałem! — warknął Serenicki, rozumiejąc już.

— To nic, dyrekcja hotelu sama wie kiedy budzić gościa, a budzenia są obowiązkowe, panie Janku. Zresztą, co ja będę panu mówił, pan to rozumie nie gorzej niż ja, pani Klara też zrozumie, taki los. I stosując pańską ulubioną rozrywkę, grę słów, powiem panu, że to może być szczęśliwy los, loteria życia nie składa się z samych szekspirowskich horrorów.

Janek od dawna wiedział, że ta chwila musi przyjść, lecz właśnie dlatego, że od dawna wiedział, zapomniał — świadomość tej
konieczności została przykryta codziennością mijających lat niby
wierzchołki gór kolejnymi rocznikami śniegu. Milczeli przez chwilę obaj, przypatrując się rozwrzeszczanej gromadce dzieci. Wreszcie jednak trzeba było spytać:

— Kiedy?

— Wiosną przyszłego roku... Może w kwietniu, może miesiąc
później. Macie dużo czasu na spokojną tutaj likwidację wszystkiego co trzeba zlikwidować, i na zainstalowanie tam wszystkiego co
trzeba w Polsce zainstalować.

— Będziemy dalej prowadzić wydawnictwo?

— Będziecie tworzyć nową partię polityczną, lecz wydawnictwa nie musicie likwidować, Puls Ojczyzny ma renomę wartą dużo elektorskich głosów.

— Czemu właśnie teraz, a nie rok lub dwa lata temu, bądź za trzy lata?

— Nie wiem, nie jestem od podejmowania decyzji, ja je tylko przekazuję... — rzekł tamten, wzruszając ramionami. — Proszę nie narzekać, i tak bardzo długo mieliście spokój. Zaś tam czeka na was chwała, czekają brawa, komplementy, i może władza państwowa, agencie „Y", przywództwo.

Znowu zapadło milczenie, ciszę kaleczyły tylko pokrzykiwania dzieciaków. Nieznajomy rozejrzał się wokoło i westchnął tonem pełnym czułości:

— Dzieciarnia! Nie ma w życiu człowieka nic cenniejszego od brzdąców...

„Przestań mnie straszyć, idioto!", pomyślał Serenicki, lecz nie wyartykułował tego i dalej słuchał ględzenia:

— Wie pan, panie Janku, że Zachód źle dba o dzieci, ulegają demoralizacji zwłaszcza pod wpływem internetu, gdzie pornografia krzewi się swobodnie. W takich Niemczech ostatnio Federalne Centrum Oświaty Zdrowotnej, instytucja podległa bezpośrednio Ministerstwu do spraw Rodziny, wydało broszurę nakłaniającą ojców do *„masowania genitaliów córek"*, pan sobie wyobraża?! Chrzanią tam, że masowanie łechtaczki i waginy dziecka przez tatusia *„rozwija w dziecku poczucie dumy ze swej płci"*! I dodają, że córeczka, już trzyletnia, winna bawić się genitaliami ojca! To jest chore, nie uważa pan, panie Janku? Takie rzeczy postępowa agencja rządu radzi rodzicom! Co za świat, czas umierać! W Rosji i w Polsce to nie mogłoby się zdarzyć, jeszcze nie upadliśmy tak nisko, prawda, panie Janku? Cóż, kultura i obyczajowość Zachodu...

Tym razem nieprzyjazne milczenie trwało krótko. Tamten wstał, przez chwilę wahał się czy wyciągnąć dłoń do pożegnania, lecz zrezygnował, i tylko rzucił nim odszedł:

— Proszę zawiadomić małżonkę, panie Janku.

Jan Serenicki zawiadomił małżonkę gdy tylko wrócił z parku do domu, i dziwił się, że niezbyt ją to obeszło — w każdym razie ani trochę nie wstrząsnęło Klarą. Może dlatego, iż głowę miała całkowicie zaprzątniętą swoim nowym projektem biograficznym rehabilitującym mądrość i operatywność (to znaczy: uczoność i przedsiębiorczość) płci pięknej. Chodziło o Marię Antoninę Czaplicką, polską wybitną badaczkę tureckich i syberyjskich ludów, którą środowiska naukowe Wschodu i Zachodu ceniły jako figurę noblowskiej klasy (zwano ją *„polskim meteorem"*), ale którą zapomniano. Czaplicka popełniła samobójstwo w 1921 roku (otruła się), mając 35 lat, prawdopodobnie dlatego, że z kilku angielskich uczelni (w Londynie, w Oxfordzie i w Bristolu) każdorazowo zwalniano ją trybem piorunującym. Rozzłoszczona tymi represjami Klara postanowiła wyświetlić ich przyczyny (pisząc hagiografię Czaplickiej), wcześniej jednak musiała wyświetlić pewien terminologiczny sekret, to jest ustalić fach swojej bohaterki, różne bowiem kompendia podawały rozmaite terminy: antropolog, etnolog, etnograf, geograf, a kiedy Klara sięgnęła do leksykonów terminologicznych — zgłupiała zupełnie. Od czegóż wszakże miała (jako męża) czempiona gier i tajemnic terminologicznych, semantycznych, lingwistycznych!

Małżonek nie przypuszczał, że proste pytanie żony („ *— Jaka jest różnica między etnografem i etnologiem?"*) zabije mu ćwieka. Jednak zabiło, i to samym weryfikowaniem terminów. Szybko bowiem stwierdził, że dla dużej części fachowców (dla badaczy, akademików, leksykologów) *„etnografia"* i *„etnologia"* to synonimy, terminy równoznaczne, gdy dla reszty *„etnografia"* (nauka zajmująca się opisem kultur rozmaitych ludów) to tylko dział *„etnologii"* (czyli badań porównawczych nad kulturami ludów). Do tego okazało się, że uczeni krajów anglosaskich już w XIX wieku synonimowali *„etnografię"* z *„antropologią"*, co zostało później uściślone przez Amerykanów (którzy europejski termin *„etnologia"* zastąpili własnym: *„antropologia kulturowa"*) tudzież Brytyjczyków (którzy kontynentalnej *„etnologii"* dali własny termin:

„*antropologia społeczna*"). Był to istny cyrk nazewniczy, lecz Janek właśnie takie lingwistyczne akrobacje traktował hobbystycznie, więc podrzucone mu przez żonę „*zagadnionko*" bardzo go rajcowało. Aż pół tygodnia (pół tygodnia frajdy), bo trzeba było rozpocząć zwijanie kanadyjskiego interesu...

* * *

Kwerendy archiwalne i biblioteczne, rutynowe u historyka szykującego pisanie scjentycznej rozprawy, zaszczepiły Lieonidowi Szudrinowi zwyczaj solidnego przygotowywania się do wszelkich działań, również debat — zarówno konferencyjnych debat, jak i kameralnych spotkań. Przed spotkaniem z kimś mało mu znanym, a ważnym, próbował rozeznać cechy (głównie słabości) tamtego. Kiedy miał się spotkać z szefem SWR, Michaiłem Fradkowem, dowiedział się, iż Fradkow, dzięki kilkuletniej tresurze w szkole szpiegów, umie „*nie wyróżniać się pośród otoczenia*" (mimikra) tudzież „*profesjonalnie, przekonująco mówić o niczym*" (usypiająca paplanina). Szykując się na spotkanie z generałem Kudrimowem, też się rozeznał, i dowiedział się czterech istotnych rzeczy. Pierwsza tyczyła mocnej głowy Kudrimowa, którego trudno było upić, choćby wypił bardzo dużo. Druga tyczyła antysemityzmu Kudrimowa. Trzecia tyczyła sowieckich tęsknot Kudrimowa, który wbrew wszelkiej logice uważał system komunistyczny za optymalny. Czwarta wreszcie tyczyła krwawej przeszłości Kudrimowa–egzekutora, sprawcy wielu „*odstrzałów*", m.in. tak głośnych, jak zabójstwo dysydenckiego duchownego, ojca Alieksandra Mienia, które wywołało wściekły medialny huk (media nie były jeszcze sputinizowane), więc prawosławny patriarcha Rusi, Alieksiej II, stary agent KGB, musiał się mocno napracować, by przytłumić gniew prawosławnego ludu.

Wasia Kudrimow zrobił to samo: usłyszawszy, że czeka go ważny „*razgawor*" z kremlowską fiszą, doradcą prezydenta, wywiedział się o Szudrinie ile tylko mógł. Nie znalazł żadnych rewelacji kompromitujących, więc denerwował się lekko. Szczęściem miał w biurku skuteczny środek moderujący, patent rosyjski, celnie opisany przez złośliwego Lacha–rymopisa:

> *„Szczęściem pod ręką stakan stoi,*
> *z ożywczych czerpią usta zdroi*
> *stuprocentowy blisko płyn.*
> *Ach, jak rozgrzewa! Ach, jak pali!*
> *Spirit, a eto znaczit — duch.*
> *Jeszcze króciutki wydech — chuch —*
> *i dusza płynie już po fali,*
> *i już na wszystko napliewat'!"*.

Szudrin, gdy tylko przestąpił próg gabinetu Kudrimowa i zbliżył się do biurka generała, wyczuł silną woń alkoholu, co go rozgniewało, więc palnął bez ogródek:

— Czy to dzięki wam, generale, zdechły w Ameryce wszystkie pszczoły?

Kudrimow osłupiał:

— Cooo?!...

— Pytam, bo w Stanach wyginęły wszystkie, no, prawie wszystkie roje pszczół, i Amerykańcy głowią się dlaczego, więc sobie pomyślałem, że musiał je zagazować jakiś nostalgiczny miłośnik komunizmu, może zwyczajnie chuchem alkoholowym...

Dopiero teraz Wasia zrozumiał złośliwość i odparł twardo (myśląc wcześniej „Job twoju mat'!"):

— Chuchem spirytusowym to ja uwaliłem dolara, panie Szudrin! My, nostalgicy komunizmu, tym się różnimy od antykomunistów, że pamiętamy, iż Lenin oraz Stalin przewidzieli dzisiejszy upadek dolara, ciągle mówili, że on kiedyś poleci na pysk. I mieli całkowitą słuszność!

— Cóż, oni mieli z d e f i n i c j i całkowitą słuszność, panie generale — uśmiechnął się Lonia. — Dzięki tej definicji obecnie przeciętny Kubańczyk żyje za dwadzieścia dolarów miesięcznie, wpierdalając kocie mięso i skórki bananów, przeciętny mieszkaniec Zimbabwe ma osiem tysięcy procent inflacji miesięcznie, więc wpier-

dala korę drzew i łodygi krzewów, a przeciętny Północnokoreań-
czyk, mimo że wpierdala robaki, szczury i własne dzieci, masowo
umiera z głodu. Ciągle trwająca spuścizna tej definicji powoduje,
że Rosjanie muszą importować siedemdziesiąt procent cukru, pięćdziesiąt procent mięsa, trzydzieści procent owoców, importujemy
nawet, panie generale, słonecznikowe ziarno! A za cara, przed pierwszą wojną światową, Rosja eksportowała zboże milionami pudów,
na brytyjskie stoły trafiały sery i masła z Górnego Ałtaju, lecz komunizm wszystko to spierniczył, taka jego uroda i mądrość!

— Niech mi pan tu nie cytuje kłamliwej żydowskiej prasy Zachodu! — rozsierdził się generał. — Wy, wielbiciele **„Timesa"**,
klepiecie jednobrzmiące bzdury, bo macie tę samą ściągawkę!

— Dlaczego akurat **„Timesa"**? — zaciekawił się Szudrin.

— Dlatego, że **„Times"** czytany odwrotnie znaczy: Semit, wot
szto!

— Metropolia Włochów, piękna Roma, czytana odwrotnie znaczy: Amor. Takich przypadkowych odwrotek jest dużo, nie ma co
się nimi denerwować, panie generale.

— Trudno się nie denerwować, panie mądralo, gdy taki **„Financial Times"** porównuje naszego prezydenta do Mussoliniego, do fa-
szysty!

— Kiedy?

— Najnowszy numer, wczorajsza data. Że niby drugi Mussolini,
bo zlikwidował wolność mediów, samorządność regionów, nieza-
leżność Dumy, i konkurencję do władzy! Skurwiele!

Lonia machnął ręką:

— Chrzanić to, po co pan sobie szarpie nerwy szczekaniem ga-
dzin zachodnich i bajdami o spiskach Żydów? Nerwy szkodzą ciś-
nieniu, pikawka wtedy wysiada...

Generałowi przez chwilę brakowało słów, gdy chciał odwinąć;
znalazł ripostę, kiedy przypomniał sobie słowa pułkownika Heldbauma, jedynego Żyda, którego lubił:

— Prędzej czy później wysiada każdemu. Umrzesz jak każdy,
panie Szudrin, na tym polega demokracja.

Lonia eksplodował akceptującym śmiechem, nostryfikując nim żart, i wyciągnął rękę do zgody:

— Co racja, to racja, generale, przestańmy się kąsać, bo to bez sensu!

— Jasne, że bez sensu — kiwnął głową Kudrimow. — Ale również bez sensu jest zaprzeczanie, że Żydzi to robactwo gangrenujące każdy układ, każdy, większy i mniejszy, i ogólnie cały świat.

— To już Herr Hitler mówił, panie Kudrimow. I Herr Himmler, i ci wszyscy od gazu!

— Im chodziło o kwestie rasowe, ja mówię o przestępczych trikach! Wie pan kim jest Siemion Mogilewicz?

— Tak, to boss mafijny, Żyd, którego Jankesi zwą *„The Brain"*, i co z tego, generale? — wzruszył ramionami Lonia. — Mało działa u nas, i na całym globie, gojów gangsterów?

— Pewnie sporo, lecz niewielu dałoby radę podporządkować sobie sławny Bank of New York, a Mogilewicz to zrobił! Dzięki Żydówce Nataszy Gurfinkel, szefowej wschodnioeuropejskiego oddziału tego banku. Mąż pani Gurfinkel to Żyd Konstantin Kagałowski, ekswiceprezes Menatepu, banku Żyda Chodorkowskiego, i Jukosu, koncernu Chodorkowskiego. Zastępczynią pani Gurfinkel w Bank of New York była Żydówka Lucy Edwards, której mężem był żydowski biznesmen Peter Berlin, a znajomym tej pary i Mogilewicza prawnik mafiosów, izraelski adwokat Zeew Gordon. Trzeba też pamiętać o kumplu Mogilewicza, o Igorze Fischermanie. I o reszcie znajomych tej koszernej kapeli — o *„finansistach"* noszących dźwięczne nazwiska Bogatin, Laskin, Brandwein, Birshtein i Najfeld. Całe to familijno–układowe towarzycho, job ich mat'!, rozkradło przez ostatnie dziesięć lat miliardy dolarów, wykorzystując do tego takie firmy–przykrywki jak YBM Magnex, Benex Worldwide Limited i Eural Trans Gas. A pan mi wmawia, panie Szudrin, że goje są równie zdolni co żydowskie łebki kryminalne!

— Dalej nie widzę różnic, generale, lecz tracimy czas mówiąc o Żydach. Jestem pod wrażeniem pańskiej wiedzy genetycznej dehumanizującej kompanów Mogilewicza, wszelako naszym wspólnym tematem nie będzie ten napletkowy problem, tylko nasi sąsiedzi, Lachy. Ważniejsza zatem moja refleksja to fakt, że jestem pod wrażeniem pańskiej skuteczności prywiślińskiej. Obalił pan Bliźniaków, a nowe polskie władze nie hamują naszego uczestnictwa w Organizacji Współpracy Gospodarczej i Rozwoju, dzięki czemu będziemy mogli stać się również członkiem Światowej Organizacji Handlu, duże brawa! Teraz trzeba zbudować tam naszą partię polityczną. Ma pan właściwych ludzi?

— Ma FSB, odziedziczyła po KGB — rzekł Kudrimow. — Ich *„legendę"* budowano prawie ćwierć wieku. Jest mistrzowska. Krystaliczni patrioci, fanatyczni antykomuniści, antyruscy, czyściochy, na których nie da się wygrzebać żadnego brudu, można ich prześwietlać skolko ugodno. Piękna karta martyrologiczna, piękna droga emigracyjna, pieriekrasnaja rabota!

— To wąski sztab, a partyjne kadry?

— Mamy w Polsce odpowiednich ludzi bez liku, utworzymy szeroki sztab i filie regionalne, utworzymy wszystko.

— Wybieram się do Warszawy, na prawosławny cmentarz. Leży tam mój przodek, Jurij Szudrin. Był w Warszawie asesorem po powstaniu przeciwrosyjskim, później awansował, został radcą stanu.

— Jedźmy wspólnie, przedstawię pana — zaproponował Kudrimow. — Też odwiedzę pewien grób, bardzo świeży.

— Więc nie przodka.

— Nie, Żyda.

— Co takiego?!...

— Zaskoczyłem pana, młody człowieku. Świat jest pełen dziwów, jeszcze pan nie dostrzegł?... Pojedziemy jako turyści, jako handlowcy, czy jako dyplomaci?

— A ich kontrwywiad?

Wasia uśmiechnął się:

— Są niby białe myszki, przeszkadzają tylko wówczas, gdy człowiek wypije za dużo spirytusu... Job ich mat'!

∗ ∗ ∗

Gnębiący Wasię Kudrimowa karteluszek ze złowieszczą datą (*„25 październik"*) był dziełem jakiegoś anonima, którego Wasia nie umiał zdeanonimować, gdyż wielowariantowe przypuszczenia i spekulacje to jeszcze nie dowody. Anonimowi nadawcy są plagą wszystkich krajów i systemów, niczym stada gołębi, które obsrywają ludziom ramiona. Dlatego nie tylko Wasia cierpiał wskutek anonimowej złośliwości; *„Zecer"* także, już od dłuższego czasu. W roku 2007 mijało równo dziesięć lat od chwili gdy przyszła doń (i to nie na adres **„Gza Patriotycznego"**, lecz na prywatny londyński adres Bochenka) pierwsza kartka pocztowa z rymem podpisanym: *„Aleksander hrabia Fredro"*:

„Fiut Mariusza mierzył jedenaście cali,
Gruby jak ręka w kiści, twardy jak ze stali,
Zahartowany w trudzie, co rzadko się kładzie,
Zdobny w dwa jaja wielkie jak dwa jabłka w sadzie.
Takim kuśkom od dawna po tiurmach dawano
Gwarowe i soczyste różnorakie miano".

Adresat specjalnie się tym nie przejął. Było całkowicie jasne, że ktoś robi sobie złośliwy żart, nawiązujący do bochenkowego zainteresowania grypserską terminologią falliczną z leksykonu ułożonego przez *„Zygę"* w Grabianach (świadczyły o tym dwa końcowe wersy) i do ponadnormatywnego kalibru *„klejnotów"* Mariusza *„Człona"* (świadczyły o tym pierwsze wersy). Musiał to więc być ktoś bliski, spośród kilkunastu osób znających nie tylko zainteresowanie Bochenka obsceniczną *„kminą"* i wymiary jego przyrodzenia, lecz również datę jego urodzin, gdyż w górnym prawym rogu kartki widniała właśnie ta data, i poczta dostarczyła przesyłkę dwa dni przed urodzinami. A więc ktoś bliski, lub ktoś, komu bliska osoba wypaplała sekret. Dziwne było zwłaszcza miejsce nadania: Stambuł!

Rok później redaktor Bochenek otrzymał na urodziny kartkę drugą, z wierszykiem tego samego dawno zmarłego autora, głośnego komediopisarza i równie głośnego pornografa, pana Fredry. Tym

razem mowa była znowu o solidnym przyrodzeniu męskim, dłuż-
szym (jeden cal więcej) niż uprzednio:

> *„Niechaj twa kuśka, chcąc być bez przywary,*
> *Cali dwanaście dobrej trzyma miary.*
> *Od urojenia powinna być wolna,*
> *Po cóż ma myśl ją podnosić swawolna?*
> *A jajca zwiędłe, co ci długo wiszą,*
> *Często na piasku hieroglify piszą".*

Te *„jajca zwiędłe"* wkurzyły redaktora Bochenka, a zdumiało
go (znowu) miejsce nadania: Los Angeles! Odtąd co roku dostawał urodzinową pocztówkę–rymowankę, zawsze w kopercie, lecz
każdorazowo z innego miejsca. Nadawca musiał być globtroterem
lub zatrudniał swój personel bądź swoich znajomków, gdyż pocztówki przychodziły ze wszystkich kontynentów prócz ziem arktycz-
nych. Były to świntuszące rymy Fredry (**„Sztuka obłapiania"**,
„Królowa Branlomanii" i in.), lecz nie tylko. Jako piąty (2001)
przyszedł z Rio de Janeiro czterowiersz Tadeusza Boya–Żeleńskiego (**„Nowoczesna sztuka chędożenia"**), urodzinowo ostrzegający
jubilata przed chędożeniem *„cór Koryntu"*:

> *„Nie chodź do kurwy, chociażbyś z pragnienia*
> *Usychał. Tego czarciego nasienia*
> *Unikaj zawsze, choćby kapucyna*
> *Przyszło ci urżnąć, z nimi nie zaczynaj".*

Większość kartek (osiem spośród jedenastu!) dawała rymy będące jakąś przestrogą, i większość (siedem spośród jedenastu!) nio-
sła rymy, w których była mowa o *„nabiale"* mężczyzn. Exemplum
triolet Juliusza Baykowskiego, ze zbiorku **„Uty"** (skrót od utykać,
ponieważ Baykowski jako pilot wojskowy stracił nogę), wydanego
A.D. 1938 prywatnie (domowo), w dwudziestu ledwie egzempla-
rzach, techniką linorytu. Baykowski pisał te obsceniczne *„triolety*
poufne" pod pseudonimem Apolinary Tonieja, bawiąc się i świn-
tuszącо, i poetycko, triolet bowiem to misterna forma rymowania,

będąca właściwie zręczną grą słów: jest to strofa złożona z ośmiu wersów, gdzie wers pierwszy powtarza się jako wers czwarty i siódmy, a wers drugi występuje ponownie jako ostatni. Przysłany Mariuszowi (tym razem z Kapsztadu, 2004) triolet Baykowskiego był tzw. dobrą radą dla „nabiału" adresata:

> *„Nie podpatruj dziewki w wodzie,*
> *Bo ci jajca pękną;*
> *By z jajcami zostać w zgodzie,*
> *Nie podpatruj dziewki w wodzie.*
> *Lepiej gorszą mieć w zagrodzie,*
> *Niż za rzeką piękną;*
> *Nie podpatruj dziewki w wodzie,*
> *Bo ci jajca pękną".*

Gdyby „Zecer" wiedział, że ten rym to triolet, i gdyby wiedział co to jest triolet, domyśliłby się może, iż wedle złośliwości tajemniczego nadawcy owa „woda" to nie rzeka, tylko leżący między rozpalonym po parysku samcem a zimną samicą Atlantyk, i może domyśliłby się jeszcze paru innych rzeczy, imienia wzmiankowanej „dziewki" (tudzież imienia nadawcy) nie wyłączając. Jednak nie znał niuansów gier lingwistycznych, ani trioletowych reguł wersyfikacji, wkurzała go tedy sama prowokacyjnie zgryźliwa treść. Chociażby czterowiersz Fredry wysłany z Jokohamy 2005 roku:

> *„Czy jej lubieżne wdzięki, jej nadobność gładka,*
> *Widok jej opiętego i krągłego zadka,*
> *Zdoła wzruszyć przygasłe w jajcach twych płomienie,*
> *Których sławne jest jeszcze dotychczas wspomnienie?".*

Denerwowały też „Zecera" koperty mieszczące pocztówki. Jako adresat widniał tam każdorazowo „Mr Mariusz «Cock» Bochenek". Wszyscy znający angielszczyznę wiedzą, że „cock" to po angielsku: kogut. Ale wszyscy znający wulgarny angielski slang wiedzą, że „cock" to również obraźliwy epitet, który się przekłada na sarmacki przy użyciu liter **ch** i jeszcze dwóch innych. Człowiek, który tak adresował, niewątpliwie znał hipisowską ksywę Mariusza B. I niewątpliwie dokuczał Mariuszowi z perfidną premedytacją. „Czym wywołaną?!" — łamał sobie głowę Mariusz. Ludzie kochają filmowe sekrety i horrory, wszelako gorzej znoszą je wtedy, kiedy mroczna enigma przychodzi do nich nie na ekranie, tylko na jawie. Poczucie humoru, przemienione regularnym tajemniczym nękaniem w poczucie horroru, owocuje wówczas traumą, a później psychozą.

* * *

Z mężczyznami jest coś nie tak, o czym świadczy rosnąca lawinowo sprzedaż wibratorów na każdym kontynencie prócz Antarktydy, gdzie pingwinice jeszcze nie potrzebują sztucznego wspomagania. Media znowu przyniosły *„wywołujące zawrót głowy dane o wzroście sprzedaży wibratorów"* (**„Der Spiegel"** 2007) i znowu podkreśliły, że kupującymi są głównie żony tudzież konkubiny, co dowodzi żeńskiego rozczarowania wydolnością partnerów. Sprzedaż dmuchanych (nomen omen) lalek plastikowych i sztucznych wagin jest rażąco mniejsza, chociaż w tej sferze istnieją piękne tradycje, by wspomnieć XVII–wieczne japońskie sztuczne waginy *„azumagata"* (ersatz kobiety), wykonywane z szylkretu (obudowa) i zamszu (otwór), a zwane *„poduszeczkami rozkoszy dla wędrowców"*, czy także XVII–wieczne (i XVIII–wieczne) holenderskie skórzane lalki dla żeglarzy, które w Azji zwano *„holenderskimi żonami"* i ceniono za rzemieślniczy kunszt. Jolanta eksKabłoń Nowerska miała ten właśnie problem: była posiadaczką dwóch różnych typów wibratora, gdyż wspomaganie organiczne (kochanek Denis Dut) jakoś nie likwidowało dotkliwej próżni egzystencjalnej u tej białogłowy. D... więc zaspokajała elektrycznie, natomiast duszę koiła profetycznie, biegając raz tygodniowo do wróżki noszącej piękne antyczne imię Sybilla.

Wróżbiarstwo jest niesłusznie pogardzane i wykpiwane przez racjonalistów, którzy — całkowicie bez sensu — lekceważą ogromną jego rolę terapeutyczną. Zwłaszcza rolę jasnowidzących pań, klientela bowiem bywa głównie damska, a któż lepiej zrozumie kobie-

tę od kobiety? Przepowiednia nie musi być trafna — wystarczy,
że podziała jak placebo. Rada nie musi być mądra — wystarczy,
że sprawia wrażenie. Pociecha nie musi być szczera — wystarczy,
że będąc czułą, grzeje ego klientki. Dobra wróżka winna być nie
tylko inteligentna, ale i sprytna; winna znać nie tylko karty tarota,
ale i krwiobieg ludzkich tęsknot, lęków oraz bólów; winna przeja-
wiać zarówno talent medyka, rehabilitanta, masażysty, terapeuty,
jak i kameleonowość polityka (francuski prezydent Georges Pom-
pidou bezkrytycznie wychwalał Napoleona, lecz tylko we Francji,
a kiedy jeździł do Niemiec, krytykował jego błędy z całą stanow-
czością). Taka właśnie była Sybilla, chluba klanu wróżek gnieżdżą-
cych się w okolicach Seven Sisters i obsługujących cały żeński Londyn. Miała cygańskie pochodzenie i jaskrawo cygańską urodę, co
tylko przydawało jej renomy, zwiększając pulę zysków. Brała dro-
go (pracowała dla elit), lecz Jolę było stać.

Jednak nie było stać Joli na wyrzucanie pieniędzy, więc prędzej
czy później między nią a Sybillę musiała wkraść się nieufność, tym
bardziej że, mimo upływu lat, „romantyczny brunet, poeta, chyba
Włoch" nie zjawiał się, choć tarot konsekwentnie zapowiadał tego
serenadowego ogiera, a szklana kula przytakiwała tarotowi niby
echo słodkich rymów. Wiedząc już, że zbliża się „come back" do
kraju, Jolanta N. postanowiła Sybillę zweryfikować, by definitywnie mieć pewność. Zabrała ze sobą na wizytę u wróżki odstawio-
nego luksusowo „Guldena" Wendryszewskiego i skłamała:

— To mój nowy facet. Powiedz mi czy mam się z nim wiązać,
jaka czeka mnie z nim przyszłość, bo nie chcę zrobić błędu. Możesz go sprawdzić?

— Nie muszę go pod tym względem sprawdzać, bo to nie jest
twój nowy facet, kochana — rzekła Sybilla, krzywiąc cierpko wargi. — Przyprowadziłaś tego dżentelmena dla żartu, ale ja nie pra-
cuję dla żartów. Gdybym chciała zarabiać żartami, poszłabym do
kabaretu, kochaniutka.

Jolę zdumienie wbiło we frędzlasty fotel pod czerwoną lampą
wróżki:

— Jak to odkryłaś?!

— Bo widzę. Widzę ręce.

— Przecież nie obejrzałaś linii jego dłoni, Sybillo!

— Ale obejrzałam twoje. Źrenice są zwierciadłami duszy i wy-drukami stanu zdrowia, a ręce są zwierciadłami sekretów. Dzisiaj chirurgia plastyczna robi takie rzeczy, iż ludzie patrząc na twarz kobiety pozornie trzydziestoletniej, nie wiedzą czy ma ona dwa-dzieścia dziewięć, czy może sześćdziesiąt lat. Ja patrzę na wierzch jej dłoni. Dłonie zdradzają sędziwość sześćdziesięcioletnich kobiet. A spód dłoni, pełen linii, mówi wszystko o człowieku. U ciebie nie ma tam tego dżentelmena jako kochanka. I nie ma go w twoim ta-rocie. Znam twoją miłosną przyszłość, wiem co czeka twoje serce, tylko musisz poskromić swoją niecierpliwość. Wkrótce wyjedziesz stąd i już tu nie wrócisz, ale to, co jest pisane twemu sercu, ko-chana, czeka cię w twoim łóżku. Jednak życie człowieka to nie tyl-ko łóżko. Postawię wam tarota, osobno każdemu z was, moi dro-dzy. Dżentelmen da mi też swoje dłonie, bym przeczytała mapę linii jego życia. Na koniec roztopimy wosk i zajrzymy w szklaną kulę. To twoja ostatnia wizyta u mnie, Jolu, więc będzie bardzo długa i całkowicie bezpłatna, nie wezmę pieniędzy.

— Przecież masz co pół godziny klientkę lub klienta! — zawo-łała Jola N.

— Nie dzisiaj, kochana. Wczoraj wieczorem robiłam sobie wróż-by i odgadłam kogo dzisiaj przyprowadzisz, Jolu. Mam dla was du-żo czasu, moi drodzy, dwie godziny co najmniej.

Sybillińskie misteria trwały półtorej godziny, a ich efekt był bar-dzo optymistyczny dla pary klientów i dla kumpli tych klientów:

— Czeka was wielka przyszłość. Bardzo wielka przyszłość. Twój mąż, kochana, będzie rządził w waszym kraju! Nie od razu, to dłu-ga polityczna droga, ale zakończy się wielkim sukcesem. Przyja-ciele tego męża będą ministrami i wojewodami. Ty będziesz wiel-ką damą, jak królowa, i będziesz kierowała ważną organizacją ratu-jącą chore dzieci. A teraz, nim minie rok, adoptujesz dwójkę dzie-ci. Wszystkich was, moi kochani, czeka cudowna przyszłość! Jestem aż onieśmielona widząc blask kart, dlatego wybaczam wam, że chcieliście sobie ze mnie pożartować, takim jak ty i twoja paczka wszystko wolno, świat będzie u waszych stóp!

Kiedy wyszli, zadzwoniła do Denisa Duta, meldując, iż zrobiła co jej kazano. Dwie godziny później przyszła do niej klientka, starsza nobliwa dama z laską i z pieskiem. Od Sybilli ta staruszka pojechała autobusem ku brzegom Tamizy, by złożyć raport funkcjonariuszowi MI 5. A ten człowiek złożył nazajutrz pisemny raport swojemu szefowi, Jonathanowi Evansowi. Evans przeczytał, uśmiechnął się lekceważąco i rzucił świstek w szufladę, która była lamusem trzeciorzędnych, niewymagających pilnego starania meldunków.

*   *   *

24 lutego 2008 (niedziela), gdy było już blisko zmierzchu, spacerowicz Jan Serenicki minął paryską Operę Garnier i ulicą Daunaube doszedł do saloonu „Harry's New York Bar", cały czas dyskretnie lustrując perspektywę za swoimi plecami, vulgo: bacząc czy jacyś zbyt ciekawi obywatele go nie śledzą. Stuletni „Harry's New York Bar" nosi w Paryżu przewisko *„Mała Ameryka"*. Na ciemnych boazeriach widnieją tam godła amerykańskich stanów i prestiżowych amerykańskich uczelni, nad barem wiszą rękawice bokserskie i hasło *„Try our hot dogs"*, gablota trunkowa mieści 160 gatunków whisky, a Bloody Mary i Blue Lagoon mają tu legendarną klasę. Serenicki usiadł blisko baru, poprosił o *„scotcha"* z lodem i zasłuchał się, bo głośniki emitowały wokal Jima Morrisona: *„Show me the way to the next whisky bar..."*. Kiedy minęło pół kwadransa, wstał i poszedł do toalety. Już nie wrócił. Trzy godziny później wylądował helikopterem na lotnisku amerykańskiej bazy Grafenwöhr w bawarskim Górnym Palatynacie.

Górny Palatynat to spokojna okolica, prócz tych dni, kiedy poligon Grafenwöhr jest miejscem wojskowych manewrów. Wybuchy zrzucanych przez lotnictwo bomb, eksplozje pocisków czołgowych i artyleryjskich, strzały piechoty liniowej i komandosów tworzą wtedy huk słyszalny bardzo daleko — pięćdziesiąt mil od poligonu mieszkańcy Norymbergi szykują parasole sądząc, że nadciąga burza. Wewnątrz Grafenwöhr rozrasta się miasteczko żołnierskie Netzaberg, zwane przez Jankesów: New Town. Posiada ono kliniki, kościoły, szkoły, przedszkola, kina, boiska, centra handlowe — wszystko prócz cmentarzy (umarlaków wywozi lotnictwo). Mieszka się tam kolorowo: idylliczne domki tej samej wielkości, zgrupowane pod nazwami Arkansas, Kalifornia, Georgia itd., mają niebieskie, żółte i różowe barwy szczęścia. Do jednego z takich domków zawieziono przed północą Jana S.

W domku czekał umundurowany oficer amerykański. Przywitali się serdecznie, choć nie bez ironicznych akcentów:

— Cześć, Clint, widzę, że cię zdegradowano z majora na podpułkownika, kondolencje! — rzekł Jan.

— Witam prymusa językoznawców, wielkiego semantyka naszej ery! — parsknął oficer.

— Daleko mi do towarzysza Stalina, on był dla milionów „*wielkim językoznawcą"* — przypomniał skromnie Serenicki.

— Lecz ty go ambitnie ścigasz, i masz tę szansę, że żyjesz, a on już umarł, zatem, bez względu na efekt ścigania, jesteś królem żyjących językoznawców. Co tam nowego w języku polskim, panie profesorze?

— Czemu pytasz?

— Bo tydzień temu byłeś w kraju. Więc co nowego?

— Co nowego?... — zastanowił się Jan. — Lody.

— Lody? Oblodzone jezdnie?

— Lody do lizania.

— Zimą?!

— Też. Pytałeś o język. Ze zdumieniem zauważyłem karierę tego wyrazu. „*Robić loda"* znaczy: robić facetowi dobrze ustami, co się kiedyś zwało „*miłością francuską", „robieniem laski"* lub „*ciągnięciem druta"*. Nowa moda. Młode Polki chętnie używają tego zwrotu, pada on również, i to za dnia, w publicznej telewizji, co mnie zdziwiło.

— Że młode Polki, czy że w publicznej telewizji?

— Jedno i drugie. Ale to nie koniec „*lodów*", proszę pana podpułkownika. „*Kręcić lody*" znaczy dzisiaj: robić zyskowne interesy, przy czym ma to odcień zazwyczaj pejoratywny, chodzi o lewe
interesy, te na styku polityki i biznesu. I tak dalej, ciekawe do czego jeszcze lody posłużą.

— Na styku polityki i biznesu, mówisz...

— No.

— Kremlowi chodzi o naftowo–gazowy polski biznes, prawda?

— Fakt — przytaknął Serenicki. — To rozpoczęli kilkanaście
lat temu, wysyłając do Warszawy swego szpiona, Gawriłowa.

— Później wysłali Ałganowa.

— Też fakt. Kilku polskich tuzów, jak Kulczyk i Kwaśniewski,
kombinowało już dawno z Ałganowem, lecz tamte „*lody*" nie ukrę-
ciły się wskutek przecieku, więc Kreml postanowił zbudować trwal-
szą strukturę, własną partię, która rozkręci grubsze „*lody*" w krę-
calni strategicznych surowców.

— I to jest według ciebie główne zagrożenie dla Polski?

— Trzy główne polityczne zagrożenia dla Polski łatwo zdefinio-
wać. Pierwszym są Rosjanie z Niemcami. Drugim — Rosja z Bun-
desrepubliką. Trzecim — Moskwa z Berlinem.

— A gdybyś musiał wybierać, Rosjanie czy Niemcy?

— Tu właściwie nie ma wyboru, bo to są naczynia połączone,
Clint. Już generał Anders, rozmawiając w 1943 z generałem Pat-
tonem, tym wirtuozem czołgów, oznajmił mu, że gdy korpus polski dostanie się między armię niemiecką i armię rosyjską, będzie
miał ten kłopot, że nie będzie wiedział z którą bardziej chciałby
walczyć. To jest megaproblem. A konkretne problemy najbliższych
lat i dekad to chętka Berlina, by pod przykrywką Unii Europejskiej ukraść nam Ziemie Odzyskane, czyli nasze zachodnie terytto-
ria, tymczasem chętka Kremla jest taka, żeby uczynić Gazprom,
Rosnieft i Łukoil „*kryszą*" Lechistanu. Rozumiesz, Clint?

— Rozumiem, co nie znaczy, że wszystkie polskie problemy
rozumiem. Nie rozumiem, choćby, dlaczego Kaczyńscy tak mocno umoczyli, tak bardzo dali dupy, kładąc wybory.

— Dlatego, że mieli przeciwko sobie prawie wszystkie media, zaś prawie wszystkie spośród tych mediów to agentura cudzoziemska, wroga Bliźniakom.

— I mimo to, mimo tylu swoich „*agentów wpływu*", Kreml potrzebuje własnej partii?

— Decyzja Putina, nie moja. Ja się nie dziwię niczemu. Życie jest komedią.

— A nie tragedią?

— Czasami tragedią, czasami komedią. U was, w Stanach, ostatnią tragedią był 11 września, a później, jeśli nie liczyć klęski dolara, królował już tylko kabaret. Wasze wybory prezydenckie będą zwieńczeniem tej komedii, gdyż bez względu na to czy Demokraci wystawią panią Clinton, czy ibn Obamę, Republikanin chyba przegra. Gdyby nawet cały czas prowadził, to też raczej przegra, bo Al–Kaida może zastosować wariant madrycki i głosujący odwrócą się od Republikanów.

— Sam wymyśliłeś ten „*wariant madrycki*" dla Ameryki, czy gdzieś wyczytałeś lub usłyszałeś, wróżbito?

— Sam wymyśliłem. Kilkanaście jankeskich trupów w przeddzień wyborów, duża bagdadzka lub kabulska eksplozja, i McCain padnie niczym Aznar gdy eksplodował madrycki pociąg. Bardzo możliwe, Clint, że waszym nowym prezydentem zostanie wychowanek szkoły koranicznej, który ma jako drugie imię Husein, i który nosił niegdyś turban muzułmański. Zostanie władcą kraju stanowiącego zasadniczy cel wszechświatowej ofensywy muzułmańskiej! Jeśli to nie jest komedia, to co jest komedią, przyjacielu?

— Rosyjskie wybory prezydenckie są również komedią, tylko inną — skrzywił się Amerykanin.

— Mniejszą niż ta burleska, która się u was szykuje — zaoponował gość. — Gdy chodzi o Rosję, to komiczna jest głębsza sprawa. Komiczne jest, że tylu zachodnich chrześcijan i tradycjonalistów, zniesmaczonych upadkiem kultury i obyczajowości powszechnej, widzi Rosję jako duchowego wybawcę, jako kontrę dla zachodniego materializmu, braku wartości, bankructwa etyki, triumfu por-

nografii, czy słabnięcia chrześcijaństwa. Ex oriente lux! Rosja
ma przywrócić absolut światu drążonemu gangreną permisywistycz-
no–modernistyczną. Ci ludzie nie pojmują, że tam wyżej ceni się
wódkę „Absolut" niż absolut. I że Wschód oraz Zachód, czyli *„reżim kozacki"* oraz *„reżim masoński"*, są siebie warte. Jeden i drugi toną w gnojowym bagnie, tylko każdy w bagnie własnego chowu. Tragedia? Według mnie bardziej tragikomedia, z przewagą komedii. Świat jest komedią, życie jest komedią, wszystko jest komedią!

— Mówiłeś to już, powtarzasz się. Masz może coś nowego do
powiedzenia?

— Tak. Jak wygram, chciałabym podróżować, walczyć o pokój, zwalczać głód i pomagać dzieciom.

— To jest bardzo oryginalne, laluniu. Ale czy pełne wojny i głodu życie jako komedię też wymyśliłaś sama?

— Prawie. Przede mną był tylko Szekspir.

— Łżesz, ruski agencie „Y", wymyślili to już starożytni, twoje
wymysły są trochę gorsze. Zwłaszcza te językowe, te twoje anagra-
miczne gierki, cwaniaku. Kiedy mnie i Jadwidze wymyśliłeś nazwiska Lemme i Erinysson, nieświętej pamięci pułkownik Heldbaum
rozszyfrował je bez trudu. Mnie zabrało trochę czasu rozszyfrowa-
nie twojego Y. Ta litera to grecki Ypsilon. Gdy odwróciłem i zobaczyłem trzy końcowe litery, *„spy"*, już wiedziałem, że znowu
robisz sobie jaja, tylko byłem bezradny wobec dwóch pierwszych
sylab, *„noli"* nic mi nie mówiło. Rozwikłał mi twą gierkę szyfrant,
któremu się zwierzyłem. *„Noli"* znaczy po łacinie: nie chcę, nie
pragnę tego, nie mam na to ochoty. *„Noli spy"* znaczy więc: nie
chcę być waszym szpiegiem, nie chcę robić za waszego agenta!
Ładnie to wyartykułowałeś Rosjanom, lecz jeśli przekaz do nich
dotrze, urwą ci łeb, jajcarzu! Kryptonim twojej żony, *„Makena"*,
to też pewnie twoje dzieło, ale już mi się nie chciało łamać mózgu
nad tym anagramem czy innym dziwolągiem.

— To od *„nekama"*, po hebrajsku: zemsta... Klara chce się
mścić, łoić skórę antysemitom.

— Uważajcie, żeby wam nie złoili skóry Ruscy! Zwłaszcza tobie, jeśli rozszyfrują twoje pseudo. Dadzą ci wówczas wciry nie
tylko lingwistyczne. I tak się skończy kariera magika od trików
słownych! A poza tym wszystko w porządku?

— Prawie — mruknął Serenicki. — Nie dopiłem scotcha w „Harry's Bar".

— Dopijesz u mnie, coś mi tu jeszcze zostało... À propos *„lo-
du"*: z lodem, czy bez, Johnny?

* * *

28 lutego 2008 w ręce dyrektora CIA, Michaela Haydena, tra-
fiły dwa *„raporty analityczne"* na temat *„problemów politycznych
Federacji Rosyjskiej i sytuacji politycznej władz rosyjskich".* Raport pełny zawierał 260 stron tekstu. Raport *„syntetyczny"* ledwie
parę stron. Było to kilka punktów tematycznych, ujmujących lapi-
darnie (streszczających) główne zagadnienia. Hayden schował gru-
basa do szuflady; przeczytał jedynie krótki raport:

*„1. W sferze strategii globalnej Rosja koncentruje się głównie
na stwarzaniu gdzie tylko można problemów mocarstwom zachod-
nim (zwłaszcza USA) i na blokowaniu ekspansjonistycznych wpływów Chin (m.in. wygrywaniem modernizujących się Indii przeciwko Chińczykom), jednak ma ograniczone możliwości skutecz-
nego działania i zarazem swoistą «kwadraturę koła», gdyż bojąc
się potężniejącego gospodarczo oraz militarnie Pekinu, równocześnie chciałaby współpracować z nim przeciwko Stanom.*

*Aczkolwiek pod względem uzbrojenia Rosja jest obecnie dużo
słabsza niż USA (budżet wojskowy wielokrotnie mniejszy od naszego), jednak Putin przeznacza duże środki dla odbudowania rosyjskiej potęgi militarnej (budżet zbrojeniowy Federacji zwiększył
się sześciokrotnie od 2000 roku!). Moskiewska doktryna militarna czasów Jelcyna była doktryną państwa słabego, przeżywające-
go nie tylko głęboki kryzys gospodarczy, lecz i kryzys woli. Obecna, bazująca na petrorublach, to doktryna wojskowa państwa rosz-
czącego sobie — chwilowo bezpodstawnie — pretensje mocars-*

twowe, przejawiającego chęć bycia znowu graczem globalnym. Prezydent Putin oznajmił właśnie (podczas dorocznego spotkania z hierarchią armijną), że przyszła armia rosyjska musi być gotowa do równoczesnego prowadzenia konfliktu globalnego, konfliktu regionalnego i kilku lokalnych konfliktów. Służyć ma temu szeroka reforma sił zbrojnych i gigantyczna skala przezbrojeń (unowocześnień) w siłach lądowych (m.in. nowoczesne czołgi T–90), siłach powietrznych (m.in. bombowce strategiczne Tu–160, czyli według naszej klasyfikacji: «Blackjack», myśliwce Su–34 oraz śmigłowce Mi–28N «Nocny Łowca»), siłach morskich (m.in. wszechstronnie unowocześniany lotniskowiec «Admirał Kuzniecow», krążownik atomowy «Piotr Wielki», będący najsilniej uzbrojonym okrętem tej klasy na świecie, krążownik rakietowy «Moskwa», nowe giganty podwodne typu K–117 «Briańsk», wyposażona w rakiety balistyczne jednostka atomowa «Jurij Dołgorukij») i siłach rakietowych (m.in. nowoczesne rakiety balistyczne «Topol» M, «Topol» M–2 i RS–12M «Topol», które będą umiały pokonywać amerykańskie tarcze przeciwrakietowe). Rosjanie realizują usilne ćwiczenia z prototypami swych rakiet nowej generacji, czego przykładem niedawne odpalenie pocisku RS–12M «Topol» na poligonie Kapustin Jar (obwód Astrachański) i wystrzelenie międzykontynentalnej wielogłowicowej rakiety balistycznej RSM–54 «Siniewa» z nuklearnego okrętu podwodnego «Tuła» na Morzu Barentsa (dla zmylenia systemów przeciwrakietowych wroga, rakiety tej klasy potrafią zmieniać trajektorię balistyczną, obierając niespodziewanie nowe kursy manewrowe!). Celem wielu próbowanych rakiet rosyjskich nowej generacji jest poligon Kura na Kamczatce.

Globalne aspiracje mocarstwowe Putina, zagrażające interesom i priorytetom USA w krótkiej perspektywie, tyczą Bliskiego Wschodu. Trzeba tu przede wszystkim wymienić dwie inicjatywy. Gwoli poszerzenia swej infrastruktury logistycznej Moskwa rozpoczęła budowę bazy morskiej w Syrii, w porcie Tartus. Obecnie jest tam punkt zaopatrzeniowy rosyjskiej floty Morza Śródziemnego, lecz aktualne pogłębianie portowych basenów wskazuje na dużą inwes-

tycję — bazę, której będą strzegły przeciwlotniczo–przeciwrakietowe kompleksy S–300 PMU–2 «Faworit». Takie same kompleksy *(pięć dywizjonów obrony powietrznej S–300, zdolnych odpierać ataki balistyczne) Rosja zaproponowała Iranowi (i to jest druga militarna inicjatywa bliskowschodnia Kremla). Kiedy do tego zakupu dojdzie — Teheran otrzyma również sieć antyrakietowych rosyjskich systemów 3RK «Toŕ–M–1». Chodzi tu głównie o ochronę irańskich obiektów jądrowych (notabene: intensywnie rozbudowywanych i zaopatrywanych w uran przez Rosję), czyli o radykalną zmianę sytuacji strategicznej rejonu Zatoki Perskiej, co dałoby Rosji nową kartę globalną.*

Jako symbol dzisiejszych globalnych ciągot Kremla ku dominacji można wskazać godło Jednej Rosji, partii prokremlowskiej (putinowskiej), która wskutek ostatnich nieczystych wyborów zdominowała parlament, Dumę rosyjską (ma obecnie 393 spośród 450 foteli). To godło ukazuje niedźwiedzia na tle ziemskiego globu z zaznaczonym konturem jednego tylko państwa, terytorialnie bezkonkurencyjnego: Federacji Rosyjskiej. Symbolika jest dla Kremla bardzo ważna, przede wszystkim w zakresie propagandy wewnętrznej, chociaż niektóre posunięcia mają ewidentnie rolę globalną. Przykładem planowana Crystal Island, największy mieszkalny budynek świata (Moskwa, dzielnica Nagatino), swoiste «miasto w mieście» dla 30 tysięcy osób (450 metrów wysokości, powierzchnia 2,5 miliona metrów kwadratowych), z przypominającą cięty kryształ szklaną fasadą, której panele będą generowały energię, z 900 luksusowymi apartamentami, z hotelami, muzeami, kinami, parkami, centrami handlowymi i sztucznym stokiem dla narciarzy. Projekt ten jest jaskrawym odzwierciedleniem neomocarstwowej megalomanii Władimira Putina, i kolejnym tromtadrackim wyzwaniem rzuconym przezeń Zachodowi.

2. Na europejskich forach trzy generalne cele Moskwy to: utrudnianie realizacji przez USA bazy antyrakietowej; osłabianie siły i roli NATO; oplątywanie kontynentu rosyjską siecią energetyczną, głównie siecią wpływów Gazpromu. Niedawna zmiana polskich władz (nowe są przychylne wobec Kremla) utrudni realizację bazy na terenie Polski. Zważywszy wszakże tegoroczne wybory prezydenckie u nas — trzeba chyba czekać do ich rozstrzygnięcia, by pertraktacje dały konkretny efekt pozytywny lub negatywny. Rosjanie myślą tu dalekosiężnie, nie zadowalając się «agentami wpływu» w funkcjonujących dzisiaj polskich partiach politycznych, stąd ich obliczona długodystansowo kombinacja z tworzeniem nowej polskiej partii, która ma być tajną ekspozyturą Kremla (vide szczegółowe dane, strony 87–92 pełnego raportu).

Jeżeli idzie o NATO, to dokonana właśnie nominacja Dmitrija Rogozina, jako rosyjskiego przedstawiciela przy sztabie NATO, ma ze strony Kremla już nie charakter wyzwania, lecz wręcz prowokacji, Rogozin bowiem, szef lewicowo–nacjonalistycznej partii Rodina, jest radykałem, który wcześniej zasłynął podsycaniem wśród Rosjan nastrojów ksenofobicznych i bardzo ostrą antyzachodnią (także antyNATOwską) retoryką. Jego nominacja zbulwersowała nie tylko europejskie stolice zachodnie, lecz również umiarkowanych polityków rosyjskich, którzy twierdzą, że eskalowanie nowej «zimnej wojny» przeciw Zachodowi jest putinowskim obłędem. Putin wszakże rozgrywa to zimno, wiedząc, że promowanie takich ludzi konsoliduje ksenofobiczne społeczeństwo wokół Kremla. Aktualne represje FSB wobec rosyjskich placówek British Council (Petersburg i Jekaterynburg) stanowią osobny aspekt tej samej prowokacyjno–zimnowojennej polityki putinowskiej, swoisty pendant cywilny kremlowskich ruchów okołomilitarnych (akredytacja Rogozina przy NATO) bądź militarnych (straszenie Polaków rakietami jądrowymi przez dowództwo armii rosyjskiej, manewry dwóch rosyjskich flot, Czarnomorskiej i Północnej, w Zatoce Biskajskiej, czy ciągłe loty uzbrojonych jądrowo rosyjskich bombowców Tu–95 i Tu–160 wewnątrz przestrzeni powietrznej państw zachodnioeuropejskich, ostatnio u granic Norwegii, Finlandii, Danii, Hiszpanii i Wielkiej Brytanii).

Wreszcie w sprawie energii polityka Moskwy jest jasna całkowicie: Rosjanie chcą zmonopolizować europejski system energe-

tyczny dla Gazpromu i kilku innych rosyjskich gigantów. Fragmentem tego planu było niedawne zmuszenie kilku zachodnich koncernów przez Kreml do zrzeczenia się większościowych pakietów akcji firm związanych z eksploatacją rosyjskich złóż. Obecnie rosyjskie Ministerstwo ds. Zasobów Naturalnych przygotowuje nowe regulacje tyczące dalszej eksploatacji tych złóż, mocno restrykcyjne wobec kapitału cudzoziemskiego. Unia Europejska podejmuje pewne retorsje (m.in. blokując realizację niektórych zachodnioeuropejskich umów Gazpromu), lecz są to działania dość miękkie, które nie wstrzymają rosyjskiej ekspansji.

3. Wewnętrzna sytuacja Federacji Rosyjskiej jest pozornie stabilna, gdyż klepiące względną biedę społeczeństwo nie przejawia nastrojów kontestatorskich, zadowolone wskutek likwidacji przez Putina chaosu ery Jelcynowskiej kojarzonego pejoratywnie z demokracją. Budżet Federacji ma się dobrze dzięki wysokim światowym cenom ropy i gazu, lecz analitycy przestrzegają, iż fatalny stan rosyjskiej infrastruktury eksploatacyjnej i transportowej, przy braku inwestycji własnych oraz hamowaniu cudzoziemskich, może się zakończyć katastrofą. Również silny spadek światowych cen energosurowców oznaczałby dla Rosji finansową katastrofę (totalną katastrofę). Realnie bowiem patrząc: rosyjska gospodarka (gdy nie liczyć eksportu gazu i ropy naftowej) jest słaba, a szalejąca korupcja i wielkie mafie żerujące na ekonomii dużych regionów (przykładem megagang «Obszczak», terroryzujący cały rosyjski Daleki Wschód) są pijawkami ssącymi krew gospodarki «papierowego niedźwiedzia».

Ważną rolę w utrzymywaniu wewnętrznego spokoju Federacji odgrywa putinowski zamordyzm wobec mediów, które zostały spacyfikowane (zamknięte, przejęte lub siłą przesterowane prokremlowsko) właściwie w stu procentach. Obecnie Kreml chce iść dalej — chce położyć łapę na jedynym nie sputinizowanym medium, na internecie. Służyć ma temu «cyrylizacja» sieci rosyjskojęzycznej (projekt uruchomienia serwerów dopuszczających wyłącznie czcionkę rosyjską, cyrylicę) i odcięcie sieci rosyjskiej od global-

nej systemem filtrów kontrolnych tudzież zezwoleń państwowych na łączenie się z siecią globalną.

4. *Szanse, by Putinowi udało się rządzić Federacją jeszcze długo, wydają się dzisiaj bardzo realne, jest to wszakże, wbrew pozorom, materia skomplikowana, więc futurolodzy muszą zachowywać ostrożność, nie wykluczając możliwości gwałtownych zwrotów. Putin, dla utrzymania swej władzy, prowadzi misterną grę polityczną (mając oparcie społeczne w ruchu «Za Putina», parlamentarne w Dumie, a partyjne w Jednej Rosji i kilku drobniejszych partiach) oraz personalną. Ta druga to równoważenie dwóch głównych politycznych «klanów». Bezpieczniacki «klan czekistów» vel «klan siłowików» składa się z byłych i obecnych tuzów KGB–FSB. Jego wodzami są szef administracji Putina Igor Sieczin, szef FSB Nikołaj Patruszew oraz jego zastępca Alieksandr Bortnikow. Z kolei «klanem liberałów» vel «klanem biurokratów» vel «klanem prawników» rządzą wicepremier Dmitrij Miedwiediew, premier Wiktor Zubkow i jego zięć, minister obrony Anatolij Sierdiukow. Konflikt obu «klanów» (czyżby celowo podsycany taktycznie przez Putina?) nie ma charakteru ideologicznego, a wyłącznie biznesowy. Obie strony dysponują bardzo silnymi stanowiskami biznesowymi (Miedwiediew we władzach Gazpromu, Sieczin we władzach Rosnieftu, itd.), obie też mają silne zaplecze oligarchiczne («liberałów» wspierają tacy krezusi jak Roman Abramowicz czy Aliszer Usmanow).*

Obecna eskalacja wrogości obu «klanów» została spowodowana kłótniami między Gazpromem a Rosnieftem o realizację Ropociągu Dalekowschodniego, rywalizacją o megakoncern Rostechnologie (tu Miedwiediew został zablokowany przez «siłowików» Iwanowa i Czemiezowa), wreszcie grudniową prezydencką nominacją Miedwiediewa na kremlowskiego kandydata (czyli faworyta–pewniaka) w marcowych wyborach prezydenckich. «Siłowicy» sądzili, że nominatem będzie ich człowiek (niekoniecznie generał Iwanow, który ma dzisiaj sporo wrogów wśród tuzów KGB–FSB), a sam Putin jeszcze kilka dni przed «namaszczeniem» puszczał pogłoski o takiej nominacji, co rozgłaszały sterowane media. Nie-spodziewana nominacja Miedwiediewa wznieciła furię «siłowi-ków». Ich pierwszą zemstą było bezzwłoczne ujawnienie (wywiad Stanisława Biełkowskiego, szefa Krajowego Instytutu Strategicz-nego, dla «The Guardian» i «Die Welt»), że prywatny majątek Putina, «najbogatszego człowieka Europy», to 41 miliardów do-larów w akcjach kilku firm rosyjskich (Gazprom, Surgutnieftgaz) oraz w tajemniczej spółce Gunvor (handel ropą, jak również pro-duktami ropopochodnymi) i w funduszu inwestycyjnym obsługu-jącym tylko elity biznesowe (niekoniecznie czyste), mającym dwie siedziby (szwajcarski kanton Zug i Liechtenstein). Gunvor to właś-ciwie mroczna sieć spółek i firm afiliowanych o bardzo podob-nych nazwach (przykładowo: Gunvor Services SA zarejestrowa-no w Szwajcarii, gdy Gunvor International Limited to spółka off-shore zarejestrowana na Wyspach Dziewiczych). Żaden Gunvor nie ma nawet platformy internetowej, żaden nie ma siedziby mos-kiewskiej, a siedzibę genewską znaleźliśmy nie bez wysiłku. Praw-dopodobnie aż trzy czwarte akcji Gunvoru stanowi własność Pu-tina. Założycielem i ważnym udziałowcem tej dziwnej firmy jest wieloletni przyjaciel Putina, były szef KGB do spraw zagranicz-nych, zwany «kasjerem prezydenta Federacji», Giennadij Tim-czenko. Timczenko robił ciemne interesy z Putinem już w Peters-burgu, kiedy Rosją rządził Jelcyn. Potem, dzięki Putinowi, był jednym z rekinów, którzy rozgrabili Jukos i majątek Chodorkow-skiego. Wcześniej, jako szef Gunvoru, brał udział w machinacjach wokół ONZ–owskiego programu dla Iraku «Ropa za żywność», przy udziale firmy Zarubieżnieft, której prezes, Nikołaj Tokariew, razem z Timczenką i Putinem pracował jako kagiebowski szpieg u Niemców. Dzisiaj Gunvor Timczenki sprzedaje Zachodowi ropę Surgutnieftgazu, Rosnieftgazu, Gazpromnieftu, Łukoila i TNK–BP.

Kolejnymi ciosami «odwetowymi» rozeźlonych nominacją Mied-wiediewa «siłowików» było aresztowanie przez FSB członka obo-zu «liberałów», generała Alieksandra Bulbowa, zastępcy szefa fe-deralnej agencji ds. walki z narkotykami, generała Wiktora Czer-

*kiesowa (o mały włos, a wywiązałaby się przy tym strzelanina mię-
dzy «gorylami» Bulbowa a funkcjonariuszami FSB), jak również
innego znanego «liberała», Siergieja Storczaka, wiceministra finansów, którego oskarżono o sprzeniewierzenie kilkudziesięciu milionów dolarów i zamknięto pomimo rekomendacji jego szefa, ministra finansów, Alieksieja Kudrina. «Liberałowie» nie zostali «si-
łowikom» dłużni, ujawniając zeznania gwiazdora «szarej strefy
biznesowej», Oliega Szwarcmana. Szwarcman przyznał, iż jest
kasjerem tajnego funduszu wysokich oficerów FSB, którzy za pomocą szantażu, sztuczek prawnych, «firm-słupów» itp. doją Rosję
«renacjonalizując» różne większe i mniejsze firmy, czego jaskrawym przykładem Jukos zgnojonego Chodorkowskiego. Putin bez
zewnętrznych emocji obserwuje tę wymianę ciosów; trudno powiedzieć czy stymuluje ją, czy chciałby ją gasić.*

*Problematykę wewnętrznych gier kremlowskich klanów bardziej
szczegółowo ujmują strony 95–99 raportu pełnego. Jako symbol
ich skomplikowania (ich niejednoznaczności wynikającej z prostych zdawałoby się podziałów) warto ukazać, że wrogi Miedwiediewowi klan «czekistów», chociaż przez jakiś czas wspierał «swojego» (Fradkowa), później zaczął wspierać premiera Zubkowa,
który formalnie należy przecież do konkurencyjnej grupy «biurokratów».*

*5. Pytanie: czy Miedwiediew na sto procent będzie po 2 marca
prezydentem Federacji? — wydaje się łatwe. Jednak Putin wielokrotnie już udowodnił, że lubi zaskakiwać wszystkich (tak opinię
publiczną, jak i swoje otoczenie, nie wyłączając doradców), więc
sprawy nie można przesądzać stuprocentowo. Zakładając wszakże, iż «Carewicz» Miedwiediew zostanie «carem» w wyniku marcowych wyborów — trzeba postawić kwestię: jaką funkcję będzie
pełnił Putin? Wszystko zdaje się wskazywać, że zostanie premierem
rządu, który uzyska większe prerogatywy niż prezydent. O objęcie
teki premiera zaapelowały do Putina cztery tzw. «partie kremlowskie» (Jedna Rosja, Sprawiedliwa Rosja, Siła Obywatelska i Agrar-
na Partia Rosji); prosił go o to publicznie również patriarcha*

Moskwy i Wszechrusi, Alieksy II. Spekulacje, że Putin raczej zostanie szefem Gazpromu lub szefem Centrum Dziedzictwa Historycznego im. Władimira Putina, by «z tylnego siedzenia» rządzić Rosją — nie mają dużych szans realizacji, ale wykluczyć nie można niczego.

6. *Ostatnia ważna kwestia rosyjska najbliższych miesięcy tyczy lojalności nowego prezydenta wobec poprzednika, który był jego promotorem. Pod tym względem tereny eksimperium ZSRR dają charakterystyczną lekcję zdrady. Gdy w Turkmenistanie zmarł dyktator Nijazow (2006), walkę o schedę błyskawicznie wygrał mało znany Berdymuchammedow, tylko dlatego, że poparł go i promował ze wszystkich sił szef tajnej policji, Akmurad Redżepow. Kilka miesięcy później prezydent Berdymuchammedow uwięził swego dobroczyńcę (Redżepow został skazany przez sąd kapturowy na 20 lat). Analogicznie postąpił Putin. Jego promotorem był wpływowy dygnitarz Kremla, oligarcha Boris Bieriezowski (to Bieriezowski przekonał Jelcyna, by «namaścić» Putina). Wkrótce po objęciu prezydentury Putin chciał zamknąć swego dobroczyńcę, lecz Bieriezowskiemu udało się zwiać do Londynu. Czy zobaczymy znowu spektakl pt. «historia lubi się powtarzać»? Wydaje się to mało prawdopodobne, ale zważywszy tarcia między kremlowskimi «klanami» (i sekretne wysiłki multimiliardera Bieriezowskiego, by się zemścić) — nie może być całkowicie wykluczone.*

Szansa chwycenia Putina za gardło (przez kogokolwiek) dlatego wydaje się raczej wątpliwa, że zbudował on sobie silne klapy bezpieczeństwa wewnątrz systemu. Prawie wszyscy szefowie głównych służb specjalnych Federacji Rosyjskiej (FSB — Nikołaj Patruszew, GRU — Walientin Korabielnikow, FSKON — Wiktor Czerkiesow, Ochrona Kremla — Jewgienij Murow) są pretorianami Putina, zaś tarcia między nimi oznaczają wzajemne szachowanie się, które raczej nie mogłoby się przerodzić w kontrputinowską solidarność. Również największa biznesowa siła Federacji — wielobranżowy i wielofirmowy koncern Gazprom (prócz kompanii wydobywczych: własne porty i lotniska, własna flota morska i po-

wietrzna, własne media, własny bank, etc., chyba tylko własnej opery brakuje) — znalazł się całkowicie w ręku Putina dzięki petersburskiemu bankowi Rossija, po przejęciu przez ten bank licznych aktywów, funduszy (m.in. emerytalny), polis ubezpieczeniowych i firm Gazpromu (Gazprom–Media, Gazprombank, Gazfond, Sogaz i in.). Kluczem jest tu fakt, iż prezes (Jurij Kowalczuk) i pozostali dygnitarze banku Rossija to zaufani Putinowcy. Bez skaptowania lub usunięcia tych ludzi, jak również bez skaptowania lub usunięcia Putinowca Igora Sieczina (który niczym żandarm kontroluje służby specjalne i sfery biznesowe) — żaden przeciwnik Putina nie ma szans odebrać mu władzy (formalnej lub cichej) nad Rosją. Putin — jeśli nie zostanie zwyczajnie «odstrzelony» — długo będzie dysponował głównymi instrumentami wpływu.

7. Wpływ zewnętrzny na przesilenia moskiewskie spiskowo (gabinetowo) może być silny, lecz politycznie będzie znikomy, lub raczej zerowy. Opozycja rosyjska jest tak słaba, tak zdziesiątkowana, tak szczątkowa, że nasi lub inni zachodni agenci traciliby tylko czas próbując mobilizować ją dla solidnego oporu. To, że Kreml chce zlikwidować swoją bojówkarską, czysto terrorystyczną młodzieżową organizację Nasi, wynika z prostego faktu, iż ci putinowscy żule stali się niepotrzebni, gdyż są całkowicie bezrobotni, nie mają już kogo rozpędzać i bić (Nasi łatwo urządzali stutysięczne demonstracje proputinowskie, tymczasem zastraszona opozycja nie jest dzisiaj w stanie zwołać jednorazowo więcej niż kilkudziesięciu demonstrantów!).

Słabość wszelkich ruchów kontrautorytarnych pogłębiają imadła centralizujące władzę — gnębiące wszelką autonomiczność i kasujące samorządność lokalną. Już trzy lata temu (na początku roku 2005) Putin, decyzją Rady Federacji Rosyjskiej, przyznał sobie prawo rozwiązywania parlamentów lokalnych (Dum regionalnych), jak również prawo mianowania i odwoływania gubernatorów regionów. Właśnie takie «carskie» chwyty, plus prokremlowska monopolizacja mediów (vide skremlinizowanie, siłą Gazpromu, prywatnej telewizji NTV) i rozliczne prokremlowskie matac-

twa wyborcze — sprawiły, że teraz Human Rights Watch uznała putinowską Rosję oraz pięć egzotycznych krajów Afryki i Azji za szóstkę najbardziej dyktatorskich państw globu. Co nie jest nowością. Kręgi zachodnioeuropejskie, wzorem dawnych tekstów analitycznych de Custine'a, Czaadajewa, Kennana, Kucharzewskiego i Churchilla, dość solidarnie widzą Rosję jako kraj barbarzyński, daleki od standardów cywilizacji, ale w krytyce wykazują powściągliwość, gdyż cierpiałyby bez rosyjskiej ropy i gazu. Nie zamierzają też torpedować czy ośmieszać utworzonego prowokacyjnie przez Kreml Rosyjskiego Instytutu Demokracji i Współpracy, którym kieruje prawnik Anatolij Kuczerena, członek Izby Społecznej Federacji Rosyjskiej (paryskie biuro tego instytutu monitoruje przestrzeganie demokracji i praw człowieka w Unii Europejskiej, a nowojorskie będzie monitorowało w USA). Krytycy z kręgów drugiego planu bywają śmielsi, lansując wobec sukcesji kremlowskiej szydercze spekulacje typu: «Arlekina w masce czekisty zastąpi Pierrot w masce liberała», lub: «Putin i Miedwiediew będą teraz kiwali Zachód metodą złego policjanta i policjanta dobrego». Głównym zachodnioeuropejskim adwokatem Kremla są Niemcy, wedle których Putin to «der Grosstadtmensch» — wielki mąż stanu. Co prawda kanclerz Angela Merkel deklaruje mniej gorące prorosyjskie uczucia niż jej poprzednik, kanclerz Schröder, lecz jej retoryka to teatr, bal maskowy, gdy w istocie most Niemcy–Rosja będzie groźny nie tylko dla Polaków — może być wkrótce groźny dla każdego.

8. Jednym zdaniem ujmując «problem rosyjski», trzeba powiedzieć, iż putinowska «suwerenna demokracja» jest systemem kontrdemokratycznym, ewidentnie autorytarnym, wyrodniejącym ku obłąkanej grotesce, która dzisiaj jeszcze tylko razi przez swoje atrybuty totalitarne (gwałcenie mediów, mordowanie przeciwników, rozpędzanie opozycyjnych wieców) i śmieszy przez swoje neomocarstwowe libretto, lecz musimy zachować ostrożność i utrzymywać właściwy militarny standard, gdyż w przyszłości może nam nie być z taką Rosją do śmiechu".

Hayden odłożył raport, pomyślał: „Jaki totalitaryzm? Przecież u nich można jeszcze palić tytoń po knajpach i urzędach!", a następnie tknęła mu głowę konstatacja, że właściwie nic się nie zmienia, chociaż stulecia i europejskie systemy ustrojowe mijają: dzięki Rosji wciąż bardzo trudno się nudzić będąc sąsiadem Rosji, partnerem Rosji, kontrpartnerem Rosji lub szefem amerykańskiego wywiadu.

* * *

Książka nie powinna być za bardzo skończona — Camus miał rację. Historia także nie powinna być skończona — Fukuyama nie miał racji. Tragikomedia musi trwać, bo zrobiłoby się nudno (Hayden też miał rację), gdy fabuła powieści nie musi bez końca rozwijać się. Prędzej czy później trzeba dać ostatnie słowo fabuły, choćby „story" nie była ukończona. Te ostatnie słowa tyczą Wasi. Generał Kudrimow został zabity kilkoma strzałami z broni krótkiej, we własnym mieszkaniu. Była sobota 25 października roku 2008. Umarł jak każdy, na tym polega demokracja — pułkownik Heldbaum, rzucając tę mądrość, miał świętą rację.

Ale czyż wszystko nie przemija, czyż nie ginie prędzej lub później każda marność nad marnościami, choćby i wielka jak żądza władzy, jak obłudna tyrania i jak tęsknota za złowrogim imperium? Kohelet miał głębszą rację. W proch się obrócą nasze lata i fata, a nasze dzieje polityczne dadzą kolejny identyczny słój drzewa historii, nikogo nie ucząc rozumu. Sic transit gloria mundi.

KSIĄŻKI WALDEMARA ŁYSIAKA

1. „Kolebka" (Poznań 1974, Poznań 1983, Poznań 1987, Poznań 1988, Warszawa 2003/2004).

2. „Wyspy zaczarowane" (Warszawa 1974, Warszawa 1978, Kraków 1986, Chicago–Warszawa 1997).

3. „Szuańska ballada" (Warszawa 1976, Warszawa 1981, Kraków 1991, Warszawa 2003).

4. „Francuska ścieżka" (Warszawa 1976, Warszawa 1980, Kraków 1984, Chicago–Warszawa 2000).

5. „Empirowy pasjans" (Warszawa 1977, Warszawa 1984, Poznań 1990, Chicago–Warszawa 2001).

6. „Cesarski poker" (Warszawa 1978, Kraków 1991, Warszawa 2007).

7. „Perfidia" (Warszawa 1980, Kraków 1991).

8. „Asfaltowy saloon" (Warszawa 1980, Warszawa 1986, Warszawa 2005).

9. „Szachista" (Warszawa 1980, Kraków 1982, Kraków 1989).

10. „Flet z mandragory" (Warszawa 1981, Kraków 1983, Warszawa 1996).

11. „Frank Lloyd Wright" (Warszawa 1982, Chicago–Warszawa 1999).

12. „MW" (Kraków 1984, Kraków 1988, Warszawa 2004).

13. „Łysiak Fiction" (Warszawa 1986).

14. „Wyspy bezludne" (Kraków 1987, Warszawa 1994).

15. „Łysiak na łamach" (Warszawa 1988).

16. „Konkwista" (Warszawa 1988, Warszawa 1989, Chicago–Warszawa 1997).

17. „Dobry" (Warszawa 1990, Chicago–Warszawa 1996).

18. „Napoleoniada" (Warszawa 1990, Chicago–Warszawa 1998).

19. „Lepszy" (Warszawa 1990).

20. „Milczące psy" (Kraków 1990, Chicago–Warszawa 1997).

21. „Najlepszy" (Warszawa 1992, Chicago–Warszawa 1997).

22. „Łysiak na łamach 2" (Warszawa 1993).

23. „Statek" (Warszawa 1994, Warszawa 1995, Chicago–Warszawa 1999).

24. „Łysiak na łamach 3" (Warszawa 1995).

25. „Wilk i kuglarz — Łysiak na łamach 4" (Warszawa 1995).

26. „Old–Fashion Man — Łysiak na łamach 5" (Chicago–Warszawa 1997).

27. „Malarstwo Białego Człowieka", tom I (Poznań 1997).

28. „Malarstwo Białego Człowieka", tom II (Chicago–Warszawa 1997).

29. „Malarstwo Białego Człowieka", tom III (Chicago–Warszawa 1998).

30. „Malarstwo Białego Człowieka", tom IV (Chicago–Warszawa 1998).

31. „Poczet «królów bałwochwalców»" (Chicago–Warszawa 1998).

32. „Malarstwo Białego Człowieka", tom V (Chicago–Warszawa 1999).

33. „Napoleon fortyfikator" (Chicago–Warszawa 1999).

34. „Malarstwo Białego Człowieka", tom VI (Chicago–Warszawa 1999).

35. „Cena" (Chicago–Warszawa 2000, Chicago–Warszawa 2001).

36. „Malarstwo Białego Człowieka", tom VII (Chicago–Warszawa 2000).

37. „Stulecie kłamców" (Chicago–Warszawa 2000, Chicago–Warszawa 2001).

38. „Malarstwo Białego Człowieka", tom VIII (Chicago–Warszawa 2000).

39. „Wyspa zaginionych skarbów" (Chicago–Warszawa 2001).

40. „Piórem i mieczem — Łysiak na łamach 6" (Chicago–Warszawa 2001).

41. „Kielich" (Warszawa 2002).

42. „Empireum", tom I–II (Warszawa 2003/2004).

43. „Rzeczpospolita kłamców — SALON" (Warszawa 2004).

44. „Ostatnia kohorta", tom I–II (Warszawa 2005).

45. „Najgorszy", (Warszawa 2006).

46. „Alfabet szulerów — SALON 2", tom I–II (Warszawa 2006).

47. „Talleyrand — droga «Mefistofelesa»", (Warszawa 2007).

48. „Lider", (Warszawa 2008).

Nowele w antologiach:

1. „Z korca maku", Czytelnik (Warszawa 1977).

2. „Gość z głębin", Czytelnik (Warszawa 1979).

Duże przedmowy wydawnicze do następujących dzieł:

1. Kajetan Wojciechowski, „Pamiętniki moje w Hiszpanii" (Warszawa 1978).

2. Wacław Gąsiorowski, „Huragan" tom I–III (Warszawa 1985).

3. Wacław Gąsiorowski, „Rok 1809" (Warszawa 1986).

4. Wacław Gąsiorowski, „Szwoleżerowie Gwardii" (Warszawa 1985).

5. Reprint „Albumu Królów Polskich" z roku 1910 (Chicago–Warszawa 1999).